日経
キーワード
2021-2022

日経HR編集部 ［編著］

どう変わる？ "新しい生活"

新型コロナウイルスの感染拡大は、人々の生活を大きく変えた。在宅勤務やオンライン授業が当たり前になり、都会から郊外への移住に注目が集まった。Eコマースの利用が伸び、接客ロボットも活躍。この先、私たちの"新しい生活"はどうなるのか。数年後の未来をのぞいてみたい。

※ここで紹介している「数年後の未来」の内容は、実証実験や普及が進む商品・サービス、計画が進む制度などに着目し、編集部が予測したものです。実際とは異なる場合があります。

イラスト／
奈良　裕己

① 買う

数年後の未来は…

[ロボット接客]

ロボット接客やキャッシュレス決済で買い物が便利に

　テクノロジーが発達した近未来、飲食店ではロボットでの接客が普通になるかもしれない。遠隔で人が操作するアバターロボットは、感情表現や人間らしい会話もできる優れもので、人手不足解消にも一役買うだろう。

　営業や接客でもオンライン対応が進み、デパートなどの小売店ではアバター経由で買い物ができるかもしれない。誰にも会わず、直接商品を見ることもなく買い物する時代が到来しそうだ。

　既に2020年にはファストフード店などでロボットを活用した実験が始まり、「脱対面」「非接触」をキーワードとしたサービスが次々に登場している。例えば、スマホアプリなどを使ったキャッシュレス決済は、政府のポイント還元事業もあり急速に広がった。海外では、中国でデジタル人民元の実証実験が、既に始まっている。

コロナ禍で注目された概念やサービス

コロナ禍では...

オンライン営業・接客

化粧品やアパレル、保険、旅行など様々な業界が、チャットツールやビデオ会議システムを使った接客スタイルを導入。パソコンやスマホがあれば自宅でも営業担当者や専門家と"相談しながら"商品・サービスを購入できるようになりつつある。

オンラインで旅行の相談も（写真提供：JTB）

キャッシュレス決済急増

新型コロナの感染防止を目的に非接触型決済が急速に普及。支払いは完全キャッシュレスという店舗や施設も出現。人手不足の観点からも、キャッシュレス決済ができる無人レジの導入が始まっている。

小規模店舗でもキャッシュレス化が進む
（写真提供：kou／PIXTA〈ピクスタ〉）

宅配急増、タクシー宅配も

巣ごもりで急増した飲食物の宅配を、タクシー事業者が担えるように。老舗料亭や人気のイタリアン、フレンチなどの店舗とタクシー事業者が手を組み宅配を始め、新たな需要を開拓。家庭で一流のグルメも楽しめる。

「タク配」と呼ばれ定着しつつある
（写真提供：宝交通株式会社）

どう変わる？"新しい生活"

② 移動する

数年後の未来は…

[電動キックスケーター増加]

小型電動モビリティーで気軽に自由に街を行き交う

　未来の街中には、電動キックスケーターや電動スクーターで通勤・通学する人たちが行き交っているかもしれない。自転車専用レーンの整備も進み、自転車や電動アシスト自転車でも安心して移動できる。あらゆるモノ（X）がサービス化する「XaaS（ザース）」が拡大し、すべてのモビリティーをサービスに統合化する「MaaS（マース）」によって、多様な手段でシームレスな移動が可能になるだろう。

　欧州が先行するMaaSだが、日本でも2020年にマルチな経路検索や電動車いすなど新たなサービスが始まった。今後、小型電動モビリティーのさらなる進化が期待される。また、密を避けるのに有効な鉄道の混雑状況案内や少人数制の通勤シャトルなど、ウィズコロナ時代に対応したサービスも生まれている。

> コロナ禍では...

コロナ禍で注目された概念やサービス

どう変わる？ "新しい生活"

鉄道 混雑状況案内

　各鉄道会社の公式アプリで配信される混雑状況案内は、少しでも密を避けたいというニーズと合って利用が伸びた。空いている車両を探したり、駅のホームや改札の混雑状況がリアルタイムで把握できたりする。電車の遅延時などにも役立つ。

駅の様子を映す「駅視-vision」の画面
（写真提供：東急電鉄）

MaaSの進展～マルチな経路検索

　ユーザーごとに様々な移動手段を使った最適なルートを提供するMaaSアプリも増加。混雑を避けるためや、乗り換え時間を考慮したルート検索などが可能。タクシーを利用する際にはボタン1つで配車の手配ができる便利な機能もある。

徒歩の移動には音声案内も
（写真提供：ナビタイムジャパン）

少人数制通勤シャトル

　通勤時に密を避けるために、消毒や換気などコロナ対策を施した少人数制のシャトルを利用する選択肢も。乗客は乗車時に消毒をし、マスク着用、座席間隔を空けて乗車。感染拡大時でも、従業員に出社を要請したい法人での利用が増加した。

ドライバーもコロナ対策
（写真提供：株式会社NearMe）

③ 集う・会う

数年後の未来は…

[アバターで集う]

外出はアバターになって仮想空間へ

　近未来に友達と外出する約束をしたら……？　まず自宅でVRゴーグルをつけて仮想空間の街へ。アバターとなった友達同士で、話をしたり、街をぶらぶら歩いたり。物理的に移動せずに自宅にいながらにして、現実の街を歩き、友達と遊んだ気分を十分味わえるようになるだろう。

　2020年時点でも従来、対面で行ってきた会議や就職の面接、飲み会までがオンライン会議ツールを使ってできるようになった。リアルでの飲み会やイベント参加の場合も、多くの店舗や施設などの入口では、非接触型のサーモグラフィーによる体温チェックが当たり前だ。

　「脱対面」「非接触」を追求する動きは福祉の現場にも広がりをみせ、高齢者などとのふれあいや施設での夜間巡回のためにヒト型ロボットが活用されている。

> どう変わる？"新しい生活"

> コロナ禍では...

コロナ禍で注目された概念やサービス

ソーシャルディスタンス

人の集まる場所では、入場制限を行ったり、取るべきソーシャルディスタンスをマークで示したりするなどの感染防止対策をとっている。レストランの椅子にぬいぐるみを置いて距離を保つなど、楽しい工夫も見られる。

ぬいぐるみによるソーシャルディスタンスの確保
（写真提供：伊豆シャボテン動物公園）

オンライン〇〇（飲み会など）

外出自粛で一気に加速したオンラインでのコミュニケーション。「オンライン飲み会」を筆頭に、「オンライン合唱」「オンライン夏祭り」といったイベントのほか、「オンライン法要」などもある。

浴衣でオンライン夏祭り
（写真提供：© Omatsuri Japan / © kiCk inc.）

非接触型AIサーマルカメラ

人に接触せずに発熱者を検知するサーマルカメラ（サーモグラフィー）はAI（人工知能）を搭載し、最新型だと約0.2秒という速さで体温を測定する。入館管理などでは、顔認証と体温測定を同時に行う機器なども登場している。

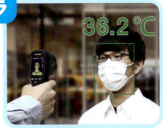

1メートル程度離れた場所でも体温測定が可能（写真提供：アイリスオーヤマ）

数年後の未来は…

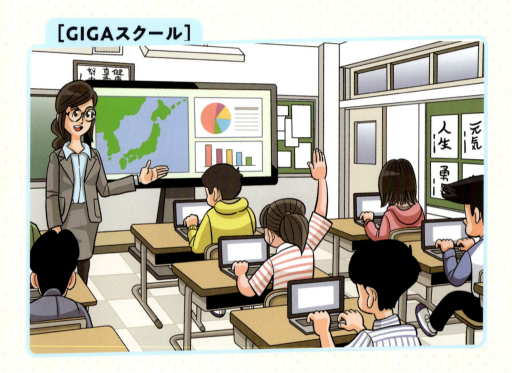

[GIGAスクール]

ICTを活用し個別最適化されたGIGAスクール

　教室で椅子に座った児童・生徒を相手に、教師がチョークで黒板に書きながら対面で授業をする――。小学校での一般的な風景だった。近い将来、電子黒板やそれと連動したPC端末やタブレットが児童・生徒一人ひとりに配られ、各自の学習進度に合わせた個別学習が可能になる。

　文部科学省は2019年に「GIGAスクール構想」を打ち出した。これはSociety 5.0を生きる子供たちのために、ICT（情報通信技術）など先端技術を活用して個別最適化された教育を実現する計画である。2020年7月時点ではタブレット端末等の導入が進んでいる小中学校は数％に留まっている。

　また実習や学校行事も対面や接触を避けるため、VR（仮想現実）などを活用した実習や文化祭もオンラインで実施するなど様々な工夫をしている。

どう変わる？ "新しい生活"

コロナ禍では...

コロナ禍で注目された概念やサービス

学習教材の無料公開

コロナ禍で小中高校が臨時休校に入った際、出版社や通信教育事業会社などが、家庭での学習サポートに動いた。人気の学習まんがやドリルなどをウェブサイトで無料公開。こうした教材を活用した新たな学び方が広がった。

夏休み 自学サポート
小学館版 少年少女 学習まんが
日本の歴史
シリーズ全巻、無料公開
2020年8月31日まで

人気の図書も無料公開された（写真提供：小学館）
※現在サービスは終了しています

オンライン授業

埼玉県羽生市立新郷第二小学校での
オンラインミーティング（写真提供：時事）

学校の臨時休校時に一部で始まったのがオンライン授業。ただ、自治体や学校によって実施状況に大きな差があり、教育格差につながるという理由で「9月入学・始業」論議にまで発展した。最終的に9月入学は先送りに。

医療実習にXRを活用

コロナ禍で時限的に解禁となったオンライン診療が恒久化に向かうなど、医療現場でのICT活用が広がる。医療教育では、ヘッドセットを装着し骨格や臓器などを3D空間で再現しながら、遠隔地でも体験できる手術・治療シミュレーションが行われている。

臓器を仮想空間と現実空間で再現し、
遠隔で共有
（写真提供：Maki Sugimoto. Holoeyes Inc.）

※XR（Extended Reality）は、VR・AR・MRの総称で「仮想世界と現実世界を融合し、新たな体験をつくり出す」技術。

11

5 働く

数年後の未来は…

[ワーケーション]

時間と場所に縛られない多様な働き方が可能に

　想像してみよう。そう遠くない未来に、リゾートホテルに家族と滞在しながらその合間に仕事をする。そんな優雅な生活が見慣れた働き方になるかもしれない。リモートワークが当たり前になれば、どこからでも会議に出席したり商談したりもできるようになる。家族や大切な人と過ごす時間は格段に増えるだろう。今後、接客や営業活動もロボットを遠隔操作すれば在宅でできるようになるはずだ。

　2020年には、温泉旅館からリモートワークをしたり、駅ナカの個室で仕事をしたりするなど、多様な働き方をする人が増えた。リモートワークの拡大を受け、企業ではオフィス面積の縮小や地方への機能移転などの動きが出ている。雇用においても、職務を明確にしたジョブ型雇用を採用する企業が増えつつある。

どう変わる？
"新しい生活"

コロナ禍では...

コロナ禍で注目された概念やサービス

密を避けるレイアウト

営業活動や会議などのオンライン化が進み、様々な業務をデスクですることが増えた。オフィスの密を避けるため、リモートワークで出勤者数を減らしたり、座席の間隔をあけたりする企業も。

座席の間隔をあけ、アクリル板も活用
（写真提供：ジャパネットホールディングス）

温泉で、森で、リモートワーク

ファームの中でリモートワーク
（写真提供：星野リゾート）

温泉旅館やリゾートホテルでリモートワーク利用を促す動きが活発になっている。インターネット環境やOA機器が整備されたスペースや部屋が用意され、仕事以外の時間には温泉や大自然の中でリフレッシュできる。

駅ナカ個室型ワーキングスペースの増加

JR東日本は駅ナカに、個室型のテレワークブース「STATION WORK」の設置を進めている。防音対策が施されたブース内には、デスクやWi-Fi、コンセントが設置され、15分単位で利用できる。スキマ時間の有効活用にも。

空調も完備の「STATION WORK」
（写真提供：東日本旅客鉄道）

13

⑥ 遊ぶ・楽しむ

数年後の未来は...

[リアルとVR技術の融合]

仮想空間と現実空間が融合された世界を楽しむ

　未来のスポーツ観戦は、リアルとバーチャルが混ざった面白いエンタメになるだろう。VRゴーグルをかけてプロ野球を見れば、自分の席からの風景だけでなく、バックネット裏やベンチにも切り替えられる。触覚伝達で選手やボールに触ったり、遠方の家族や友人のアバターと、一緒に観戦できるかもしれない。

　2020年、ライブ感が売りの音楽ライブも密を避け、動画のライブ配信が中心になった。オンライン旅行やVR旅行、水族館の遠隔見学などが話題に。変わったところではバーチャル墓参りも。

　リアルな旅行では、すでにロボットが受付をする「変なホテル」が有名だ。贅沢なキャンプ「グランピング」や、密にならない「ソロキャンプ」も人気上昇中だ。また、1960年頃の米国で大流行したドライブインシアターも、コロナ禍で復活を遂げた。

> コロナ禍では...

コロナ禍で注目された概念やサービス

どう変わる？ "新しい生活"

オンライン旅行

ビデオ会議システムを使って、現地のスタッフやガイドが各国の見どころをライブ配信。オンラインツアーなら、数時間で世界一周することも可能。海外のミュージアムのバーチャルツアーなども人気。

現地スタッフによる「行った気になる観光セミナー」
（写真提供：エイチ・アイ・エス）

ドライブインシアター

満員御礼状態の人気
（写真提供：岡山青年会議所）

車に乗ったまま映画を楽しめるドライブインシアターが全国各地で盛況に。地域住民の息抜きのための無料開催などもあった。打ち上げ花火大会との同時開催など、趣向を凝らしたイベントも。

グランピング

密を避けて楽しめると注目を集めるグランピング。グラマラスとキャンピングを掛け合わせた造語で、手ぶらでも贅沢なキャンプを満喫できる。都心や辺境地など、さまざまな場所に施設が登場。

自然豊かな「森と星空のキャンプヴィレッジ」
（写真提供：ツインリンクもてぎ）

6 遊ぶ・楽しむ

コロナ禍で注目された概念やサービス

コロナ禍では…

ライブ配信

イベント会場でのクラスター発生などもあり、コンサートなどは無観客のライブ配信に切り替わった。ライブ会場は、温泉の宴会場や、花火が舞うドームなど、アイドルやアーティストそれぞれの"らしさ"が光りファンを魅了している。

無観客ライブを配信するスーパー銭湯アイドル「純烈」
（写真提供：時事）

発想の転換と技術がつくる便利で快適な生活

新型コロナウイルスのインパクトは強大で、これまでの常識を大きく覆した。感染予防のため「脱対面」「非接触」を追求し、新たな発想力で新しい生活様式に対応したサービスや新技術が一斉に芽吹き始めている。

特にSociety 5.0の成熟とともに環境にも優しい次世代型モビリティーや、AI（人工知能）やVRを活用し現実空間と仮想空間を高度に融合したシステムが、経済発展と社会の課題解決に寄与するだろう。

その一方で、旧来のシステムや生活様式も見直されている。3密を避けたドライブインシアターはその典型例だろう。また地方回帰、自然回帰により、

■疫病退散のシンボルとされる妖怪「アマビエ」

長年課題とされてきた都市の人口集中や仕事中心のライフスタイルの改善も一気に進むかもしれない。

一刻も早いコロナ収束が望まれるが、この変化の波はコロナ収束後も途切れることなく続くだろう。そして、SF映画でしか見たことのなかったような便利で快適な暮らしが実現される日が、まもなくやってくるに違いない。

はじめに

　本書は、経済や産業、次世代技術、デジタル、社会、文化などについて、最近の動きを14のテーマに分類し、それぞれの傾向を読み解くキーワードとその解説を掲載しています。自分が知りたい、または苦手としているテーマを読めば、その分野のキーワード、現状や将来の課題などが理解できるでしょう。各テーマの最後には、「確認チェック」を掲載しています。理解度を確認してみてください。

　巻頭には、「どう変わる？ "新しい生活"」を掲載。コロナ禍を経て変わる私たちの行動様式について、未来予測と現状を紹介しています。

　巻末の資料編は「基礎用語 ミニ辞典」、「日経MJヒット商品番付」を掲載。「基礎用語 ミニ辞典」は知っておきたい基礎的な用語を集めました。用語の意味を理解できれば、新聞などのニュースを読むとき、出来事の意味や今後の流れなどが分かりやすいはずです。

　また、巻末の索引を使えば知りたいキーワードを簡単に探せます。ニュースなどで意味が分からない言葉が出てきたときは、調べてみてください。就職を目指す学生なら、本書を読んでおけば時事問題に強くなるはずです。社会人であれば、最低限知っておきたい用語の基礎知識を身に付けることができます。スキルアップや資格・検定試験対策の一助としても役立ててください。

日経ＨＲ編集部

本書の役立て方

ニュースの言葉や内容が
よく分からないときに！

● 索引でキーワードを調べる

● 知りたいテーマの動きや新しい話題をしっかりインプット
● 各テーマでキーワードとなっている言葉とその意味、背景を理解できる

就職・転職活動、資格、受験
公務員試験対策に！

● 志望業界に関連するテーマを読む

● 業界の現状・課題、キーワードが分かり、時事・一般常識にも強くなることで、エントリーシート、面接、小論文、筆記試験対策になる
● 社会問題の理解度、着眼点で差がつく

ビジネスパーソンとして
必要な基礎知識を得るために！

● 本書を全体的に読んでみる

● 経済・産業・社会の重要テーマを理解でき、ビジネス力がアップ
● ニュースを見たり、読んだりするときに、内容を理解しやすい

17

[CONTENTS]
目　次

どう変わる？ "新しい生活" 2

① 買う 4

② 移動する 6

③ 集う・会う 8

④ 学ぶ 10

⑤ 働く 12

⑥ 遊ぶ・楽しむ 14

はじめに、本書の役立て方 17

目 次

テーマ ① コロナ禍   28

【医療】 3つの密（3密）／PCR検査／医療機関の経営悪化／医療崩壊／遠隔診療（オンライン診療）／クラスター／新型コロナウイルス、COVID-19／人工呼吸器、人工心肺装置／パンデミック／ワクチン

【政治・経済】 Go To トラベル／緊急事態宣言（日本）／雇用調整助成金／持続化給付金／巣ごもり消費／専門家会議／特別定額給付金／ファクタリング／補正予算

【国際】 世界各地域の状況【アジア】／世界各地域の状況【アフリカ】／世界各地域の状況【欧州】／世界各地域の状況【オセアニア】／世界各地域の状況【中南米】／世界各地域の状況【北米】／世界経済の停滞／世界保健機関（WHO）／入国規制／ロックダウン（都市封鎖）

【社会・生活】 9月入学／新しい生活様式（ニューノーマル、新常態）／一斉休校／ウィズコロナ、アフターコロナ、ポストコロナ／オンライン化／オンライン授業／在宅勤務・テレワーク／ジョブ型雇用／ソーシャルディスタンス（社会的距離）／大学生の就職活動／脱ハンコ／マスク不足／ワーケーション

テーマ ② 日本経済   52

ESG投資／iDeCo（イデコ）／暗号資産（仮想通貨）／イニシャル・コイン・オファリング（ICO）／インバウンド消費／インフレターゲット／インボイス（税額票）／円借款／円高・円安の動き／海外企業による対日直接投資／海外直接投資（対外直接投資）／改正卸売市場法／改正外為法／改正独占禁止法／家計金融資産／基礎的財政収支（プライマリー・バランス）／キャッシュレス決済／クラウドファンディング／軽減税率／経常収支と貿易収支／国民負担率／シェアリングエコノミー／実質金利／実質賃金／新紙幣発行／スチュワードシップ・コード／スマホ決済／政策金利／総合取引所／ダイナミックプライシング／長期金利／デジタル地域通貨／展望レポート／東証再編（プライム市場）／東証マザーズ指数先物／日経平均株価／日本銀行の金融政策／日本の政府債務残高／年金積立金管理運用独立行政法人（GPIF）／フィンテック／プライムレート／法人実効税率／ボラティリティー・インデックス（VIX指数）／マイナス金利

19

テーマ ③ 世界経済　78

Libra ／ TPP11 ／グリーンボンド（環境債）／行動経済学／国際決済システム／主要国首脳会議（G7 サミット）／スワップ協定（通貨交換協定）／世界経済フォーラム（ダボス会議）／世界の金融政策／租税回避地（タックスヘイブン）／デジタル課税ルール／日米貿易協定発効／東アジア地域包括的経済連携（RCEP）／米中貿易摩擦／邦銀の海外事業展開／保護主義
【アジア】　アジアインフラ投資銀行（AIIB）／アジア開発銀行（ADB）
【アメリカ】　ドッド・フランク法（金融規制改革法）／トランプ政権の経済政策①（米国内）／トランプ政権の経済政策②（日本企業への影響）／米連邦公開市場委員会（FOMC）
【中国】　一帯一路／中国経済の現状
【北米・中米】　USMCA（米国・メキシコ・カナダ協定）
【ヨーロッパ】　GDPR（一般データ保護規則）／欧州中央銀行（ECB）

テーマ ④ 国内政治　96

2020年国会で成立した重要法案／安全保障関連法（集団的自衛権）／一票の格差とアダムズ方式／大阪都構想／河井夫妻　参議院選挙買収事件／携帯電話料金見直し／検察庁法改正案（定年延長問題）／公文書管理制度／「桜を見る会」問題／女性活躍推進法／菅内閣／スーパーシティ構想（改正国家戦略特区法）／全世代型社会保障／ソサエティー5.0／デジタルファースト法／東京都知事選挙／統合型リゾート（IR）／日欧経済連携協定（EPA）／日本国憲法の改正手続に関する法律／普天間基地移設問題／ふるさと納税／マイナンバー制度／野党再編／陸上イージス／老後資金問題

テーマ ⑤ 国際社会　112

【国際・全般】　OPECプラス／SDGs（持続可能な開発のための2030アジェンダ）／核兵器禁止条約の批准／世界の女性リーダー／中国製品の排除／難民問題／ポピュリズム

【アジア】　金与正（キム・ヨジョン）／台湾総統選挙／中国製造2025／南沙諸島・西沙諸島／日韓関係の悪化／香港情勢（香港国家安全維持法）

【中東】　アヤソフィア／イランをめぐる動向／過激派組織「イスラム国」(IS)／シリア内戦

【アフリカ】　新興国経済

【北米】　Black Lives Matter（米国の人種差別問題）／アメリカ大統領選挙／トランプ大統領の動向／バイデン氏

【ヨーロッパ】　Brexit（英国のEU離脱）

【ロシア】　プーチン政権の動き／北方領土問題

テーマ ⑥ 業界・企業　128

BAT ／ CASE ／ D2C（ダイレクト・トゥ・コンシューマー）／ EVシフト／ GAFA（ビッグテック）／ MaaS ／アマゾン・エフェクト／越境EC（電子商取引）／かんぽ生命 不適切販売問題／原産地規則（RoO）／コネクテッドカー（つながる車）／コンビニ24時間営業問題／サブスクリプション（定額制サービス）／シェアオフィス（コワーキングスペース）／ステランティス／スペースジェット／スマホゲーム市場／空飛ぶクルマ／ゾンビ企業／第4次産業革命／地銀再編／ドラッグストア再編／日産・ルノー問題／プラットフォーマー／プロ経営者／マテリアルズ・インフォマティクス／無形資産／メガファーマ／モーダルシフト／ヤフー・LINE経営統合／ユニコーン／ライドシェア

テーマ 7 雇用・労働 148

AI（人工知能）と労働市場（AI人材）／インターンシップ／改正労働契約法／改正労働者派遣法／株式報酬制度／企業統治指針（コーポレートガバナンス・コード）／ギグワーカー／高度プロフェッショナル制度／最低賃金／シニア雇用／社外取締役の女性比率／就職氷河期世代／ダイバーシティ／同一労働同一賃金／特定技能／働き方改革／ハラスメントの社会問題化／人手不足／副業

テーマ 8 国土・都市・人口 162

空き家問題／インフラの老朽化問題／限界集落／合計特殊出生率／耕作放棄地／国家戦略特区／重要物流道路／水道事業民営化／生産緑地2022年問題／接続水域／全国地震動予測地図／東京一極集中（日本の人口）／特別警報／南海トラフ地震／日本の領土問題／熱中症警戒アラート／噴火警戒レベル／領海と排他的経済水域（EEZ）

テーマ 9 資源・環境 176

液化天然ガス（LNG）／エネルギー基本計画／温暖化ガス（温室効果ガス）／カーボンプライシング（排出量取引）／気候危機／気候変動枠組条約締約国会議（COP）／グレタ・トゥンベリ／激甚災害／原子力規制委員会／再生可能エネルギー／シェールガス・シェールオイル／食品ロス／植物工場／水素発電／スマートグリッド（次世代電力網）・スマートメーター（次世代電力計）／世界の大規模火災／脱プラスチック／電子ごみ／バイオマス発電／バッタ大量発生／メタンハイドレート／モーリシャス重油流出事故／令和2年7月豪雨／レジ袋有料化

テーマ 10 デジタル 192

Cookie（クッキー）／ DX（デジタルトランスフォーメーション）／ e-Sports（eスポーツ）／ IoT（アイ・オー・ティー　Internet of Things）／ O2O（オー・ツー・オー　Online to Offline）／YouTuber・VTuber ／ウエアラブル端末／エッジコンピューティング／オープンデータ／格安スマホ／仮想移動体通信事業者（MVNO）／クラウドゲーム／サイバー攻撃／情報銀行／信用スコア／スーパーコンピューター「富岳」／スマートシティー／ゼロレーティング／データエコノミー／データサイエンティスト／デジタルツイン／動画配信サービス／ビッグデータ／標的型メール攻撃・ランサムウェア／ブロックチェーン

テーマ ⑪ 次世代技術　210

5G／AI（人工知能）／RPA（ロボティック・プロセス・オートメーション）／VR・AR・MR／宇宙ごみ（スペースデブリ）／宇宙ベンチャー／仮想発電所（VPP：バーチャル・パワー・プラント）／ゲノム編集（食品）／再使用ロケット／次世代自動車／次世代主力ロケット（H3ロケット）／自動運転／準天頂衛星「みちびき」／スーパーアプリ／生体認証／セルロースナノファイバー（CNF、植物由来の新素材）／代替肉・植物肉／蓄電池システム／月探査／トランステック（トランスフォーマティブテクノロジー）／ドローン／バイオディーゼル燃料／バイオプラスチック／はやぶさ２／ムーンショット目標／有機EL／量子技術、量子コンピューター／ロボット産業

テーマ ⑫ 医療・福祉　230

2025年問題／AI創薬／iPS細胞の実用化／介護保険法改正／がんゲノム医療／機能性表示食品／血管年齢／子供の貧困／混合介護／サービス付き高齢者向け住宅（サ高住）／再生医療／診療報酬改定／成年後見制度／待機児童／認知症／年金の支給開始年齢／豚熱（CSF）／フレイル／薬剤耐性菌

テーマ 13 社会・生活 244

#KuToo ／ 8050問題 ／ LGBT ／ NHKのネット同時配信サービス／ SNSの誹謗中傷／ VUCA ／アドレスホッパー／アポ電詐欺／インフォデミック／海賊版サイト対策／児童虐待／受動喫煙防止／超高齢社会／中村哲／配偶者居住権／ハラル認証／夫婦別姓／ヘイトスピーチ（憎悪表現）対策法／訪日客数の大幅減少／ミレニアル世代・Z世代

テーマ 14 教育・文化・スポーツ 258

【教育】 STEM/STEAM教育／アクティブ・ラーニング／エドテック／高等教育の修学支援新制度／世界大学ランキング／大学入試改革①大学入試改革の概要／大学入試改革②共通テストの動向／プログラミング教育の必修化／幼保無償化／リカレント教育

【文化・スポーツ】 「あつまれ どうぶつの森」／嵐活動休止／『鬼滅の刃』／黒沢清／女子ゴルフ黄金世代／チケット不正転売／チバニアン／デザイン思考・アート思考／東京五輪・パラリンピック／日本遺産／「パラサイト 半地下の家族」／バンクシー／藤井聡太／無観客試合／米津玄師

資料編 274

資料編① 基礎用語 ミニ辞典 274

【経済・金融】

GDPデフレーター／J-REIT／LBO／LIBOR（ライボー）／MSCI指数／ROE（効率よく稼ぐ力）／TIBOR（タイボー）／TOB、MBO／赤字国債／インフレとデフレ／エンゲル係数／エンジェル税制／外国為替証拠金取引（FX）／外需型産業と内需型産業／確定拠出年金（DC年金）／株価指数／株式含み益・含み損／株式持ち合い／為替相場／機械受注統計／企業倒産件数／企業物価指数（CGPI）／キャッシュフロー経営／競争力ランキング／銀行の自己資本比率／金融商品取引法／金融持株会社／クレジット・クランチ（信用収縮）／クレジット・デフォルト・スワップ／景気ウオッチャー調査／景気動向指数（CI）／減損損失／現代貨幣理論（MMT）／鉱工業生産指数／国際会計基準（IFRS）／国内総生産（GDP）／コマーシャルペーパー（CP）／サーキットブレーカー制度／債券・証券の格付け／サムライ債（Samurai bond）／時価会計／自社株買い／失業率と求人倍率／需給ギャップ（GDPギャップ）／上場投資信託（ETF）／消費活動指数／消費者物価指数（CPI）／新型オペレーション（新型オペ）／新規株式公開（IPO）／新設住宅着工戸数／新発10年物国債利回り／ストックオプション／税効果会計／潜在成長率／想定為替レート／ソブリン・ウエルス・ファンド／通貨バスケット制／ディスクロージャー／デリバティブ／動産担保融資（ABL）／ドーハ・ラウンド（新多角的貿易交渉）／ドル基軸通貨体制／なでしこ銘柄／日銀短観／日経PMI／日経景気インデックス（日経BI）／日経国際商品指数／日経商品指数／バーゼル3（BaselⅢ）／バフェット指数／バブル崩壊／フィデューシャリー・デューティー／物価連動国債／ペイオフ（Pay Off）／ヘッジファンド（hedge fund）／マイクロファイナンス／持ち株会社／ラップ口座／リーマン・ショック／連結経常利益

【国際】

6カ国協議／ASEAN経済共同体（AEC）／ASEANプラス3／BRICS（ブリックス）／TICAD（アフリカ開発会議）／アジア太平洋経済協力（APEC）／アフリカ連合（AU）／欧州連合（EU）／核兵器不拡散条約（NPT）／金融安定理事会（FSB）／経済特別区（SEZ）／経済連携協定（EPA）／国際原子力機関（IAEA）／国連安全保障理事会（UNSC）／国連総会／国連難民高等弁務官事務所／国連の気候変動に関する政府間パネル／国連平和維持活動（PKO）／シェンゲン協定／新開発銀行（BRICS銀行）／世界貿易機関（WTO）／仲裁判所／ハーグ条約／米連邦準備理事会（FRB）／ベルヌ条約と万国著作権条約

【その他】

IR（投資家向け広報活動）／アフィリエイト／宇宙基本計画／オムニチャネル／改正景品表示法（景表法）／改正個人情報保護法／改正土砂災害防止法／改正特許法／学習到達度調査（PISA）／環境影響評価（環境アセスメント）／企業の社会的責任（CSR）／休眠特許と開放特許／後発医薬品（ジェネリック）／孤立死（孤独死）／コンパクトシティ／最高経営責任者（CEO）／サプライチェーン／事業再生ADR／食料自給力／新経済連盟（新経連）／製造小売業（SPA）／政府開発援助（ODA）／全国学力テスト／単位労働コスト／知的財産高等裁判所（知財高裁）／特定秘密保護法／特許権／特許侵害／特許法条約／ドミナント戦略／内閣人事局／ナショナルブランド・プライベートブランド／微小粒子状物質（PM2.5）／プレートと活断層／ベンチャーキャピタル（VC）／ベンチャービジネス（VB）／ポジティブアクション／立体商標／リバースモーゲージ／路線価／ワーク・ライフ・バランス

資料編②　日経MJヒット商品番付（2020年上期、2019年） ………… 320

索　引 ……………………………………………………………………… 324

〈凡　例〉
◆本書の記述は、原則として2020年10月中〜下旬までの情報を基に作成した。
◆キーワードの並びは原則、数字・アルファベット順、50音順に配置した。
◆本文中の肩書きなどについては、原則として原稿執筆時点のものとした。
◆年号は、原則として西暦で表示したが、図表などの注釈では、引用元の表示が和暦の場合も一部ある。
◆西暦の表示は、原則として各項目、各キーワードの初出時のみ4ケタとし、それ以降は下2ケタとした。
◆英略語を掲載するときは、原則として初出時に「日本語訳＋英略語」を併記し、それ以降は英略語を表示した。
◆索引には、資料編の「基礎用語　ミニ辞典」の用語も含めた。
◆本文中に出てくる主なキーワードで、別ページで解説しているキーワードは太字で表示した。

テーマ1 コロナ禍

2020年は新型コロナウイルス感染症の拡大により、世界が一変した。その影響は私たち個人個人の感染リスクから国際問題まで多岐にわたり、「コロナ禍」という言葉が使われるようになったことからも影響の甚大さがうかがい知れる。本テーマではコロナ禍を理解し共存していくためのキーワードを、[医療][政治・経済][国際][社会・生活]の4つのカテゴリーに分類して紹介する。

[医療]

3つの密(3密)

新型コロナウイルスの感染拡大を受け、集団感染を防ぐために避けるべき状況を表した標語。厚生労働省と首相官邸が2020年3月に「3つの密(3密=密閉・密集・密接)」を避けるよう注意喚起した。3つの密は、具体的には「換気の悪い密閉空間」、「多数が集まる密集場所」、「間近で会話や発声をする密接場面」を指し、この3つの条件がそろう場所は**クラスター**(感染者集団)発生のリスクが高いとして日常生活で避けるよう求めた。

厚労省はこの標語を世界にも発信。**世界保健機関(WHO)** は20年7月、密閉・密集・密接を意味する英語の頭文字C(「密閉」=closed spaces、「密集」= crowded places、「密接」=close-contact settings)をとって「3つのC」として、これらの回避を呼びかけるメッセージをSNS(交流サイト)で発信している。

▶政府が配布しているチラシ

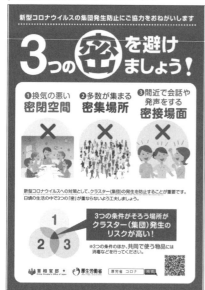

出典:厚生労働省ウェブサイト

PCR検査

PCRとはpolymerase chain reaction(ポリメラーゼ連鎖反応)の略。ウイルス感染の有無を調べる遺伝子検査の1つで、新型コロナウイルスの検査で最も多く使われている。患者の鼻の奥か

3つの密（3密）／ PCR検査／医療機関の経営悪化

1
コロナ禍

▶PCR検査・抗原検査のポイント

検査種類	ＰＣＲ検査	抗原定量検査	抗原定性検査
○調べるもの	ウイルスを特徴付ける遺伝子配列	ウイルスを特徴付けるたんぱく質（抗原）	ウイルスを特徴付けるたんぱく質（抗原）
○精度	抗原定性検査より少ない量のウイルスを検出できる	抗原定性検査より少ない量のウイルスを検出できる	検出には、一定以上のウイルス量が必要
○検査実施場所	検体を検査機関に搬送して実施	検体を検査機関に搬送して実施	検体採取場所で実施
○判定時間	数時間＋検査機関への搬送時間	約30分＋検査機関への搬送時間	約30分

出典：厚生労働省ウェブサイト

ら取った粘液や唾液などの中にウイルスを特徴付ける遺伝子配列がないかを調べる。ウイルス量がわずかでも検出できるのがメリットだが、結果が出るまでに時間がかかる。

新型コロナウイルスの検査では「抗原検査」も使われている。ウイルスを特徴付けるたんぱく質から調べるもので、PCR検査に比べて短時間で結果が分かる。

血液内にウイルスへの抗体ができているかを調べる「抗体検査」の利用も広がっている。抗体は体内に入り込んだウイルスなどから体を守るために作られる物質で、感染から一定期間が経過した後にできる。検査で陽性と判定されれば、これまでに感染したことがあると分かるため、感染のまん延状況を把握する疫学調査などにも有用とされている。

医療機関の経営悪化

新型コロナウイルスの治療にあたる病院の経営悪化が問題となっている。院内感染を恐れた通院患者の受診控えが広がったことに加え、病院側も感染者の受け入れのために病床を空けておく必要があり、その分、収益となる**診療報酬**が減った。一方、消毒液や防護服の購入、医療機器や病室の整備といった感染防止対策のための諸費用はかさんだ。医師や看護師へのボーナスを減らさざるを得ないケースもあり、新型コロナウイルス対応に力を入れる病院ほど経営が苦しくなる悪循環となっている。経営悪化が続けば「**医療崩壊**」につながる恐れがある。

政府は医療体制の充実のための施策を急いでいる。都道府県向けに「緊急包括支援交付金」を創設し、2020年度第1次、第2次**補正予算**に計上。医療従事者に対して慰労金を給付するほか、

29

病院などが感染拡大防止や診療体制確保などに要した費用を補助する。

厚生労働省は、新型コロナウイルスの重症患者を受け入れる病院が受け取る診療報酬を20年4月に倍増し、5月にはさらに通常の3倍に引き上げることを決めた。コロナ禍で経営が悪化した医療機関を支援するため、中小企業の事業再生を手掛ける官民ファンドを活用した新たな枠組みも設けられている。

医療崩壊

安定的・継続的に医療サービスの供給ができなくなること。医療崩壊が起きる要因は、患者の急増、医師や看護師の不足、病院の収益減につながる社会保障制度の改変など様々だ。

新型コロナウイルスの感染が急拡大した海外の国・地域では、医療従事者と医療物資が逼迫し、重症化した患者が適切な治療を受けられないまま亡くなるケースもある。コロナ禍以降、主にこうした状態を医療崩壊と言い表すようになった。

日本でも2020年春に重症患者が急増し、医療崩壊につながりかねない事態となった。医療崩壊を防ぐため、中等症患者の受け入れ拠点を設けたり、軽症患者や無症状者向けの療養施設を増やすなど、医療機関が重症患者の治療に専念できる体制づくりが急がれている。

遠隔診療（オンライン診療）

離れた場所にいる医師と患者をパソコンやスマートフォンなどの通信機器でつないで診療を行うこと。

遠隔診療については、2015年に厚生労働省が「離島やへき地に限らず遠隔診療ができる」という主旨の通達を出し事実上の「解禁」となった。身に付けるタイプの血圧計、心電計などの開発も進み、在宅患者から送信されたデータを医師がモニタリングするといったケースも増えている。

18年度の**診療報酬改定**では、ICT（情報通信技術）や**IoT(Internet of Things)**を組み合わせた「オンライン診療」の保険適用が決まった。これまで情報通信機器を用いて診療していた遠隔診療の一部を、新たに「オンライン診療」と定義し、「オンライン診療料」などを新設した。糖尿病、高血圧などの生活習慣病や**認知症**など、継続した治療が必要な慢性疾患が対象だ。厚労省の「オンライン診療の適切な実施に関する指針」によると、オンライン診療は、情報通信機器を通じて行う遠隔診療のうち、患者の診察や診断を行い、結果の伝達や処方などの診療行為をリアルタイムで行うもの。健康相談などの情報提供は含まれない。

新型コロナウイルスの感染拡大を受け、オンライン診療に関する規制緩和はさらに進んだ。厚労省は新型コロナ

医療崩壊 / 遠隔診療（オンライン診療）/ クラスター / 新型コロナウイルス、COVID-19

▶オンライン診療の流れ

医療機関のホームページや窓口で、オンラインによる診療を行っているか確認する

↓

医療機関に合わせて事前の予約・支払方法の確認をする

↓

オンライン上で診療を受ける

↓

・医療機関に来訪して受診するよう推奨された場合は、必ず医療機関に直接かかる
・薬が処方され、薬の配送を希望する場合は、薬を出してもらう最寄りの薬局を医療機関に伝えた上で、診察後、薬局に連絡

出典：厚生労働省ウェブサイト

ウイルスの院内感染を防ぐ目的で、20年4月から特例的な時限措置として、従来は認めていなかった初診患者も含めて全面解禁した。患者がパソコンやテレビ電話などを通じて薬剤師から薬の飲み方や注意点などを教わる「オンライン服薬指導」についても、当初は9月の予定だった解禁が2月に一部前倒しされ、4月からは初診患者でも医師の診察から薬の購入までオンラインで済ませることが可能になった。

クラスター

クラスター（cluster）とは、元々は花やブドウなどの「房（ふさ）」を意味する英語で、疫学においては感染のつながりがある患者らの小規模な「集団」を指す。

政府の新型コロナウイルス感染症対策本部は2020年2月25日、「新型コロナウイルス感染症対策の基本方針」を決定。新型コロナウイルスの感染流行を早期に収束させるためには、クラスターが次のクラスターを生み出すのを防止することが重要で、徹底した対策を講じるべきとの見解が示された。厚生労働省は同日、クラスター発生の早期探知、専門家チームの派遣、データの収集分析と対応策の検討などを実施するため、感染症の専門家で構成される「クラスター対策班」を設置した。これ以降、報道などで「クラスター」という言葉が使用される機会が増えた。

換気の悪い屋内の空間で大勢の人が一定の時間近い距離で過ごすなど、いわゆる「濃厚接触」する可能性が高い状況ではクラスターが発生しやすいと考えられる。厚労省は20年3月に「**3つの密（3密）**」を避けるよう注意喚起した。

新型コロナウイルス、COVID-19

ヒトに感染するコロナウイルスの中の新型で、2020年8月現在では一般に「SARSコロナウイルス2（SARS-CoV-2）」と呼ばれる新型コロナウイルスを指す。

これまで知られていたコロナウイルスには、風邪の症状を引き起こすウイ

1
コロナ禍

ルス4種類のほか、03年に報告された「重症急性呼吸器症候群(SARS)」と、12年以降中東地域を中心に発生している「中東呼吸器症候群(MERS)」ウイルスの2種類がある。19年12月、中国の湖北省武漢市で原因不明の肺炎が多発し、20年1月に新型のSARSコロナウイルスによる感染であることが判明。その後は各国に拡大して**パンデミック**(世界的大流行)を引き起こした。**世界保健機関(WHO)**は20年2月11日、この感染症を「COVID-19」と命名。20年10月現在、累計感染者は世界で4400万人を超え、死亡者は100万人を上回る。

主な感染経路に飛沫感染と接触感染の2つが考えられており、特に密閉空間・密集場所・密接場面が同時に重なる状況「**3つの密(3密)**」は感染拡大のリスクが高いとされる。

症状の特徴は、発熱やのどの痛み、長引く咳、強いだるさ(倦怠感)を訴えることが多く、中には嗅覚や味覚障害が生じることもある。軽症で経過し、治癒するケースが多く、感染しても無症状である可能性についても指摘されている。一方、高齢者や糖尿病などの基礎疾患を持つ人では重症化するリスクが高いことが報告されている。

20年10月現在、感染を予防・治療するための**ワクチン**や抗ウイルス薬は開発されていない。既存の抗ウイルス薬などで、効果が期待できる薬を新型コロナウイルスの治療薬として実用化するための治験や臨床研究が進んでおり、一部には承認されたものもある。

人工呼吸器、人工心肺装置

人工呼吸器は、肺の機能低下などにより自力で十分に呼吸ができない(呼吸不全)状態のときに、人工的に呼吸を補助する装置。気管に挿入したチューブを通じて肺に空気を送る方式や、口や鼻にマスクを装着して呼吸を助ける方式などがある。

人工心肺装置は、自力で呼吸できなかったり、事故などで心臓が停止したりした場合に、心臓と肺の機能を体外で代替させる装置。新型コロナウイルスの治療で注目を集める「体外式膜型人工肺(ECMO、エクモ)」は人工心肺装置の1つだ。血液を患者の体外に取り出し、酸素を供給し二酸化炭素を排

▶**国立感染症研究所で分離された新型コロナウイルスの電子顕微鏡写真像**

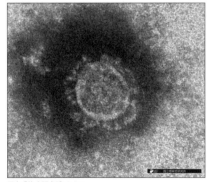

国立感染症研究所HPより

▶重症患者に使われる

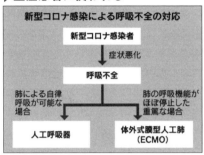

2020年4月2日付日本経済新聞

▶過去のパンデミック

発生年	名称	推定死者数
1918	スペイン風邪	約5000万人
1957	アジア風邪	約200万人
1968	香港風邪	約100万人
2009	新型インフルエンザ	約1万6000人

2020年3月13日付日本経済新聞

出してから体内に戻す。

　新型コロナウイルスに感染し重症の呼吸不全となっても、肺による自力呼吸が可能な場合は、まず人工呼吸器で肺の機能を補う。さらに重症化して肺の呼吸機能がほぼ停止した重篤な場合にはECMOが使われるケースが多い。

　これらの装置は新型コロナウイルスの感染拡大により供給不足となるリスクがある。安定的な供給を確保するため、政府は補助金や規制緩和などで増産を後押ししている。

パンデミック

　感染症が世界中で大流行し、制御不能になっている状態を指す言葉。語源はギリシャ語で「すべて」を意味する「パン」と、「人々」を意味する「デモス」から。

　世界保健機関（WHO）のテドロス・アダノム事務局長は2020年3月11日、世界に感染が広がる新型コロナウイルスについて「パンデミックとみなせる」と表明した。WHOがパンデミックと認定したのは09年に流行した新型インフルエンザ以来11年ぶり。WHOの表明を受け、各国が何かを義務付けられることはないが、それまでのウイルスの封じ込め対策から、影響緩和や症状を和らげる対症療法に施策の重点を移すべきサインとされる。

　過去のパンデミックで最も被害が甚大だったのは1918年に発生した「スペイン風邪」の大流行だ。当時の世界人口の4分の1程度に相当する約5億人が感染し、死者数は5000万人に達したとも推計されている。

ワクチン

　生物が持つ免疫システムに働きかけて感染症を予防する医薬品。あらかじめ病原性（病気を起こす性質や能力）を弱めたり、毒性をなくしたりした病原体（ウイルスや細菌）を体内に入れ、病原体への免疫力（抵抗力）をつける。ワ

クチンの接種により感染症にかかりにくくなるほか、重症化しにくくなる効果が期待できる。

代表的なものに「生ワクチン」「不活化ワクチン」「トキソイド」の3種類がある。生ワクチンは生きた病原体の病原性を弱めてつくるため、接種により病気にかかった状態とほぼ同等の免疫力がつく。病原性をなくした細菌やウイルスの一部を使用した不活化ワクチンと、細菌がつくり出す毒素のみを取り除いてつくるトキソイドは、自然感染や生ワクチンに比べて免疫力がつきにくいため数回接種する。

ワクチン製造はウイルスを培養してつくる方法が一般的だが、これには時間がかかる。ウイルスの遺伝子データを使ってつくる手法は従来の方法より開発期間が短くて済むため、新型コロナウイルスのワクチン開発において注目が集まっている。

[政治・経済]

Go To トラベル

「Go To トラベル」は、新型コロナウイルスの感染拡大で落ち込んだ需要の喚起を目的とする、政府による一連の「Go To キャンペーン」事業の1つ。新型コロナウイルスの流行収束後において、外出自粛などの影響により経済的な打撃を受けた観光・運輸業、飲食業、イベント・エンターテインメント業などを支援するため、関係各省庁が連携して割引の実施、クーポンの配布やポイントの付与といった需要喚起キャンペーンを期間限定で展開する。

Go To トラベルでは、国内の旅行商品を購入した人に代金の半額、最大で1人あたり1泊2万円分を補助する。2020年7月にキャンペーンが開始される際には、高額な事業委託費が問題視されたほか、東京都在住者の旅行や東京都を目的地とする旅行が直前に対象から除外されるなどの混乱もあった。さらに同キャンペーンが感染拡大を助長していると懸念する声もある。

観光庁によると、同キャンペーンで支援した額は、7月22日から9月15日までの間に少なくとも735億円、利用者数は延べ1689万人だった。単純計算で1人当たり4351円分の割引支援が行われたことになる。

Go To キャンペーンではこのほかに、10月1日からスタートした飲食店の利用を促す「Go To イート」のほか、コンサートなどのエンターテインメント向けの「Go To イベント」、商店街を支援する「Go To 商店街」も順次スタートしている。

緊急事態宣言（日本）

改正新型インフルエンザ等対策特別措置法に基づき、政府対策本部長で

ある首相が発令する宣言。発令には、「国民の生命・健康に著しく重大な被害を与える恐れがある」「全国的かつ急速なまん延により国民生活・国民経済に甚大な影響を及ぼす恐れがある」の2要件を満たす必要がある。宣言は首相が対象地域や期間を指定して発令する。

国内での新型コロナウイルスの感染拡大を受け、安倍晋三首相（当時）は2020年4月7日、東京、神奈川、埼玉、千葉、大阪、兵庫、福岡の7都府県を対象に緊急事態宣言を発令し、16日に対象地域を全国に拡大。5月14日以降段

階的に解除し、25日に全面解除された。

緊急事態宣言の指定を受けた地域の知事は、住民に対する外出自粛や娯楽施設の使用制限などの要請ができる。強制力はないものの、事業者が正当な理由なく応じなければ「要請」よりも強い「指示」を出して、該当する事業者名を公表できる。そのほか、臨時の医療施設をつくるための土地・家屋の収用をはじめ、医薬品や食料など必要物資の売り渡し要請も可能だ。

雇用調整助成金

経済上の理由により事業の縮小を余儀なくされた事業主が従業員を休ませる場合に、企業が支払う休業手当の一部を国が助成する制度。解雇を防ぎ、雇用を維持する狙いがある。

新型コロナウイルスの感染拡大を受け、2020年4月から期間限定の特例措置として支給要件を緩和した。通常は直近3カ月の生産量や売上高が前年同期比で10%以上減っていることが要件だが、特例では1カ月に短縮して5%以上とした。休業手当の助成率は、最大で中小企業には100%、大企業は75%に引き上げ、上限額も1日1人あたり1万5000円に引き上げた。新型コロナウイルスの影響により経営環境が悪化して事業活動が縮小し、休業手当を支払った場合に、要件を満たせば申請できる。

▶**緊急事態宣言を出す場合の流れ**

1	首相を本部長とする政府対策本部を設置（26日に設置）
2	諮問委員会の意見を聞き基本的対処方針決定（28日に決定）
3	厚労相らが感染状況を分析。首相に報告
4	首相が諮問委に緊急事態要件に該当するか諮問
5	首相が緊急事態宣言を発令（地域を指定）
6	対象地域の都道府県知事に権限付与

強制力あり＝従わなければ罰則	強制力なし
・臨時の医療施設開設などで土地や建物を同意なしに使用	・外出自粛要請やイベント開催制限の要請・指示
・必要な医薬品や食品などの収用	・学校や商業施設の使用制限の要請・指示

2020年3月31日付日本経済新聞

▶特例措置における雇用調整助成金のポイント

支給条件
新型コロナウイルス感染症に伴う特例措置では、以下の条件を満たす全ての業種の事業主が対象
1．新型コロナウイルス感染症の影響により経営環境が悪化し、事業活動が縮小している
2．最近1カ月間の売上高または生産量などが前年同月比5％以上減少している
3．労使間の協定に基づき休業などを実施し、休業手当を支払っている

助成額と助成率		
(平均賃金額 × 休業手当等の支払率) × 下表の助成率		

区分	大企業	中小企業
新型コロナウイルス感染症の影響を受ける事業主	2/3	4/5
解雇をしていないなどの上乗せの要件を満たす事業主	3/4	10/10

※1人1日あたり1万5000円が上限
出典：厚生労働省ウェブサイト

なお、当初の特例期限は9月末までだったが、12月末まで延長された。

持続化給付金

新型コロナウイルスの影響で大幅に減収となった事業者に対する、政府による現金給付策。2020年度第1次、第2次補正予算に盛り込まれた。20年1月～12月までのいずれかのひと月の売り上げが前年同月比で50％以上減少したことなどの要件を満たせば、最大で中小企業に200万円、個人事業主に100万円を支給する。

1次補正予算分の支払業務を担う事務局は、広告代理店の電通や人材派遣会社のパソナ、IT(情報技術)アウトソーシングのトランスコスモスなどが設立に関わる一般社団法人「サービスデザイン推進協議会」が受託した。しかし、同団体は事業費の97％を電通に再委託し、経済産業省が同協議会を選んだ経緯も不透明だとして野党などから批判の声が上がった。これを受けて経産省は8月、2次補正予算分の事務局を変更し、経営コンサルティングのデロイトトーマツファイナンシャルアドバイザリーに委託すると発表した。

▶持続化給付金のポイント

支給条件
1．ひと月の売り上げが前年同月比で50％以上減少している事業者
2．2019年以前から事業による事業収入(売り上げ)を得ており、今後も事業を継続する意思がある事業者
3．法人の場合は、①資本金の額または出資の総額が10億円未満、または、②上記の定めがない場合、常時使用する従業員の数が2000人以下

給付額
中小法人等は200万円、個人事業者等は100万円
※ただし、昨年1年間の売り上げからの減少分が上限
■売上減少分の計算方法
前年の総売り上げ(事業収入) －(前年同月比▲50％月の売り上げ ×12カ月)

出典：経済産業省ウェブサイト

巣ごもり消費

外出をせずに自宅で生活を楽しむ消費傾向を指す言葉で、鳥が巣にこもる様子になぞらえている。

新型コロナウイルスの感染拡大に伴う外出自粛を受け、在宅型の消費が大きく需要を伸ばした。恩恵を受けた代表格が電子商取引(EC)だ。ネットショッピングモール大手の楽天の2020年1〜6月期の連結決算は、売上収益(売上高に相当)が前年同期比16％増の6787億円と過去最高だった。

家庭用ゲームやスマホゲームの販売も伸びている。任天堂の20年4〜6月期の連結決算は、営業利益が前年同期の5.3倍の1447億円と、同四半期での過去最高を更新。人気ゲーム「**あつまれどうぶつの森**」の販売好調が大きく貢献した。このほか、Amazon Prime VideoやNetflixなどの**動画配信サービス**が会員数を伸ばし、料理や弁当を宅配する「ウーバーイーツ」「出前館」といったデリバリーサービスの注文数も増えた。

感染症の対策について医学的な見地から助言等を行うために2020年2月から開催された。座長は脇田隆字・国立感染症研究所所長、副座長は尾身茂・独立行政法人地域医療機能推進機構理事長で、12人の感染症専門家からなる。

厚生労働省のクラスター対策班と連携し、いわゆる「**3密**」のほか、「人との接触を8割減らす、10のポイント」「新しい生活様式の実践例」などを提言し、日本の新型コロナウイルス感染症対策の中心的な存在となった。

一方で、会合での参加者の発言を記録した議事録が残っていないことが明らかになり、対策の検証の妨げになるとの批判を受けた。また、経済への影響に対する考慮が十分だったとは言えず、前のめりな情報発信の姿勢が混乱を引き起こした点も指摘された。

こうした経緯を踏まえ、政府は7月に同会議を廃止し、経済などの専門家も加えた「新型コロナウイルス感染症対策分科会」を新設。感染状況の詳細な分析は厚生労働省の「新型コロナウイルス感染症対策アドバイザリーボード」が引き継いだ。

専門家会議

政府の新型コロナウイルス感染症対策本部(内閣に設置)の下に設置された「新型コロナウイルス感染症対策専門家会議」を指す。新型コロナウイルス

特別定額給付金

新型コロナウイルスの感染拡大による経済的影響への緊急経済対策として、政府が実施する現金給付策。2020年度第1次**補正予算**に盛り込まれた。

20年4月27日時点で住民基本台帳に記録されている人を対象に1人あたり10万円を給付する。申請方法は「申請書に記入して郵送する方法」と「マイナンバーカードを使ってオンラインで申請する方法」の2通りで、居住する自治体に世帯単位で申し込む。

郵送での申請では、「受け取りを希望しない」欄に間違ってチェックして意図せず受給を辞退するケースが発生。一方のオンライン申請では、申請者の入力ミスが多く発生したことから確認作業に手間取り、受け付けを中止する自治体が相次いだ。また、自治体の窓口に申請者が殺到したことで現場職員が業務に追われ、なかには苛立った住民から恫喝されるといった問題が生じた。このほか給付金名目の詐欺電話が各地で相次いだ。

こうした混乱があったが、高額の家電や家具を購入する人が増えるなど一部での消費押し上げ効果はあったとみられている。

ファクタリング

企業や個人が持つ売掛債権を買い取り、その債権の回収を行う金融サービス。一定の手数料が差し引かれるが、利用者には素早く現金化できるメリットがある。

新型コロナウイルスの感染拡大で資金難に陥った中小企業が活用するケースが増えている。ただ、ファクタリングは債権の譲渡であり、原則として貸金業法や利息制限法などの規制を受けない。こうした仕組みを悪用して、ファクタリングを装って貸金業登録をせず、債権を担保に高利で融資する違法な事業者(ヤミ金融業者)もいる。個人が将来受け取る給料を債権とみなして買い取る「給与ファクタリング」と呼ばれる手口も横行しており、金融庁は注意を呼びかけている。

補正予算

4月から翌年3月までの1年間に対応する「本予算(当初予算)」が成立した後に、本予算の内容を途中で補うために編成する予算。国の施策は当初予算で計画された収支で実施するのが原則だが、自然災害の発生や景気の急激な落ち込みなど、予算の不足や内容変更の必要が生じた場合に組まれる。これまでも2009年のリーマン・ショックや11年の東日本大震災、16年の熊本地震の際には、大幅な補正予算の上積みが行われた。

20年は新型コロナウイルス対策のため、4月に第1次補正予算(一般会計の歳出は25兆6914億円)が、さらに5月には第2次補正予算(同、31兆9114億円)が組まれた。補正予算としては過去最大額で、歳出額はすべて国債の発行で賄う。政府は過去20年以上、毎年度、

▶主な補正予算の規模

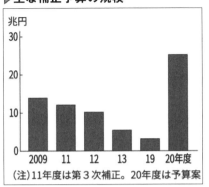

2020年4月21日付日本経済新聞

補正予算を編成してきたが、本予算がスタートした直後に立て続けに組むのは珍しく、それだけ事態が切迫していたといえる。

[　　　　　国際　　　　　]

世界各地域の状況【アジア】

2020年10月現在、アジアの新型コロナウイルスの感染者数は約1300万人、死者数は約23万人に上る。

新型コロナウイルスの感染は19年12月に中国の湖北省武漢市で初めて確認された。同国では20年に入り春節(旧正月)で人の移動が増え、他の地方や国にも感染が拡大。武漢市は20年1月から**ロックダウン(都市封鎖)**の措置を取り、その後首都・北京市でも実施された。こうした徹底した封じ込め策により、各国・地域に先駆けて感染を抑え込んだといわれている。

中国以外にアジアの中で早期にコロナ禍に直面した国の1つが韓国だ。20年1月から感染が広がったが、広範囲の**PCR検査**や接触追跡アプリ(感染者との接触を検知し、利用者に知らせるスマートフォン向けアプリ)の導入などが奏功し、感染拡大の勢いを減じることに成功した。

日本でも20年1月に国内初の感染者が確認されて以降、感染が拡大。4月に**緊急事態宣言**が発令され、5月には解除されたものの7月頃から再び増加し始め、春を上回る勢いで感染者数が急増した。

20年9月時点では、東アジアの感染状況は小康状態を保っているといえたが、アジアの他の地域では感染の勢いが増している。インドの保健家族福祉省は9月、同国の新型コロナウイルスの累計感染者数が約607万人になったと発表した。感染者が600万人を超えたのは米国に次いで2カ国目。当初は感染症対策で成果を上げてきた東南アジアでも増加の傾向がみられる。

中東ではイランやトルコ、イラク、サウジアラビアの感染者数の多さが目立っている。

世界各地域の状況【アフリカ】

2020年10月現在、アフリカの新型コロナウイルスの感染者数は約170万人、

死者数は約4万人に上る。いずれも南アフリカだけで約半数を占めており、8月6日時点の南アフリカの累計感染者数は、米国、ブラジル、インド、ロシアに続いて5番目の多さだった。

南アフリカはアフリカ有数の経済大国で積極的に検査を進めてきたことが数字に表れた面もあるが、20年3月に実施した**ロックダウン(都市封鎖)**を6月にいったん大きく緩めたことで感染の勢いを止めきれなかった。

新型コロナウイルスはアフリカ全体に広がり、各国は外出禁止など行動制限を強めている。

アフリカ地域の感染者数は世界全体の5%に満たず、致死率(感染者のうち亡くなった人の割合)は2%台で世界平均(3.8%)より低い。ただ、アフリカには検査態勢が整った国が少なく、実情がつかめていないだけの可能性がある。人口数に比べて医師や医療従事者の数が足りない国が多く、医療サービスは脆弱だ。感染が広がれば医療体制が逼迫し、より深刻な事態になる恐れがある。

世界各地域の状況【欧州】

2020年10月現在、欧州の新型コロナウイルスの感染者数は約890万人、死者数は約25万人に上る。

欧州では20年3月に入って感染が急拡大し、**パンデミック(世界的な大流行)**の中心地となった。欧州各国は外出禁止や店舗の営業禁止などの厳格な**ロックダウン(都市封鎖)**を実施し、いったんは感染拡大を抑え込んだ。しかし、夏季に再び感染者数が増えたため、各国政府は警戒を強めることと

▶新型コロナウイルスの国別感染者数の推移(累積)

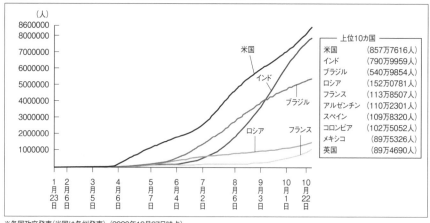

※各国政府発表(米国は各州発表)(2020年10月27日時点)
出典:外務省ウェブサイト

なった。

スペインでは20年7月から感染が再び拡大し、6月に解除されていた非常事態宣言が10月に再び出された。また、夜間の外出が禁止された。

フランスでも20年6月から再び感染が広がり、8月からマスクの着用を義務化、10月末にはフランス全土の外出制限を12月1日まで実施すると発表した。イタリアも屋外でのマスク着用を義務化。このほか英国、オランダ、チェコ、ベルギーなど、再びウイルス対策を厳格にする国が相次いだ。

欧州地域の中で感染者数が突出しているのがロシアだ。20年9月時点で100万人を超え、米国、インド、ブラジルに次ぐ規模となっている。

世界各地域の状況【オセアニア】

2020年10月現在、オセアニアにおける新型コロナウイルスの感染者数は3万人台、死者数は900人台で、他の地域と比べると新型コロナウイルスの封じ込めに成功している。

オーストラリアは20年3月に導入した外国人の入国禁止や外出規制により、比較的早期に感染を抑え込んだ。ただ、6月下旬以降に南東部のビクトリア州で感染者数が増加。感染拡大に歯止めがかからないため、同国第2の都市メルボルンの郊外で外出規制が再導入された。8月にはメルボルン都市圏での規制も強化され、夜間外出が禁止になった。

ニュージーランドも20年3月に導入した入国禁止や厳しい行動規制によりウイルスの早期の封じ込めに成功し、6月上旬には規制を解除した。しかし、8月に最大都市オークランドで102日ぶりに市中感染が判明したため行動規制を再導入した。

世界各地域の状況【中南米】

2020年10月現在、中南米の新型コロナウイルスの感染者数は約1100万人、死者数は約39万人に上る。

中南米では特にブラジルでの感染拡大が顕著だ。ブラジル政府は20年10月、新型コロナウイルスの累計感染者数が500万人を超え、死者数が15万人を超えたと発表した。感染者数は米国、インドに次いで3番目に多く、死者は米国に次いで2番目に多い。

ブラジルで感染者が初めて確認されたのは2月下旬と遅かったものの、サンパウロやリオデジャネイロなど大都市で感染が拡大。その後は地方にも飛び火し、収束の兆しがないまま感染拡大が続いている。各州政府は外出自粛や**ロックダウン（都市封鎖）**などの政策を導入したが、ファベーラと呼ばれる貧民街の低所得者層を中心にこうした取り組みに従わない市民が多く、ウイルスのまん延につながった。

中南米ではペルーやコロンビア、メキシコ、アルゼンチンなどでも感染者数の多さが目立つ。

世界各地域の状況【北米】

2020年10月現在、北米の新型コロナウイルスの感染者数は約900万人、死者数は約23万人に上る。いずれも世界最多で、被害の大部分を米国が占める。米ジョンズ・ホプキンス大学の調べによると、全米の累計感染者数は20年8月31日（日本時間9月1日）の時点で601万人に達していた。

米国では20年1月に国内での感染が確認されて以降、3月下旬から急激に感染者数が増加した。

特に大きな被害が出たのがニューヨーク州だ。3月にニューヨーク市を含む州全域で非常事態宣言が発令され、必要不可欠な業種を除いて全従業員の出勤を禁止。学校の休校も決め、市民に外出自粛を要請した。他の州でも感染抑制のため外出規制などが実施された。こうした施策に加え、市民の間にソーシャルディスタンシングやマスク着用が浸透したことで増加ペースは鈍化した。ただ、9月から新学期が始まり幅広い地域で学校が再開されたことや、米大統領選での大規模集会の影響で、再び感染が拡大している。

カナダは3月に永住権や市民権のない外国人の入国禁止措置を設けたほか、集会やイベントの中止などを要請し、米国との国境を一時的に閉鎖。早期に対処したことで、米国や欧州各国と比べて感染者数、死者数ともに抑えることができた。

世界経済の停滞

新型コロナウイルスの感染拡大の影響により、主要各国・地域の2020年4～6月期の実質国内総生産(GDP)が軒並みマイナスとなり、世界経済の停滞が鮮明となっている。

米国の実質GDP（速報値、以下同じ）は、前期比年率換算で32.9％減少し、統計がある1947年以降で最大のマイナス幅となった。

ユーロ圏は同じく前期比年率換算で40.3％減少し、過去最悪を更新した。欧州内では特に英国の経済悪化が目立った。前期比20.4％減と過去最大の縮小を記録。減少率はドイツ（10.1％減）やフランス（13.8％減）より大きく、観光需要の急減で打撃を受けたスペイン（18.5％減）より落ち込んだ。新型コロナウイルス対策が遅れ、他国より**ロックダウン（都市封鎖）**が長引いたことが響いた。

日本は前期比7.9％減、年率換算では28.1％減だった。マイナス成長は3四半期連続で、減少率は比較可能な1980年以降で最大だった2009年1～3月期（前期比年率換算17.8％減）を上回った。**緊**

急事態宣言などにより経済活動が停滞したことが影響した。

一方、中国は前年同期比で3.2％増、前期比では11.5％増となった。早期に新型コロナウイルスを抑え込み、日米欧に先駆けてプラス成長に戻った形だ。

世界保健機関（WHO）

保健や健康に関する国連の専門機関。1948年に設立され、スイス・ジュネーブに本部を置く。1951年に加盟した日本を含め、2020年8月時点で194カ国・地域が加盟する。事務局長はエチオピア出身のテドロス・アダノム氏。

保健や医療について調査・研究したり、規範や基準を設定するほか、感染症の拡大のような国際社会が協調して対応すべき事態が生じた際には「国際的に懸念される公衆衛生上の緊急事態」を宣言するかどうかを判断する。WHOは20年1月、新型コロナウイルスの感染拡大について緊急事態であると宣言した。

しかし、WHOの新型コロナウイルスへの対応をめぐっては批判の声も多く上がっている。新型コロナウイルスの発生源とされる中国への渡航や取引の制限は不要と主張し続けるなど中国を擁護する姿勢が目立ち、初動対応が遅れたことがその要因の1つ。

批判の急先鋒に立つのが活動資金の最大拠出国（19年時点）である米国だ。トランプ米政権は中国の情報開示に不信感を示し、WHOの対応を中国寄りだと強く批判。20年7月には、WHOから21年7月に脱退すると国連に正式通告した。

入国規制

ウイルスや細菌の感染拡大を防ぐには、海外からウイルスや細菌などの病原体を自国内に持ち込まない、持ち込ませない水際対策が重要となる。新型コロナウイルスの感染拡大に伴い、様々な国・地域で海外からの渡航者に対する入国拒否や、入国後の行動制限などの入国規制が広がった。

日本政府も2020年2月から順次、入国規制を強化してきた。20年9月までは、出入国管理法（入管法）に基づき米国や中国をはじめ多くの国・地域からの入国を原則拒否していた。日本に入国する場合は、検疫所長が指定する場所（自宅やホテルなど）での14日間の待機と、その待機場所まで電車やバスなどの公共交通機関を使用せずに移動することを要請。さらに、入国した日を含む14日以内に入管法に基づく「入国拒否対象地域」に滞在歴のある人については、新型コロナウイルスの検査を受け、検査結果が出るまで検疫所が指定した施設などで待機することを求めた。

しかし、政府は10月から新型コロナウイルス感染拡大防止のための入国制限を大幅に緩和し、3カ月以上の在留資格がある駐在員や留学生などの外国人の入国を認め、1日あたり約1000人が入国できるようになった。観光客などは含めず、入国者数に上限を設けるが、感染拡大につながる恐れもある。

ロックダウン（都市封鎖）

対象とする地域で一定期間、人々の外出や移動を制限したり、店舗を閉鎖したりする強硬措置を指す。「都市封鎖」とも呼ばれる。

新型コロナウイルスの感染拡大を抑え込むため、欧米では市民の外出を制限・禁止し、違反者に罰金を課すなど強制力のある措置に踏み切る国が相次いだ。ウイルスが最初に拡大した中国湖北省武漢市では駅や空港、高速道路などが閉鎖された。

日本では2020年4月、改正新型インフルエンザ等対策特別措置法に基づき**緊急事態宣言**が発令された。同特措法に基づく措置は「要請」や「指示」にとどまり、そのほとんどに罰金や罰則は設けられていない。公共交通機関を止めたり、道路を封鎖したりする規定もない。強制ではなく、住民や事業者の自発的な対応に委ねる点で海外のようなロックダウンと異なるが、いずれにしても感染拡大を防ぎつつ、経済への悪影響をいかに最小限に抑えるかが課題となる。

［　　　　社会・生活　　　　］

9月入学

新型コロナウイルスの感染拡大の影響で2020年3月上旬から多くの学校が休校になった。そこで新年度のスタートをこれまでの4月から9月に変更して学習時間を確保し、授業の遅れを取り戻す案が検討された。

かねてより9月入学については導入議論があった。世界では4月入学は珍しく、主要7カ国(G7)では日本だけ、20カ国・地域(G20)では日本とインドのみだ。国内外の入学時期のズレは、日本の学生の留学のハードルとなるだけでなく、海外からの優秀な学生が日本の大学に集まらない一因になっているとの指摘がある。ただ、9月入学に変えるには義務教育の期間を定める学校教育法などの改正が必要となるほか、会計年度の見直しの議論も欠かせず、社会的な影響が大きいため実現は容易ではない。

緊急事態宣言が解除され、学校が段階的に再開されるめどがついたことなどを受け、政府は20年6月、コロナ禍で浮上した9月入学について当面見送る方針を決めた。

ロックダウン（都市封鎖）／ 9月入学／ 新しい生活様式（ニューノーマル、新常態）／ 一斉休校

新しい生活様式（ニューノーマル、新常態）

新型コロナウイルスへの対応が長期にわたることを踏まえ、感染拡大を防ぐために国民が日常生活で実践すべきものとして提起された行動指針。2020年5月4日の新型コロナウイルス感染症対策**専門家会議**の提言を受け、厚生労働省が示した。

「1人ひとりの基本的な感染対策」、「日常生活を営む上での基本的生活様式」、「日常生活の各場面別の生活様式」、「働き方の新しいスタイル」の大きく4つからなる。具体的な実践例として、「スーパーなどへの入店時にマスクを着用して手指を消毒し、レジ待ちで間隔を空ける」「娯楽はオフピークの時間と場所を選ぶ」「**テレワーク**やオンライン会議を導入する」といったことが挙げられている。「新しい生活様式」で提起されたような、これまでとは異なる人々の生活や働き方は「ニューノーマル（新常態）」とも呼ばれる。

一斉休校

新型コロナウイルスの集団感染を防ぐため、多くの国・地域で学校が休校となった。日本でも2020年2月、安倍晋三首相（当時）が全国の小中学校と高校、特別支援学校に臨時休業を要請する考えを表明。これを受け、20年3月から5月まで多くの学校が臨時休校となった。

早期に**クラスター**の拡大を防ぐためのやむを得ない措置だったとする声がある一方で、科学的な根拠が十分でなく、感染例がなかった自治体を含め事実上の強制になったことへの批判があ

1 コロナ禍

▶新しい生活様式の実践例（抜粋）

人との間隔2m 可能な限り 対面会話を避ける	3密の回避 密集・密接・密閉	外出はマスク着用 屋内や会話時は 症状がなくても着用	帰宅後など まめに手洗い 手指の消毒も
感染が流行している地域への移動は控える	帰省・旅行は 控えめに	**誰とどこで会ったか メモ** 移動履歴ON	遊びに行くなら 屋内より屋外

買い物	・通販も利用 ・サンプルなど展示品への接触は控えめに	食事	・大皿は避けて料理は個々 ・対面ではなく横並び ・お酌・グラスやおちょこの回し飲みは避けて ・料理に集中 　おしゃべりは控えめに
娯楽・スポーツ	・筋トレやヨガは自宅で動画を活用 ・歌や応援は十分な距離かオンライン		

出典：厚生労働省ウェブサイト

45

る。**オンライン授業**などの学習環境の有無による教育格差や、体を使って遊ぶ時間が減ったことによる発育への悪影響なども懸念された。

　加えて、休業要請は事前準備の期間をおかず突然に行われたこともあり、教育委員会や各学校、家庭でも急な対応をせまられた。4月以降は、休校実施の有無や休校期間などについて国の具体的な基準はなく、各学校や地方自治体の判断となったことで、特に感染者が出ていない地方を中心に、判断に悩む現場は少なくなかった。このほか、現場の教職員らは学習カリキュラムのやりくりなどの対応に追われ、働く保護者は子供の預け先探しに奔走するなど混乱が広がった。

ウィズコロナ、アフターコロナ、ポストコロナ

　新型コロナウイルスに関する様々な口語表現が登場している。「ウィズコロナ」は代表例の1つだ。

　新型コロナウイルスとの共存・共生という意味で、第一次世界大戦中の1918年に始まったスペイン風邪のように、感染が長期にわたり、流行を繰り返す可能性が高いと見込まれることから、多用されるようになった。一方、「アフターコロナ」「ポストコロナ」は、新型コロナウイルスの収束後、もしくはまん延後の世界を意味する。

　ウィズコロナ、アフターコロナ、ポ

ストコロナも踏まえて、生活や働き方から、政治、経済、社会、文化に至るまで、あらゆる物事が構造的な変化を余儀なくされる状況は「**ニューノーマル（新常態）**」とも呼ばれる。

オンライン化

　アナログ業務や対面によるコミュニケーションを、インターネット経由の遠隔で行えるようにすること。新型コロナウイルスの感染拡大を防ぐために人との接触を避ける動きが広がる中、様々なシーンでオンライン化が進んでいる。

　オンライン化を象徴するツールの1つが米国発のビデオ会議システム「Zoom（ズーム）」だ。ビジネスシーンでは同様のシステムを使ったオンライン会議が当たり前となり、遠隔での販売・営業のツールとして活用する企業が増えている。

　オンライン（ウェブ）上で実施するセミナーを意味する「ウェビナー」という言葉も注目された。人々の生活においても、ZoomやLINEなどでビデオ通話をつないだままにして、参加者各人が家にいながらお酒や会話を楽しむ「オンライン飲み会」が広がっている。

オンライン授業

インターネットを介して、遠隔で教育学習を行うこと。新型コロナウイルスの影響で**一斉休校**が実施された中で注目を集めている。「同時双方向型」「オンデマンド型」の大きく2種類ある。

同時双方向型は、映像や音声を使ってリアルタイムで授業を配信し、教員（講師）と生徒・学生（受講生）がコミュニケーションを取りながら授業を進める。ビデオ会議システムなどのツールを活用することで、従来の対面に近い形で授業が行え、質疑応答や意見交換をその場でできるメリットがある。一方で、多人数が安定してデータを送受信できるネット環境が不可欠で、携帯通信網を使う場合は受講生側の通信コストがかさむ可能性がある。

オンデマンド型は、講師がネット上で映像や音声、資料、課題などを配布し、これらを受講生が視聴して学ぶスタイルだ。自分のペースで好きなときに学習でき、繰り返しの視聴も可能だ。比較的少ないデータのやり取りで済み、受信環境を整えるための受講生の負担も抑えられる。ただ、双方向の仕組みではないため、その場で講師に質問はできない。講師側としては、教材として使う資料などの準備に手間と時間がかかる可能性がある。また、学生の受講状況を出欠以外で把握できるようにするなど運用にも工夫が求められる。

コロナ禍において、**3つの密（3密）**を防ぎつつ学習を進めることができる点でオンライン授業は広く学校現場や学習塾などで重宝された。しかし小・中・高校が段階的に対面授業を再開した中、2020年9月現在でも入構を制限し、オンライン授業を続けている大学もある。特に入学以降、大学に通えず友人ができない1年生や、実習・実験が必要不可欠な医療や芸術系学生の不安・不満は大きい。休学や退学を検討する学生が増えており、教育現場の課題となっている。

在宅勤務・テレワーク

自宅で仕事をする働き方のこと。長時間労働の是正をはじめとする働き方改革の機運が高まる中で「テレワーク」を推進する企業が増えている。テレワークとは、遠隔を意味する「tele」と労働・勤務を意味する「work」に由来する造語で、IT（情報技術）の活用で場所と時間にとらわれない働き方を指し、「リモートワーク」とも呼ばれる。具体的には在宅勤務のほかに、外出先や移動中の交通機関内などで仕事をするモバイルワーク、勤務先以外のワークスペースなどで働くサテライトオフィス勤務、**ワーケーション**などがある。朝の混雑時の通勤を避けられ、育児や介護中でも柔軟に仕事に対応でき

るなどのメリットがある。社員の労働生産性の向上につながるほか、多様な人材を獲得しやすくなるという効果も期待できる。政府は以前からテレワークを推進しており、2020年度までに導入企業を12年度の3倍にするとの目標を掲げていた。

20年の**東京五輪・パラリンピック**の開催を控え、大手企業では在宅勤務の導入準備が進んでいた。そこに新型コロナウイルスの感染拡大があり、在宅勤務の実践が産業界で一気に広がった。だが、**緊急事態宣言**解除後に「原則出社」に戻った企業は多く、テレワークが定着したとは言い難い。

しかし、以前より在宅勤務を導入する企業が増えたことで、VPN(仮想私設網)と呼ばれる通信技術にも注目が集まっている。VPNは通信データを暗号化し、社外から業務システムに接続する際などに使われる。実際の専用回線を作るよりコストが安いため、多くの企業が在宅勤務に活用している。一方でVPNから不正侵入され社内情報を盗まれるリスクがあり、セキュリティー対策が在宅勤務の課題として浮上している。

ジョブ型雇用

「ジョブ型雇用」とは、職務内容や勤務地、労働時間などを明確に定めた雇用形態。主に欧米企業で採用されて

いる。使命や役割、必要なスキルなどを「ジョブディスクリプション(職務定義書)」と呼ばれる文書で細かく規定する。勤務時間ではなく、職務(ジョブ)における成果で評価するのが一般的だ。

これに対して日本では、職務内容などを限定しない「メンバーシップ型雇用」と呼ばれる雇用形態が中心。新卒一括採用と終身雇用を前提に、自社の一員(メンバー)をゼロから育てるという考え方に基づくものだ。社員の労働者としての立場が安定し、日本企業の競争力を長く下支えしてきた面がある。その一方で、長時間労働につながりやすく、年功賃金や順送り人事の常態化が、デジタル化とグローバル化が進む中、企業の競争力をそぐ要因となるなど、負の側面も目立ち始めている。

経団連は2020年の春季労使交渉で、日本型雇用制度の見直しを重点課題として挙げ、日本企業の国際競争力を高

▶雇用形態の比較

雇用形態は2つに大別される		
ジョブ型	雇用形態	メンバーシップ型
欧米	主な採用国	日本
職務を明確にし、最適な人材を充てる	概要	職務を限定せず、広く人材を採用
限定的・専門的	仕事の範囲	総合的(ジョブローテーション)
高い	人材流動性	低い

2020年5月27日付日本経済新聞

めるためにジョブ型が有効であるとの姿勢を打ち出した。新型コロナウイルスの感染拡大をきっかけに**テレワーク**が広がり、勤務時間での評価が難しくなる中、日本でもジョブ型雇用を導入し、成果で評価する制度に移行する企業が増える可能性がある。

ソーシャルディスタンス（社会的距離）

感染症の予防戦略の1つで、人と人が物理的に距離を取ること。同様の意味で「ソーシャルディスタンシング」という言葉も使われる。2メートル程度の距離を取り、握手やハグといった身体を触れ合う行為を避けることは新型コロナウイルスの感染リスクを減らすのに有効とされる。スーパーのレジ待ちの際に客同士が一定の間隔を空けるなどが一例。いわゆる「**3密**」の回避や**在宅勤務**もソーシャルディスタンスにつながる。

ソーシャルディスタンスは「社会的距離」、ソーシャルディスタンシングは「社会的距離の確保」と訳されるが、いずれにしても社会的に他人との関係を断つべきとの誤解を生む恐れがある。物理的な距離の確保という趣旨を明確にするため、**世界保健機関（WHO）**は「フィジカルディスタンシング（身体的距離の確保）」と言い換えている。

大学生の就職活動

大学生優位の「売り手市場」が続いてきた就職活動だが、新型コロナウイルスの感染拡大の影響で一変している。

2021年春卒業予定の学生の就活では会社説明会の中止が相次ぎ、選考が遅れるなど学生たちに不安が広がった。説明会や面接がリアル対面形式からオンライン形式に変わるなど、就活のあり方そのものの変化が学生たちを戸惑わせる面もあった。

ただ一方で、早めに就活に動き、**インターンシップ**（就業体験）に参加していた学生には余裕があったようだ。一部の企業では、夏と冬のインターンシップ参加者に対して早期選考を実施し、新型コロナウイルスの感染拡大が本格化する前に内定を出した。

就職戦線の変化は数字にも表れている。就職情報会社のディスコが20年7月上旬に行った企業を対象にした調査によると、「売り手市場だと思う」と回答した企業は全体の4割で、前年の9割から大幅に減った。採用見込みも、前年比で「減少」と答えた企業が「増加」と答えた企業を上回った。

22年春卒業生の就活はさらに過酷になる可能性がある。新型コロナウイルス感染症収束の見通しが立っていないため、早めに学生の囲い込みに動く企業が増えると予想されている。

脱ハンコ

　ハンコを使う文化から脱却しようとする国内の潮流のこと。日本では官民を問わず組織内での決裁・申請に紙の書類とともにハンコが多用され、日常生活も含め印鑑による証明を求められる機会が多い。

　こうしたハンコの使い方をするのは世界でも東アジアの国の一部に限られる。欧米にはハンコ文化がなく、サインによる証明が一般的だ。かねてより日本のハンコ文化は非効率との批判があり、IT（情報技術）化が進む中で国際競争力の観点からも問題視されていた。その結果2001年、電子署名に押印と同じ効力を認める電子署名法を施行し、19年には行政手続きを原則電子化すると定めた**デジタルファースト法**が成立したものの、20年現在いまだに脱ハンコには至っていない。

　新型コロナウイルスの感染拡大により、ハンコ文化を変える機運が改めて高まっている。感染を防ぐために**在宅勤務**の導入が進んだ一方で、書類に押印するために出社を余儀なくされるケースが相次いだためだ。非効率性が改めて浮き彫りとなったことから、書類データの作成者を電子的に証明する「電子署名」で代替する取り組みも広がっている。

マスク不足

　新型コロナウイルスの流行によって世界中でマスク不足となり、日本でも2020年2月以降、品薄状況が続き、入手が極めて困難になった。国内に流通するマスクの生産の多くが中国製で、同国からの出荷が滞ったことも災いした。

　インターネット上での高額転売が横行したため、政府は20年3月に政令を改正してマスクの転売を禁止。商品名や画像を別の商品で記載しながら、実際はマスクを出品する手口も見られたものの、一定の効果はみられた。加えてマスクの増産に向けた設備投資を行うメーカーに対して補助金を支給するなど、国内メーカーにマスクの生産を促した。

　4月には、全世帯に布マスクを2枚ずつ配る施策も発表した（いわゆる"アベノマスク"）。その後、メーカーの増産と政府による配布が進んだことで深刻な品薄状態から脱し、政府による転売規制も8月に解除された。ただ、再び感染が拡大すれば需給のバランスが崩れる恐れはあり、新たな流行への備えが求められている。

ワーケーション

　ワーク（働く）とバケーション（休暇）

脱ハンコ / マスク不足 / ワーケーション

を掛け合わせた造語。通信環境が整った観光地などの滞在先で、休暇を取りながら仕事をする働き方を指す。ワーケーションという言葉は2000年代に米国で生まれたとされ、ビジネスチャットツールやWeb会議システムなどのICT（情報通信技術）の活用により、場所や時間の制約を受けずに働ける可能性が広がっている。

従業員の健康増進や創造性・生産性の向上を図る施策として、また有給休暇の取得促進策として以前から産業界での注目度は高い。地方創生の有効な手段として期待する自治体では、数年前よりワーケーション用オフィスを整備するなど受け皿作りに取り組む例が出始めていた。新型コロナウイルスの感染拡大により**テレワーク**の実践が進んだことで、需要が本格的に増える可能性がある。

政府もワーケーションを推進する動きをみせている。20年7月には首相官邸で観光戦略実行推進会議が開かれ、新型コロナウイルスの影響で落ち込んだ観光需要の回復に向けて、会社員らが混雑期を外して休暇を取れるようになるための方策が検討された。当時は官房長官だった菅義偉首相はワーケーションの普及に取り組む考えを示した。

1
コロナ禍

テーマ 1 確認チェック

❶「房」を意味する英語で、疫学においては感染のつながりがある患者らの小規模な「集団」を指す言葉を何というか。▶p.31
❷経済上の理由により事業を縮小した事業主が従業員を休ませる場合に、休業手当の一部を国が助成する制度を何というか。▶p.35
❸新型コロナウイルスの感染拡大による緊急経済対策として、政府は住民基本台帳に記録されている人を対象に1人あたり一律10万円の[　　]を給付した。▶p.37
❹職務内容や勤務地、労働時間などを明確に定めた、主に欧米企業で採用されている雇用形態を[　　]型雇用という。▶p.48
❺休暇を取りながら観光地などの滞在先で仕事をする働き方を何というか。▶p.50

答え ❶クラスター ❷雇用調整助成金 ❸特別定額給付金 ❹ジョブ ❺ワーケーション

テーマ 2 日本経済

米中貿易摩擦や増税の影響もあり落ち込んでいた日本経済は、2020年4〜6月期の実質国内総生産（GDP）が戦後最悪のマイナス成長率となるなど、コロナショックにより深刻な打撃を受けた。外出自粛や営業制限などにより個人消費が低迷。緊急事態宣言解除後は回復傾向にあるが、「コロナ前」に戻るには時間がかかるという見方が多い。日本経済の動向を知るためのキーワードを紹介する。

ESG投資

環境（Environment）、社会（Social）、企業統治（Governance）を判断材料にして投資すること。これまでは企業の経営成績を示す財務情報が投資の基準であったが、ESG投資は地球環境保全や人権、法令順守の取り組みなどの非財務情報を重視する。

世界主要5地域の業界団体の調べに基づく「世界持続可能性投資報告」によると、2017年末時点（日本のみ18年3月末時点）の世界全体のESG投資残高は約31兆ドルで、前回調査（15年末時点）の23兆ドルから34％増加した。日本のESG投資残高は2.2兆ドルで360％増加している。

15年9月、世界最大の年金基金である厚生労働省所管の独立行政法人「**年金積立金管理運用独立行政法人（GPIF）**」が「**国連責任投資原則（PRI）**」に署名したことで、日本におけるESG投資の認知度が高まった。

GPIFは企業の取り組みを判断するテーマとして、ESGの「E」は地球温暖化、水資源、生物多様性など、「S」は女性の活躍、従業員の健康など、「G」は取締役の構成、公正な競争などにそれぞれ配慮することと明示している。

コロナ禍により企業によるESG債券の発行も増えている。調査会社のリフィニティブによると、20年の世界における発行額は8月7日時点で2210億ドル（約23兆円）と前年同期に比べ64％増えた。これまでESG債は環境への用途が大半だったが、**新型コロナウイルス**の感染拡大により打撃を受けた企業の支援や貧困層の支援など社会課題の解

▶ESGの主な要素

Environment（環境）
・二酸化炭素の排出量削減
・再生可能エネルギーの利用
・事業活動での廃棄物低減
Social（社会）
・事業活動での人権問題の配慮
・労働環境の改善
・製品の安全性の確保
Governance（企業統治）
・取締役会の多様性確保
・適切な納税などの法令順守
・積極的な情報開示

新聞記事などを基に編集部で作成

決を目的にしたものが増えている。

iDeCo（イデコ）

公的年金に上乗せして給付が受けられる私的年金の1つで、個人型の**確定拠出年金**のこと。加入者が毎月一定額を積み立て、定期預金や保険商品、投資信託などの金融商品の中から選んで運用し、60歳以降に年金または一時金として受け取ることができる。

2017年1月より加入条件が緩和され、日本在住で公的年金を納める20歳以上60歳未満の人ならば、原則誰でも加入可能になった。掛金は月額5000円以上で、1000円単位で増額できるが、職業によって限度額が決まっている。

60歳未満で解約することは認められておらず、60歳にならないと積み立てた資産は受け取れない。運用成績によって受取額が変動するリスクはあるが、掛金全額が所得控除され、運用益も非課税で節税対策の一助も担う。一時金もしくは年金のいずれかで受け取る際も公的年金等控除、退職所得控除が適用されるなど税制的に優遇されており、メリットが大きい。

高齢化が進む中、長期化する老後の生活や増加が見込めない公的年金を補う備えとして、私的年金への注目が増している。このような状況を背景として17年1月の加入条件緩和を契機に加入者が急増。16年12月時点で30.6万人だった加入者数は、20年8月時点で約169.1万人となっている。

20年5月に成立した年金制度改正法により、22年10月からは、すべての会社員で企業型年金とイデコの併用が可能になる。また、加入可能年齢が65歳（現行60歳）未満に延び、受給開始年齢の上限も75歳（同70歳）に延びる。受給は一時金でも年金でも、その組み合わせでも可能で、年金方式の場合、最大で20年、非課税運用を続けながらの受給が可能になる。

暗号資産（仮想通貨）

インターネット上で商品・サービスの対価として使うことができる財産的価値。資金決済法では、「電子的な方法で記録され、不特定多数の人を相手に代金の支払い等に使用できる」と定義されている。2009年にビットコインが暗号資産（仮想通貨）の端緒を開き、現在では600種類以上存在するといわれる。米フェイスブックが発行を計画している**Libra（リブラ）**もその1つ。

事業者が運営する取引所を通じて、各国の通貨と交換して入手することができ、決済は金融機関を通すことなく、特定のコミュニティーの中でやりとりされる。価格が激しく変動しやすいため投機目的で保有する人が多いが、取引所の破たんや、暗号資産の流出などが発生するなどリスクも大き

い。

国際的には通貨と明確に区別するために「crypto-asset：クリプトアセット（暗号資産）」と表現していることから、金融庁は呼称を仮想通貨から暗号資産に変更した。また、20年5月に施行された改正資金決済法では、投資家保護を目的に、暗号資産を規制対象に加え、少ない元手で多額の売買ができる証拠金取引にも投機的な売買を抑えるための規制をかけた。

イニシャル・コイン・オファリング（ICO）

企業やプロジェクト主体が事業を行う際、トークンと呼ばれる**暗号資産（仮想通貨）**を独自に発行し、これを投資家に購入してもらうことで資金を調達する仕組み。実績のない事業体でも魅力的な事業内容を提示できれば、不特定多数の投資家から短期間で資金を集めることが可能で、**IPO（新規株式公開）**などに比べて簡便な資金調達手段とされている。

事業が成功すればトークンの価値が上がり、投資家はこれを売却して利益を得ることができるほか、ICOによって開発されたサービス・商品が得られるなどのメリットがある。

一方で、事業計画の情報開示が徹底されず投資家との間でトラブルが生じたケースや、ICOをかたった詐欺事例なども報告されている。米国は認可を受けていないICOを処罰対象としている一方で、中国、韓国はICOを全面禁止。日本でも投資家保護のため金融庁が規制を検討している。

19年5月には、「情報通信技術の進展に伴う金融取引の多様化に対応するための資金決済に関する法律等の一部を改正する法律」が成立し、その中でSTO（セキュリティー・トークン・オファリング）が新たに有価証券として位置付けられることになった。分散型台帳（ブロックチェーン）の技術を活用することで、ICOより厳しい監視下に置かれ、より安全な有価証券の発行手段として期待を集めている。SBI証券や野村証券などはその普及に向け、19年10月に業界団体「日本STO協会」を立ち上げた。

インバウンド消費

海外から日本を訪れる外国人観光客によって生み出される国内消費のこと。訪日外国人客数は2011年以降毎年伸び続け、19年には3188万人に達した。これに伴い19年のインバウンド消費額は4兆8135億円と過去最高を記録。ただ、**新型コロナウイルス**の感染拡大の影響で20年に入ってから訪日観光客数は激減しており、インバウンド消費を当て込んでいた観光、宿泊業界は苦境に陥っている。

19年のインバウンド消費を国別

でみると、中国が1兆7704億円で全体の36.8％を占め、台湾が5517億円（11.5％）、韓国が4247億円（8.8％）と続く。訪日外国人の1人あたり消費額は約15万9000円で前年より3.6％増加した。国別ではオーストラリアが約24万8000円で最も多く、英国の約24万1000円、フランスの約23万7000円の順で高い。

新型コロナウイルスの感染が世界的に拡大した20年2月以降、各国の渡航規制に伴いインバウンドが激減。日本政府観光局（JNTO）が2020年7月に発表した20年上半期（1〜6月）の訪日外国人客数は394万7000人で、前年同期と比べ76.3％減少した。

日本政府は観光産業を国の基幹産業へと発展させるべく法整備や規制緩和、プロモーションなどを継続的に実施。20年には訪日客を4000万人、インバウンド消費額を8兆円に、30年にはそれぞれ6000万人、15兆円にする目標を掲げていた。インバウンド回復には相当の時間を要すると考えられており、政府も大幅な戦略の見直しを迫られている。

インフレターゲット

政府や中央銀行などの金融当局が、中長期的な物価上昇率（インフレ率）の目標を示し、緩やかな物価上昇を誘導する金融政策。一般的に金融政策は、物価上昇の抑制を目的とするが、日本銀行は2013年1月、デフレ（物価下落）からの脱却を目指して2％のインフレターゲットを導入した。物価が上昇すれば**実質金利**が下がるため、消費や投資を促すことになり、これにより経済成長につなげることを目指している。

13年3月に日本銀行総裁に就任した黒田東彦氏は量的・質的金融緩和に踏み切り、長期国債保有残高を増やして資金供給量を増やす一方、**上場投資信託（ETF）**などの購入により株価を下支えした。また、日銀は、16年1月に**マイナス金利**を導入。同年9月以降は、10年物国債の金利が0％程度で推移するよう買い入れを行うイールドカーブ・コントロール（長短金利操作）を採用するなど相次いで政策を打ち出した。

黒田総裁は就任2年をめどに2％の物価上昇率の目標を達成するとしたが、7年以上が経過した現在も達成できていない。全国**消費者物価指数**（CPI、2015年＝100）の生鮮食品を除く総合指数は20年3月まで39カ月連続で上昇し、デフレからの脱却という点では一定の成果を上げたものの、同年4月には**新型コロナウイルス**感染症の影響で40カ月ぶりに0.2％下落。その後も下落、横ばいの状態が続いている。

インボイス（税額票）

取引した商品ごとに消費税の税率や税額が記された請求書のことで、国に納める消費税額を計算するために使われる。税額票ともいい、2023年10月に導入される。販売者は商品の仕入れ先に発行してもらい、インボイスに基づいて税務申告する。

19年10月1日の消費税増税と同時に導入された**軽減税率**制度では複数税率（8％、10％）が適用されたが、インボイスの使用で、販売商品のうち軽減税率対象商品（8％）と対象外商品（10％）の内訳を把握できるようになる。これにより、消費税が事業者の手元に残ったままになる「益税」の問題を解決し、正確な税額計算につなげる目的がある。

販売者は消費者より受け取った消費税から、仕入れ先に支払った消費税を差し引いて（控除して）消費税を納める。これまでは税率が一律だったため税額計算は単純で、販売者は仕入税額控除の条件として帳簿と請求書の保存が義務付けられていた。軽減税率導入以降は、適用税率や税額を記した適格請求書の保存義務が生じ、販売者は仕入れ先が発行した適格請求書に記載された税額のみ控除することができる。

消費税増税後4年間は経過措置として、税額、税率だけを書いたレシートを利用してよいが、完全移行までに適

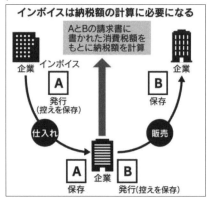

2020年7月30日付日本経済新聞

格請求書発行事業者の登録を済ませ、登録番号を取らないと軽減税率制度を利用できない。手続きが煩雑なため、政府はインボイスにかかわる各種書類の電子化を検討している。

円借款

日本の**政府開発援助（ODA）**で行う各種支援・協力のうち、開発途上国に対して、経済発展や福祉の向上を促すための資金を円で貸し付ける枠組み。開発途上国を直接支援する二国間援助には返済を求めない「贈与」もあるが、「借款」は「贈与」よりも大規模な支援を行いやすく、経済や生活に欠かせない道路や鉄道、発電所などのインフラ建設支援に適している。また、返済義務を課すことで、途上国の主体性と自助努力を促し、日本との中長期的、安

定的な関係構築につながるという外交的な側面も持つ。

2018年のODA実績額は約141億6352万ドル(約1兆5642億円)。経済協力開発機構(OECD)の開発援助委員会の加盟国で米国、ドイツ、英国に次ぐ4位だった。このうち円借款承諾額の総額は約1兆2500億円で、承諾先の上位国はインド、フィリピン、バングラデシュの順となっている。かつて日本は政府開発援助(ODA)大国と呼ばれたが、財政悪化を背景に退潮気味だ。

政府は近年、途上国を対象としたインフラ輸出に注力しているが、案件獲得に動く中国などとの競争が激しくなっている。その対抗上から、政府は円借款の手続きを従来の3年程度から1.5年に短縮するなど規制緩和の取り組みを進めている。また、日本企業の受注などを条件とする一方で、金利を低く抑えたSTEP円借款の活用を進めるほか、途上国のニーズに応じユーロ建て、ドル建てで開発資金を貸し出す借款制度も始めている。

円高・円安の動き

外国為替相場で、円の価値が外国通貨に対して上がることを円高といい、下がることを円安という。輸出入においてはドル経済圏との関わりが深いため対ドル相場で語られることが多く、例えば1ドル110円だったものが100円になれば円高、120円になれば円安になったという。一般的には当該国に対し相対的に経済力が強くなれば円の需要が高くなって円高に振れるが、金利や国際情勢など様々な要因によって左右される。

円高が進むほど海外からの輸入品を安く買うことができるため、原材料などの多くを輸入に頼る企業にとっては採算が改善する。一方、海外への輸出品が高く売られることになるため、製品の多くを輸出に頼る企業は採算が悪化する。円安になると、その逆となる。

直近の**為替相場**の動きをみると、円ドル相場は、**米中貿易摩擦**の激化から2018年後半以降安全な投資先として円が買われ続けていることに加え、**米国連邦準備理事会(FRB)**の相次ぐ利下げなどによる金融緩和の長期化で日米の金利差が縮小し、緩やかに円高が進みつつある。一方、円ユーロ相場は欧州の景況感が回復していることから20年

▶ODAの種類

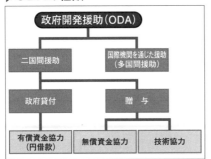

出典:JICAウェブサイト

5月以降、円安基調で推移している。

海外企業による対日直接投資

　ジェトロ(日本貿易振興機構)の「対日投資報告2019」によると、海外企業による2018年末の対日直接投資残高は、約30兆7000億円となり5年連続で過去最高額を更新した。地域別では、欧州が約15兆2000億円で対日投資残高の約5割を占める。北米は約6兆7000億円で総額に占める構成比は21.8%、アジアは約5兆9000億円で総額の19.2%となった。政府は、海外の優れた人材や技術を呼び込み、雇用やイノベーションの創出を図るために20年までに対日直接投資残高を35兆円にすることを目標に掲げている。

　18年度におけるジェトロの対日投資誘致成功件数は241件で過去最高を記録。地域別ではアジアが最多となった。中身をみると、日本各地の課題や特徴に、研究開発や新たな技術・サービス実証の機会を見いだし、積極的に地元企業・団体との連携を図る事例がみられるほか、日本のスタートアップを支援するビジネスに参入する企業も多い。

　ジェトロと経済産業省は、地方への外国企業誘致促進を目指す「地域への対日直接投資カンファレンス」の取り組みに注力。依頼があった自治体に対し、外国企業を招いたセミナーの開催やビジネスマッチングの実施を支援している。また、19年5月に設立した「デジタル手続法」を通して法人設立手続きなどをオンライン・ワンストップ化するなど、投資しやすい環境整備も進めている。

海外直接投資(対外直接投資)

　企業による海外への投資のうち、工場や販路を作るための現地法人の設立や海外企業のM&A(合併・買収)など事業の拡大を目的としたものを指す。短期の投資目的で株式や債券などを売買する「証券投資」とは区別される。株式などでの投資を通じた出資については、出資比率が10%以上を直接投資としている。

　1980年代半ば以降、円高を背景に製造業が生産コストを抑える目的で海外に生産拠点を設ける動きが加速した。だが、この10年ほどは、グローバル市場での生き残りや、国内市場の縮小を背景に現地市場での販路を求めて進出するケースが増えている。これを裏付けるように近年、海外企業へのM&Aが活発化し、その金額も巨額化している。なかでも武田薬品工業によるアイルランドの製薬大手シャイアーの買収(約6.8兆円)が買収額では過去最大であった。

　ただ、**新型コロナウイルス**の感染拡大により、2020年度に入ってからは低

調に推移している。M&A助言のレコフによると20年1～6月の日本企業による海外企業の合併・買収の合計額は1兆328億円と前年同期比で77%減、件数は307件と29%減った。

改正卸売市場法

青果物や水産物などの取引を担う卸売市場の活性化と効率化を主眼に卸売市場法が改正され、2020年6月から施行された。産地と消費者の直接取引やネット取引の拡大などで縮小傾向が続く市場取引の底上げを図るのが狙いだ。

法改正により、食材を広域で流通させる中核拠点である中央卸売市場を民間でも開設できるようになった。民間参入で流通サービスの質を上げ、運営コストの低下などにつなげる。卸売業者は仕入れた商品を市場で仲卸業者などに販売する原則も取り払われ、仲卸を通さずスーパーなどに直接販売できるようになった。一方、仲卸は卸を介さず、産地から直接仕入れることができるようになり、取引する商品をいったん市場内に持ち込まなければならないというルールも廃止された。これにより注文や決済は卸と仲卸の間で行いつつ、商品は産地から小売店などに直接送ることが可能になる。

背景には卸売市場の利用が減っていることが挙げられる。中央・地方市

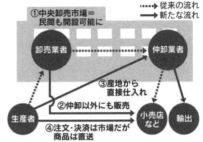

▶改正卸売市場法のポイント

2020年6月22日付日本経済新聞電子版

場合計の取扱額は青果がピークだった1990年度の5兆円から2017年度は3兆3000億円に、水産は1991年度の6兆2000億円から17年度は2兆9000億円に、それぞれ大幅に減少している。外食や大手小売りが産地や商社などから直接食材を仕入れる市場外取引が増えたことなどが要因だ。

改正外為法

海外投資家による日本企業への投資を規制する改正外為法(外国為替および外国貿易法)が2020年5月から施行された。日本にとって重要な技術の海外流出を防ぐのが狙いだ。近年、中国による積極的な企業買収が増えていることから、世界各国で外資による企業買収を阻止する法規制を強める動きが広がっている。日本もこうした流れに沿って外為法の改正に踏み切った。

外為法では、安全保障上の観点から重要な企業の株を外資が取得する場合、政府への事前届け出を投資家に義務付けている。その基準について持ち株比率の「10%以上」から今回の改正で「1%以上」に厳格化された。不適切と判断すれば取りやめを勧告できる。

政府は、届け出をもとに重点的に審査する「コア業種」として、武器や航空機、原子力、サイバーセキュリティーなど12分野を定め、該当する企業リストを公表している。その655社の中には、戦闘機を製造する三菱重工業や原子力事業を手掛ける東芝、トヨタ自動車などが並ぶ。また、審査条件がやや緩いコア業種以外の指定企業を合わせると、上場企業の過半にあたる約2200社が規制の対象となる。

このように事前に幅広い企業に規制の網をかけることは、企業側に買収される脅威を薄れさせ、経営に緊張感を失わせると指摘する声もあがっている。

改正独占禁止法

入札の談合やカルテルなどの違反行為を自主申告した企業への課徴金について、公正取引委員会の調査への協力度合いに応じて減免幅を拡大する改正独占禁止法が2019年6月に成立した。調査協力へのインセンティブを高め、違反行為の解明を進めやすくするのが

狙い。20年末の施行を目指す。

公取委の調査開始前に、最初に自主申告した企業の課徴金を全額免除する点は改正前と同じ。2番目以降については申告順で20〜5%の減免率が決まり、さらに重要な証拠を出すなど調査への貢献度が大きければ最大で40%の減免率を上乗せする。課徴金減免は申告の先着順5社までとしていたが、その制限を外す。

一方、課徴金の算定方法は厳格化する。基礎となる売上額などの対象を広げ、指示を受けた子会社の分なども合算できるようにした。その対象期間もこれまでの最長3年から10年に延長する。

家計金融資産

日本銀行の調査統計局が3カ月ごとに発表している資金循環統計の1つで、世帯が持つ現金・預金、株式などの金融資産を指す。資金循環統計には、金融機関、法人、家計などの金融資産・負債の増減や保有する金融資産の残高が金融商品ごとに記録されている。1954年から作成されており、経済の動きを金融面から推測できる。

家計金融資産は、「現金・預金」「債務証券」「投資信託」「株式等」「保険・年金・定型保証」「その他」の項目に分けられている。2020年6月末時点の家計金融資産残高は、前年比1.8

増の1883兆円。19年12月末には1907兆円と過去最高を記録していたが、3月に**新型コロナウイルス**の感染拡大で世界的に株価が急落し、株式等の残高は173兆円（4.3%減）となった。現預金の残高は4.0%増の1031兆円と、家計の預貯金志向は変わらない。

1995年から2016年までの20年間で日本の家計金融資産は1.5倍になったが、米国は3.3倍にまで成長した。投資や運用に対する姿勢の違いが差を生む要因の1つと考えられる。政府は「貯蓄から投資へ」の動きを促すため、**iDeCo**（個人型確定拠出年金）などの活用を呼びかけている。19年6月、金融庁の審議会が「老後資金は2000万円必要」とした報告書を公表したことにより、貯蓄から投資へというムードが一気に高まったが、新型コロナウイルスが冷や水を浴びせた格好だ。

基礎的財政収支（プライマリー・バランス）

国や地方自治体が1年間に得られる税収などの「歳入」から、公債費（元本の返済や利子の支払いに充てられる費用）を除く「歳出」を差し引いて計算した収支。財政の健全性を表す指標として使われる。日本では1992年度から赤字が続き、国債の発行など借金をしないと財政を賄えない状況が続いている。

日本政府は財政健全化を重要課題と

して位置付けており、2020年度には国と地方の基礎的財政収支を黒字化する目標を掲げていた。しかし、18年6月の経済財政運営と改革の基本方針、いわゆる「骨太の方針」において黒字化の目標が25年度に先送りされ、さらに20年7月に閣議決定された「骨太の方針」では、25年の黒字化目標に関する記述も消えた。

これは、**新型コロナウイルス**対策のための財政出動で、財政収支が大きく悪化したことによる。20年度補正予算で120兆円を超える規模の財政支出が盛り込まれ、国と地方の基礎的財政収支の赤字は**国内総生産（GDP）**比で19年度の2.6%から20年度は12.8%に急拡大し、進捗は大幅に後戻りした形だ。

キャッシュレス決済

紙幣・硬貨といった現金を使わずにお金の支払い、受け取りを行うこと。キャッシュレス決済には、クレジットカード、デビットカード、プリペイドカード（電子マネー）、モバイルウォレット（QRコードやバーコードを用いた**スマホ決済**）などの種類がある。日本のキャッシュレス決済比率は2019年で26.8%にとどまっており、政府は25年に40%に上げる方針を掲げている。

消費者にとっては、消費履歴の情報がデータ化され、お金のやり取りの管理が簡便になるほか、現金を持ち歩か

ずに買い物ができるなどのメリットがある。事業者にとっては、購買情報のデータをマーケティングに生かすことができるほか、レジや現金取り扱いの時間の短縮につながる。

政府は、19年10月の消費増税に合わせ、キャッシュレス決済時に最大5％のポイントを還元する施策を実施。**新型コロナウイルス**の感染拡大により現金の扱いを嫌う人も増え、キャッシュレス決済の普及は順調に進んでいる。このポイント還元策は20年6月30日で終了したため、普及に向けたさらなる後押しが課題だ。

政府はマイナンバーカードの普及とキャッシュレス決済の推進を狙った、マイナポイント制度を9月から始めた。中小小売店にとって負担の重いキャッシュレス決済にかかる手数料の引き下げも求められる。

クラウドファンディング

群集（crowd）と資金調達（funding）を組み合わせた造語で、商品やサービス、企画など自身のアイデアを実現するために、インターネット上で不特定多数の人から比較的少額の資金提供を募り、資金を集める方法。金融機関に頼らず、手軽にお金が集められる新たな資金調達の方法として市場は成長しつつある。

出資者が対価を求めない「寄付型」、

商品やサービスと引き換えにする「購入型」、元本と利子が返済される「貸付型」、収益の一部を分配金として受け取る「投資ファンド型」、株式を受け取る「株式投資型」などがある。

富士キメラ総研によると、2019年の国内での資金調達額は約1775億円にのぼった。22年には3000億円を超える見通しだ。内訳をみると、資産運用を主目的とした「貸付型」が9割を占める。「株式投資型」については、15年5月の金融商品取引法の改正により解禁され、17年からサービスが始まった。日本証券業協会によると、20年6月末までに延べ100社が株式投資型を活用し、合計で約33億円を調達している。

また、コロナ禍でより注目を集めているのが「寄付型」「購入型」だ。**新型コロナウイルス**の感染拡大の影響を受け、売り上げが減るなど窮地に陥った全国の飲食店や宿泊施設、アーティストを支援する手段の1つとして広がりをみせている。背景として、収益性より共感できるプロジェクトを支えることに喜びを感じる利用者が増加していることも要因として挙げられる。

軽減税率

特定の品目に対して標準税率より低く設定した消費税率のこと。2019年10月1日に消費税が8％から10％に引き上げられたのと同時に軽減税率制度

（8％）が導入された。低所得者層の税負担を減らすことが目的だ。

軽減税率の対象となるのは「酒類・外食を除く飲食料品」と「週2回以上発行される新聞（定期購読契約に基づく）」で、飲食料品のテイクアウトや出前・宅配も含まれる。

欧州では軽減税率が既に一般化している国もあり、英国では標準消費税率が20％なのに対し、食料品や書籍、生活必需品などは軽減税率0％が適用されている。各品目について軽減税率を適用するか否かの基準は多様で複雑だ。

財源確保のための消費税率引き上げだが、軽減税率の導入で税収は大幅に落ちる。標準税率と軽減税率が混在することで、販売店は複数税率対応レジの導入や受発注システムの改修へのコストアップ、税務処理の煩雑化など課題は多い。

また、飲食料品についてはテイクアウト（持ち帰り）なら軽減税率の対象となるが、イートイン（店内での飲食）では対象外となる。**新型コロナウイルス**

の感染拡大により、家庭で食べる食品の売れ行きが順調だが、テイクアウトが軽減税率対象であったことも追い風となった。

経常収支と貿易収支

国際収支のうち、モノやサービスの取引による収支を表したものを「経常収支」と呼び、「貿易収支」「サービス収支」「第一次所得収支」「第二次所得収支」で構成される。経常収支は一国の経済力を示す指標とされる。

貿易収支は、輸出から輸入を差し引いた金額。サービス収支は、サービス輸出からサービス輸入を差し引いた金額。第一次所得収支は、外国から受け取る利子や配当から、外国に支払う利子や配当を差し引いた金額、第二次所得収支は主に途上国への資金援助を指す。

財務省が発表した2020年6月の国際収支統計速報によると、経常収支は72カ月連続の黒字となったが黒字額は1675億円と、前年同月に比べ約87％の大幅な減少となった。主な要因としては、**新型コロナウイルス**の感染拡大により世界的に経済活動が滞り、貿易収支が7500億円強の黒字から773億円の赤字になったことによる。また、インバウンドが減り旅行収支の黒字が大幅に減ったため、旅行収支を含む「サービス収支」も1577億円の赤字となっ

▶軽減税率の対象となる飲食料品例

8％（対象）	10％（対象外）
・スーパーやコンビニ、精肉店、青果店などで購入 ・ファストフードやピザ、寿司などのテイクアウト・宅配 ・自動販売機 ・通信販売	・酒類 ・医薬品・医薬部外品 ・外食（店内で飲食） ・ケータリング・出張料理 ・ペットフード

新聞記事などを基に編集部で作成

た。一方、第一次所得収支は4264億円の黒字だった。

20年6月までの上半期の経常収支は、前年同期比31.4％減の7兆3069億円の黒字となった。企業が輸出で稼ぐのではなく、海外展開を進めて現地で稼ぎ、収益を日本に戻す構図がより鮮明になっている。

国民負担率

国の財政に占める国民の負担を表す比率。国全体の収入である国民所得のうち、国民が納める税金（租税：国税と地方税）が占める割合である「租税負担率」と、社会保険料（健康保険料や年金保険料など）が占める割合である「社会保障負担率」の合計で表す。

1970年代に20％台だった日本の国民負担率は、1980年代には30％台に突入し、2014年に40％を超えた。欧米諸国の国民負担率は、米国が34.5％と日本より低いが、英国は47.7％、ドイツが54.1％、フランスは68.2％（いずれも17年度）と日本より高い。

20年度の国民負担率は前年度から0.7ポイント増の44.6％となる見通しだ。今後少子高齢化がさらに進むことや消費税率の引き上げなどを要因に、長期

▶国民負担率の国際比較

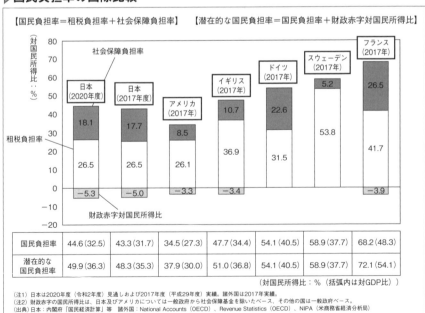

出典：財務省ウェブサイト

的にはさらに高くなっていくと予想され、国民の負担感が増している。とくに社会保障負担率は顕著に増加しており、年金をはじめとする社会保障制度の抜本改革に向けた議論が進んでいる。国民負担率に、次世代が負担する財政赤字を加えた「潜在的国民負担率」は20年度で49.9%となり、前年度から0.8ポイント増加する見込みだ。

シェアリングエコノミー

使われていない物や場所、お金などの資産やサービスを多くの人と共有したり交換したりして有効利用する経済行動。ブランド品のレンタルやカーシェアリング、民泊、家事や育児代行、**クラウドファンディング**など多くのシェアリングエコノミーが既に私たちの生活に根付いている。過剰生産・過剰消費を見直した「持たざる経済」として、消費活動やライフスタイルを変えつつある。

シェアリングエコノミー協会によると、2018年度のシェアリングエコノミーの経済規模は過去最高の1兆8874億円。カテゴリ別にみると、民泊や駐車場など「スペース」のシェアの規模が5039億円、フリマアプリやレンタルなどを通じた「モノ」のシェアが5201億円などとなっている。スマートフォンの普及やSNS（交流サイト）、アプリなどICT（情報通信技術）の発達が、提供者と利用者のマッチングを容易にしたことが背景にある。ただ、**新型コロナウイルス**の感染拡大を受け、物や空間を共有して効率的に使うシェアリングエコノミーの一部のサービスでは、感染リスクから敬遠されるケースもみられる。

シェアリングエコノミー協会では、健全なビジネス環境と利用者保護のためのガイドラインを基に自主ルールを作成し、それに適合したことを証明する認証制度を設けている。同協会では、シェアリングエコノミーの認知度、法制度の整備などが進めば、30年度の市場規模は18年度比約6倍の11兆1275億円にまで拡大すると予測している。

実質金利

金融機関の店頭などで表示される金利を「名目金利」といい、この名目金利から、予想される物価上昇率を差し引いて計算した金利のことを「実質金利」という。

銀行に預けた定期預金の金利が1%だとしても、そのお金で買おうと思っていた商品の物価が2%上昇すると、実質金利は1%下落していることになる。逆に金利が1%で、物価下落が2%だとすると、実質金利は3%上昇していることになる。実質金利が下落するとお金の価値が目減りするため、預金

をしておくより消費や投資に回そうという気持ちが働く。逆に上昇すると、お金を使うより、預けておいた方が得という気持ちが働く。

日銀が一貫して実質金利の低下を目指しているのは、前者のようにお金を積極的に消費や投資に回すことで経済活動が活発化し、ひいては物価上昇に結びつくことを想定しているからだ。

実質金利は各国で低下しており、20カ国・地域(G20)に加盟する18カ国・地域のうち、**政策金利**と**消費者物価指数(CPI)**を基に算出した実質金利をみると、9カ国・地域でマイナスとなっている。この**マイナス金利**によって、お金が金や株などの投資に向かい資産高につながっている。

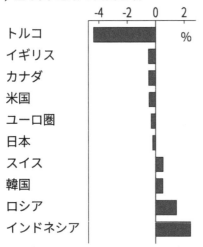

▶主な国・地域の実質金利

(注)政策金利と直近のCPIから算出

2020年7月25日付日本経済新聞

実質賃金

労働者が賃金として受け取る名目賃金から物価変動の影響を除いたもので、名目賃金を**消費者物価指数**で割って算出する。厚生労働省が勤労統計調査として毎月発表している。賃金額が同じだとしても、物価が上がれば購入できるモノは減る一方、物価が下がれば購入できるモノは増える。実質賃金は労働者の購買力を示す重要な指標とされている。

厚生労働省の発表によると2020年5月の実質賃金は前年同月比2.1%減少した。**新型コロナウイルス**感染症の拡大に伴う**在宅勤務**の増加や飲食店の営業自粛などの影響で、残業代の落ち込みは比較可能な2013年以降最大となった。また、名目賃金にあたる1人あたりの現金給与総額の内訳をみると、基本給にあたる所定内給与は0.2%増だったものの、残業代などを含む所定外給与は26.3%減と大きく減少した。ボーナスなど特別に支払われた給与は11.3%減だった。

新紙幣発行

政府・日銀は、千円、5千円、1万円の新紙幣を2024年度上半期に発行する。新紙幣の発行は5千円札と千円札の図柄が変わった04年以来、20年ぶ

実質賃金 / 新紙幣発行 / スチュワードシップ・コード

2
日本経済

▶新紙幣に採用された人物

渋沢栄一	第一国立銀行（現在のみずほ銀行）など数多くの企業を設立
津田梅子	津田塾大学の創立者。女子の英語教育の指導に注力
北里柴三郎	ペスト菌の発見など、感染症予防や細菌学の発展に貢献

新聞記事などを基に編集部作成

り。

　新紙幣の表の図柄は、1万円札が渋沢栄一、5千円札が津田梅子、千円札が北里柴三郎になる。渋沢栄一は第一国立銀行（現在のみずほ銀行）などの企業を設立し、日本資本主義の礎を築いたことで知られる。津田梅子は女子教育の先駆者で津田塾大学の創立者。北里柴三郎はペスト菌の発見などから「日本近代医学の父」と呼ばれている。

　各紙幣には最新のホログラム技術を使い、紙幣を傾けても3Dの肖像が同じように見える偽造防止対策を導入した。また、算用数字を漢数字より大きくし、外国人にも読みやすいようにした。00年に発行した2千円札については流通量が少ないことを理由にデザインを変えず、従来のままとする。また21年度上期をめどに500円硬貨も刷新する。現在の各紙幣と500円硬貨は、新しい紙幣と硬貨の流通開始後も引き続き使うことができる。

スチュワードシップ・コード

　生命保険会社や企業年金基金など

の機関投資家に対して、投資先企業の中長期的な成長を促すために果たすべき責務を明示した指針。スチュワードシップ（stewardship）は受託者責任、コード（code）は行動規範を意味する。

　2008年に起きた**リーマン・ショック**に対する反省をふまえ、英国企業財務報告評議会が10年、英国企業株式を保有する機関投資家向けに顧客・受益者の中長期的な投資リターンの拡大を図るために策定したのが始まり。これを参考に金融庁が14年に日本版スチュワードシップ・コードを策定。投資先企業との対話を促すことなど7つの原則が示された。

　17年5月には実効性の向上を目指した改訂版が公表され、年金など「資金の出し手」の責任、運用機関のガバナンス強化などが加えられた。また、20年3月の改訂では、年金基金が守るべき要件が緩和されたうえ、投資家が企業の環境や社会課題への取り組みを一段と重視するよう促した。導入は義務ではなく、機関投資家の判断に任されている。日本では現在281の機関投資家が導入し、指針の規定に沿って投資活動をしている。

　上場企業が、株主やステークホルダーに対して守るべき行動規範を示した**コーポレートガバナンス・コード**とともにダブル・コードとも呼ばれる。

スマホ決済

スマートフォン（スマホ）を使ってお金を支払うこと。店でスマホ画面上のQRコードなどを機器で読み取ってもらうか、店が提示するQRコードなどを利用者のスマホで読み取ることで支払いを済ませることができる。利用者にとっては普段持ち歩くスマホで決済ができる利便性があり、事業者にとっては設備コストが安く導入しやすいメリットがある。

アプリをスマホにダウンロードし、個人情報を登録すれば利用でき、現金でのチャージ、もしくはクレジットカードや銀行の口座からチャージした金額分が支払いに使える。政府が2019年10月に始めた**キャッシュレス決済**のポイント還元事業に加え、ソフトバンクとヤフーによるスマホ決済サービス「PayPay」が18年12月、購入金額の20％を還元するキャンペーンを始めたのをきっかけに普及が加速。以降、「～ペイ」と名乗るスマホ決済サービス業者の参入が相次ぎ、顧客の囲い込みに向けたキャンペーン合戦が激化している。

PayPayの20年6月末時点の登録者数は3004万人と1年前に比べ3.5倍に、4～6月の決済回数は4億2850万回と前年同期の9倍に拡大した。スマホ決済サービスを運営する各社は、今後、金融やネット通販など多様な決済・金融サービスを盛り込んだアプリへの進化を目指している。

政策金利

各国の中央銀行が政策の目標を達成するために、中央銀行から民間銀行に貸し出す際に設定する金利のこと。その国の経済状況に対する姿勢を示すものとして市場に大きな影響を与える。日本では日銀が無担保コールレート翌日物を、米国では**米連邦準備理事会（FRB）**がフェデラル・ファンド・レート（FFレート）を採用している。中央銀行は、景気の良いときは政策金利を高めに設定することにより景気の過熱やインフレ進行を未然に防ぐ一方、景気の悪いときは低めに設定して消費や投資を刺激する。

日銀は年8回「政策委員会・金融政策決定会合」を開き、政策金利水準を決定し公表している。緊急を要する場合は臨時に開催されることもある。

近年、先進各国の中央銀行は、物価低迷下のデフレを背景に、政策金利を極めて低めに設定している。日本は－0.10％、米国は0.25％、欧州（ユーロ）が0.00％、英国は0.10％、オーストラリアは0.25％（2020年9月25日現在）となっている。

各国とも史上最低の金利レベルが常態化しているため緩和余地が乏しく、景気刺激策としての金利政策の効果が

薄れているとの指摘もある。

総合取引所

　日本取引所グループ（JPX）は2020年7月27日、東京商品取引所に上場する貴金属やゴム、農産物の商品先物市場を大阪取引所に移管し、株価指数先物から商品先物まで一体的に取引できる総合取引所を設立した。海外を含む幅広い投資マネーを呼び込むのが狙いだ。

　商品先物は将来の価格を予想して利ざやを狙う取引。海外では新興国の経済成長で商品先物市場の規模が拡大。世界的な低金利の中、運用対象として人気を集め、取引規模は05年からの15年で約10倍に増えた。一方、日本では同じ期間に約6分の1に縮小した。電話勧誘により個人投資家が損失を被るトラブルが続出し、勧誘規制が強化されたためだ。

　大阪取引所で金融分野の取引を行う資格を持つ証券会社は商品先物も取り扱うことができ、投資家は両者の取引を1つの口座でできるようになる。開設後1カ月間の取引推移をみると、代表的な商品である金先物（標準）の1日平均の売買高は4万7521枚で、移管前の20年の平均売買高を3割上回る水準となっている。取引の利便性を高めることで日本の商品先物市場取引の活性化につなげることができるか、注目が

集まっている。

ダイナミックプライシング

　需給に応じて価格を変動させること。需要が多い時期、曜日、時間帯に価格を高くする一方、少ない時期は価格を低くすることで、売り手は需要を調整し、収益をコントロールすることができる。また、利用者は価格の安い時期を狙って購入することができる。

　航空運賃やホテルの宿泊料金で採用が始まったが、近年は多様なサービスにも広がりつつある。普及の背景にはAI（人工知能）の進化により需要予測と時価の算出が可能になったことがある。スポーツ観戦チケットでは天候に関するデータが、また車の相乗り需要をマッチングさせるライドシェアサービスでは、地域ごとの需給状況のデータなどが価格設定に活用されており、より多様で細かいデータの活用が進んでいる。また、新型コロナウイルス対策として、施設の混み具合に応じて料金を調整し、街全体で人の流れを分散させる試みも始まっている。

　経済産業省は2025年までに、コンビニの全商品に電子タグを付ける取り組みを進めている。消費期限や在庫情報をもとに価格を変動させることで、食品ロスの削減につなげるのが狙いだ。

長期金利

　金融機関が1年以上のお金を貸し出す際に適用する金利のこと。日本では新規に発行される10年物国債の金利が代表的な指標で、住宅ローンや銀行の融資など様々な金利のベースになる。

　短期金利は中央銀行の金融政策の影響を受けるのに対し、長期金利は景気やインフレ動向に関する予測で変動するため経済の実態を表す指標とされる。日銀は「国債買い入れ」という、民間銀行などから国債を多く買うことで市中にお金の供給を増やし、景気を刺激する政策を続けている。日銀は2016年9月以降、国債買い入れ額を調整し、長期金利を「0%程度」に誘導する目標を掲げてきた。従来は「0%程度」の範囲は±0.1%とみられていたが、日銀は18年7月、その範囲を±0.2%に変更した。直近の長期金利は、日銀の許容範囲である±0.2%の範囲内で推移しているが、上昇傾向が続いている。

▶金利が上下するケース

金利が上昇する要因
①好景気で企業や家計が積極的に借り入れ
②物価上昇に伴い金融引き締めの観測が広がる
③財政悪化で政府の信用度が低下

金利が低下する要因
①株安が強まって安全資産の国債が買われる
②物価や景気の鈍化で金融緩和の期待が広がる

新聞記事などを基に編集部で作成

デジタル地域通貨

　使える地域、施設を限定し、その地域、施設内で現金の代わりに商品やサービスを購入できる独自の電子決済手段。従来は独自の紙幣や通帳が使われていたが、これをQRコード決済方式に変えることで利便性を高めている。お金を地域内で流通させ、地域経済を活性化することを目的に発行される。

　デジタル化によって、紙幣や通帳を発行しなくてもよいため初期コストを下げることができるほか、インターネット経由で入手できるため流通性の面でもメリットがある。また、時間の経過とともに価値が減る仕組みで消費を促す手法などもデジタル化によって可能になる。

　岐阜県の飛騨信用組合が発行する「さるぼぼコイン」、千葉県の君津信用組合・木更津市・木更津商工会議所が発行する「アクアコイン」などが知られる。また、福島県の会津大学は2020年7月、国内で初めて**ブロックチェーン**技術を使ってセキュリティー性を高めたデジタル地域通貨「Byacco/白虎」を導入した。

展望レポート

日本銀行が年4回(通常1月、4月、7月、10月)開催する「政策委員会・金融政策決定会合」の場でまとめられる、経済・物価見通しが詳細に記されたレポート。日銀の当面の金融政策の方向性を判断するうえで重要視されている。正式には「経済・物価情勢の展望(展望レポート)」という。

具体的には、9人の政策委員それぞれによる、向こう3年間の実質国内総生産(GDP)成長率と消費者物価指数上昇率(生鮮食品およびエネルギーを除く)の数値見通し(範囲と中央値)が公表される。

2020年7月の展望レポートでは、20年度の消費者物価指数の上昇率見通しを-0.5%とした。前回4月の見通しは-0.3%～-0.7%だった。21年度については+0.3%と上昇を見込む。また、20年度の実質成長率を-4.5～-5.7%とした。4月の見通しは-3～-5%としており、下方修正した形だ。21年度については3%台半ばのプラス成長に転じる見通しを示した。

また、基本的見解として「日本経済の先行きを展望すると、経済活動が再開していくもとで、本年後半から徐々に改善していくとみられるが、世界的に**新型コロナウイルス**感染症の影響が残る中で、そのペースは緩やかなものにとどまると考えられる。その後、世界的に感染症の影響が収束すれば、海外経済が着実な成長経路に復していくもとで、わが国経済はさらに改善を続けると予想される」とコメントしている。

東証再編(プライム市場)

東京証券取引所は、市場第一部・市場第二部・マザーズ・JASDAQ(スタンダードおよびグロース)の4つの市場区分に関して、2022年4月1日をめどに、プライム市場・スタンダード市場・グロース市場(いずれも仮称)の3つの市場区分に見直す。「東証一部」といえば優良企業の代名詞だが、この最上位市場の基準を厳格化することで企業に経営の質の向上を促すとともに、各市場の役割を明確化し、活性化を図るのが狙い。

現在の第一部にあたる「プライム市場」のほか、中堅企業の「スタンダード市場」、新興企業を中心とする「グロース市場」にくくり直す。それぞれの市場で流動性、ガバナンス、経営成績・財政状態の基準を設け、プライム市場は流通株式時価総額100億円以上、スタンダード市場は10億円以上、グロース市場は5億円以上とする。ただ、現在の第一部企業には経過措置を設け、100億円未満の企業も「当分の間」はプライム市場に残留できるとした。

東証には20年9月末時点で、市場第

▶東証再編のポイント
東証はこう変わる

旧		新
1部、2部など4市場	市場区分	プライム、スタンダード、グロースの3市場
時価総額250億円以上	最上位市場へ上場	流通時価総額（市場で売買可能な分）で100億円以上
1部では原則、認めず	赤字での上場	プライムでも容認
2期連続で債務超過	上場廃止基準	機械的な運用とならないよう見直し検討
1部全銘柄で構成	東証株価指数（TOPIX）	主にプライムの、流通時価総額100億円以上の銘柄で構成

2019年12月24日付日本経済新聞電子版

一部、市場第二部、ジャスダック、マザーズの4市場合わせて計3721社が上場している。なかでも第一部が2176社と最も多く、時価総額約数十兆円から数十億円の企業が混在している。この要因として、一部上場の時価総額要件を下げてきたこと、一旦上場した企業の退出がないことなどが挙げられる。

東証マザーズ指数先物

　東証マザーズ指数を対象とした先物取引のこと。2016年7月より取引が開始された。他の株式先物取引と同様、証拠金差し入れによる差金決済のため、少ない資金で効率的な取引ができる。最低証拠金額は証券会社によって異なるが、10万円以内で取引可能な場合が多い。

　マザーズ市場は東京証券取引所の市場の1つ。上場企業はバイオやIT（情報技術）関連のベンチャー企業が多く、そーせいグループ、ミクシィなどに加え、18年6月にはメルカリが上場して話題となった。売買シェアの約7割を個人投資家が占める。マザーズ市場の株式取引は午後3時で終了するが、東証マザーズ指数先物は朝の8時45分に開始し、終了時刻が翌朝5時30分のため夜間でも取引が可能だ。

　20年5月の売買高は、コロナ禍でバイオとIT関連銘柄に売買が集中し、史上2番目を記録した。**新型コロナウイルス**に効くワクチンや、**在宅勤務**を後押しするようなITの開発動向に投資家は関心を寄せている。

日経平均株価

　日本経済新聞社が、東京証券取引所第一部に上場する銘柄のうち225銘柄を選んで算出する日本の代表的な株価指数。日本企業の業績、景気動向を端的に示す指標としても使われる。1960年4月の基準値を1000として算出している。業種バランスを考慮したうえで売買が活発な銘柄が採用されており毎年構成銘柄の一部が入れ替えられる。最高値は1989年12月29日につけた3万8957円44銭。2020年は、ソフトバンクが採用され、日本化薬が除外された。

　20年の日経平均株価はコロナ禍で2月下旬から急落。3月9日〜13日の週には3318円70銭安、3月23日〜27日の週には2836円60銭高といずれも過去最

大の下落、上昇幅を記録するなど乱高下した。また、3月19日には1万6552円83銭と16年11月9日以来3年4カ月ぶりの水準まで落ち込んだ。その後は上昇基調をたどり、8月25日には一時、**新型コロナウイルス**の感染拡大による急落前の2月21日の終値2万3386円74銭を約6カ月ぶりに上回った。

日本銀行の金融政策

　日本銀行の黒田東彦総裁が2013年4月、「これまでと次元の異なる金融緩和」と評した「量的・質的金融緩和」の導入を公表した。この政策の目標は、日本経済のデフレからの脱却であり、「物価上昇率2%」の達成を目指したものだ。

　その第1弾として、マネタリーベース（日銀から金融機関に流すお金）を2年で倍増させると発表。市場は円安・株高に転じ、物価も上昇の兆しが見られた。しかし14年4月に消費税が5%から8%に増税されると消費者の購買意欲が冷え込み、かえって物価の下落を招く結果となった。

　日銀は、デフレ脱却のために、16年1月には**マイナス金利**の導入を発表。この政策は、消費を刺激し、物価を底上げする目的を持っていたが、現在もデフレ脱却には至っていない。18年4月に再任された黒田総裁は同年7月、5年超続けてきた大規模な金融緩和の

さらなる長期化に備え、副作用に配慮した政策の枠組みを公表した。「0%程度」に誘導するとしてきた**長期金利**の上限を0.2%程度と従来の2倍程度まで引き上げ、国債市場の活性化を狙うことなどがその一例だ。

　20年4月には、**新型コロナウイルス**の感染拡大を受けた金融緩和の強化を決めた。企業の資金繰りや市場の安定を促す対策で、日銀が購入する社債や**コマーシャル・ペーパー（CP）**の上限を従来の3倍近い20兆円とした。

日本の政府債務残高

　国や地方政府が抱える借金の残高で、国債や借入金、政府短期証券を合わせた数字。財務省によると、2020年3月末時点の政府債務残高は1114兆5400億円。19年度末と比べ11兆1856億円増え、4年連続で過去最大となり、歳出の抑制が課題になっている。

　財政の健全性を国際比較する場合、政府債務残高の名目国内総生産（GDP）に対する比率が使われることが多いが、その場合、政府債務残高の数字として国民経済計算（SNA）の「一般政府負債」が使われる。

　財務省によると、19年の政府債務残高の対GDP比は約238%。主要先進国最悪の水準となっている。増加した最大の要因は、社会保障費などの財源を赤字国債で賄っていることが要因で、

2 日本経済

▶日本の債務残高の推移（対GDP比）

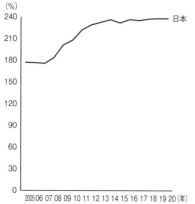

出典：財務省ウェブサイト

超低金利を背景に償還までの期間が10年以上の長期国債の発行が特に増えた。

20年度当初予算の歳出は102兆6580億円だったが、**新型コロナウイルス**対策に伴う1次補正が25兆6914億円、2次**補正予算**では過去最大の31兆9114億円となり、20年度歳出の合計は160兆円を超える。国の借金増大は加速する見込みだ。

年金積立金管理運用独立行政法人（GPIF）

国民年金と厚生年金の加入者から集めた積立金を管理・運用する厚生労働省所管の独立行政法人。約150兆円（2019年度）の資産規模は機関投資家として世界最大だ。主に国内債、国内株、外国債、外国株の4つに分散して運用しており、運用によって得られた収益が年金給付の財源となる。

かつては安全な資産である国債を中心に運用していたが、14年10月に運用資産の配分目安である「基本ポートフォリオ」を変更。それまで運用の60%を占めていた国内債券を35%に減らし、代わりに国内株式と外国株式をそれぞれ12%から25%へと増やした。

19年度の運用実績は、**新型コロナウイルス**による株価の下落が影響し8兆2831億円の赤字となり、**リーマン・ショック**のあった08年度（9兆3481億円）以来の損失額になった。通年で赤字となったのは15年度以来4年ぶり。

17年には投資原則に「スチュワードシップ責任を果たすような様々な活動（ESGを考慮した取り組みを含む）を通じて被保険者のために中長期的な投資収益の拡大を図る」という項目を盛り込み、**ESG投資**に注力している。ESGに関係する3つの指数、**温暖化ガス**排出に関する2指数の計5指数に連動する運用資産額は、18年度末の合計3.5兆円から19年度末には5.7兆円へと大幅に増加した。

フィンテック

フィンテック（FinTech）とは、金融（Finance）と、技術（Technology）を掛け合わせた造語で、IT（情報技術）を使って金融の世界を革新的に変える流れの総称。身近なところでは、スマホ

決済サービスもその1つだ。

AI(人工知能)の進化やスマートフォンの普及に伴い、ベンチャー企業やIT企業など既存の金融業界以外のプレーヤーが参入し、利用者視点で新たな商品・サービスを実用化している点が特徴。既存の金融機関が扱ってきた決済、送金、融資、資産管理などの金融サービスをより簡便、高効率、低コストで提供するものから、これまでの金融インフラを根底からくつがえす新しい枠組みを提示するものまで多様だ。

経済産業省は2017年5月にまとめた「FinTechビジョン」でイノベーションを促進する規制・制度改革の必要性を強調。金融庁はFinTechに関する一元的な相談・情報交換窓口「FinTechサポートデスク」を設置しているほか、フィンテックに関わる実証実験を支援している。

プライムレート

民間銀行が信用力の高い企業に融資をする際に適用する最優遇金利。貸し出し先の信用リスクが低いため金利が低く設定され、貸出金利の基準とされる。貸出期間が、1年未満のものは短期プライムレート(短プラ)、1年以上のものは長期プライムレート(長プラ)と呼ばれる。

短プラは個人や中小企業を対象とした融資に用いられ、金利は各行が

▶プライムレートの要点

長期プライムレートの要点
・長期(1年以上)融資する場合の最低金利
・みずほ銀行などが決定・公表
・債券市場に敏感に反応し、変動が大きい

短期プライムレートの要点
・1年未満の短期貸し出しの最優遇金利
・各銀行が独自に決定
・変動が遅く、長プラから予測しやすい

新聞記事などを基に編集部で作成

独自に決定する。日本銀行の集計では、2009年1月以来、多くの銀行が年1.475%を維持している。企業向けの短期の貸出金利はこれをベースに信用リスクの大きさに応じて金利を上乗せする。また、変動金利型の住宅ローンは短プラを基準に金利が決められている。

長プラについては、かつては長期信用銀行が発行する金融債の利率に一定の利率を加えたものが基準とされていた。だが、近年は短プラを基準に一定の利率を上乗せするケースが増えており、これを「新長期プライムレート」という。みずほ銀行は20年4月、長プラを0.15%上げ、年1.10%にした。引き上げは17年7月以来、2年9カ月ぶり。**長期金利**が上昇傾向にあることや**新型コロナウイルス**の拡大による市場環境の変化を踏まえて判断した。8月時点の長プラは1.00%。

法人実効税率

　法人が稼いだ利益に対して、実際に支払った税額の割合。国に支払う法人税、地方自治体に支払う法人住民税と法人事業税を考慮して計算する。

　政府は日本企業の税負担感を和らげ、国際競争力を向上させることを目指し、2015年度、16年度の税制改正で法人実効税率の改革を行った。その結果、法人実効税率は改革前の32.62％から16年度改正では29.97％まで引き下げ、18年度はさらに29.74％まで下げられた。要件を満たした場合に利用できる「租税特別措置」を受けると税負担率はさらに下がる。一方で、赤字企業などにもかかる外形標準課税を拡大することで減税した分を補っている。

　世界各国は、自国への企業誘致を促そうと税率引き下げを急いでいる。米国は18年に連邦法人税率を35％から21％とした。

ボラティリティー・インデックス（VIX指数）

　投資家が向こう1カ月間の株価の動きをどのように予想しているかを表した数値。将来の株価などを予想して取引される「オプション」価格や金利などから算出される。2012年1月からはリアルタイム（15秒間隔）で算出している。

　ボラティリティーは変動の大きさを意味し、この値が高いほど将来の株価が大きく変動すると予想され、荒れ相場のサインになることもある。一般的には20を超えると、投資家が相場の先行きを警戒するとされている。米国ではシカゴ・ボード・オプション取引所がS&P500を対象とするボラティリティー・インデックスを1993年から公表している。投資家の不安感を映すことから「恐怖指数」とも呼ばれている。

　米ダウ工業株30種平均が2997ドル安と過去最大の下げとなった2020年3月16日には、VIX指数は反比例するように急上昇し、一時83.56と**リーマン・ショック**が起きた08年10月以来の高水準を付けた。

　コンピューターを駆使した投機的なファンドは指数が一定の水準を超えると、損失のリスクを避けて自動的に売り注文を出す仕組みになっていることから、株価の乱高下を招きやすくなっているとの指摘もある。

マイナス金利

　民間銀行が中央銀行に預け入れる**政策金利**を0％よりさらに下げ、マイナスにすること。通常、預金すれば利子が受け取れるが、マイナス金利になると利子を支払わなければならなくなるため、民間銀行は預けずに手元に持っておこうとする。銀行から世の中に出

回るお金の量を増やし、家計や企業がお金を使いやすくするのが狙いだ。

日本では**実質金利**のマイナスは過去のインフレ局面で頻繁にみられ、名目金利のマイナスもコール市場で2003年6月25日に発生して以来、何度も発生している。それでもマイナス金利に注目が集まっているのは、16年1月29日に日本銀行が2％の物価安定目標達成のため、金融政策として、初めてマイナス金利政策の導入を決めたことにある。

採用後5年近くになるが、目に見える形での物価への影響は表れていない。むしろ低金利状態が続いていることで、利ザヤで収益を稼ぐ銀行の経営を圧迫しており、この副作用をどう和らげるかが課題となっている。

2 日本経済

テーマ 〈 **2** 〉 **確認チェック**

❶事業者が商品ごとに消費税の適用税率や税額を記した請求書のことを何というか。▶**p.56**

❷国や地方自治体において税収などの「歳入」から、公債費を除く「歳出」を差し引いて計算した収支のことを何というか。▶**p.61**

❸金融機関の店頭などで表示される金利が名目金利。名目金利から予想される物価上昇率を差し引いて計算したのが［　　］である。▶**p.65**

❹航空運賃やホテルの宿泊料金、スポーツ観戦チケットの価格などを、需給に応じて変動させることを何というか。▶**p.69**

❺国に支払う法人税、地方自治体に支払う法人住民税と、法人事業税を考慮して計算された実質的な法人の税負担率のことを何というか。▶**p.76**

- -

答え ❶インボイス(税額票) ❷基礎的財政収支(プライマリー・バランス) ❸実質金利
❹ダイナミックプライシング ❺法人実効税率

テーマ3 世界経済

米中貿易摩擦で減速し、混迷を深めていた世界経済は、新型コロナウイルスの感染拡大によって甚大な打撃を受けた。感染の収束と経済の回復が見通せない中、国際社会では保護主義的な風潮が強まっており、グローバル経済の分断が懸念されている。大きなうねりのなかにある世界経済の「今」を理解するためのキーワードを紹介する。

Libra

米国のフェイスブック社が中心となって2019年6月に公表したデジタル通貨構想。スマートフォン(スマホ)上で主要法定通貨と簡単に交換できるようにした**暗号資産(仮想通貨)**「Libra(リブラ)」を通して、国境を越えた送金や決済手段としての利便性を高め、普及を狙う。

ビットコインをはじめとするこれまでの暗号資産は、資産単体の需給で価格が変動するリスクをはらんでいる。これに対しLibraは米ドルやユーロ、円など主要通貨の準備金を積み立てた分だけ発行する手法をとることで、価格の安定化を目指す「ステーブルコイン」としていることが最大の特長だ。

スマホ上などで暗号資産(仮想通貨)取引所を通じてドルやユーロ、円をLibraに交換することで瞬時に国外に送金できるほか、外国へ旅行する際にLibraで宿泊先を手配し、旅先でも交通手段の支払いに使うなど決済手段としての利用が考えられる。ただ、世界の財政・金融当局が個人情報流出や資金洗浄へのリスクから懸念を表明している。

これを受け、フェイスブックは当初20年前半に予定していたサービス開始時期の延期を発表。また、当初は単一の「リブラ」を発行する予定だったが、それぞれの主要通貨と連動する「リブ

▶Libraのポイント

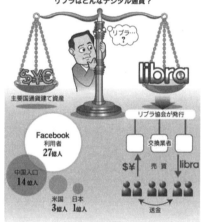

2019年11月18日付日本経済新聞

ラ・ドル」「リブラ・ユーロ」など複数の暗号資産を発行し、これら複数の暗号資産に連動する「リブラ」を発行するという現実的な構想に改めた。

TPP11

環太平洋地域の11カ国(日本、カナダ、オーストラリア、ニュージーランド、シンガポール、マレーシア、ベトナム、ブルネイ、メキシコ、チリ、ペルー)が参加する**経済連携協定(EPA)**。参加国のうち国内手続きを終えた日本、メキシコ、シンガポール、ニュージーランド、カナダ、オーストラリアの6カ国で2018年12月30日に発効した。モノの関税だけでなく、サービス、投資の自由化を進め、さらには知的財産、金融サービス、電子商取引、国有企業の規律など、幅広い分野で新たなルールの構築を目指す。

16年2月に12カ国がTPP協定に署名したが、2国間協議を重視する米国が17年1月に離脱し、11カ国で協議を進めてきた。TPP11は、域内人口約5億人(世界の約6%)をカバーし、**国内総生産(GDP)**は11兆ドル規模(世界の13%)を占める巨大経済圏になる。英国が加盟に向けた協議を始めたほか、韓国、インドネシア、タイなどが加入に前向きで、新たに中国も関心を示している。

TPP11の参加国全体で最終的には99%の品目の関税を撤廃することになる。企業には輸出を後押しし、消費者にとっては輸入食品の値下げなどの恩恵が見込まれる。政府は、TPP11によって実質GDPが約8兆円、雇用が約46万人増加すると試算している。

グリーンボンド(環境債)

環境事業や社会貢献事業などに資金使途を絞った債券、「ESG債(ESG:環境・社会・企業統治)」の発行が急増している。ESG債には、気候変動や省エネ対策などの環境関連の事業に資金使途を絞った「グリーンボンド(環境債)」、社会貢献事業に資金を充てることを目的とした「ソーシャルボンド(社会貢献債)」、環境・社会貢献の両方を目的とした「サステナビリティボンド」の3種類がある。その中でグリーンボンドの発行額が最も多い。

ESG債を発行する企業は、外部評価機関から認証を取った上で、調達目的とした事業の進捗や資金の充当状況を毎年報告する必要がある。英非営利団体クライメートボンド・イニシアチブによると、2019年の発行額は2577億ドルと18年から5割増加。20年の発行額は35%増の3500億ドルになると見込んでいる。機関投資家が、ESGを軸に投資先の選別を進める中、需要が高まっていることが要因だ。

07年に欧州投資銀行が再生可能エネ

3

世界経済

▶国内企業等によるグリーンボンド等の発行実績

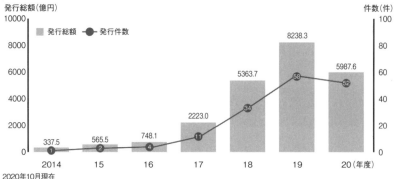

2020年10月現在
外貨建て発行分については、1米ドル=110円、
1ユーロ=135円、1豪ドル=90円にて円換算
出典：環境省ウェブサイト

ルギー・省エネルギー事業の資金調達債券を発行したのが始まり。その後、国際開発金融機関が同種の事業に係る債権を「グリーンボンド」と名付けて発行した。近年は、民間企業や地方自治体など発行体が多様化している。

日本では、14年に日本政策投資銀行が初めて発行し、民間企業では野村総合研究所が16年に初めて発行した。環境省によると、19年の国内発行額は8238億円と過去最高を更新した。

行動経済学

心理学と経済学を融合した学問体系。経済学の世界では長年、人は合理的な行動をすると仮定し、理論が組み上げられてきた。しかし、人間の行動はときに感情に左右され、合理的に行動しないこともある。行動経済学は、モデル化しづらかった心理学的要素を数理的にモデル化し、より現実を反映した予測が可能だとして注目を集めている。

2017年に行動経済学の権威である、シカゴ大学のリチャード・セイラー教授がノーベル経済学賞を受賞したことで行動経済学への関心がより高まっている。人間には、何かを得ることよりも失うことに対する心理的な拒否感が強い「損失回避性」や、現在の状況が変わることを避ける傾向にある「現状維持バイアス」といった特性がある。こうした人間的な特性を踏まえ、行動経済学はマーケティングや政策応用などに生かされている。

例えば、日本政府は20年7月からのレジ袋有料化に向け、人の判断や選択を望ましい方向に誘導する行動経済学に基づいた、「ナッジ」という手法を使った実証実験を実施。レジ袋が不

▶ナッジを活用した庁舎内店舗におけるレジ袋削減の試行実験の結果

カードの種類	海洋ごみの写真を付したカード	諸外国における規制状況を付したカード	「レジ袋が必要な方はカードを提示してください」	「レジ袋が不要な方はカードを提示してください」
デフォルト設定	申告による配布	申告による配布	申告による配布	申告による配布
実施前の辞退率	24.5%	20.8%	21.8%	23.1%
1/27 ～ 1/31	28.7%	54.2%	44.1%	24.2%
2/3 ～ 2/7	65.7%	63.9%	50.2%	25.0%
2/10 ～ 2/14	74.5%	49.0%	49.7%	23.5%
終了後（カード無し）の辞退率	62.8%	41.6%	47.0%	25.8%

出典：経済産業省ウェブサイト

要な顧客がレジで「辞退カード」を提示するケースでは辞退率の大きな変動はみられなかったが、レジ袋が必要な顧客が「申告カード」を提示するケースでは、辞退率が実施前の21.8％から47.0％と大幅に上昇した。

国際決済システム

銀行間の国際金融取引の内容を、コンピューターと通信回線を使って伝送する決済網のこと。ほとんどの海外送金はベルギーに本部を置く国際銀行間通信協会（SWIFT）のシステムを通じて決済されるのが主流で、国境を越えた財やサービスの貿易決済、直接投資、資金調達や個人の資金移動に欠かせない金融インフラとなっている。

SWIFTには現在200以上の国や地域の金融機関など1万1000社以上が参加。1日あたりの決済額は5兆～6兆ドル（550兆～660兆円）とされ、事実上の国際標準になっている。うち4割をドル決済が占めている。

これに対し、人民元の国際化を狙い2015年に導入した中国独自の国際決済システム（CIPS）が存在感を高めている。中国や欧米の大手金融機関のほか、日本勢からも三菱UFJ銀行とみずほ銀行の中国法人が同システムに接続。20年7月末時点で97カ国・地域で984の金融システムが参加しており、19年末から48増加している。

主要国首脳会議（G7サミット）

　日本、米国、英国、ドイツ、フランス、イタリア、カナダの7カ国の政府の長および**欧州連合(EU)**の欧州理事会議長と欧州委員会委員長が1年に1度集まり、世界が直面する国際的な政治的・経済的課題について議論する会合。G7は「Group of Seven」の略。それに合わせて数多くの下部会議や政策検討も行われる。

　1975年に米国、英国、フランス、ドイツ（当時は西ドイツ）、イタリア、日本の6カ国(G6)による会議としてフランスで初めて開催された。76年にカナダが加わり、77年から欧州委員会委員長と欧州理事会議長が参加するようになった。98年にロシアが加わりG8となったが、2014年にロシアがクリミアを併合するなどウクライナの主権と領土を侵害したことから追放され、以降G7として開催されている。

　20年の議長国を務める米国のトランプ大統領は当初、6月中旬にワシントンでの開催を目指していたが、コロナ禍により11月の米大統領選挙後に延期することを表明した。トランプ大統領は併せてロシア、オーストラリア、韓国、インドの4カ国を招待して規模を拡大する計画を明らかにしたが、他のG7諸国は慎重で足並みはそろっていない。

スワップ協定（通貨交換協定）

　各国の中央銀行が、金融危機や通貨危機に備え、金融市場の安定のために必要な資金をお互いに融通し合う（通貨交換＝スワップ）協定のこと。相手国から要請があった場合、決められた範囲内で融通する。

　例えば、自国通貨が信用危機などで下落した際、中央銀行は外貨を売り、自国通貨を買うことで為替レートの安定化を図ろうとする。そこで通貨スワップ協定が結ばれていれば、十分な外貨準備高がなくても外貨売りが可能になる。

　新型コロナウイルスの感染が拡大した2020年3月以降、**米連邦準備理事会(FRB)**は新興国を含めた各国の中央銀行とのドルスワップ協定を拡充した。新興国でドルが不足した場合にはFRBと各国中銀がドルと現地通貨を交換し、新興国の銀行にドルが融通される。有事にドルが不足する恐れが軽減され、一時強まったドルの逼迫感は和らいだ。

世界経済フォーラム（ダボス会議）

　世界経済フォーラムは、経済、政治、学術界が連携し、世界の諸課題を提起し、その改善を図るための対話の場づくりに取り組む国際機関（本部：

スイス・ジュネーブ)で、1971年に発足した。なかでも毎年1月に、各界のリーダーがスイス東部の保養地ダボスに集まり、世界的な課題を討議する「ダボス会議」(年次総会)がよく知られている。

50回を迎えた2020年1月の同会議のテーマは「ステークホルダー(利害関係者)がつくる持続可能で結束した世界」。1973年の「ダボス・マニフェスト」を「ダボス・マニフェスト2020」として改定し、「企業は顧客、従業員、地域社会、そして株主などあらゆる利害関係者の役に立つ存在であるべきだ」とする理念を一層、強調した。

新型コロナウイルスの感染拡大により、2021年1月に開催予定だったダボス会議は、同年初夏に延期する。1月には代わりの会議をオンラインで開く。

世界の金融政策

各国の中央銀行に代表される通貨当局が通貨供給量や金利などを調整することで行われる経済政策のこと。一般に、景気が後退したり、不況局面に陥ったりしたときに行われるものを「金融緩和」政策と呼び、好景気の下で加熱した景気を抑えるために行われるものを「金融引き締め」政策と呼ぶ。

第二次世界大戦以降、長年にわたって金融政策のテーマは需要超過とインフレだったが、今日では需要低迷とデフレだ。特に、2008年に投資銀行のリーマン・ブラザーズが破たんした際には、**米連邦準備理事会(FRB)**は多額の資金供給を行った。また、このいわゆる**リーマン・ショック**が欧州に波及することを防ぐために、**欧州連合(EU)**の**欧州中央銀行(ECB)**が、**政策金利**の積極的な引き下げを行った。日本においても、いわゆるアベノミクスの3本の矢の1つとして金融政策は主要な政策であり、なかでも「異次元緩和」と呼ばれる金融緩和政策が13年4月以来継続されている。

19年7月、米国のFRBが約10年半ぶりに利下げに方針転換。その後も段階的に利下げに踏み切り、事実上のゼロ金利政策へ突入した。中国が人民元安を容認する中、新興国も含め各国の中央銀行は相次いで利下げに転じている。世界的な利下げの流れに出遅れて自国通貨高を招き、輸出に悪影響が及ぶのを避けるためだ。

租税回避地 (タックスヘイブン)

法人税や所得税などの税率が極めて低い国・地域のこと。カリブ海のケイマン諸島やシンガポール、香港などが知られる。オランダやアイルランドなど一部の**欧州連合(EU)**加盟国も企業の優遇措置を適用し、海外からの投資呼び込みに活用してきた。

税金の安い国・地域に企業を設立したり、個人が移住したりする行為自体は合法的である。問題は租税回避地（タックスヘイブン）以外に住む人や企業が、不当に税逃れを目的に当該地域に会社を設立し、不正を働いても実態を覆い隠せるようになっていることだ。このため脱税やマネーロンダリングの温床になっていると批判がある。

悪質な租税回避の対策として経済協力開発機構（OECD）はCRS（Common Reporting Standard：共通報告基準）と呼ばれる新制度を策定。この制度に参加する国同士の税務当局が、外国に住む自国の金融機関の顧客（非居住者）の口座情報を共有している。

また、グーグルやアップルなど米IT（情報技術）企業は利益の多くをタックスヘイブンにとどめ、実際に事業をしている国々で十分な税金を支払っていないと批判されてきた。各国の国税当局は、事業活動の実体がないのに低税率の国・地域に不当に利益を移そうとする課税逃れを防ぐために、タックスヘイブン対策税制の見直しや**デジタル課税**の導入を進めている。

デジタル課税ルール

インターネットを通じ国境を越えたサービスを展開する企業が増えている中、巨大IT（情報技術）企業が様々な国でビジネスをしながら、その国であ

▶デジタル課税をめぐる動き

国際的議論の主な経緯	
2012年6月	OECDが税逃れ対策検討開始
15年10月	最終報告を公表 デジタル課税は継続協議に
19年6月	20年末の最終合意目標設定
7月	フランスが独自課税開始
10月	OECDが事務局案公表 店舗などない国での課税も
20年6月	米国が議論離脱を示唆 独自課税国に報告調査開始
7月	OECD高官が合意越年に言及

2020年10月10日付日本経済新聞

げた収益に応じた税金を支払っていないことが問題視されている。主要20カ国・地域（G20）と経済協力開発機構（OECD）は、経済のデジタル化に対応した国際課税の新ルールについて2021年内の大筋合意を目指している。

グローバルに事業を展開する企業に対する課税は、これまで各国に置く支店や工場などの拠点の有無をベースに行われてきた。このため、例えば海外のIT企業がネット経由で直接日本の消費者に提供しているサービスで利益をあげても、日本では法人税を払わなくてもよかった。ただ、近年は日本法人を増やし、それに伴って納税額が増えつつある。

OECDは、利益に課税し、売上高の大きさに応じて各国に税収を配分する案を示しており、各国はこの案で大筋合意に達したが、米国が新ルールに従

うかどうかは企業の選択に委ねることを主張しており、足並みはそろっていない。

また、併せて税率の低い**租税回避地（タックスヘイブン）**に利益を移し替える課税逃れを防ぐための新たな仕組みについても議論を進めており、法人税率に「最低税率」の制限を導入する案などが検討されている。

日米貿易協定発効

日本と米国2国間の関税を削減・撤廃する日米貿易協定が2020年1月1日、発効した。日本側は農産品や加工食品の関税を、米国側は工業製品を中心に関税の撤廃または削除を行う。今後、日本政府は、協定の土台とした環太平洋経済連携協定（TPP）を拡大し、自由貿易圏を広げる主導役を担う戦略を描く。

協定全体の関税撤廃率は金額ベースで日本が約84％、米国が約92％。発効により米産牛肉の輸入関税は38.5％から26.6％に下がった。自動車・自動車部品の関税撤廃については米国との交渉を継続する。

政府はTPPをすべての通商戦略の土台と位置付ける。当初、TPPは日米やオーストラリア、カナダなど12カ国で合意したが、2国間協議を重視するトランプ米政権が17年に離脱を表明。その後も日本は米国を除いた11カ国で

▶TPPを基盤に自由貿易圏を拡大

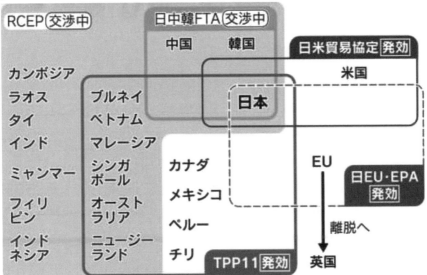

2020年1月1日付日本経済新聞

「TPP11」として交渉を進め、18年に発効した。日米貿易協定もTPPに定められた水準が交渉の基礎となった。

東アジア地域包括的経済連携（RCEP）

東南アジア諸国連合（ASEAN）を中心に16カ国が参加する広域自由貿易協定（FTA）。Regional Comprehensive Economic Partnershipの頭文字をとってRCEP（アールセップ）と呼ばれる。20年11月、インドを除いた15カ国で署名する見込みとなった。

13年5月、ブルネイで第1回会合が開かれた。参加国はASEAN10カ国に加え、日本、中国、韓国、オーストラリア、ニュージーランド、インド。ASEANプラス6の枠組みでも知られる。RCEPが発効すれば、人口や経済規模で世界最大級のFTAとなる。RCEPで交渉する約20の分野のうち、19年末の段階でほぼすべての分野で合意に達している。しかし安い中国製品が大量に流通することを懸念し、インドは19年11月に離脱の意向を示していた。

日本政府にとって、世界人口の約半分、貿易額の約3割を占めるRCEPは、着手済みの経済連携で最後の大型交渉となる。日本は今後、RCEPとTPP11を合わせ、アジア太平洋全域にまたがる「FTAAP（アジア太平洋自由貿易圏）」構想の実現を目指す。

米中貿易摩擦

米国と中国2国間の関税の報復合戦が激しさを増している。トランプ政権の根底にあるのは、中国の経済的、技術的台頭に対する警戒感であり、米中の覇権をめぐる争いが"貿易戦争"の形をとって先鋭化している。その余波が世界経済に暗い影を落とし始めている。

米国が2018年7月、産業機械、電子部品などを対象に追加関税（340億ドル規模）を課して本格的に始まった貿易戦争は、8月に第2弾（160億ドル規模）、19年5月に第3弾（2000億ドル規模）、そして9月に第4弾（1100億ドル規模）が発動され、追加関税を課す中国製品の規模は計3600億ドルへ拡大した。中国もその都度即座に米国からの輸入製品に追加関税を課し、報復の連鎖が続いている。

第4弾の発動時にトランプ大統領が「中国は知的財産を年数千億ドル単位で盗み、それを続けようとしている」と述べたように、米国の最先端技術を中国が"ただどり"していることへのいらだちが根底にある。19年5月、トランプ政権が中国通信機器大手、華為技術（ファーウェイ）に対し米通信ネットワークから同社製品を排除する大統領令に署名したことはその象徴だ。トランプ政権は米企業に対し、中国から米国内に生産拠点を移すようにも求めて

いる。

こうした激しい応酬は、対米貿易黒字の縮小に向けて、中国が米国からの輸入を20年から2年間で2000億ドル増やすことなどを盛り込んだ、第1段階の「米中貿易合意」が19年12月に行われ、20年1月に両国が調印したことで、いったんは"休戦"状態に入っている。

しかしその後の**新型コロナウイルス**の感染拡大や**香港情勢**への対応をめぐって、トランプ大統領は対中強硬姿勢に傾き、合意の破棄を示唆したこともあった。8月時点で両国政府は交渉の進展を確認したとしているが、世界経済を減速させてきた影響は計り知れない。

邦銀の海外事業展開

日本の銀行のアジア地域への進出が加速している。国内で**マイナス金利政策**が続き、収益環境が悪化しているのに伴い、海外事業の強化でこれを補おうとしている。

メガバンクでアジア展開の先頭を走るのは三菱UFJフィナンシャル・グループ。2013年末、約5400億円を出資してタイの商業銀行大手アユタヤ銀行の株式約70％を取得し、アジア事業拡大への足がかりをつかんだ。インドネシアの商業銀行バンク・ダナモンに対しては17年以降戦略的に追加出資を行い、現在までに94％の株式を保有している。

三井住友フィナンシャル・グループはカンボジア最大の商業銀行で、ラオスやミャンマーでも事業展開しているアクレダ銀行に14年から15年にかけて出資。19年2月には、インドネシアの現地法人と、既に40％出資している年金貯蓄銀行（BTPN）を合併させ、100％近くを出資した。

また、みずほフィナンシャル・グループは11年にベトナム最大級の国営商業銀行、ベトコムバンクの株式約15％を取得し、役員も送り込んでいる。また、18年にはシンガポール法人がスイスの老舗プライベートバンクと業務提携し、現地の富裕層居住者向けに資産運用、相続事業などを展開している。

保護主義

自国産業の保護や貿易収支の改善を優先し、自由貿易に反対する考え方・姿勢で、保護貿易主義ともいう。具体的には、関税の引き上げ、輸入量の制限、輸入規制対象の拡大、為替管理の強化といった政策が実施される。経済分野の自国第一主義、排外的内向き志向として、日本をはじめ、自由貿易を推進する多くの国からは非難の対象となっている。

1929年の世界恐慌の後、米国はスムート・ホーリー関税法を制定し、輸入関税を大幅に引き上げ、英国・フラ

ンスはブロック経済政策を始め、植民地圏との貿易から他国を締め出した。これにより、ファシズムの台頭を招いた反省から、西側諸国は第二次世界大戦後の1948年にGATT(関税および貿易に関する一般協定)を締結し、自由貿易を原則とする多角的貿易体制の構築を進めてきた。1995年に**世界貿易機関(WTO)**に移行した後も、基本原則は変わらず、2001年には中国、12年にはロシアも加盟。現在164の国・地域が加盟している。

しかし、自由貿易推進の旗振り役だった米国が、ドナルド・トランプ大統領の就任(17年1月)によって一転。自国第一主義を掲げるトランプ大統領はWTO離脱を示唆する発言を繰り返し、中国に対して制裁関税を発動するなど、保護主義的な政策を強化し続けている。多くの国は異議を唱えているが、世界最大の経済大国を孤立させることへの懸念も強い。実際、これまでの**主要国首脳会議(G7サミット)**では、合意文書に「保護主義に立ち向かう」との文言が入っていたが、19年8月にフランスで開催されたG7サミットでは、米国に配慮して見送られた。

さらに**新型コロナウイルス**のまん延で世界経済が急激に悪化したため、各国で自国産業を守ろうとする保護主義に拍車がかかっている。

[**アジア**]

アジアインフラ投資銀行 (AIIB)

アジア各国のインフラ整備を支援するために、中国が主導して設立した国際開発金融機関。日米が主導する**アジア開発銀行(ADB)**に対抗し、中国がアジア、欧州、アフリカを結ぶ広域経済圏「**一帯一路**」計画を金融面から支え、新たな事業機会を獲得する狙いがある。

資本金は1000億ドルのうち中国の出資額は297億ドルと最大で、出資比率約30%を確保し、重要議案で事実上の拒否権を持つ。初代総裁には、中国国際金融有限公司会長を務めた金立群(きん・りつぐん)氏が就任した。2020年6月までに融資を承認した80件はインドやインドネシア向けが多いが、トルコやエジプトのエネルギー関連事業、オマーンの港湾整備など地域を広げつつある。運営や意思決定の過程が不透明との指摘もある。

16年1月の設立時の加盟国は中国、英国、ドイツ、インドなど57カ国だったが、20年9月現在102カ国・地域にまで増え、アジア開発銀行の68カ国・地域を上回っている。20年7月には金総裁の続投が決まった。

アジア開発銀行（ADB）

アジア・太平洋地域における貧困削減を目的に設立された国際開発金融機関。1966年12月に設立され、アジア・太平洋域内49、域外19の68の国・地域で構成される。本部はフィリピン・マニラに置かれ、世界31カ所に事務所を設置している。日本は米国とともに最大の出資国で、出資比率は15.6％（2017年末時点）。歴代総裁はすべて日本人が務めている。

主な事業は、開発途上の加盟国に対する資金の貸し付けや、技術支援、開発目的の公的・民間支援の促進、開発政策調整支援など様々な分野にわたる。20年7月には加盟国・地域の**新型コロナウイルス**対策を支援するため、総額93億ドルの拠出を発表。この大規模な支援により、各国の政府と企業の対策を後押しする。

16年6月、中国主導でADBと同様

▶**アジア開発銀行の出資比率**

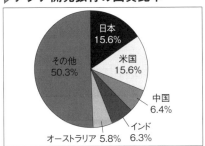

※ADBの出資割合については、直近の増資に係る手続きが各国とも完了した場合のもの。
出典：財務省ウェブサイト

の役割を担う**アジアインフラ投資銀行（AIIB）**が設立され、ADBの役割に改めて注目が集まっている。ADBとAIIBの協調融資による案件も多く手がけられており、両者が協調、競争しながらアジア地域におけるインフラ整備をさらに促すことが期待される。

[　　　　　アメリカ　　　　　]

ドッド・フランク法（金融規制改革法）

米国大手金融機関の破綻に端を発した**リーマン・ショック**を踏まえ、金融危機の再発防止を目的に、2010年に米オバマ前政権が導入した金融規制の法律。大規模な金融機関への規制強化、**米連邦準備理事会（FRB）**による金融システムの安定を監視する評議会の設置、行き詰まった金融機関を秩序だって破綻させる制度の創設、リスクの高い**デリバティブ**（金融派生商品）の取引規制などが盛り込まれている。こうした取り組みなどから、総じて先進国の銀行の経営基盤はより強固になっている。

一方、資産基準が500億ドル以上ある「つぶすには大きすぎる金融機関」は「システム上重要な金融機関（SIFI）」として指定され、FRBの厳格な監視の下に置かれることになり、金融機関にとってはコンプライアンス上のコストが経営面で足かせとなっていた。この

▶ドッド・フランク法

目的
・リーマン・ショックの再発防止を狙い、10年7月にオバマ前政権が導入

ポイント
・中心的な金融機関の市場取引を規制するルールを導入
・FRB主導による金融機関を監督する協議会の設置
・高リスクなデリバティブ（金融派生商品）の取引規制
・行き詰まった金融機関を秩序だって破綻させる制度の創設
・連結総資産2500億ドル以上の米銀SIFIはストレステストの適用対象

新聞記事などを基に作成

一部を改正する法律が18年5月に成立した。これによりFRBの監視対象となるSIFIの資産基準が2500億ドルへと引き上げられ、中小金融機関の規制順守コストが軽減された。

20年3月、**新型コロナウイルス**の感染拡大で多くの米企業は突然の資金不足に直面したが、米銀が十分な資本を備えていたことから9兆円を超える与信枠からの引き出し、つなぎ融資の要請に対応することができた。リーマン・ショックでは銀行自身のバランスシートが毀損したため企業を支援する余裕がなく、危機が拡大したことを振り返ると、同法の整備の意義は大きい。

トランプ政権の経済政策①（米国内）

ドナルド・トランプ氏が2017年1月に米大統領に就任して以降の経済政策における基本的なスタンスは、「大幅減税」「財政出動」「関税政策」の3つに集約することができる。

大幅減税に関しては17年12月に法人税率を21％へと引き下げる大規模な税制改革を実施。財政出動に関しては、18年2月に18〜19年度にかけて連邦政府の裁量的経費の歳出上限を約3000億ドル引き上げる予算法を成立させ、インフラ投資などへの財政支出を積極化させている。

また、米国が貿易赤字を抱える国からの輸入品に対する関税を上げることで、米国製品の販売を増やし雇用を守る政策をとっている。特に18年7月以降、米国が中国に追加関税を課したことを皮切りに相互に追加関税を課す報復合戦がエスカレート。これまでに中国製品への追加関税の規模は3600億ドルに膨らんでいる。

さらにトランプ大統領は20年9月までに中国企業の北京字節跳動科技（バイトダンス）に対し、「1億人の利用者の個人情報が中国に流出する」安全保障上の懸念から動画投稿サービス「TikTok（ティックトック）」の米国事業を売却するよう求めた。交渉が不成立なら利用を禁止するとも表明した。その後、米連邦地裁は、大統領の権

限を越えているとして、同年9月に禁止措置を一時的に差し止めたが、トランプ米政権は、10月に連邦控訴裁判所（高裁）に上訴し、禁止措置執行への姿勢を改めて明確にした。

トランプ政権の経済政策②（日本企業への影響）

トランプ政権の対外的な経済政策における基本的なスタンスは、不均衡な貿易関係の是正である。つまり、米国と対象国との間の貿易の結果、米国のみに貿易赤字が積み上がり、対象国のみが貿易黒字で潤うという関係が不公正なものであると判断し、是正しようと各種施策を講じている。こうした貿易不均衡に関しては、緊急輸入制限や追加関税の賦課によって制裁を加えるというものであった。

当初、こうした制裁対象には日本をはじめとする同盟国は含まれないと考えられていたが、米国にとっては当然すべての国家が含まれ、同盟国も例外ではないという態度が明らかにされた。

具体的には2018年3月の通商拡大法232条に基づく、鉄鋼、アルミニウムに対する追加関税の賦課であり、日本をはじめとする米国の同盟国も対象となった。19年9月、日米政府間で関税を含む2国間協議である「物品貿易協定」（TAG）の交渉がまとまり、日本が輸入する牛肉や豚肉の関税を、TPPと同じ水準まで引き下げることが決まった。また、鉄鋼とアルミニウムに課している高関税を自動車にも適用するかについては先送りした。以上の内容を柱として、20年1月から**日米貿易協定**が発効した。

一方、**米中貿易摩擦**による追加関税の報復合戦は両国の企業に材料、部品供給等を行っている日本企業に間接的に影響を及ぼしており、企業の業績を下振れさせる要因となっている。

米連邦公開市場委員会（FOMC）

米連邦公開市場委員会（FOMC：Federal Open Market Committee）とは、**米連邦準備理事会（FRB）**のもと、短期金利政策や公開市場操作（通貨供給量の調整等）を担当する委員会。米国の金融政策を決める最高意思決定機関として機能し、年8回開催される会合は短期金利政策の変更の有無をめぐり各方面から強い関心を集める。

委員長はFRBの議長、副委員長はニューヨーク連銀総裁が務める。それ以外のメンバーは、FRBの理事とニューヨーク連銀総裁に加えて輪番で選ばれた4人の地区連銀総裁で構成される。会合開催直後に声明文が、3週間後には議事録が公表され、米国の金融政策の方向性を知る手掛かりとなる。FRBは2019年7月31日のFOMCで**政策金利**を0.25％引き下げ、10年半ぶ

りの利下げに踏み切った。

さらに20年に入って**新型コロナウイルス**の世界的な感染拡大による景気の落ち込みを受け、3月に政策金利の誘導目標を0〜0.25%まで引き下げ、約4年ぶりに「ゼロ金利」となった。また、家計と企業への信用の流れを支援することを目的に国債、住宅ローン債権などの資産購入を5年半ぶりに再開した。

[　　　　中国　　　　]

一帯一路

中国の習近平(しゅう・きんぺい)国家主席が2013年に提唱した広域経済圏構想。かつて中国と欧州を結んだシルクロードを模し、中央アジア経由の陸路(一帯)とインド洋経由の海路(一路)の国々と、5つの分野(政策、インフラ、貿易・投資、金融、民間協力)で交流・協力を目指す。経済成長を維持するための新たな輸出先の開拓を図るとともに、途上国との交流拡大を通じて関係強化を図る安全保障上の目的もある。

13年〜18年の6年間で、中国企業による一帯一路参加国への直接投資額は900億ドル(約10兆円)以上に達したという。その資金は、中国の国有銀行や中国政府が一帯一路のために設立した「シルクロード基金」や**アジアインフラ投資銀行(AIIB)**などから主に調達され

ている。19年4月現在126カ国と29の国際機関が一帯一路への協力に関する覚書を中国政府と交わしている。19年3月にはG7の中で初めてイタリアと覚書を交わした。

参加国は、一帯一路が国内のインフラを改善する機会になると期待するが、各国に貸し付けた巨額の資金が返済不能となり中国に拠点を奪われる「債務のワナ」に対する批判も絶えない。米国は、中国の経済圏および軍事的勢力圏が広がりつつあることに強い警戒感を抱いている。

中国経済の現状

中国は、政治面では中国共産党による社会主義体制を維持する一方で、経済面では市場経済を積極的に導入する「社会主義市場経済」国家として、目覚ましい経済発展を遂げてきた。国際通貨基金(IMF)のデータ(2017年)によると、世界経済に占める名目国内総生産(GDP)のシェアは米国の24%に次いで2位の15%で、3位の日本(6%)を大きく引き離している。

ただ、足元の経済成長率は鈍化しつつある。18年の実質GDP成長率は前年比6.6%増と、17年実績(同6.8%増)を下回っただけでなく、1990年以来28年ぶりの低水準にとどまった。中国政府は2019年3月の全国人民代表大会で、経済政策を転換。軸足を債務抑制から

景気重視に移し、インフラ投資の拡大や大型減税の実施に踏み切った。ただ、米国との経済覇権争いで生じている貿易摩擦の激化で、企業の投資意欲や消費者心理が冷え込んだことが景気の足を引っ張っている。

さらに20年には**新型コロナウイルス**の影響で20年1〜3月の実質GDP成長率は前年同時期比マイナス6.8%にまで落ち込んだ。中国政府は資金繰りに苦しむ企業へ大胆な低利融資を行ったほか、コロナ禍の影響が大きい地域の中小企業を対象とした減税などの財政出動などを実施。4〜6月の実質成長率は3.2%増となった。多くの国がマイナス成長であえぐ中、生産と投資の回復傾向は著しい。

[　　　北米・中米　　　]

USMCA （米国・メキシコ・カナダ協定）

1994年に発効した米国、カナダ、メキシコ間の貿易枠組みである北米自由貿易協定(NAFTA：North American Free Trade Agreement)に代わる新協定。2018年11月に3カ国で署名し、20年7月に発効した。協定は16年間有効。

ドナルド・トランプ米国大統領がNAFTAの見直しを16年の大統領選の公約に掲げ、17年8月から交渉を重ねてきた。「米国・メキシコ・カナダ協定(USMCA：United States-Mexico-Canada Agreement)」の名称で分かるように、「自由貿易(Free Trade)」の文言が外された。自動車産業では、域内で原産された部材を62.5%使っていれば関税が免除されていたが、23年以降この比率が75%に高まる。調達率の条件をクリアできなければ、部品メーカーには2.5%の関税がかかる。このため、日本の自動車部品メーカーも調達の見直しを迫られている。

[　　　ヨーロッパ　　　]

GDPR （一般データ保護規則）

一般データ保護規則(GDPR：General Data Protection Regulation)とは、**欧州連合(EU)**が、域内におけるすべての個人情報保護の取り扱いについて、企業などに厳格な管理体制を求める内容を定めたルール。2018年5月に施行された。

対象は、EUに商品やサービスを提供している企業も含まれ、フランス当局が19年1月に米グーグルに対し約60億円相当の支払いを命じたのを皮切りに、巨額の制裁を科す動きが増えている。

GDPRでは、データの取得時に目的を説明し利用者の同意を得る手続きが必要なほか、個人からのデータ削除などの要求への対処が求められる。一定以上のデータを扱う場合は管理窓口と

3

世界経済

▶GDPRが企業に求める個人データの管理ルール

- データ取得には明確な同意が必要で、同意成立の要件も
- データの処理過程を記録・保存
- データ保護責任者を設置する義務
- 違反があった場合は72時間以内に監督当局に報告

違反した場合

制裁金（最大で世界全体の年間売上高の4％か2000万ユーロの高い方）や改善命令の対象に

新聞記事などを基に編集部で作成

なるデータ保護責任者を定めなければならない。また、規則への違反が発覚した場合は、72時間以内に申告しなければならない。

Cookieなどのデータも個人情報とみなされるようになった。Cookieはサイトを訪問した利用者の履歴を残す仕組みで、利用者にとって前回閲覧時の続きを表示できるなど利便性が増すほか、事業体にとっては個人の行動履歴を把握し、マーケティングに活用できる。ただ、利用者の性的嗜好や政治的活動などが丸裸にされるリスクがあり、GDPRではこうしたCookieの管理も厳格に求めている。

IT（情報技術）大手による個人データの乱用に各国の消費者とも厳しい目を向けており、日本でも20年6月に**改正個人情報保護法**が成立、22年の施行を目指す。他の情報と照合しないと個人を識別できないよう、氏名を削除するなどしてデータを加工した「仮名加工情報」の制度が導入される。ただ、仮名加工情報であっても基本的には第三者への提供については大きな制限がある。

欧州中央銀行（ECB）

ヨーロッパの国家統合体、**欧州連合（EU）**の設立に伴い誕生した域内単一通貨「ユーロ」の金融政策を担う中央銀行。1998年に発足。ドイツ・フランクフルトに本部を置く。

最高意思決定機関である政策理事会、金融政策を執行する役員会、諮問機関としての役割を果たす一般委員会の3つの機関を有し、ユーロ圏内の物価安定を目標に金融政策の意思決定を行うほか、外国為替操作、加盟国の外貨準備の保有と運用、支払い決済システムの円滑な運営なども担う。EU、各国政府、その他いかなる機関からも独立性を保っている。

ECBは近年、「2％近く」と掲げる物価上昇率の目標達成に向け、量的緩和政策や**マイナス金利政策**などを次々に導入している。2019年10月末で任期を終えたマリオ・ドラギ総裁に代わり、クリスティーヌ・ラガルド前国際通貨基金（IMF）専務理事が女性初の総裁として就任した。**新型コロナウイルス**対

欧州中央銀行（ECB）

策では、**政策金利**の引き下げには慎重
な姿勢を取り、資産買い取り枠の拡大
などの金融緩和策で対処した。しかし
対ドルでのユーロ高が進んでいること
から、物価上昇率2%目標の達成は厳
しくなっている。

3
世界経済

テーマ **3** 確認チェック

❶米フェイスブックが中心となって2019年6月に公表したデジタル通貨構想を何というか。
▶p.78

❷毎年1月、世界各界のリーダーがスイスに集まり、政治や経済など世界の諸課題を提起して
課題解決に向けて対話する会議を［　　］という。▶p.82

❸リーマン・ショックを踏まえ、2010年に米オバマ前大統領政権で導入された金融規制の法
律を何というか。▶p.89

❹中国の最高指導者となった習近平氏は、中国の経済の今後について、2013年に［　　］構
想と呼ばれる経済圏構想を提唱した。▶p.92

❺［　　］は、日本の日本銀行に相当する欧州圏の中央銀行として、1998年に設立された。
▶p.94

答え ❶Libra ❷世界経済フォーラム（ダボス会議） ❸ドッド・フランク法（金融規制改革法）
❹一帯一路 ❺欧州中央銀行（ECB）

テーマ ④ 国内政治

新型コロナウイルス感染症拡大への様々な対応に追われていた2020年8月、安倍首相(当時)は健康上の理由で突然辞任の意向を表明した。7年8カ月という歴代最長で幕を閉じた政権に代わって発足したのは、菅内閣。落ち込んだ経済の回復やデジタル化など山積する課題や、国内政治を理解する上で外せないキーワードを解説する。

2020年国会で成立した重要法案

2020年の通常国会は、1月20日に召集され、150日間の会期で6月17日に閉会した。提出法案は59本中、継続審議になっていた法案を加えて56本が成立。法律成立率は19年同様、約95%だった。20年度予算の一般会計の歳出総額は102兆6580億円で、8年連続で過去最大を更新した。

20年度通常国会で成立した重要法案としては、まずビジネス関連が挙げられる。巨大IT(情報技術)企業に取引条件の開示と国への定期報告を義務付ける「特定デジタルプラットフォームの透明性及び公正性の向上に関する法律」、先端技術を活用した都市、**スーパーシティ構想**を実現する「**改正国家戦略特別区域法**」、個人データを企業に使わせない個人の権利を拡充した「**改正個人情報保護法**」などだ。

70歳までの就業機会の確保を企業の努力義務とする「改正高年齢者雇用安定法」や、公的年金の受給開始年齢を75歳まで繰り下げ可能にした「年金制度改正法」のように、高齢社会を反映した法案も目立った。

そのほか、人文・社会科学も振興の対象にする「改正科学技術基本法」や、違法ダウンロードの規制対象を音楽と映像だけでなく全著作物に拡大する「改正著作権法」などが成立した。

安全保障関連法（集団的自衛権）

2016年3月、安全保障関連法と呼ばれる平和安全法制関連2法(国際平和支援法と平和安全法制整備法)が施行された。政府(内閣官房、内閣府、外務省、防衛省)が作成した「『平和安全法制』の概要」には、この安全保障関連法案の目的が「我が国及び国際社会の平和及び安全のための切れ目のない体制の整備」と明記されている。

この柱は、限定的であれ集団的自衛権の行使を容認している点にある。例えば、これまでは日米安保条約によって在日米軍は日本を守るために活動するが、同盟国の米軍が攻撃されたとしても日本の自衛隊は米軍とともに戦

うことはできなかった。こうした状況は、日米同盟を空洞化するものではないかという懸念が従来からあった。

同法は、緊迫する日本の安全保障環境に対応するために、切れ目のない平和および安全のための体制を作る必要に迫られたものであったとされている。政府は憲法第9条の解釈を変更して合憲との立場を取ったが、野党からは戦争への道を開く「戦争法案」との批判もあった。

16年9月、政府は臨時国会で、安全保障関連法に基づく自衛隊の新任務として監視・検証する機関を設け、**国連平和維持活動（PKO）**において同年11月に南スーダンに派遣する「駆けつけ警護」の付与が閣議決定された。19年4月には、エジプトのシナイ半島でイスラエル・エジプト両軍の停戦を監視する多国籍軍・監視団の司令要員として、陸上自衛隊員2人を現地に派遣。この派遣は、安全保障関連法で可能となった国際連携平和安全活動の初適用事例だった。

安全保障関連法では集団的自衛権の行使について地理的な制約を設けておらず、自衛隊と米軍の協力範囲は陸海空の従来領域を超え、宇宙・サイバー・電磁波の新領域に広がっている。19年4月の日米安全保障協議委員会（2プラス2）ではサイバー空間でも米国の対日防衛義務が生じることを確認した。20年5月には自衛隊で初の宇宙専従部隊「宇宙作戦隊」が発足。人工衛星やスペースデブリ（宇宙ごみ）の監視を始め、将来は宇宙空間での攻撃への対処も想定する。

一票の格差とアダムズ方式

日本の選挙制度においては、1人の国会議員を選出する有権者の数に大きな開きがある状態が存在してきた。これは「一票の格差」と総称される。

一票の格差は、「法の下の平等」を論拠として衆議院選、参議院選においては訴訟にも発展しており、近年では「違憲状態」や「違憲」といった司法による判断が示されている。

2015年には最高裁判所が衆議院選挙区の定数配分を「違憲状態」と判断した。小選挙区比例代表並立制をとる衆議院選では、小選挙区の有権者人口は、都市の過密と地方の過疎の影響を受け、見直しがなされてきた。

17年5月に、こうした「一票の格差」を是正し、さらに定数を10減らすことで、衆議院の定数を465議席とする改正公職選挙法が成立。17年10月の衆議院選より適用された。これは小選挙区で「0増6減」、比例代表で「0増4減」するものであり、結果、戦後最少の衆議院定数となった。さらに、都道府県の人口比を反映しやすい議席配分方式である「アダムズ方式」を、20年国勢調査を基準として導入し、22年以降に適用する。

19年7月の参議院選では最大3.00倍の「一票の格差」があった。18年に定数を6増やすなどの公職選挙法の法改正が行われ、格差はわずかに縮んだものの、19年7月の参議院選は投票価値の平等を定めた憲法に反するとして、弁護士グループが選挙無効を求め全国の高等裁判所や高裁支部に訴訟を起こしている。これまでに高裁・支部で言い渡された16件の判決は、憲法に違反しないとする「合憲」が14件、「違憲状態」が2件でいずれも選挙の無効を認めなかった。最高裁は20年7月、これらの裁判について大法廷で審理することを決定した。

大阪都構想

　大阪で検討されていた行政機構改革の構想。政令指定都市の大阪市を解体して大阪府に統合し、代わりに大阪市の区域に東京23区のような複数の特別区を設ける。地域政党「大阪維新の会」を立ち上げた元大阪市長・橋下徹氏が2010年に提唱した。

　最大の狙いは、いわゆる「二重行政」の解消だ。大阪府と大阪市が同じような行政サービスを行い、非効率な税金の投資が繰り返されてきた経緯がある。大阪都構想では、大阪市の行政機能と財源のうち、インフラ整備や産業振興といった広域行政に関わる部分を大阪府に、福祉や医療など住民に身近な地域行政に関わる部分は特別区にそれぞれ移譲・統合する。司令塔を1つにすることで成長投資が戦略的に行える一方、各区で予算を編成することで住民のニーズを行政に反映しやすくなるというのが推進派の主張だ。ただ、都構想に対しては、市の財源を府に移譲することで住民サービスが低下する

▶大阪都構想

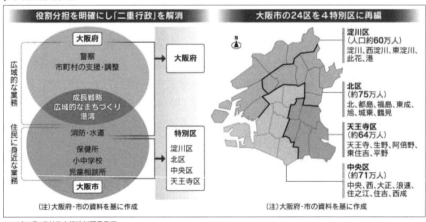

2020年9月3日付日本経済新聞電子版

恐れがあるという反対論もあった。

大阪府議会は20年8月28日、大阪市を廃止して4つの特別区に再編する大阪都構想の制度案を可決し、大阪市議会も9月3日に同案を可決。11月1日に住民投票を実施した。

結果は、反対が賛成を約1万7000票上回り、僅差で大阪市の存続が決定。都構想は白紙となった。「二重行政」解消という主張が浸透しきれなかったほか、政令市廃止への不安、成長戦略として注目されていた**統合型リゾート(IR)**などの施策がコロナ禍で不透明になったことなど、都構想による大阪の成長を見込みづらかったことが要因とみられている。

河井夫妻　参議院選挙買収事件

2019年7月の参議院議員通常選挙の広島県選挙区で、自由民主党から立候補した河井案里議員が初当選した。この当選には、夫で衆議院議員の河井克行前法務大臣との共謀による大規模な買収があった疑いが持たれている。

東京地検特捜部は20年6月18日、河井夫妻を公職選挙法違反（買収）容疑で逮捕した。現職国会議員夫妻の逮捕は初めてのことだ。

克行前法相の逮捕容疑は、19年3～8月に票の取りまとめなどを依頼する報酬として地元議員ら94人に計約2570万円を提供した疑い。案里議員は、この

うち計170万円分の提供について克行前法相と共謀した疑いだ。

7月8日には河井夫妻は起訴され、8月25日に初公判が開かれた。同公判で河井夫妻は無罪を主張している。

携帯電話料金見直し

これまでNTTドコモ、KDDI、ソフトバンクの携帯電話大手3社は、携帯電話端末代金を大幅に値引きして他社から顧客を引き寄せ、携帯端末代金を通信料とセットにしたうえで、通信契約を一定期間解約しないこととする「2年縛り」契約を通例にして顧客を囲い込んでいた。しかし日本の携帯電話利用料が高止まりしているとして、2018年8月、菅義偉官房長官（当時）が携帯電話料金について「4割値下げする余地がある」と発言、政府が主導して携帯電話各社の競争環境整備を行うこととなった。

総務省は有識者会議を開いて具体的な携帯電話料金の見直しを検討。19年5月には、毎月の通信料と携帯端末代金を切り分ける分離プランを正式に義務化する「改正電気通信事業法」が成立。中途解約にかかる違約金上限の引き下げや、携帯端末割引を2万円までに制限する省令改正も、法律と同時に10月1日から施行された。

政府はさらに携帯電話各社の競争を促す考えを示している。総務省は20年

4

国内政治

8月、同じ電話番号で携帯電話会社を乗り換える際の手数料について、原則無料とする案を公表した。一律3000円の手数料が乗り換えを停滞させ、通信料の競争を阻んでいるとみている。

検察庁法改正案（定年延長問題）

検察庁は法務省に設置される特別機関で、行政機関でありながら刑事司法の一翼を担うことから「準司法機関」とも呼ばれる。このため、政治から一定の距離をとり、独立性を保つ必要があるとされる。

政府・与党は2020年度の通常国会で、検察庁の幹部の定年の延長を可能にする検察庁法改正案を提出した。しかし、内閣の判断で幹部の定年を最長3年延長できる特例規定が盛り込まれたことから、「人事に政権の意向が反映され、検察の独立性が損なわれる」と野党が批判し、反対世論も高まったことから、成立が見送られた。

法案をめぐっては、有名人の政治的発言の是非にも注目が集まった。SNS（交流サイト）上で法案に反対する意見が多数あがり、歌手や俳優などの有名人が「＃検察庁法改正案に抗議します」というハッシュタグを付けて反対意見を投稿する"ツイッターデモ"が相次いだ。これらの投稿には、賛同の意見があった一方で、「政治的な発言をすべきでない」と発言そのものを否定する

声もあり、波紋を呼んだ。

公文書管理制度

内閣府によれば、公文書等（国の行政文書等）は、国および独立行政法人等の諸活動や歴史的事実の記録で、国民共有の知的資源であり、このような公文書等を適切に管理し、その内容を後世に伝えることは国の重要な責務だとしている。こうした視点から、公文書の管理に関する基本的な事項を定めた公文書等の管理に関する法律（公文書管理法）が、2011年4月1日に全面施行された。公文書は、こうした法律にのっとって適正に運用されることが望ましいが、18年に森友学園の問題が表面化し、財務省の決裁文書の改ざんの疑いが浮上してきた。大阪地検は5月、この公文書の改ざんの疑いに対して、その有無が森友学園の国有地売却問題における契約や金額の結論に影響しないため、虚偽公文書作成罪の「虚偽」には当たらないとして、関係した佐川宣寿前財務省理財局長らを不起訴とする決定を行った。

18年7月、森友学園問題を契機に、政府は特定秘密を扱う内閣府の独立公文書管理監の権限を一般文書にまで広げ、省庁横断で監視機能を強める再発防止策を決めた。また、独立公文書管理監を審議官級から局長級に格上げし、9月には「公文書監察室」を設け

た。さらに、公文書管理のための専門職「アーキビスト」について公的な認定制度を創設し、20年9月から募集を開始。公文書の不正を防ぐためにさらなる監視強化を目指す。

「桜を見る会」問題

日本の内閣総理大臣が主宰する公的行事。例年、皇族や各国大使のほか、国際活動や災害救助などで功績のあった人、芸能人、スポーツ選手らが招待され、4月中旬頃に東京の新宿御苑で開催される。戦前に行われていた「観桜会」にならい、1952年に吉田茂首相が総理大臣主催の会として始め、現在にいたる。

2019年4月に開催された会では、そのあり方が問題となった。予算が当初の3倍に上り、安倍晋三首相（当時）が地元後援会関係者を多数招待していたためだ。野党からは「公的行事の私物化」との批判の声が上がった。

安倍前政権下では参加者の数、支出額ともに増加したことも問題視された。野党は招待者数や支出額などの資料請求をしたが、内閣府が招待者名簿をシュレッダーで破棄し、電子データも削除していたことが明らかとなり、デジタル化と**公文書管理**のあり方についても議論となった。こうした経緯から20年の開催は中止。また菅義偉首相は総理就任の9月16日に会見で、21年

以降は開催を中止する意向を示した。

女性活躍推進法

安倍前政権は、政策として女性の社会における積極的な参画を推進する立場をとってきた。この背景には、少子高齢化や、それに伴う労働力人口の減少などがあり、労働力不足が喫緊の課題として取り上げられることがある。この状況を打開するために、女性の積極的な社会進出を進め、労働力不足を補うといった狙いがある。安倍前政権のスローガンの1つである「すべての女性が輝く社会づくり」はそうした政権のあり方を象徴してきたといってよい。もちろん安倍前政権以前にも、多くの女性の社会進出のための施策が導入されてきた。1985年の男女雇用機会均等法をその始まりとして、1991年の育児休業法、1995年の育児・介護休業法、2003年の次世代育成支援対策推進法などが制定されてきた経緯がある。

このような経緯を踏まえつつ、安倍前政権は「働く場面で活躍したいという希望を持つすべての女性が、その個性と能力を十分に発揮できる社会を実現するため」に、女性の職業生活における活躍の推進に関する法律（女性活躍推進法）を15年8月に成立させ、16年4月1日に施行した。これにより、常用労働者が301人以上いる国や地方公共団体、民間団体には、女性の活躍に向

4

国内政治

けた具体的な行動計画の策定などが義務付けられた。さらに19年5月には改正女性活躍推進法が成立し、行動計画の策定義務対象が101人以上へ拡大するなどした。

ただ、女性の社会進出は政府が思い描いてきたようには進んでいない。帝国データバンクが発表した20年の女性登用に関する企業の意識調査によると、企業の女性管理職の割合は前年比わずか0.1ポイント増の7.8%であり、20年までに30%程度に増やすとした政府目標には届かなかった。働く女性が保育所探しに苦労し、男性社員が育休を取りにくい状況は続いている。性差に関係なく働きやすい社会を実現するため、さらなる環境整備が求められている。

菅内閣

2020年9月16日、自民党の菅義偉(すが・よしひで)総裁が臨時国会で第99代首相に選出され、自民、公明両党による連立内閣が発足した。安倍前首相の病気理由による辞任に伴うもので、7年8カ月ぶりの首相交代となった。

国会での首相指名選挙に先立つ9月14日、自民党は安倍前首相(自民党前総裁)の後継を選ぶ総裁選を実施。菅氏が対立候補の岸田文雄元外相と石破茂元幹事長を破って第26代総裁に選ばれ、自民、公明両党が衆議院議席の過半数を占める国会で首相に選出された。

菅首相は就任後初の記者会見で、**新型コロナウイルス**対策を最優先課題とし、社会経済活動との両立を目指すと表明。省庁の縦割り体質の打破と規制改革に意欲を示した。

新内閣の閣僚20人のうち11人が9月16日に総辞職した第4次安倍再改造内閣で閣僚を務めていた。麻生太郎副総理・財務相のほか、茂木敏充外相、新型コロナ対応を担当する西村康稔経済再生担当相、公明党の赤羽一嘉国土交通相ら8人は再任で、加藤勝信官房長官、河野太郎行政改革・規制改革相ら3人が別のポストに就いた。初入閣は万博相の井上信治氏、防衛相の岸信夫氏ら5人。平均年齢は前の内閣の発足時からわずかに下がり60.4歳になった。総辞職前の安倍内閣では3人いた女性閣僚は2人になった。

所信表明演説では「国民のために働く内閣」を唱え改革への意欲を示したが、日本学術会議が推薦した会員候補6人の任命拒否問題が波紋を呼んでいる。

スーパーシティ構想（改正国家戦略特区法）

AI(人工知能)や**ビッグデータ**などの先端技術を活用し、社会のあり方を根本から変えるような次世代型都市(**スマートシティー**)の取り組みが世界各国で進展している。日本では政府が「スーパーシティ」と名付け、かねてより国家戦略特区の1つとして推進す

▶スーパーシティ構想

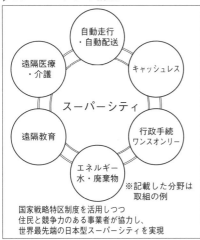

出典：内閣府ウェブサイト

ることを検討。2020年5月、スーパーシティを整備するための改正国家戦略特別区域法が成立した。

これまでの日本国内のスマートシティーや特区での取り組みは、**再生可能エネルギー**や**自動運転**など個別分野に限られ、先端技術の一時的な実証にとどまっていた。政府の構想するスーパーシティは、「エネルギーや交通などの個別分野にとどまらず生活全般（**キャッシュレス決済**や**遠隔診療**、**オンライン授業**など）にわたり」「最先端技術の実証を一時的に行うのではなく暮らしに実装し」「技術開発側・供給側の目線でなく住民目線で未来社会の前倒し実現」するものとしている。

同改正法に基づき特区の指定を受けた自治体は、自らが構想するスーパーシティ実現のため複数の規制改革を一括して進めることが可能となる。政府は当初、20年夏にもスーパーシティ構想を進めたい自治体などを公募し、同年内に対象区域を指定する予定だった。しかし、**新型コロナウイルス**の影響で応募する自治体の準備が整わない可能性があるため、延期を決めている。

全世代型社会保障

政府は高齢者のみならず、子どもや子育て世代、現役世代まですべての世代を支えるため、働き方の変化も踏まえながら、年金・雇用・医療・介護など幅広い分野の社会保障制度の改革を検討している。安倍前政権はこの全世代型社会保障の改革を看板政策の1つに掲げ、2019年9月に発足した第4次安倍再改造内閣では西村康稔経済再生担当大臣に全世代型社会保障改革担当大臣を兼務させ、改革の司令塔として「全世代型社会保障検討会議」を新設した。

具体的な施策も実施されている。20年度の通常国会では、厚生年金（被用者保険）の適用拡大や年金受給開始年齢の75歳への繰り下げなどを盛り込んだ年金制度改革法や、70歳までの就業機会の確保を企業の努力義務とする改正高年齢者雇用安定法が成立。このほか、75歳以上の医療費窓口負担の引き上げや、個人で仕事を請け負うフリーランスの保護などが議題となっている。

ソサエティー5.0

　内閣府によればソサエティー5.0（Society 5.0）は「狩猟社会（Society 1.0）、農耕社会（Society 2.0）、工業社会（Society 3.0）、情報社会（Society 4.0）に続く、新たな社会を指すもの」とされ、「第5期科学技術基本計画において我が国が目指すべき未来社会の姿として初めて提唱」されたものである。具体的には「サイバー空間（仮想空間）とフィジカル空間（現実空間）を高度に融合させたシステムにより、経済発展と社会的課題の解決を両立する、人間中心の社会（Society）」とされる。

　これまでの情報社会では、知識や情報の共有、分野横断的な連携などが不十分であったとされ、社会的な課題に十分に対応できなかったとされるが、このソサエティー5.0では、「IoT（Internet of Things）で全ての人とモノがつながり、様々な知識や情報が共有され、今までにない新たな価値を生み出すことで、これらの課題や困難を克服」するものとされている。ITを中心とした技術革新により、「経済発展」と「社会的課題の解決」を両立する社会を志向するものである。政府はソサエティー5.0の考え方に基づく次世代都市「スーパーシティ」構想を掲げており、2020年5月には実現に向けた制度の整備などを盛り込んだ「改正国家戦略特別区域法」が成立した。

デジタルファースト法

　2019年5月24日、参院本会議でデジタルファースト法（「デジタル手続き法」）が可決、成立した。行政手続きを原則デジタル化（電子化）することで利用者の利便性を高め、行政サービスの効率化につなげることが目的で、マイナンバー法、公的個人認証法、住民基本台帳法などを一括改正する。法律の理念は、個々の手続き・サービスが一貫してデジタルで完結する「デジタルファースト」、一度提出した情報は二度提出することを不要とする「ワンスオンリー」、民間サービスを含め複数の手続き・サービスをワンストップで実現する「ワンストップ」の3原則が柱となる。

　デジタルファースト法の施行を受け、政府は19年12月、行政手続きの電子化に向けた新たな「デジタル・ガバメント実行計画」を閣議決定し、24年度中に国の行政手続きの9割を電子化

▶デジタルファースト法のポイント

行政手続きが原則デジタル化
19年度から転居に伴う電気・ガス・水道などの契約変更がネットで可能に。死亡や相続の手続きも順次ネットに移行
20年度から法人設立時の登記事項証明書の添付が不要になり、ネットでの申請が可能に
マイナンバーの通知カードが廃止される

新聞記事などを基に編集部で作成

する方針を明記。求人・求職や旅券（パスポート）の申請など約500の手続きの電子化に向けた工程表を示した。

東京都知事選挙

東京都の小池百合子知事の任期満了に伴い、2020年6月18日告示、同年7月5日投開票の日程で都知事選が行われた。元号が令和に変わってからの初の都知事選で、コロナ禍における選挙ということでも注目された。

立候補者数は都知事選で過去最多の22人。主な候補者は、再選を目指す小池氏のほか、元日本弁護士連合会会長の宇都宮健児氏、れいわ新選組代表の山本太郎氏、元熊本県副知事の小野泰輔氏らなど。

新型コロナウイルスの感染拡大防止と経済との両立策のほか、4年間の小池都政への評価などが主な争点となったが、小池氏が次点以下に大差をつけて再選した。投票率は55.00％で前回16年選挙の59.73％を4.73ポイント下回った。

統合型リゾート（IR）

IRとは「Integrated Resort」の略で、政府の「IR推進会議取りまとめ」によれば「『観光振興に寄与する諸施設』と『カジノ施設』が一体となっている施設群」を指す。これまで日本では、カジノは刑法の賭博罪に当たるものとして禁止されてきたが、これを合法とする特定複合観光施設区域整備法（IR整備法）が2018年7月に成立。通称「統合型リゾート（IR）実施法」と呼ばれ、これによりカジノを賭博罪の適用対象から除外し、その設置を解禁する。ギャンブル依存症対策として、日本人の入場回数の制限なども盛り込まれた。

20年1月には、カジノ事業者管理を担う「カジノ管理委員会」が設立。全国で最大3カ所の整備地域が選ばれる見込みであることから、東京都（港区台場）、大阪府（大阪市）、神奈川県（横浜市）などが誘致を検討してきた。

しかし、IR整備の先行きは急速に不透明感が増している。事業者の選定基準を示す基本方針を当初は20年1月に決める予定だったが、政府は決定を先送りした。

要因は大きく2つある。1つはIRをめ

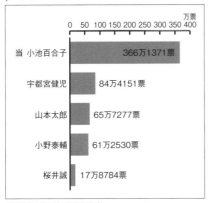

▶東京都知事選開票結果

当 小池百合子	366万1371票
宇都宮健児	84万4151票
山本太郎	65万7277票
小野泰輔	61万2530票
桜井誠	17万8784票

新聞記事などを基に編集部作成

ぐる贈収賄事件だ。東京地検特捜部は19年12月、参入を目指す中国企業から賄賂を受け取った疑いで秋元司衆議院議員を逮捕。基本方針に事業者と政府関係者の接触制限を追加するため、決定を先送りした。もう1つは**新型コロナウイルス**の感染拡大で、感染対策を基本方針に盛り込む必要が生じたためだ。事業環境の悪化で参入を見送る海外事業者も相次いでおり、誘致を検討する自治体側のIR整備計画作りも遅れている。

日欧経済連携協定（EPA）

2019年2月に発効した、日本と**欧州連合(EU)**の間で締結された経済連携協定。将来的に輸出入にかかる関税を撤廃することで自由貿易を推進し、日本・EU間での統一的な制度作りを目指す。

この経済連携協定の実現により、世界の貿易の約4割を占める自由貿易圏が誕生。日本が参加する**TPP11**、**東アジア地域包括的経済連携(RCEP)**と並ぶ今後の「大規模な自由貿易協定（メガFTA）」の基盤となる。

EPAにより、農林水産品と鉱工業製品を合わせて日本側が約94％、EU側が約99％の関税が撤廃された。日本は乗用車にかけられている関税(10%)が8年目でゼロになるなど、工業製品を輸出しやすくなる。一方で、EU産

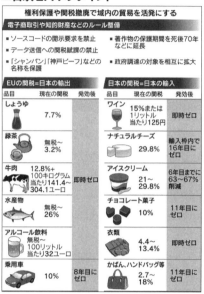

■日欧EPAのポイント

2019年2月1日付日本経済新聞電子版

ワインの関税がゼロになり、ナチュラルチーズなども低関税の輸入枠がつくられるなど、今後の輸入増が予想され、農家への影響も懸念されている。

20年1月31日、英国がEUから離脱した。これにより英国は日欧経済連携協定の適用外となることから、日本は同国と2国間で結ぶ新たな通商協定の交渉を進めている。同年9月には日本とEUとのEPAの優遇関税をおおむね踏襲する形で大筋合意しており、21年1月の発効を目指す（日英経済連携協定）。

日本国憲法の改正手続に関する法律

1946年11月3日に公布された現在の

日本国憲法は、それ以降70年以上にわたって一度も改正されることはなかった。これは、憲法改正の手続きに非常に高いハードルを課しているためといわれており、こうした改正が難しい憲法を硬性憲法ということもある。

憲法改正に関しては、日本国憲法第96条に規定があり、その条文には、「この憲法の改正は、各議院の総議員の3分の2以上の賛成で、国会が、これを発議し、国民に提案してその承認を経なければならない。この承認には、特別の国民投票又は国会の定める選挙の際行われる投票において、その過半数の賛成を必要とする」とある。

これまで、この規定を満たす状況は生まれてこなかった。ところが、憲法改正のための国民投票を規定した「日本国憲法の改正手続に関する法律」が、2007年に成立。さらに14年の衆議院選、16年の参議院選の結果、衆参両院で改憲を志向する勢力が、それぞれ3分の2を超え、現在の日本国憲法の成立以降、初めて憲法改正のための条件が制度的に整った。改憲論議の前進が1つの争点となっていた19年7月の参院選では、改憲勢力が3分の2を下回る結果となったが、9月11日には第4次安倍再改造内閣が発足し、安倍首相(当時)は改憲を成し遂げる決意を改めて示した。

しかし安倍前首相は20年8月28日、辞任する意向を表明。21年9月には17年10月の選挙で選出された衆議院議員が任期満了を迎える。政権交代後にはこの任期満了を待たずに衆院解散・総選挙となる可能性があり、改憲論議が改めて争点となるかが注目される。

普天間基地移設問題

4 国内政治

沖縄県は戦後から現在に至るまで、「基地の島」となっている。全国にある米軍専用施設のうち面積で約70%(2016年米軍北部訓練場一部返還後)の施設が、全国土面積の0.6%にすぎない沖縄県に集中している。そして沖縄県全土の約8%の面積、離島を除いた沖縄本島の約15%が基地に占拠されている現状がある。

沖縄県内でも嘉手納町は80%を超える面積が基地であり、宜野湾市は市の中央を広大な普天間基地が占めている。特に普天間基地は市街地に取り囲まれた地域に存在し、近隣の大学では04年に米軍のヘリコプター墜落事故が起こるなど、市民生活の大きな脅威となっている。こうした状況を解消すべく、普天間基地の移設問題については1996年の橋本龍太郎首相とモンデール駐日大使との会談で、普天間基地の移設条件付き返還が合意された経緯がある。その移設先として沖縄県内の名護市辺野古が取り上げられるようになった。

2009年の政権交代後、鳩山由紀夫政権は、移設先を最低でも県外としていたが、最終的には県内の辺野古移設の

方針を示した。12年12月に発足した第2次安倍政権は、辺野古移設を引き継いで移設手続きを進めたが、14年に沖縄県知事となった翁長雄志前知事は、辺野古埋め立て承認を取り消した。

18年9月の沖縄県知事選では、基地移設反対派の玉城デニー氏が当選したが、同年10月には石井啓一国土交通相が沖縄県による埋め立て承認撤回の効力を一時的に停止し、工事を再開すると発表。19年4月には承認撤回を取り消し、工事の正当性を主張した。

これに対して沖縄県側は法廷闘争に持ち込み、承認撤回の取り消し裁決は違法だとして、19年7月に福岡高裁那覇支部に、8月には那覇地裁にそれぞれ提訴した。前者の訴えは却下されたため、県は最高裁に上告したが、20年3月に棄却され敗訴が確定している。

ふるさと納税

総務省によると、ふるさと納税制度は「生まれ育ったふるさとに貢献できる制度」「自分の意思で応援したい自治体を選ぶことができる制度」として創設された。その効果として、「ふるさと納税は、その活用により、地域社会の活性化や人口減少対策にも効果があると評価される等、様々な意義をもつ制度」と規定されている。

さらに「こうした点をさらに活かし、政府の最重点課題である『地方創生』を推進」するため、2015年度税制改正において、ふるさと納税制度の拡充を目的とする制度変更が行われた。改正では、全額控除されるふるさと納税枠が約2倍に拡充され、さらに「ふるさと納税ワンストップ特例制度」と

▶ふるさと納税の受け入れ額及び受け入れ件数の推移

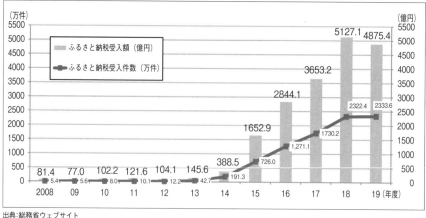

出典：総務省ウェブサイト

いう、ふるさと納税を行う自治体の数が5団体以内であれば、控除に必要な確定申告が不要となることなどが盛り込まれている。

こうした制度変更を背景に、16年度のふるさと納税の寄付額は約2844億円となり、前年度比で約1.7倍に急増。18年度の寄付額は前年度比の1.4倍にあたる5127億円となり、6年連続で過去最高の寄付額を記録した。

一方で、地方創生や地域活性化という本来の趣旨にそぐわない、過度に高額な返礼品で寄付金を集める自治体が問題視され、納税制度の見直しが検討された。19年6月には、返礼品は寄付額の3割以下の地場産品に限定する新制度に移行。新制度により、18年度に全国最多となる497億円の寄付額を集めた大阪府泉佐野市をはじめ計4市町がふるさと納税の指定自治体から除外された。過度な返礼品の競争に歯止めをかけた格好となった。この結果、19年度のふるさと納税の寄付額は4875億円と前年度から4.9%減った。減少は7年ぶりとなる。

マイナンバー制度

2015年10月から、マイナンバーが国民に交付されるようになった。内閣官房によると「マイナンバーは、住民票を有する全ての住民に1人1つの番号を付して、社会保障、税、災害対策の分野で効率的に情報を管理し、複数の機関に存在する個人の情報が同一人の情報であることを確認するために活用されるもの」で、住民票を有する個人に12桁の1つの番号が付与される。

マイナンバー導入のメリットには、行政機関などで情報の照合や入力などにかかる時間や労力が削減される点や、添付書類の削減などによって国民の負担軽減が見込まれる点、行政サービスの受給状況が把握しやすくなり、不正受給などを防ぐことが期待される点が挙げられる。

交付にあたっては、マイナンバー通知カードが全住民に配布され、住民の申請によって顔写真付きの「マイナンバーカード」が発行される。なお、マイナンバー通知カードは、**デジタルファースト法**の成立で20年5月に廃止された。

20年9月には、マイナンバーカードや電子決済の普及、消費の活性化などを目的に、マイナンバーカードと**キャッシュレス決済**サービスを紐づけたポイント制度「マイナポイント」がスタート。マイナンバーカードと紐づけたキャッシュレス決済サービスでチャージや買い物をすると、そのサービスで国から利用金額の25%分(上限5000円)のポイント還元が受けられる。交通系のICカード(電子マネー)やQRコード決済、クレジットカードなどからなる100種類以上の決済サービスが対象だ。20年9月現在、マイナンバー

カードの交付は2469万枚(全人口の19.4%)にとどまるが、政府はマイナポイントをテコに交付枚数を増やし、23年3月までに「ほとんどの住民が保有する」目標を掲げている。

野党再編

2020年8月24日、旧立憲民主党と旧国民民主党、両党と国会で統一会派を組んでいた無所属グループの各幹事長は国会内で会談し、合流して新党を結成するとの基本合意を交わした。9月10日、合流新党に参加する国会議員は新党名を「立憲民主党」に決め、代表に旧立民の枝野幸男氏を選出。9月15日、合流新党を設立した。

合流新党には衆院107人、参院43人の計150人が参加。野党第1党の規模が100人を超すのは旧民進党以来、3年ぶりとなる。旧立民所属の89人のうち88人、旧国民民主党所属の62人のうち40人が参加。無所属議員では野田佳彦元首相、岡田克也元副総理ら22人が加わった。一方、参加を見送った旧国民民主の玉木雄一郎代表や前原誠司元外相ら15人は、新党「国民民主党」を立ち上げた。

陸上イージス

2010年代から続く北朝鮮の弾道ミサイル発射実験を受け、日本はミサイルからの国土防衛を強く意識するようになった。17年12月の閣議で、政府は陸上配備型迎撃ミサイルシステム「イージス・アショア」(陸上イージス)の導入を決定。秋田県と山口県が配備候補地として挙げられ、18年6月に防衛省は具体的に陸上自衛隊の新屋演習場(秋田県秋田市)、むつみ演習場(山口県萩市、阿武町)を最適候補地に選定。実地調査に入る考えを秋田県および山口県に説明した。

しかし19年6月、候補地の調査内容に誤りがあったことが発覚。新屋演習場の代替地になるかを調査した19カ所のうち、9カ所で間違ったデータを基に「不適」と判断したほか、近くの山の標高を3メートル低く記すなどのミスがあった。むつみ演習場の調査でも、高台の標高の数値が国土地理院のものとずれていたことが発覚。さらに秋田市で開催した住民説明会では担当職員が説明会中に居眠りしていたことが発覚しており、政府の姿勢は候補地の反発を招いた。

こうした中、河野太郎防衛大臣(当時)が20年6月15日に突如、イージス・アショアの配備計画を停止すると表明した。むつみ演習場への配備では、迎撃ミサイルを発射する際に使う「ブースター」と呼ばれる補助推進装置を同演習場内に落下させると説明していたが、5月にはそのために大幅な改修と追加コストが必要になると判明した

ためだ。6月24日、国家安全保障会議（NSC）で配備計画を撤回する方針が決定。ミサイル防衛は戦略の練り直しを迫られる。

老後資金問題

金融庁の金融審議会である市場ワーキング・グループは2019年6月、「高齢社会における資産形成・管理」という報告書を作成した。人生100年時代を見据えて経済的な蓄えを準備する必要があるという内容で、総務省の17年家計調査のデータを基に試算。モデルケースとして夫が65歳以上、妻が60歳以上の無職の夫婦は、公的年金だけでは毎月約5万円の赤字になり、30年間で2000万円の資金が不足するというものであった。

この報告書が発表されたことで、参院選を翌7月に控えた野党は、政府がこれまで提唱してきた公的年金の「100年安心」は実現されていないと批判。麻生太郎金融相は「貯蓄や退職金の活用に触れることなく、誤解や不安を広げる不適切な表現」として、報告書の受け取りを拒否する事態へと展開した。政府の唱える人生100年時代を見据えた老後の資金をどのように形成していくのか、公的年金制度だけで暮らせるのかという問題に対して、一石を投じた結果となった。

こうした中、老後資金問題も見据えて「健康なうちはできるだけ長く働く」という動きも出てきている。20年3月には、希望するシニアが70歳まで働ける措置を講じるよう、企業に努力義務を課す改正高年齢者雇用安定法が成立した。21年4月から施行される。

4 国内政治

テーマ ⟨**4**⟩ 確認チェック

❶ 都道府県の人口比を反映しやすい選挙区の議席配分方式である［　　　］方式を、2020年国勢調査を基準として導入し、22年以降に適用する。▶p.97

❷ 大阪市を大阪府に統合し、代わりに大阪市の区域に東京23区のような複数の特別区を設ける行政機構改革の構想を何というか。▶p.98

❸ 日本政府が国家戦略特区の1つとして推進することを検討しているAI（人工知能）やビッグデータなど先端技術を活用した次世代型都市を何というか。▶p.102

❹ 2019年5月に成立し、行政手続きを原則デジタル化させて利用者の利便性を高め、行政サービスの効率化につなげることを目的とした法律を何というか。▶p.104

❺「生まれ育った故郷に貢献できる制度」「自分の意思で応援したい自治体を選ぶことができる制度」として創設された制度を［　　　］制度という。▶p.108

答え ❶アダムズ　❷大阪都構想　❸スーパーシティ　❹デジタルファースト法　❺ふるさと納税

テーマ5 国際社会

米中貿易摩擦や英国のEU離脱(Brexit)、日韓関係の悪化など、国際的な不協和音がなかなかおさまらない。さらにアメリカ大統領選挙や香港情勢の混乱などのニュースが2020年の世界を大きく揺るがした。「世界で今、何が起きているのか。背景には何があるのか」に目を向けて正しく現状を理解できると、今後の大きな流れをつかめるだろう。

[国際・全般]

OPECプラス

中東・アフリカを中心とした産油国からなる石油輸出国機構(OPEC)の加盟国13カ国に、ロシアやメキシコなど10カ国を加えた組織。2016年12月に設立された。世界の石油生産量の約4割を占めるが、設立から間もなく、サウジアラビアとロシアの主導の下、石油価格の安定を目的に協調減産を始めた。

国際石油市場におけるOPECの影響力は、世界的な**再生可能エネルギー**への転換や**シェールガス**を含めた化石燃料の開発に積極的な米国(19年・石油産出量世界1位)がエネルギー自給率を高めたことなどで低下し続けている。さらにコロナ禍の影響で、世界の原油需要が大きく落ち込み、原油価格も、20年4月には一時、前年末の3分の1以下にまで下落した。新たな需要の創出が求められるが、OPEC内の政治的対立(サウジアラビアとイラン)、増産を

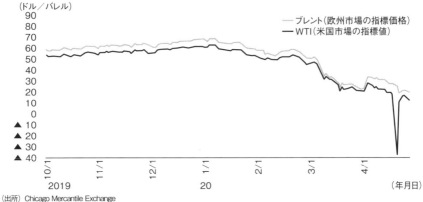

▶原油価格の推移

(出所) Chicago Mercantile Exchange
出典:資源エネルギー庁ウェブサイト

続ける米国との折衝など、課題は山積している。

SDGs（持続可能な開発のための2030アジェンダ）

SDGsとは「持続可能な開発目標」のこと。Sustainable Development Goalsの略で、経済発展と環境保護を両立させながら、将来の世代や地球環境に負荷を与えずに進めていく開発目標のことをいう。SDGsを実行するため、2015年の国連サミットでは、「持続可能な開発のための2030アジェンダ」が採択された。国際社会が16年から30年までに達成を目指す17の目標と169のターゲット、232の指標から成る。

SDGsの基本的な理念の提唱は、1987年に公表された「環境と開発に関する世界委員会」の報告書にさかのぼる。1992年の「地球サミット（環境と開発に関する国連会議）」では、国連経済社会理事会の下部組織として、持続可能な開発委員会（CSD）を設置することが決まった。2001年には「ミレニアム開発目標（MDGs）」が策定され、この後継として採択されたのが、「持続可能な開発のための2030アジェンダ」である。

この17の目標は、政府や企業が30年を目標に自主的に取り組むよう求められている。**働き方改革**、ブランディング、地域社会など広範囲にわたり、投資家も企業のSDGsへの取り組みを

▶SDGsの17の目標

1	貧困をなくそう
2	飢餓をゼロに
3	すべての人に健康と福祉を
4	質の高い教育をみんなに
5	ジェンダー平等を実現しよう
6	安全な水とトイレを世界中に
7	エネルギーをみんなに　そしてクリーンに
8	働きがいも経済成長も
9	産業と技術革新の基礎をつくろう
10	人や国の不平等をなくそう
11	住み続けられるまちづくりを
12	つくる責任　つかう責任
13	気候変動に具体的な対策を
14	海の豊かさを守ろう
15	陸の豊かさも守ろう
16	平和と公正をすべての人に
17	パートナーシップで目標を達成しよう

出典:外務省ウェブサイト

ESG投資の判断材料の1つとしていることから、企業経営への活用が今後は一層求められる。日本政府も19年末に「SDGsアクションプラン2020」を策定した。

核兵器禁止条約の批准

核兵器禁止条約は、核兵器の開発や使用、保有などを法的に全面禁止する国際条約。2017年7月、国連総会で122カ国の賛成を得て採択された。

しかし、米国・英国・フランス・中国・ロシア・インド・イスラエルなどの核保有国は交渉に参加せず、日本も

これに同調して参加しなかった。20年10月に批准数が発効要件の50カ国・地域に達し、21年1月に発効することが決まった。

条約は、実験・取得・貯蔵・移譲から他国への威嚇まで、核兵器に関するあらゆる活動を禁じており、またヒロシマ、ナガサキを念頭とする被爆者の苦しみにも触れている。17年12月には、条約成立に尽力した国際NGOの核兵器廃絶国際キャンペーン（ICAN）にノーベル平和賞が授与された。授賞式では、カナダ在住の被爆者サーロー節子氏が演説し、「核兵器は必要悪ではなく、絶対悪である」と核廃絶を強く訴えた。日本は唯一の被爆国だが、核開発を進める北朝鮮の脅威等に対し、米国の核抑止力が不可欠との見解は変わらず、核保有国と同様に今後も批准しない方針である。

世界の女性リーダー

海外では近年、新しい女性リーダーの活躍がめざましい。欧州では、30代の若い女性首相も誕生した。

ベルギーでは2019年10月、ソフィー・ウィルメス氏が首相に就任したことで、初の女性首相が誕生した。これは、前首相が欧州理事会の常任議長に就任したことによる新政権の正式発足までの"暫定首相"だった。しかし世界的に**新型コロナウイルス**の感染が拡大

すると、子ども向け番組に出演して丁寧に質問に回答する姿勢などが高い評価を得た。

フィンランドでは19年12月に、サンナ・マリン氏がわずか34歳で首相に就任し、世界最年少の指導者となった。マリン首相は特に女性活用で注目を集めており、同国の閣僚の女性比率は61.1％と男性を上回っている。

欧州以外でも女性リーダーの活躍が目立つ。ニュージーランドのジャシンダ・アーダーン首相（17年10月の就任時37歳）は、国内の新型コロナウイルス感染拡大の封じ込めに成功。とりわけ国民に向けた優れた発信力・共感力が世界から高い評価を受けた。また台湾の蔡英文（ツァイ・インウェン）総統も、世界に先駆けて入国制限を行い、早期に感染拡大を抑制させたことで支持を高めた。

日本も男女共同参画が唱えられているが、女性の国会議員比率はOECD加盟国のなかで最低水準、閣僚ポストの女性比率も先進7カ国で最低である。男女格差を示す「ジェンダーギャップ指数」も世界121位（153カ国中）で、圧倒的な「女性活躍後進国」になっている。

中国製品の排除

米・トランプ政権誕生から続く**米中の貿易摩擦**は、制裁関税の応酬からハイテク分野での攻防へと拡大してい

る。米国と欧州では、中国の通信サービスを排除する動きが広がっている。

2020年8月、トランプ政権は、次世代通信規格5Gをリードするファーウェイ（華為技術）を含む中国通信技術大手5社とその製品・サービスを使う企業との取引を禁止する法律を施行した。米政府機関と取引する日本企業は800社以上（取引総額約1600億円）で、今後の日本経済への影響も小さくない。トランプ政権は、機密情報の漏洩阻止を理由に挙げているが、世界の登録者数20億人以上という中国の動画投稿アプリTikTokの使用も禁止しようとしていることから、「インターネットの分断につながる」という批判の声が上がった。5G通信ネットワークに対しては、英国とフランスも米国の動きに追従。国家安全保障上の重大なリスクになるとして、ファーウェイを排除する方針を打ち出している。

日本でも20年8月、自民党の「ルール形成戦略議員連盟」がTikTokを念頭に、アプリの利用制限を政府に提言することを確認したが、菅官房長官（当時）は「スポーツ庁と気象庁が広報目的で利用しており、とくに問題はない」との見解を示した。

難民問題

難民とは、戦争・紛争・政治的迫害・災害などが原因で、居住地から離れた人々のことをいう。難民条約（1951年成立）では、「人種、宗教、国籍もしくは特定の社会的集団の構成員であること、または政治的意見を理由に迫害を受けるおそれ」があり、「国籍国に帰ることができない者」「国に帰ることを望まない者」と定義している。ただし、各種の統計では、出身国にとどまっている国内避難民を含めることも多い。

2019年に避難を強いられた人は、約7950万人（国内避難民は約4570万）で、その約4割が18歳未満の子どもと推定されている。国外に逃れた難民は、シリア、ベネズエラ、アフガニスタン、南スーダン、ミャンマーの5カ国で全体の約3分の2を占めている。特に政情不安と食糧難が深刻なベネズエラからの脱国者が増えている。

難民救済に向け、**国連難民高等弁務官事務所**（UNHCR）を中心とする、国際社会の支援が広がるなか、日本政府は難民の受け入れに消極的で、難民申請に対する認定率は0.4%ときわめて低い。

なお、移民について国際法の定義はないが、好条件の仕事やより良い教育・居住環境を求めて移住するケースが多く、自由意思に基づいている点で難民と区別される。

ポピュリズム

大衆の要求や欲望に沿った政策を掲

5

国際社会

げて、多くの支持を集めようとする考え方や政治姿勢。「大衆迎合主義」と訳される。知性や多様性を軽視する傾向、また政治家に場当たり的な政策を取らせてしまう傾向にあることから、一般にはネガティブな意味で用いられる。とりわけヨーロッパでは、第一次世界大戦後にファシズムの台頭を招いたため、反民主主義や衆愚政治と重ねて語られることも多い。

ただポピュリズムには、民衆の直接的な欲求のすくい上げや、既存の権威・エリートに対する異議申し立てといった側面があることから、民主主義の本質を顕示しているともいわれる。また、特定のイデオロギーが共有されているわけではなく、右派・左派のどちらにも強く振れてしまうため、「民主主義の劇薬」(政治学者・水島治郎氏)「きわめて両義的な存在」とも捉えられる。

これまでアフリカ、東南アジア、中南米の途上国では、扇動的なカリスマ政治家がポピュリズムを後ろ盾に独裁体制を維持するケースが多く見られた。しかし近年は、米国のトランプ政権や英国のジョンソン政権など、欧米先進国でもポピュリズムに後押しされた政権が増えており、ポピュリズムは国際情勢分析に欠かせない重要なキーワードになっている。

[アジア]

金与正(キム・ヨジョン)

北朝鮮の政治家。1988年生まれ。朝鮮労働党中央委員会第一副部長。最高指導者・金正恩(キム・ジョンウン)朝鮮労働党委員長の妹で、次期指導者候補の一人。正恩体制を陰で支えていたが、2018年2月平昌五輪の開会式で、韓国・文在寅(ムン・ジェイン)大統領と笑顔で握手を交わし、世界の注目を浴びた。同年6月の米朝首脳会談(トランプ大統領と金正恩委員長)でも、北朝鮮の変化を期待させる"微笑外交"が好感を持って迎えられた。しかし、翌19年2月にハノイで行われた2回目の米朝首脳会談で成果を上げられず、政治の表舞台から一時姿を消した。様々な臆測が飛び交ったが、19年12月に統一戦線部第一副部長として復帰。その後、兄・正恩委員長の代理として、韓国・米国に向けた公式声明を出したことから、金正恩委員長の健康不安説とともに、指導者継承の可能性も指摘されるようになった。

さらに国際社会に大きな存在感を示したのは、20年6月。韓国の脱北者団体が体制批判ビラをつるした大型風船を北朝鮮に向けて飛ばしたことに激怒。報復として、開城(ケソン)工業地区にある南北共同連絡事務所を爆破した。事実上のナンバー2によって、南

北融和の象徴が破壊されたことに、国際社会は警戒を強めている。

台湾総統選挙

4年に一度の台湾総統選挙が2020年1月に行われ、与党・民進党の蔡英文（ツァイ・インウェン）総統が過去最多の票数を得て、再選を決めた。親中派で、最大野党・国民党の韓国瑜（ハン・グオユー）氏に19ポイント差をつけての圧勝。投票率は74.9%で、前回を9ポイント近く上回った。

選挙の最大の争点は、香港の「一国二制度」危機を背景とする対中政策だった。現職の蔡氏は対中強硬姿勢を明確に打ち出したが、国民党の韓氏は中国との関係強化こそが台湾の平和と繁栄につながると訴えた。

18年11月の地方統一選挙で、与党・民進党は大敗を喫し、蔡総統への支持率も約15%まで落ちた。しかし、翌19年になると一転。習近平（しゅう・きんぺい）国家主席が1月、台湾統一に武力介入も辞さないことを示唆する演説をしたこと、さらに同年6月以降、逃亡犯条例改正案をきっかけに香港デモが拡大するに伴い、反中派・蔡氏への支持率は45%まで回復した。選挙戦中は、とくに香港デモに賛同する若者の間で、「香港の今日は台湾の明日」が合い言葉となり、蔡氏支持への連帯が高まっていった。

海外メディアのなかには、中国政府の選挙干渉や政治工作が効果を上げなかったことから、総統選の結果を「国民党の敗北ではなく、習近平政権の敗北」と報じる論調も見られた。

中国製造2025

中国指導部（国務院）が掲げる製造業分野を対象とした包括的な成長戦略。2015年10月に「Made in China 2025（中国製造2025）」として発表された。建国100周年にあたる49年までに「世界の製造強国」として確固たる地位を築くことを目指している。

ロードマップは3つの段階から成り、まずは第1段階として、25年までに「世界の製造強国」の仲間入りを果たすことを掲げている。第2段階として、35年までに中位（一部は世界をリード）に入り、第3段階として、49年までに世界のトップになることを目指している。設定された10の重点分野の向上

▶「中国製造2025」の重点10分野

① 次世代情報技術
② 工作機械・ロボット
③ 航空・宇宙設備
④ 海上設備・ハイテク船舶
⑤ 先端軌道交通設備
⑥ 省エネ型・新エネルギー自動車
⑦ 電力設備
⑧ 農業機械
⑨ 新素材
⑩ バイオ医薬・高性能医療機械

新聞記事などを基に編集部で作成

は、イノベーションによる技術強化を中心に、品質の向上、構造の最適化、人材本位、環境にやさしいグリーン製造の推進などによって実現させるという。

ただし、20年度はコロナ禍により製造業の重点拠点だった武漢が一時閉鎖されるなど、大きな打撃を受けた。

南沙諸島・西沙諸島

南沙諸島は、南シナ海の南部に浮かぶ群島で、英語名をスプラトリー諸島という。西沙諸島は、南シナ海の北西部に浮かぶ群島で、英語名をパラセル諸島という。2020年4月、独自の「九段線」によるほぼ全域の領有権を主張する中国が、各諸島に新行政区の「南沙区」「西沙区」を設置することを発表。これに、領有権を主張してきた周辺諸国が猛反発した。

両諸島とも、第二次世界大戦中に日本が支配したが、サンフランシスコ講和条約（1951年）で領有権を放棄することになった。しかし同条約では、その後の帰属が定められなかったため、南沙諸島は台湾、ベトナム、中国、フィリピン、マレーシア、ブルネイが、西沙諸島は中国、ベトナムがそれぞれ領有権を主張し合う状況になった。軍事衝突も散発的に起こっており、南沙諸島では、1974年に中国とベトナムとの対立が激化。交戦状態を制した中国が

▶中国による南シナ海の軍事拠点化

2020年9月7日付日本経済新聞

実効支配を進めることになった。

南シナ海は、重要な海上輸送路で地下資源も豊富なことから、どの国も譲歩していない。さらに近年は中国と米国が大規模な軍事演習を展開するなど、安全保障をめぐる米中の対立も強まっている。中国の海洋進出を警戒する米国は、ASEAN諸国に「対中包囲網」を強化するよう促している。しかし、領有権を争う対中強硬派の国々と中国の経済支援に頼る対中融和派のミャンマー、カンボジア、ラオスとの間の温度差が大きく、周辺国の足並みはそろっていない。

日韓関係の悪化

韓国の第19代大統領に文在寅（ムン・ジェイン）が2017年5月に就任して

以来、日韓関係が悪化の一途をたどっている。直接のきっかけは、韓国の大法院(最高裁)による元徴用工訴訟の判決である。大法院は18年10〜11月、徴用工に労働を強制したことを植民地支配と直結した反人道的・不法行為と判断、日本企業に元徴用工への慰謝料賠償を命じる判決を出した。これに対して、日本政府が「賠償問題は1965年の日韓請求権協定で完全に解決した」という従来の見解をくずさなかったことから、両国の溝が深まった。

2019年7月、日本政府は韓国を貿易優遇対象国(ホワイト国)のリストから除外し、半導体等の製造に必要な原材料3品目の輸出管理を厳格化すると発表。韓国はこれを元徴用工判決に対する報復行為として強く反発した。

出口の見えない対立が続くなか、翌8月に日本政府がホワイト国除外(グループAからBへの変更)の政令を施行すると、韓国政府は日韓の軍事情報包括保護協定(GSOMIA)の破棄を発表。米国は北朝鮮非核化に向けての3カ国連携を重視する立場から、韓国のGSOMIA破棄に「失望と懸念」を表明した。また韓国は翌9月、日本によるホワイト国除外を差別的な輸出規制として、**世界貿易機関(WTO)**に提訴。水面下の調整交渉も知日派・親韓派のパイプも機能せず、日韓関係は1965年の国交正常化(日韓基本条約締結)以降、最悪の状態に陥ったといわれたが、20年9月に誕生した**菅義偉内閣**は安易には妥協しない姿勢を示しているが、リアリズム派でもあることから、関係修復の期待が高まっている。

香港情勢 (香港国家安全維持法)

香港は1997年に英国から中国に返還されて以来、「一国二制度」が適用されている。返還後50年間は特別行政区として、外交と国防を除く「高度な自治」が保証されており、「香港特別行政区基本法」(香港の憲法)によって、言論・出版の自由も認められている。

しかし返還後、徐々に中国政府の締め付けが強まっている。2019年4月には、香港政府が「逃亡犯条例」の改正案を提出したことで、香港市民の危機感が高まった。改正案は、犯罪容疑者を中国本土へ引き渡すことを可能にする内容を含んでいたことから、6月には、参加者100万人の大規模デモに発展した。これを受け、香港特別行政区行政長官(香港政府トップ)は改正案撤回を表明したが、香港デモは自由と民主化を求める運動へと拡大していった。

こうした状況下、中国政府は20年6月に「香港国家安全維持法(国安法)」を制定。反政府行動や分離独立を求める運動などを犯罪行為として厳罰に処することを定めた(最高刑は無期懲役)。香港の「一国二制度」を根底から揺るがす法律で、制定の翌7月1日に

は、香港市民による国安法の反対デモが行われた。しかし、参加した香港市民10人が逮捕、さらに8月には、中国政府に批判的な新聞社の創業者や、香港デモを主導した学生活動家の周庭（アグネス・チョウ）氏らも逮捕・拘束された（その後保釈）。香港社会には萎縮の空気が広がっていると伝えられる。

［　　　　中東　　　　］

アヤソフィア

　トルコ最大の都市イスタンブールにある歴史的建造物。ローマ帝国時代の4世紀に起源をもち、6世紀にキリスト教の大聖堂として建造された。直径33m、高さ56mの巨大ドームをもつ。1453年にオスマン帝国が東ローマ帝国（ビザンチン帝国）を滅ぼしたことでイスラム教のモスクとなり、4本の尖塔が増設されている。1923年に政教分離を国是とするトルコ共和国が建国されると、閣議決定（1934年）によってアヤソフィアは「無宗教の博物館」となった。その後、1985年には「イスタンブール歴史地区」の構成資産として世界文化遺産に登録。しっくいが剥がれた壁の一部にキリストや聖母マリアの装飾・モザイク画が見られるなど、長い宗教の変遷の足跡をとどめる。
　アヤソフィアは「異文化共存の象徴」

でもあったが、イスラム保守派が再モスク化を求めて提訴。2020年7月、トルコ最高行政裁判所が1934年の閣議決定を無効とする判決を出すと、エルドアン大統領は即座に再モスク化を発表した。これにローマ教皇をはじめ、**欧州連合(EU)**、米国、国連教育科学文化機関（ユネスコ）も、相次いで失望や遺憾の声明を出した。エルドアン大統領は礼拝時間以外の観光客の立ち入りを認めつつ、こうした批判に対しては「主権侵害」と強く反発している。

イランをめぐる動向

　米国が「イラン核合意」を一方的に離脱して以降、イランと米国との軍事的緊張が高まっている。「イラン核合意」は、2015年7月に穏健派ロウハニ政権のイランと6カ国（米国・英国・フランス・ドイツ・ロシア・中国）との間で結ばれたもの。イランが核開発を制限することの見返りに、イランへの経済制裁を解除するという内容だった。しかし18年5月、米国のトランプ大統領は「致命的な欠陥がある」としてイラン核合意からの離脱を表明。米国の独断専行とそれを止めない他の合意国に不信感を強めたイランは、核合意の一部を履行停止した。
　さらに20年1月、米軍がイラン革命防衛隊のソレイマニ司令官らを無人攻撃機で殺害。これに対し、イランが

▶ イラン包囲網のポイント

2020年9月17日付日本経済新聞

米軍基地（イラク内）をミサイル攻撃したことから、両国の緊張が一気に高まった。「イラン包囲網」を強化したい米国は20年8月から9月にかけて、イスラエルとアラブ首長国連邦（UAE）、バーレーン両国との国交正常化を実現させた。イスラエルを警戒するイランは「歴史的な愚行」と批判しながらも、国際社会からの孤立を回避するため、同月、国際原子力機関（IAEA）に国内の核関連施設への立ち入り調査を認める方針を伝えた。これに対し、米国は国連でイランに対する国連制裁の復活を唱えたが、安保理の理事国の多くは制裁復活を認めないと表明。イランも、米国の姿勢を厳しく批判した。

過激派組織「イスラム国」（IS）

スンニ派のカリフ制国家を自称するイスラム過激派組織。ISは、Islamic Stateの略。反米を掲げるアルカイダの関連組織として結成され、2011年に始まったシリア内戦の長期化に伴って勢力を拡大した。その後、シリア北部からイラク中部を支配下に治め、14年6月に宗教指導者バグダディ氏がイラク北部の都市モスルで建国を宣言した。この時、ISはアルカイダと絶縁していたが、国際社会はISをアルカイダと同じテロ組織と見なし、独立国家と認めなかった。

ISは、支配地域の住民には恐怖政治で服従を強いる一方、対外的にはネットを巧みに使ったPR活動で兵士を募集。石油・武器の密輸などで資金も調達し、組織拡大と兵力増強を進めた。しかし15年後半になると、米軍主導の有志連合の空爆やクルド人主体のシリア民主軍（SDF）の攻撃などで拠点を奪われ、資金不足から組織も弱体化していった。17年7月にはモスル、10月にはシリア北部のISの"首都"ラッカも奪回された。19年3月には最後の拠点バグズ（シリア東部）も制圧され、ISのすべての支配地が解放された。さらに、19年10月には、米国が指導者のバグダディ容疑者の殺害を発表し、シリアでのIS掃討作戦は大きな節目を迎えた。

しかし、20年になって中東やアフリカなどでISの活動が活発化している地域もあり、勢力の復活を懸念する声もある。

シリア内戦

「アラブの春」の余波を受け、2011年3月から続いている内戦。シリアでは、アサド父子による長期独裁政権が続いている。父ハーフェズ・アル・アサドは1971年に大統領に就任すると、多数派のスンニ派への弾圧の手を強めた。少数派のアレウィー派のハーフェズ氏は、これによりシーア派の支持をとりつけ、政権基盤を固めた。

2000年にハーフェズ氏が亡くなると、息子のバッシャール・アル・アサド氏が大統領に就任。当初、バッシャール氏は穏健で民主主義に理解があると欧米諸国から見られていた。しかし12年3月、政府軍からの離脱兵によって組織された自由シリア軍が政権打倒を目指して蜂起すると、バッシャール氏は政府軍に応戦を指示。内戦に突入すると、アサド政府軍はシーア派のイランやロシアの協力を得て反政府軍を攻撃したため、米国やサウジアラビアと対立。13年には、アサド政府軍による化学兵器の使用疑惑が浮上し、国際社会から厳しく批判された。さらに**過激派組織「イスラム国」(IS)**が混乱に乗じて勢力を拡大したため、内戦は泥沼化。シリア内戦は、ISを中心とする過激派組織も絡みながら、米国とロシア、イランの代理戦争の様相を呈するようになった。

その後、アサド政府軍が徐々に勢力を強め、19年8月には反政府組織の拠点イドリブ県も支配下に置いた。10月にドナルド・トランプ米大統領は米軍の大半をシリアから撤退させることを決め、トルコはクルド人勢力が実効支配するシリア北東部への軍事行動に踏み切った。その後ロシアが主導して和平への道が探られた。しかし、20年2月にトルコ軍との紛争が拡大。さらに米国による新たな制裁によって通貨が下落するなど、国民の生活は困窮の度合いを深めている。

[アフリカ]

新興国経済

「最後の巨大市場」といわれるアフリカの経済発展がめざましい。2019年の経済成長率は3.4％で、世界平均の2.9％を上回った。政情不安やモノカルチャー依存の経済、脆弱なインフラなど、多くの課題が指摘されてきたが、中間層の拡大により、消費支出も右肩上がりで延びている。高額な耐久財の需要も増えているため、天然資源の供給源としてだけではなく、新たな消費市場として注目されている。とくにサブサハラ(サハラ砂漠以南)は若年人口が多く、高い出生率を維持しているため、35年には中国やインドの人口を上回ると見られている(国連推計)。また、モバイル決済や**ドローン**などICT

（情報通信技術）の活用によって、生産から流通、金融、医療まで、幅広い分野で劇的な変化が起こっており、非資源分野への海外からの直接投資も拡大している。

19年7月に開かれた**アフリカ連合（AU）**の臨時首脳会議では、アフリカを1つの共通市場にするアフリカ大陸自由貿易圏（AfCFTA）が実行段階へ移行したことが宣言された。その後、コロナ禍で足踏みしているものの、近い将来の共通通貨導入なども検討されている。20年度は、**バッタ大量発生**にコロナ禍が加わり、アフリカ経済は大打撃を受けている。若年層人口が多いことなどから、コロナによる人的被害は欧米諸国より小さいとされているが、実情がつかめていないだけではという指摘もある。多くの国が早い段階で経済再開へとかじを切っているが、楽観視はできない。

［　　　北米　　　］

Black Lives Matter（米国の人種差別問題）

黒人差別に対する非暴力的な抗議運動。米国ミネソタ州で2020年5月、黒人男性のジョージ・フロイド氏が白人警官に首を押さえつけられて殺害された事件をきっかけに、「Black Lives Matter（BLM ／黒人の命は大切だ）」をスローガンとする抗議行動が拡大した。このジョージ・フロイド事件では、デモ隊の一部が暴徒化したことに批判の声が上がったが、多くの米国民はBLM運動を支持。世論調査によると、デモ参加者は推計1500～2600万人、米国史上最大規模の抗議運動といわれる。コロナ禍のなか、9月に行われたテニス全米オープンでは、優勝した大坂なおみ選手が、黒人犠牲者の氏名を記した7枚のマスクを着用し、運動への連帯を示した。

BLM運動のきっかけは、12年に起こったトレイボン・マーティン事件。17歳の黒人青年を射殺した自衛団員が正当防衛を理由に無罪になった事件に対する人権活動家の抗議文の中に、「Black Lives Matter」の一文が含まれていたことによる。さらに14年、18歳の黒人青年が白人警察官に射殺されるという事件（マイケル・ブラウン事件）が起こると、BLMの抗議文がSNS上に拡散。分散型ネットワークによる人種差別抗議運動として、全米で広く認知されるようになった。

アメリカ大統領選挙

4年に一度の米国・大統領選挙の投票が2020年11月3日に行われ、共和党で現職のドナルド・トランプ大統領と民主党のジョー・**バイデン**候補の争いとなった。

共和党は8月24日の党大会で、候補

5
国際社会

▶アメリカ大統領選挙の開票状況

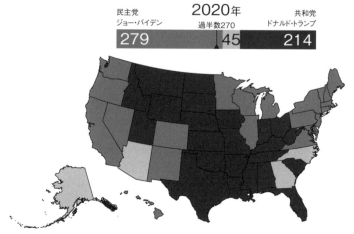

(注) 2020年11月9日時点の情報を基に作成

者指名争いを制した現職のトランプ大統領とペンス副大統領を正式候補者として指名。民主党は、同月18日の党大会でジョー・バイデン氏が、序盤を有利に進めたブティジェッジ氏や若者の支持が多い左派のサンダース氏を破り、正式候補に指名された。副大統領候補には、移民2世の黒人女性カマラ・ハリス(父はジャマイカ出身、母はインド出身)氏が指名された。

新型コロナ禍のなかで行われた大統領選は、大規模集会が開催できないなど、異例なものとなった。バイデン候補は死者22万人以上を出したコロナ禍へのトランプ政権の対応を非難。また、米国史上最大級の黒人差別反対運動(**BLM**運動)が加熱するなか、差別解消に後ろ向きな姿勢も厳しく追及した。

一方、トランプ候補はコロナ禍に対し、経済優先の姿勢をアピールしたが、選挙戦終盤に自身が感染症を発症し、危機管理の甘さを露呈することになった。BLM運動に対しては、急進左派が扇動する暴力行為と見なし、「法と秩序」による統治を主張。バイデン候補では国家の安全を守れないと批判し、白人保守層の票固めに走った。

開票が進み、バイデン氏は選挙人の過半数を獲得したとして勝利宣言を行ったが、トランプ陣営は郵便投票などに不正があったとして、法廷闘争を行う姿勢をみせている。

トランプ大統領の動向

2018年11月に行われた米国中間選挙で、上院は共和党が過半数を維持し

たが、下院は民主党が過半数を奪還。「ねじれ」状態になり、トランプ政権には痛手となった。

また、新型コロナウイルス対策では、感染拡大の深刻さを過小評価し、**パンデミック**を長引かせたため、支持率は急落。大統領選の終盤に自身が感染症を発症し、ホワイトハウスの危機管理の甘さも批判されることになった。全米に広がった黒人差別反対運動（**BLM運動**）に対しても、極左勢力が扇動していると主張し、国民の分断を深めた。

外交では、19年に2度にわたって金正恩（キム・ジョンウン）朝鮮労働党委員長と首脳会談を行ったが、具体的な成果は得られず、懸案の「北朝鮮の非核化」に進展は見られない。**米中貿易摩擦**も終わりが見えず、習近平（しゅう・きんぺい）政権との攻防は、次世代通信規格**5G**やサイバー空間の覇権争いにまで拡大している。中東外交では、20年8月から9月にかけてイスラエルとアラブ首長国連邦（UAE）、バーレーン両国との国交正常化を実現させ「イラン包囲網」を強化させた。

バイデン氏

2020年11月3日に行われた米国・大統領選挙で、当選を確実にした民主党の大統領候補。78歳で大統領に就任した場合は、米国史上最高齢になる。

1942年11月20日、ペンシルベニア州スクラントン生まれ。デラウェア大学を卒業後、弁護士になったが、1972年、29歳の若さでデラウェア州から上院議員に初当選。36年間にわたって同州の上院議員を務め、外交・司法の分野で活躍した。民主党の穏健中道派として、党員からの信頼は厚く、09年に誕生したオバマ政権では副大統領を務めた。

大統領選では、外交は多国間協調路線、経済政策は自由貿易拡大、富裕層への増税などを主張し、コロナ禍には対策強化の姿勢を示した。また、気候変動の国際的枠組みであるパリ協定への復帰や移民規制の撤廃、オバマケア（医療保険制度改革法）の拡充なども訴えていた。

（注）米国大統領および同選挙については、2020年11月9日時点の情報を基にした記述としている。

［ 　　ヨーロッパ　　 ］

Brexit（英国のEU離脱）

英国は2016年6月に**欧州連合（EU）**残留・離脱を問う国民投票を実施。離脱支持票が52%を占めたことで、19年3月29日の正式離脱が決まった。離脱支持者の主な理由は、EUの諸規制が英国の独立性を奪い、経済安定の妨げになっているというもの。背景に

は、移民の増加や巨額のEU負担金への不満もある。なおBrexitは、英国の"British"("Britain")と離脱の"exit"を組み合わせた造語。

国民投票の結果を受け、保守党のテリーザ・メイ首相(当時)は、EUとの間で離脱協定案を合意させたが、英議会(下院)がこれを大差で否決。メイ首相は責任を取って辞任し、7月に同じ保守党の離脱推進派ボリス・ジョンソン氏が首相に就任した。国民世論は分かれていると見られていたが、12月に行われた下院総選挙で、保守党が大勝。ジョンソン首相は民意が得られたとして、離脱の批准手続きを進めた。当初予定されていた3度の離脱日は延期されたものの、EUと結んだ離脱協定に基づき、20年1月31日に正式離脱。現在、英国とEUによる新たな貿易協定づくりが進められている。

[　　　　ロシア　　　　]

プーチン政権の動き

ウラジーミル・プーチン氏は、大統領、首相を経て、2012年5月から再び大統領職に就いている。18年3月の大統領選挙でも、約76％の票を得て当選。野党の最有力候補アレクセイ・ナワリニー氏の出馬を事前に封じたことで、国内外から批判を浴びたが、プーチン政権は24年まで継続することになった。20年5月で、1期目の政権発足から20年を迎えた。

20年1月に行われた年次教書演説では、子どもを持つ貧困家庭の増加、出生率の低下による人口減、低質な医療機関など、国内の諸課題を採り上げるとともに、議会の権限強化を柱とする憲法改正案も示した。

外交で冷え込んでいる米国とは、20年4月に行われた第二次世界大戦の平和記念式典(「エルベの誓い」75周年)でトランプ大統領と会談し、関係改善の糸口をつかんだものの、安全保障などをめぐる対立の溝は埋まっていない。

プーチン政権に最も痛手となったのは、20年8月に浮上したロシアの反体制派指導者毒殺未遂疑惑だ。プーチン体制を批判する野党指導者ナワリニー氏がこん睡状態でドイツに空路移送され、治療に当たったドイツで、旧ソ連製の有毒神経剤の使用を示唆された。プーチン政権は疑惑を否定したが、欧米では、ドイツに向けて建設が進んでいるロシア製天然ガスパイプライン(ノルドストリーム2)を凍結すべきという声が高まっている。

北方領土問題

北方領土返還交渉について、2018年11月に行われたプーチン大統領と安倍首相(当時)の首脳会談で、「加速する方向」で合意。安倍前首相は「私と

プーチン大統領で必ずや終止符を打つ」と力強く語った。1956年に定められた日ソ共同宣言を基礎とすることも確認されている。

日本政府の関係者によると、安倍前政権は従来の四島返還にこだわらず、歯舞群島と色丹島の返還が確約されれば、ロシアと平和条約を締結するという「二島返還」の方向で検討に入っていたという。しかし、総面積では択捉島と国後島が9割以上を占めており、二島返還は政権支持層の右派からの反発を招きかねない。

一方、プーチン大統領は北方四島での共同開発や極東地域への投資誘致には熱心だが、具体的な領土返還については明言を避けている。返還が現実になれば、ロシア国民の反発を招くのは

▶北方四島

2016年6月26日付日本経済新聞

必至で、政権基盤の弱体化につながりかねない。20年9月に誕生した菅政権も安倍前政権を継承し、北方領土問題を「戦後外交の総決算」と位置付けているが、問題解決の展望は描けていない。

テーマ 5 確認チェック

❶ SDGsとは「[　　　]な開発目標」のことで、日本政府も19年末に具体的政策を盛り込んだ「SDGsアクションプラン2020」を策定した。▶p.113
❷ 大衆の要求や欲望に沿った政策を掲げて、多くの支持を集めようとする考え方や政治姿勢のことを[　　　]という。▶p.115
❸ 香港デモが過熱するなか、中国政府は2020年6月に「香港[　　　]法（国安法）」を制定し、反政府行動を犯罪行為として厳罰に処すことを決めた。▶p.119
❹ 白人警官による黒人殺害事件をきっかけに米国で広がっている黒人差別に対する非暴力的な抗議運動を[　　　]運動という。▶p.123
❺ 2020年1月31日、英国が正式にEUを離脱した。英国のEU離脱は、英国の"British"("Britain")と離脱の"exit"を組み合わせて、[　　　]とよばれる。▶p.125

答え ❶持続可能 ❷ポピュリズム ❸国家安全維持 ❹Black Lives Matter (BLM) ❺Brexit

テーマ 6 業界・企業

IT(情報技術)の進歩により、自動車業界をはじめとする様々な分野で新たなビジネスやサービス、イノベーションが生まれている。本テーマでは、業界や企業動向を理解するのに知っておくべきキーワードや関連するテーマ、新しいビジネスモデルや企業再編の動きなどを取り上げる。時々刻々と移り変わっていく産業界の最新トピックを理解しよう。

BAT

BAT(バット)とは、検索エンジンサービスを提供する「バイドゥ(百度、Baidu)」、インターネット通販を運営する「アリババ(阿里巴巴集団、Alibaba)」、メッセンジャーアプリを開発する「テンセント(騰訊、Tencent)」という、中国の大手インターネット関連企業3社の頭文字をとった造語。近年、IT(情報技術)をはじめとする様々な分野で世界の市場を席巻している米国の巨大IT企業(ビッグテック)4社を総称する**GAFA**(Google、Apple、Facebook、Amazon.com)という言葉になぞらえてつくられた。

BATはGAFAと同じく、ビジネスや情報配信の基盤となるような製品やサービスを外部の企業などに提供する**プラットフォーマー**である。BATは中国政府の後押しや巨大な内需を背景に、急速に成長を遂げた。今では世界の覇権をめぐってGAFAと熾烈な争いを繰り広げており、その動向はグロー

バル経済に大きな影響を与えている。

対する日本企業は、BATやGAFAに大きく遅れをとっている。この状況を変えるべく、検索サービスのヤフーを傘下に持つZホールディングス(ZHD)と韓国のインターネットサービス大手ネイバー(NAVER)の日本子会社LINEは、2019年11月に経営統合することで合意した。21年3月の統合を目指すとしており、実現すれば国内最大のIT企業が誕生することになる。

CASE

CASE(ケース)とは、Connected(接続性)、Autonomous(自動運転)、Shared & Service(シェアとサービス)、Electric(電動化)という、自動車をめぐる新しい技術・サービスを表す4つの英単語の頭文字を並べた造語。2016年のパリモーターショーでドイツのダイムラーが戦略の柱として発表して以来、自動車産業の変革期を示すキーワードとして注目を集めている。

つながる技術は高精度な電子制御

▶CASEの主なポイント

Connected 車のツナガル化、 IoT社会との連携深化	Autonomous 自動運転社会の到来
産業構造変化 への対応が急務に	
Shared & Service 車の利用シフト、 サービスとしての車	Electric 車の動力源の電動化

出典:経済産業省ウェブサイトより編集部作成

が可能な電気自動車(EV)との相性が良く、**自動運転**の実現にも欠かせない要素で、カーシェアリングや**ライドシェア**といったサービスの発展にも重要とされる。この相関する4つの技術・サービスの進展によって、環境負荷を抑えた安全で利便性の高いモビリティーサービスの構築が期待されている。

CASEの実現には**AI(人工知能)**など自動車メーカーにとって新たな分野での研究開発が求められるため、国内外で業界問わず連携が進んでいる。18年にトヨタ自動車が通信キャリア大手のソフトバンクとモビリティーサービスを手がける合弁会社モネ・テクノロジーズを設立し、本田技研工業など国内の自動車大手7社が参画。19年8月にはトヨタ自動車とスズキが資本提携を結び、自動運転など次世代技術の共同開発を加速している。

他方では、日産自動車が米IT大手グーグルの関連企業であるウェイモと無人自動運転サービスの開発で契約を結ぶなど、様々な動きが広がっている。

D2C(ダイレクト・トゥ・コンシューマー)

D2Cは「Direct to Consumer」の略で、自社で企画・製造した商品を自社の電子商取引(EC)サイトで顧客に直接販売するビジネスモデルを指す。DtoCと表記されることもある。実店舗がある場合も、商品を実際に試す体験を顧客に提供することを目的とし、販売は行わないのが特徴である。商品開発から販売までを一貫して行う点はユニクロなどの製造小売業(SPA: Specialty store retailer of Private label Apparel)と同じだが、IT(情報技術)によってビジネスをよりよく変革する**デジタルトランスフォーメーション(DX)**を導入している点で大きく異なる。

D2Cを展開するには自社のECサイトや物流システムを立ち上げることが前提となるが、仲介業者を挟まないことでコストが削減できるほか、SNS(交流サイト)を活用した販売促進や顧客とのコミュニケーションによりコアなファンを獲得しやすく、顧客の意見や要望をダイレクトに吸い上げて商品に反映でき、自社のECサイトを通じて顧客データを取得できる、といった多くのメリットがある。

D2Cは2010年代に米国で生まれ、

SNSの台頭を背景に、主にアパレルを中心とした小売業界のスタートアップ企業によって活用されてきた。それが新たなブランド運営の手法として注目され、日本でも広がりを見せており、最近では大手企業もD2Cを取り入れた事業展開を行っている。

EVシフト

EVシフトとは、エンジン車から電気自動車(EV)への転換を目指す動きをいう。英国は2035年、フランスは40年までに国内でのガソリン車とディーゼル車の新車販売を全面的に禁止するとの方針を発表した。大都市部での大気汚染に対応することと、温暖化防止のための国際協定である「パリ協定」が求める**温暖化ガス排出量削減**をすすめることが狙いだ。

欧州では以前から自動車に対し厳しい環境規制を課してきたが、今回の両国の動きは、ガソリン車を前提としてきた世界の自動車産業の構造を大きく揺るがすものだ。中国も、19年から自動車メーカーが生産・輸入する新車の一定割合をEVなどの新エネルギー車(NEV)にするよう義務付ける規制を導入。世界最大の中国市場で、日米欧の自動車大手のNEV対応が加速している。これを受け、日本は世界で売るすべての日本車を50年までにEVなどの電動車にする目標を18年7月に打ち出している。

EVの開発・製造には、電池のほかモーターや制御ソフトなど、ガソリンエンジンとはまったく違った技術が求められる。その中核を担うのは車載用電池で、中国や韓国の電池メーカーが勢いを増す中、**欧州連合(EU)**は電池産業の育成を加速。トヨタ自動車は20年にパナソニックとの電池生産会社を設立するなど、日本勢も競争力の強化を図っている。

GAFA(ビッグテック)

GAFA(ガーファ)とは、検索エンジンサービスを代表する「グーグル(Google)」、デジタル端末やソフトウエアの開発・販売を手掛ける「アップル(Apple)」、SNS(交流サイト)を提供する「フェイスブック(Facebook)」、世界最大級のインターネット通販を運営する「アマゾン・ドット・コム(Amazon.com)」という米国巨大IT企業(ビッグテック)4社の頭文字をとった造語。検索や買い物履歴、情報発信などによる膨大な個人データを集約して活用し、外部企業に販売や広告を展開する基盤を提供していることから**「プラットフォーマー」**とも呼ばれる。

GAFAは近年、IT(情報技術)以外にも事業領域を広げ、様々な分野で市場を席巻。世界中のデータや富が集中する構図は「ニューモノポリー(新独占)」

と称され、大きな脅威となっている。世界各国でGAFAへの規制が検討されており、**欧州連合(EU)**では2018年5月に個人情報の保護を強化する**一般データ保護規則**(GDPR：General Data Protection Regulation)が施行。日本では巨大IT企業に取引の透明化を求める「特定デジタルプラットフォームの透明性及び公正性の向上に関する法律」が20年に成立している。

他方では、GAFAなどの課税逃れを防ぐための新たな国際課税ルール・**デジタル課税**について、主要20カ国・地域(G20)と経済協力開発機構(OECD)が連携し、21年中の最終合意を目指して議論が続けられている。

MaaS

MaaS(マース)とはMobility as a Service(モビリティー・アズ・ア・サービス)の略で、すべての移動手段をIT(情報技術)でつなぎ、1つのサービスとして利用する考え方のこと。電車、バス、タクシー、飛行機、カーシェアリングなどの移動手段を組み合わせて利用する際、従来のように個別に予約や決済をするのではなく、一括して検索から予約、決済までを行えるサービスを指す。

MaaSによる移動の効率化は個人の利便性向上のみならず、交通渋滞緩和や環境負荷の低減、地方での交通弱者対策などに役立つとされている。実現には自動車、公共交通、ITなど幅広い産業の連携が必要で、関連するホ

▶**MaaSのイメージ**

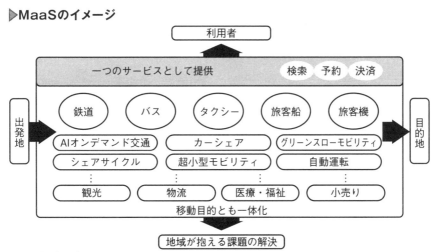

出典：国土交通省ウェブサイト

テル、外食、観光、金融などのサービスも含め、市場の拡大が見込まれている。

MaaSの取り組みはMaaS発祥の地・フィンランドをはじめとする欧米諸国が先行しているが、日本でも動きが本格化している。国土交通省は2019年7月、日本版MaaSの実現に向けた先行モデル事業の実証実験を開始。トヨタ自動車とソフトバンクの合弁会社モネ・テクノロジーズは20年8月、オンデマンドバスや送迎車向けのMaaS車両を開発した。9月には、JR西日本が複数の交通手段やサービスを組み合わせて好みの旅行プランが作れる観光MaaSアプリの提供を瀬戸内エリアで開始し、JR東日本は宮城県で観光MaaSサービスの実証実験を進めている。

アマゾン・エフェクト

アマゾン・エフェクトとは、米国のアマゾン・ドット・コムに代表される電子商取引（EC）業界が経済に及ぼす影響のこと。主に、インターネットの普及によりECサイトに顧客が流れ、実店舗を持つ小売業、書籍をはじめとするコンテンツ産業などが業績不振や株価低迷に陥りやすくなっている現象を指す。

米国では2017年頃からアマゾン・エフェクトが本格化し、百貨店やショッピングモールなどが相次いで閉鎖や倒産に追い込まれている。18年には閉鎖した店舗の面積が、19年には閉鎖した店舗の数がそれぞれ過去最高を更新した。アマゾン・ドット・コムによる買収や新規事業拡大は幅広い分野に及んでおり、その影響で収益低下が見込まれる株式銘柄を集めた「アマゾン恐怖銘柄指数（Death by Amazon）」も設定された。日本にも影響は広がりつつあり、百貨店や総合スーパーが苦境に立たされている。

このようにアマゾン・エフェクトはマイナスの影響を及ぼす一方で、消費者には利便性の高いサービスというプラスの影響をもたらしている。また、商品をオンライン上で確認して実店舗で購入するウェブルーミング、ECサイトで購入した商品を最寄りの店舗で受け取るボピス（BOPIS：Buy Online, Pick-up In-Store）など、従来の小売業にプラスとなる新たな購買形式も生まれている。

越境EC（電子商取引）

インターネットを利用した商品やサービスの売買などのことを電子商取引（EC：Electronic Commerce）と呼ぶが、越境ECは国境を越えて行われる国際的な電子商取引を意味する。クロスボーダーECといわれることもある。最近では、中国においてインターネッ

▶日本・米国・中国3ヵ国の越境EC市場規模

国	越境EC購入額	伸び率
日本	3175億円	14.80%
米国	1兆5570億円	11.80%
中国	3兆6652億円	12.30%

出典：経済産業省ウェブサイト

トで海外の商品を購入する割合が増加し、越境EC市場の急速な成長に期待がかかっている。

経済産業省が2020年7月に発表した「電子商取引に関する市場調査」結果によると、19年の日本・米国・中国の3カ国間における越境ECの市場規模は、日本の消費者による米国および中国事業者からの購入額が約3175億円（前年比14.8%増）。米国の消費者による日本および中国事業者からの購入額が約1兆5570億円（同11.8%増）。中国の消費者による日本および米国事業者からの購入額は約3兆6652億円（同12.3%増）で、いずれも18年に引き続き増加している。

かんぽ生命 不適切販売問題

日本郵政傘下のかんぽ生命保険が郵便局で販売していた保険商品で、顧客に不利益が生じるような不適切な契約が多数見つかった問題。販売実績を稼ぐために、新旧契約の保険料の二重徴収や条件の悪い契約への乗り換えなど、法令や社内規定に違反した疑いの

ある契約が高齢の契約者を中心に繰り返されていたことが2019年6月、明らかになった。

14〜18年度に販売した18.3万件で顧客に不利益を与えた可能性があるとして日本郵政グループが調査を開始し、20年8月時点で約3600件の法令・社内規定違反が確定している。同年1月には不利益を受けた疑いのある顧客が新たに6万人いることが判明し、追加調査が進められている。

不適切販売の原因として、金融庁と社外弁護士でつくる特別調査委員会は、過重な営業ノルマや、不正を黙認・助長してきた企業統治の機能不全を指摘した。金融庁と総務省は19年12月、かんぽ生命保険と日本郵便に3カ月のかんぽ生命保険の保険商品販売停止を、日本郵政には業務改善を命じ、日本郵政の長門正貢社長（当時）らが引責辞任を表明した。

日本郵政グループは、19年7月からかんぽ生命保険の保険商品を含む大部分の金融商品の営業自粛を続けてきたが、20年10月、営業を再開した。今後は信頼回復に向けた再発防止策の徹底が求められる。

原産地規則（RoO）

RoO:Rule of Origin。関税の適用などのために輸入貨物の原産国を特定するためのルール。

例えば、オーストラリアで生まれ育った牛をオーストラリアで加工した牛肉であれば、その牛肉の原産地はオーストラリアとなる(完全生産品)。一方、チリで栽培されたぶどうを使ってチリで醸造し、オーストラリアでボトル詰めしたワインは、チリ産かオーストラリア産か、原産地を明確にする必要性が生じる。

財務省関税局・税関によると、原産地規則は政策目的に応じて2つに大別される。1つは「特恵原産地規則」で、「**経済連携協定(EPA)**に基づく特恵税率を適用するための規則」と、「開発途上国を対象とした一般特恵関税(GSP)を適用するための規則」の2種類がある。

もう1つは、特定の国に特恵待遇を与える措置以外(例えば、世界貿易機関協定税率の適用や貿易統計の作成など)に用いられる原産地規則で、「非特恵原産地規則」と呼ばれる。

2018年12月に発効した日本を含む11カ国が加盟する「**環太平洋経済連携協定(TPP11)**」、19年2月に発効した日本と**欧州連合(EU)**による「**日欧経済連携協定(EPA)**」では、上記のうち「特恵原産地規則」が適用されている。

コネクテッドカー(つながる車)

コネクテッドカー(Connected Car)とは、インターネットに常時接続できる機能を備えた自動車のことで、「つながる車」とも呼ばれている。車がインターネットにつながることで、走行中の車両の状態や周囲の道路状況などの様々なデータをリアルタイムに収集・活用することができる。これにより、例えば事故が発生した際に自動的に緊急通報を行ったり、自動車が盗難にあった際に車両の位置を追跡したりするなど、これまでにない新たな価値やサービスを提供できる。現在、自動車メーカーとIT・通信関連企業などが連携し、普及に向けた動きが世界的に加速している。

業界に先駆けてコネクテッドカーの開発に力を入れてきたトヨタ自動車は、2019年9月以降、国内外で発売する新型車に車載通信機の標準装備を進めている。調査会社の富士経済は、世

▶完全生産品とその他の例

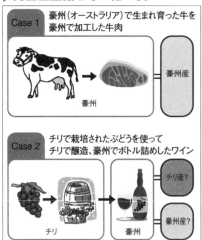

出典:財務省ウェブサイト

界におけるコネクテッドカーの新車販売台数は19年の3120万台から35年には9420万台にまで増え、乗用車の新車販売台数に占める比率も34％から80％に上昇すると予測している。

コンビニ24時間営業問題

コンビニエンスストア（コンビニ）が旗印としてきた「24時間営業」が岐路に立たされている。2019年2月に大阪府東大阪市のセブン－イレブン加盟店オーナーが営業時間の短縮を強行し、本部と対立したことで問題が表面化した。近年、コンビニ経営は人手不足や人件費の高騰などにより苦戦を強いられている。セブン－イレブンなどフランチャイズチェーン（FC）方式で店舗を展開しているコンビニでは、「粗利分配方式」と呼ばれる独自の会計方式を採用。店舗の売上高から商品原価を差し引いた粗利益を本部と加盟店で分け合い、加盟店側は残った粗利益からアルバイトの人件費などの運営費用を負担するため、人件費の高騰はオーナーの収支を直撃する形となっている。こうしたオーナー側の不満を受け、営業時間の短縮を容認する動きが広がった。

ファミリーマートでは20年6月からFC加盟店の約5％にあたる787店舗を時短営業に切り替えた。日本経済新聞の調査によると、20年5月時点で深夜

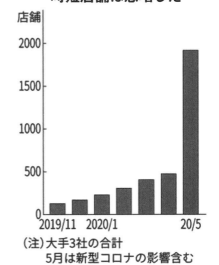

▶コンビニ時短営業店舗数の推移
時短店舗は急増した

（注）大手3社の合計
5月は新型コロナの影響含む

2020年5月29日付日本経済新聞

を中心に時短営業を実施している大手3社（セブン－イレブン、ローソン、ファミリーマート）の店舗数は、**新型コロナウイルス**による影響も含め、半年前と比べて15倍に増えた。コンビニの「脱24時間」の動きは今後も加速しそうだ。

サブスクリプション（定額制サービス）

定額料金を支払うことで、商品やサービスを継続的に購入・利用するビジネスモデルのこと。もともとは新聞などの定期購読を指す英語で、略して「サブスク」とも呼ばれている。スマートフォンの普及などを背景に、**動画配**

信サービスの「Netflix（ネットフリックス）」や音楽配信サービスの「Spotify（スポティファイ）」など、当初はデジタル分野で広がりを見せ始めた。近年では、衣料品や家電、家具、車といった商品に加え、飲食店や美容院など様々なサービスで導入され、さながら戦国時代の様相を呈している。

サブスクの利用者は事前に支払う金額の上限が把握できるため、手軽に始められる利点がある。導入企業としても安定収入を得られ、事業リスクの低減につながるとされる。しかし、リアルな商品やサービスを対象としたサブスクは、ユーザー増に比例して商品在庫や配送などの管理コストが膨らむため、損益分岐点の見極めが難しい。シェアリングサービス同様、「所有から利用」へと人々の消費意識が変化する中、顧客を囲い込むため、いかに付加価値を高められるかが、戦国時代を勝ち抜くための必須条件になっている。

シェアオフィス（コワーキングスペース）

シェアオフィスとは、企業や個人が共同で利用できるオフィスのこと。完全個室が基本の賃貸オフィスと違い、複数の入居者が広大なスペースをシェアして使う。特に入居者同士のコミュニティー形成に重点を置いた施設を「コワーキングスペース」と呼ぶ場合も

ある。シェアオフィスには個室や会議室など用途に合わせた設備があり、コピー機などの事務機器、Wi-Fiなどのインターネット環境も整っているため、フリーランスで働く人やオフィスを持たないスタートアップ企業のほか、**働き方改革**に取り組む大企業が**テレワーク拠点**として利用している。

新型コロナウイルスの感染拡大で多くの企業がテレワークを導入したこともあり、シェアオフィス市場は急成長している。ザイマックス不動産総合研究所の調査によると、2019年末時点で東京23区内にはシェアオフィスやコワーキングスペースが427カ所あり、18年末比で3割増えている。東急不動産や三井不動産など大手企業も参入しているほか、20年6月に東京電力ホールディングスと野村不動産がシェアオフィス事業で提携を発表するなど、シェアオフィス市場の陣取り合戦は激しさを増している。

ステランティス

欧米自動車大手フィアット・クライスラー・オートモービルズ（FCA）と「プジョー」などを傘下に抱えるフランスのグループPSAが経営統合して誕生する新会社の名称。両社は2019年12月に対等合併で正式に合意し、21年3月までの手続き完了を目指している。統合が実現すれば、ドイツのフォルク

スワーゲン、トヨタ自動車、日産自動車・ルノー・三菱自動車の日仏連合に続く世界4位の自動車メーカーとなる。

　ステランティス(STELLANTIS)は、「星の光で輝く」ことを意味するラテン語の動詞「ステロ(stello)」に由来する。ステランティスの社名はグループの名称として用い、シトロエン(フランス)やオペル(ドイツ)、クライスラー(米国)、マセラティ(イタリア)など、グループを構成する各ブランドの名前は変わらない。FCAは当初、ルノーに経営統合を提案したが、ルノーの大株主であるフランス政府の同意を得られず実現に至らなかった経緯がある。

　FCAとPSAの経営統合をめぐっては、20年6月に**欧州連合(EU)**の欧州委員会が競争法(独占禁止法)に違反していないか詳しく調査するとしており、統合に時間がかかる可能性もある。両社は統合による規模拡大で、電動化や**自動運転**などの次世代技術開発に向けた投資の効率化を目指す。

スペースジェット

　三菱重工業傘下の三菱航空機が開発を進めていた国産初のジェット旅客機の名称。2008年3月に事業化が決定した際の名称は「三菱リージョナルジェット(MRJ)」だったが、19年6月に「三菱スペースジェット(MSJ)」に改名した。当初は13年の初号機納入を

▶**三菱スペースジェット事業のあゆみ**

2008年3月	「MRJ」として事業化を決定
15年11月	初飛行に成功
19年6月	名称をMRJから「三菱スペースジェット(MSJ)」に変更
	70席級の新型機の開発構想を発表
	カナダ・ボンバルディアの小型機「CRJ」事業の買収を発表
20年2月	90席クラスの初号機の6度目の納入延期を発表
5月	CRJ事業買収で最大700億円の損失を計上すると発表
	MSJの20年度開発費半減を発表

2020年6月16日付日本経済新聞

目指していたが、相次ぐ設計変更や技術トラブルなどにより、20年2月には6度目となる延期を発表。新たな納入計画を21年度以降としていたものの、20年10月に事業化を事実上凍結した。

　同社が開発を進めていたのは座席数90席クラスの小型旅客機だ。座席数50〜100席程度の小型旅客機はリージョナルジェットと呼ばれ、国内の地方路線や日本とアジア近隣を結ぶ路線での運航が期待されていた。世界の小型旅客機市場は、カナダ・ボンバルディアとブラジル・エンブラエルがほぼ二分する寡占状態にある。三菱重工業は20年6月にボンバルディアの小型旅客機「CRJ」の保守・販売サービス事業を買収し、事業のてこ入れを図ったが、コロナ禍による航空需要の低迷が追い打ちをかけた。今後は商業運航に必要な型式証明(TC)の取得作業を続け、事業再開の道を探ることになった。

6
業界・企業

スマホゲーム市場

近年、ゲーム市場の中心は、家庭用ゲーム機や携帯型ゲーム機からスマートフォン（スマホ）向けゲームにシフトしている。利用者はパッケージソフトを購入するのではなく、ネットを通じてアプリをダウンロードして楽しむ。多くのスマホゲームは、基本プレーは無料だが、ゲームを有利に進めるためのアイテム購入や、「ガチャ」と呼ばれる有料の電子くじを引く際に、利用者が課金するシステムが主流だ。

「ファミ通モバイルゲーム白書2020」によると、2019年の国内モバイルゲーム課金売り上げランキング1位は、ソニー傘下のアニプレックスが配信する「Fate/Grand Order」で、2位はミクシィの主力スマホゲーム「モンスターストライク」だった。

今後は次世代通信規格「**5G**」の普及により、クラウド技術を使ってゲームをストリーミング配信する**クラウドゲーム**が注目を集めそうだ。19年11月、米グーグルが「Stadia（スタディア）」を欧米14カ国で開始してクラウドゲームに参入したほか、ソフトバンクとKDDIが米エヌビディアのクラウドゲーム配信サービス「GeForce NOW（ジーフォースナウ）」の国内提供を開始するなど、競争が激化している。

空飛ぶクルマ

近未来を描いたSF小説や映画に登場する「空飛ぶクルマ」の実現が、にわかに現実味を帯びている。「eVTOL（イーブイトール）」と呼ばれる、垂直に離着陸してヘリコプターや**ドローン**などの特徴を併せ持つ電動の機体を使って、人や物を**自動運転**で運ぶ移動手段が「空飛ぶクルマ」の本命と目されている。政府は2018年6月に閣議決定した「未来投資戦略2018」で掲げた次世代モビリティー・システムの構築に向けた新たな取り組みの中で、「**MaaS**（マース）」などとともに空飛ぶクルマの実現を目指す方針を示した。その後、経済産業省と国土交通省が「空の移動革命に向けた官民協議会」を共同で立ち上げ、23年に事業を

▶空飛ぶクルマをめぐる動き

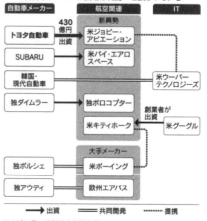

2020年1月16日付日本経済新聞

スタート、30年代から実用化を拡大させるロードマップを作成した。

世界の自動車大手も開発を後押しする。20年1月にはトヨタ自動車が米スタートアップ企業、ジョビー・アビエーションへの出資を、韓国の現代自動車が米ライドシェア大手のウーバー・テクノロジーズと空飛ぶタクシーの開発で提携することをそれぞれ発表した。

空飛ぶクルマは、渋滞の緩和や、災害時の救急搬送、物資支援に役立つほか、離島や山間部での新しい移動手段としての活用が期待されている。一方で、安全性の確保や交通ルールの整備など、解決すべき課題は多い。

ゾンビ企業

ゾンビ企業とは、数年にわたって債務の利払いすらままならず経営が破綻状態にあるのに、銀行や政府などの支援によって存続し続けているような企業を指す。1990年代前半のバブル経済崩壊後、日本経済が停滞した「失われた10年」を分析する際に、専門家が使い始めたとされる。近年、世界的な金融緩和による低金利の影響から、ゾンビ企業は増加している。カネ余りの状況で、銀行などの金融機関は利回りを稼ぐために、ゾンビ企業のようなリスクの高い企業への融資に積極的にならざるを得ない。融資を受けたゾンビ企業はさらなる延命が可能になる。

2018年9月に国際決済銀行(BIS)は「ゾンビ企業の台頭(The rise of zombie firms)」と題した報告書を公表。日本を含む14カ国では、上場企業の12%が過去3年以上にわたり債務の利払いを利益でまかなえていないという。19年8月に日本経済新聞社が日本、米国、欧州、中国、アジアの上場企業の財務情報を調べた結果、3年連続で支払利息が営業利益を上回った企業は、18年度で全体の20%を占めていた。新型コロナウイルスの感染拡大を受け、世界各国が経済対策として巨額の財政支出を打ち出したことで、ゾンビ企業はさらに増加する可能性がある。経済の停滞が長期化すれば、ゾンビ企業の資金繰り破綻が相次ぐ恐れもあるなど、世界経済のリスクは高まっている。

第4次産業革命

第4次産業革命とは、ダボス会議UBS白書(2016年1月)によると「極端な自動化、コネクティビティによる産業革新」のこと。モノとインターネットがつながることで蓄積されたビッグデータを、AI(人工知能)などを使って解析し、新たな製品・サービスの開発につなげていく。

第1次産業革命は蒸気機関の発明による軽工業の機械化、第2次産業革命

6

業界・企業

139

は石油や電力などを動力源とした重化学工業の発展、第3次産業革命はコンピューターやインターネットの出現によるICT（情報通信技術）の普及など、それぞれに特徴がある。各産業革命はいずれも経済発展や社会構造の変革をもたらしており、第4次産業革命も社会インフラの在り方を変えるものとして議論されている。ドイツでは11年に「インダストリー4.0」を掲げ、製造業のデジタル化によりパラダイムシフトを起こすという目標のもと、国を挙げて工場のスマート化を推進している。

　世界的に見ても、あらゆるモノがネットにつながるIoT(Internet of Things)の進展により、製造業を中心に大きな変革が進む。デジタル技術で事業を変革する「**デジタルトランスフォーメーション(DX)**」に多くの企業が取り組むのは、その一例といえる。政府は、16年1月に閣議決定した第5期科学技術基本計画で「**ソサエ**

ティー5.0」を提唱し、官民を挙げて第4次産業革命を推進していく方針を示している。

地銀再編

　地方銀行（地銀）の再編が相次いでいる。2019年にふくおかフィナンシャルグループ（福岡銀行・熊本銀行・親和銀行）と経営統合した十八銀行は、20年10月に親和銀行と合併して「十八親和銀行」になり、18年に経営統合した第四銀行と北越銀行は、21年1月に合併して「第四北越銀行」として発足する。資本・業務提携の動きも活発だ。地銀最大手の横浜銀行と3位の千葉銀行は、19年7月に業務提携を発表したほか、「地銀連合構想」を掲げるSBIホールディングスは、島根銀行や福島銀行など4行への出資を表明した。一連の動きは、人口減少による地方経済の衰退や長引く低金利により、地銀の経営環境が厳しさを増していることを物語っている。

　金融庁の集計によると、19年3月期決算で融資金利や手数料収入といった本業の損益が赤字の状態にある地銀は約4割に達している。さらに、**新型コロナウイルス**の感染拡大が追い打ちをかけ、20年3月期連結決算を発表した上場地銀78行・グループのうち、7割を占める57行が前期比で減益または赤字となった。20年5月には、地銀同士

▶**各産業革命の特徴**

第1次産業革命	第2次産業革命
18〜19世紀初頭 蒸気機関、紡績機など軽工業の機械化	19世紀後半 石油、電力、重化学工業

第3次産業革命	第4次産業革命
20世紀後半 インターネットの出現、ICTの急速な普及	21世紀 極端な自動化、コネクティビティによる産業革新

出典：総務省ウェブサイト

地銀再編 / ドラッグストア再編 / 日産・ルノー問題

の統合や合併を独占禁止法の適用除外とする特例法が成立するなど、政府も再編を後押しする。特例法の適用期間は10年間で、合併により市場占有率が高まった地銀が不当に貸出金利を引き上げないよう監視し、利用者保護を徹底する規定も盛り込まれた。

ドラッグストア再編

　ドラッグストア業界で大型再編が始まった。2020年1月、業界5位のマツモトキヨシホールディングス(HD)と業界7位のココカラファイン(ココカラ)が経営統合で基本合意に達し、21年10月に経営統合すると発表した。統合すれば、売上高1兆円規模の「メガドラッグ」が誕生することになる。ココカラをめぐっては、マツキヨHDとスギ薬局を展開する業界6位のスギHDが熾烈な争奪戦を繰り広げ、**プライベートブランド(PB)**商品の開発などで強みを持つマツキヨHDに軍配が上がった。一方で、業界2位のツルハHDは20年5月にJR九州ドラッグイレブンを買収するなど、ここ数年M&Aを加速させている。

　ドラッグストアはコンビニエンスストアに迫る7兆円市場にまで急拡大したが、都市部では既に飽和状態で、薬剤師などの人手不足も顕著になっている。**新型コロナウイルス**による訪日外国人(インバウンド)の激減で戦略の修

正を迫られているドラッグストア業界の再編劇は、これからも続くとみられている。

日産・ルノー問題

　1990年代に業績不振だった日産自動車(日産)をV字回復させたカルロス・ゴーン元会長が、2018年11月に役員報酬を有価証券報告書に過少記載した金融商品取引法違反の罪で、グレッグ・ケリー元代表取締役とともに逮捕された。その後、ゴーン元会長は、サウジアラビアとオマーンを舞台に不正支出を行った会社法違反(特別背任)の罪などでも逮捕・起訴されていたが、保釈中だった19年12月にレバノンへ逃亡したことが明らかになった。

　ゴーン元会長の退場を受け、仏ルノー・日産・三菱自動車の3社連合は新たな会議体を設立し、従来のワンマン体制から「合議制」での意思決定に改めるなど、「脱ゴーン体制」の構築を急ぐが、業績は低迷している。20年1〜6月期の営業赤字は3社合計で5400億円に達し、世界販売台数も前年同期比34%減の345万台にとどまる。

　3社連合のトップが20年5月に発表した中期経営計画では、開発や生産など分野ごとに役割を分担し、一体で経営の立て直しを図るなど、これまでの拡大路線を転換した。日産の業績回復が長引けば、筆頭株主であるルノーとの

6

業界・企業

141

経営統合に向けた動きが再び表面化する可能性もある。

プラットフォーマー

プラットフォーマーとは、第三者がビジネスや情報配信などを行うための基盤として利用できる製品やサービス、システムなどを提供している事業者のこと。先駆けとなったのは、パソコン向けの基本ソフト(OS)を提供した米マイクロソフトだが、現在は検索や広告の基盤を提供するグーグル、ソフトウエア開発などのアップル、SNS(交流サイト)のフェイスブック、電子商取引のアマゾン・ドット・コムの米大手4社が代表格となっている。それぞれの頭文字を取り「**GAFA**(ガーファ)」とも呼ばれている。

近年、**IoT(Internet of Things)**の普及や**AI(人工知能)**技術の進歩により、**ビッグデータ**は企業にとって重要な資源となっている。GAFAをはじめとするプラットフォーマーは、利便性の高い基盤を提供する代わりにビッグデータを独占的に収集、活用するようになった。このようなデータ寡占への懸念から、規制を強化する動きが広がっている。

18年5月には**欧州連合(EU)**が**一般データ保護規則(GDPR)**を施行し、個人が企業から自分のデータを取り戻せる権利を導入した。日本でも21年春をめどに、巨大IT(情報技術)企業が取引先や利用者から不当な利益を搾取しないようにする新法が施行される予定だ。

プロ経営者

プロ経営者とは、異なる業界や有名企業での経営手腕を買われ、外部からいきなり企業のトップに就任する経営人材のことを指す。企業が外部人材をトップに招く例は、欧米では一般的だが、日本でもプロ経営者を起用するケースが増え始めている。ジョンソン・エンド・ジョンソン日本法人、カルビーを経てRIZAPグループに招き入れられた松本晃氏(2019年6月に退任)や、米アップルの日本法人、日本マクドナルド、ベネッセホールディングスを渡り歩き、19年12月に台湾発のティーカフェ「ゴンチャ」を展開するゴンチャジャパンのトップに就任した原田泳幸氏は、著名なプロ経営者として知られる。19年6月にLIXILグループの最高経営責任者(CEO)に返り咲いたMonotaRO創業者の瀬戸欣哉氏、ローソンからサントリーホールディングスの社長に就任した新浪剛史氏、日本コカ・コーラから資生堂の社長に就任した魚谷雅彦氏もプロ経営者の一人だ。

日本でプロ経営者を起用する動きが広がっている要因として、あらゆる業種で市場環境が急速に変化し、グロー

バル競争が激化する中、社内のしがらみにとらわれない、スピーディーな経営改革が求められていることが挙げられる。しかし一方では、自前で経営者を育てられないという、企業の人材育成能力の低下を指摘する声もある。

マテリアルズ・インフォマティクス

マテリアルズ・インフォマティクス（MI）とは、大量のデータとAI（人工知能）などの情報処理技術を駆使して新素材を開発する手法のこと。研究者の経験と勘を頼りに、実験と試作を繰り返しながら進めてきた従来の手法に比べて、開発期間を大幅に短縮できる。

2011年に米国のオバマ政権（当時）がMIを活用して材料開発の時間を半減させる「マテリアル（材料）ゲノム計画」を打ち出したことがきっかけとなり、欧州や中国、韓国でもMI関連のプロジェクトが相次いで動き出した。日本でも15年7月〜20年3月まで、国の研究機関である物質・材料研究機構（NIMS）が中心となり、民間企業と組んでMI研究のコンソーシアムを立ち上げた。16年には、MIを利用して開発期間を従来の20分の1にすることを目指す「超先端材料超高速開発基盤技術プロジェクト（超超プロジェクト）」が、新エネルギー・産業技術総合開発機構（NEDO）の主導でスタートした。

MIの活用は企業で本格化している。日立製作所はMIを使って電力制御に使うパワー半導体向けの新型電極を開発したほか、三菱ケミカルなど化学大手約20社は、国内の特許情報を共通データベース化して先端素材を開発するシステムを21年度から共同で運用する。

無形資産

土地、建物、機械設備などの有形資産に対して、特許や商標、ブランド価値（のれん代）など目に見えない資産を無形資産という。無形資産はソフトウエアやデータベースなどの「情報化資産」、研究開発（R&D）やデザインなどの「革新的資産」、人材や組織などの「経済的競争能力」の大きく3つに分類される。

経済のデジタル化に伴い、無形資産

▶マテリアルズ・インフォマティクスのイメージ

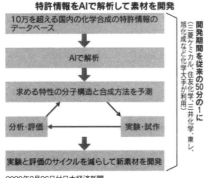

2020年2月26日付日本経済新聞

▶無形資産の分類

情報化資産	・受注ソフトウェア ・パッケージ・ソフトウェア ・自社開発ソフトウェア ・データベース
革新的資産	・自然科学分野の研究開発 ・資源開発権 ・著作権及びライセンス ・他の製品開発、デザイン、自然科学分野以外の研究開発
経済的競争能力	・ブランド資産 ・企業固有の人的資本 ・組織構造

出典:内閣府ウェブサイト

を武器に成長を続ける企業の存在感が高まっている。特に、グーグルやアマゾン・ドット・コムなど「GAFA」と呼ばれる米国の巨大IT(情報技術)企業は、物理的な生産設備は必要としない一方、ビッグデータやAI(人工知能)技術などの無形資産を世界中から集め、競争力につなげている。

　無形資産が富の源泉となったことで、新たな問題も浮上している。企業が特許権や商標権などの無形資産を低税率国や租税回避地(タックスヘイブン)に移転させることで税負担を軽減したり、国境を越えたネット配信などで様々な国の消費者から利益を得ても、その国に拠点がなければ課税できなかったりすることが問題視されているのだ。主要20カ国・地域(G20)と経済協力開発機構(OECD)は、国際課税ルールを見直すため、デジタル課税の導入に向けた議論を進めている。

メガファーマ

　明確な定義はないが、一般に年間売上高で世界トップ10に入る巨大製薬企業のことをメガファーマという。2019年1月、武田薬品工業が国内最大規模となる6兆円超を投じてアイルランド製薬大手シャイアーを買収したことにより、国内の製薬企業として初めて売上高3兆円を超える世界9位のメガファーマが誕生した。武田は、希少疾患治療薬や血液製剤を強みに持つシャイアーを手に入れ、世界最大の市場である米国に足場を広げる。20年8月にはビタミン剤「アリナミン」など一般用医薬品(大衆薬)事業の売却を発表し、今後は主力の医療用医薬品の新薬開発に経営資源を集中する。

　メガファーマをはじめとする製薬企業は、M&A(合併・買収)を繰り返すことで巨大化してきた。武田のように、大手製薬企業を丸ごと買うM&Aは1990〜2000年代に多く、敵対的な買収も含めて米ファイザーが多用したことから「ファイザーモデル」ともいわれる。近年はがん免疫薬など、有望な新薬候補のタネを持つ創薬スタートアップを買収するケースが目立つ。新薬創出の確率は3万分の1程度とされ、リスクが比較的少ない新興企業の買収が現在の主流となっている。

モーダルシフト

交通・輸送手段を別のものに転換すること。一般的には、トラック輸送から鉄道や船舶を使った輸送に換えることをいう。貨物・旅客とも輸送量が最も多い自動車は、有害物質だけでなく地球温暖化の原因とされる二酸化炭素も大量に排出する。国土交通省の2018年度の試算によると、トラックなど営業用貨物車による輸送は、輸送量あたりで鉄道の約11倍、船舶の約6倍の二酸化炭素を排出している。

日本の物流政策は、4年ごとに閣議決定される「総合物流施策大綱」に沿って進められている。最初の1997年「大綱」の主眼は、物流コストの引き下げだった。しかし、2001年の「大綱」では、大気汚染や地球温暖化対策が大きな課題となり、モーダルシフトの推進が強調された。近年は、エネルギー効率の向上、災害時の安定した物流、さらに物流業界の運転手不足の解消といった側面からも、モーダルシフトに注目が集まっている。

ただし、鉄道・船舶は自動車のように小回りが利かず、運行ダイヤが決められているため、急な荷物の増減への対応も難しい。最新の17年「大綱」(17～20年度)では、物流の生産性向上に向け、**ドローン**の活用や物流施設の自動化・機械化、船舶のIoT (Internet of Things)化などが提言されている。

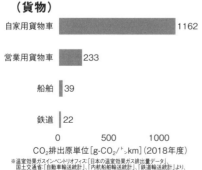

▶輸送量当たりの二酸化炭素排出量（貨物）

自家用貨物車　1162
営業用貨物車　233
船舶　39
鉄道　22

CO_2排出原単位[g-CO_2/トンkm] (2018年度)

※温室効果ガスインベントリオフィス：「日本の温室効果ガス排出量データ」、国土交通省：「自動車輸送統計」「内航船舶輸送統計」「鉄道輸送統計」より、国土交通省環境政策課作成
出典：国土交通省ウェブサイト

ヤフー・LINE経営統合

2019年11月、検索サービス「ヤフー」を展開するZホールディングス(ZHD)とLINEは経営統合することで合意した。両社の直近の通期売上高を単純合算すると約1兆2800億円で、楽天(19年12月期に1兆2639億円)を上回り、国内ネット企業で首位に立つ。ZHDは同年9月に衣料品通販サイト「ゾゾタウン」を運営するZOZOの買収を発表しており、今後はインターネット関連サービスを幅広く手がける企業へと変身する。20年8月に公正取引委員会の承認を得られたことで、21年3月に統合が実現する見通しだ。統合に向け、両社の親会社であるソフトバンクと韓国のネイバーがLINEのTOB(株式公開買い付け)を行い、同社は上場廃止になる。

統合後は、ソフトバンクとネイバーが折半出資する新会社の下にZHDを置き、ヤフーとLINEがZHDの100%子会社としてぶら下がる形態となる。

ZHDとLINEが提供するサービスの利用者は国内だけで1億人規模に達する。両社はSNS（交流サイト）から金融、小売りまで幅広く提供しており、今後は1つのスマートフォン向けアプリで生活に必要なあらゆるサービスを受けられる「スーパーアプリ」が誕生する可能性がある。

ユニコーン

ユニコーンとは、未上場ながら企業価値が10億ドル（約1060億円）を超える有力なスタートアップ企業のこと。「滅多に出会えない存在」という意味で伝説の生き物である「ユニコーン（一角獣）」の名前が付けられた。

米調査会社CBインサイツによると、2020年9月末時点で日本に本社を置くユニコーンはAI（人工知能）開発のプリファード・ネットワークス、暗号資産（仮想通貨）交換会社を傘下に持つリキッドグループ、ニュースアプリ運営のスマートニュース、モバイルゲーム開発のプレイコーの4社。政府は23年までにユニコーンの数を20社に増やす目標を掲げているが、世界では日本を上回るペースで増えており、9月末時点で489社と、1年前より2割ほど増加。

国別に見ると米国が235社と最多で、121社の中国が続く。なお、ユニコーンの10倍にあたる100億ドル（約1兆円）超の価値を持つ巨大未上場企業は「デカコーン」と呼ばれ、中国では動画投稿アプリ「TikTok（ティックトック）」を運営する北京字節跳動科技（バイトダンス）、米国ではイーロン・マスク氏が率いる宇宙開発のスペースXなどが名を連ねる。

既に多くのユニコーンやデカコーンが新規株式公開（IPO）を果たしているが、赤字で拡大路線を突き進む米ウーバー・テクノロジーズのように上場後に評価額が下がる企業も相次いでおり、投資家は警戒感を強めている。

ライドシェア

ライドシェアとは、一般のドライバーが自家用車を使って、配車アプリなどを介して出会った利用者を有料で目的地まで送迎するサービスのこと。海外では次世代移動サービス「MaaS（マース）」を構成する交通手段の1つで、米国や中国、東南アジアで急速に普及している。ライドシェアを代表する企業がウーバー・テクノロジーズ（Uber Technologies, Inc.）だ。2009年に米国で創業、スマートフォンのアプリを利用したライドシェアの仕組み（配車サービス）を構築し、世界各国で事業を展開する。ウーバー以外で

ユニコーン / ライドシェア

は、中国の滴滴出行（ディディ）、シンガポールのグラブ、インドネシアのゴジェックなどが世界の大手とされる。

日本では自家用車に有料で客を乗せることは「白タク」として原則禁止されているため、配車アプリを利用して呼べるのはタクシーやハイヤーに限られる。日本の配車アプリ市場では、タクシー大手、日本交通系のモビリティテクノロジーズ（旧ジャパンタクシー）が先行。前述のウーバーや滴滴出行もタクシーやハイヤーの配車に絞り、日本に参入している。

6
業界・企業

テーマ ⟨ **6** ⟩ 確認チェック

❶インターネットを利用した国際的な商品やサービスの売買などのことを何というか。▶p.132

❷人手不足により、コンビニエンスストアの象徴である[　　]が岐路に立たされている。▶p.135

❸定額料金を支払うことで、商品やサービスを継続的に購入・利用できるビジネスモデルのことを何というか。▶p.135

❹大量のデータとAI（人工知能）などの情報処理技術を駆使して新素材を開発する手法を何というか。▶p.143

❺企業価値が10億ドルを超える未上場の新興企業は、伝説の生き物になぞらえて［　　］と呼ばれている。▶p.146

答え ❶越境EC（電子商取引）❷24時間営業 ❸サブスクリプション（定額制サービス）
❹マテリアルズ・インフォマティクス ❺ユニコーン

147

テーマ7 雇用・労働

近年、働き方改革の進展や人手不足解消のための施策で雇用・労働をめぐる環境が激変してきた。そこへ新型コロナウイルスの感染拡大が加わり、働き方がさらに多様化。社会の価値観や私たちの意識も変わりつつある。本テーマでは「ギグワーカー」や「副業」「就職氷河期世代」「働き方改革」など、雇用・労働の「今」を映し出すキーワードを解説する。

AI（人工知能）と労働市場（AI人材）

AI（人工知能） は、**第4次産業革命**における技術の柱の1つと目され、車の**自動運転**や次世代産業用ロボットの実用化など、あらゆる産業の活性化につながる大きな可能性を有していると期待されている。

今後のAIの普及を見据え、データ解析に必要な数学的知識やプログラミング技術などを持つAI人材の育成に向けた動きが活発化している。政府は2019年6月にまとめた「AI戦略」で、25年までのAI人材育成の目標を公表。具体的には、年間約50万人が卒業する大学・高等専門学校生全員に初級レベルのスキルを、文系・理系を問わず約25万人の学生には応用レベルの習得を目指す。日本はAI人材で米国や中国、インドに後れを取っているため、国をあげてAI人材の底上げを図る。

一方、労働市場に及ぼす影響をめぐっては、13年に英オックスフォード大学のオズボーン准教授（当時）らが発表した論文「The Future of

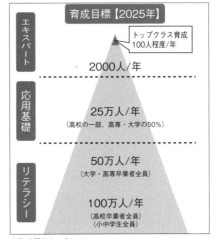

▶政府のAI人材育成イメージ

育成目標【2025年】
- エキスパート：トップクラス育成 100人程度/年、2000人/年
- 応用基礎：25万人/年（高校の一部、高専・大学の50%）
- リテラシー：50万人/年（大学・高専卒業者全員）、100万人/年（高校卒業者全員）（小中学生全員）

出典：内閣府ウェブサイト

Employment（雇用の未来）」で、今後10～20年間で米国の雇用の47%は自動化されるリスクが高いと主張するなど、雇用が減少する可能性も指摘されている。

インターンシップ

インターンシップ（インターン）とは、大学生などが在学中に企業や官公

庁などで一定期間働いて就業体験をする制度。欧米では採用を前提に1カ月以上の期間をかけ、給料をもらって働きながら仕事の内容を覚える長期インターンが主流となっている。日本でもかねてからインターンシップを実施する企業はあったが、日本経済団体連合会(経団連)が2017年に1日限りの就業体験「1dayインターン」を容認したことを機に、新卒採用にインターンを取り入れる企業が増加。ただし、欧米とは異なり大半が無給で、期間も半日〜数週間程度が一般的となっている。内容も様々で、実際の就業体験のほか、会社説明会やオフィス・工場などの見学会、自社の業務の流れを体験させるグループワークなども行われている。ただし、なかには学生らに雑務や残業を強いる「ブラックインターン」も存在するため、注意が必要だ。

日本では学生の教育を目的に実施され、政府も現状、採用直結型のインターンを禁止している。しかし、外資系やIT企業など一部の企業ではインターンに参加した有望な学生に、一般の選考とは別ルートを用意し水面下で早期に選考する動きが広がるなど、就活との境目は曖昧となっている。このような実情を踏まえ、政府と経団連は採用直結型のインターンを大学院生から解禁する方向で調整を進めている。

改正労働契約法

労働契約に関する基本的なルールを定めた労働契約法の一部を改正する法律(改正労働契約法)が2013年4月に全面施行された。パートやアルバイト、派遣社員、契約社員などの有期雇用

▶「無期転換ルール」のイメージ

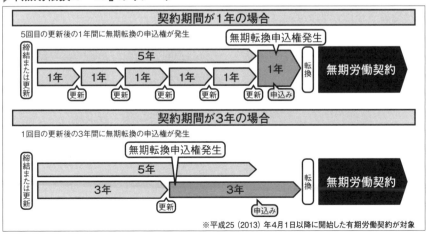

出典:厚生労働省ウェブサイト

改正労働者派遣法

近年、派遣労働者の雇用の安定や、正社員との不合理な待遇差の解消を目指すため、労働者派遣法が2度にわたり改正された。2015年9月に施行された改正法では、すべての派遣労働者の派遣期間に制限を設けた。派遣労働者が同じ職場で働ける期間を一律3年までとし、3年を超えた場合は雇用主である派遣会社が派遣先の企業に直接雇うよう依頼するなどの雇用安定措置を義務付けた。また、派遣会社が派遣労働者を無期雇用すれば、3年の制限を超えて同じ職場に派遣することも可能となった。施行から3年後の18年9月末以降は、派遣社員を正社員に雇用し直したり、派遣会社が無期雇用した人材の派遣サービスを拡大したりする動きがみられた。

労働者が通算5年を超えて働いた場合、希望すれば正社員のように期限なく働けるようになる「無期転換ルール」や、契約更新の繰り返しにより無期雇用と実質同じ状態にある労働者の雇い止めを無効とするなど、雇い止めの規制に関するルール、契約期間の有無による不合理な待遇格差を禁止するという、3つのルールが新たに定められた。

このうち、「無期転換ルール」は改正法施行から5年経過した18年4月に本格的な適用が始まった。百貨店やスーパー、生命保険会社など、一部の企業では人手確保のため、パート従業員や契約社員を無期雇用する動きが広がった。一方で、無期転換の権利が発生する直前に契約更新しないと通知する「適用逃れ」も増えており、厚生労働省は、こうした行為は是正する必要があるとして、雇い止めの実態調査に取り組んでいる。

▶労働者派遣法の改正前後の比較

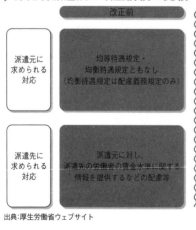
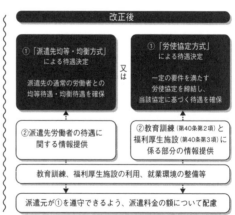

出典：厚生労働省ウェブサイト

2度目の改正は、18年6月に働き方改革関連法が成立したことによるもので、20年4月に施行された。今回の改正で、派遣労働者に「同一労働同一賃金」が適用され、正社員との不合理な待遇差を解消するための規定が整備された。厚生労働省は、派遣労働者の勤務年数や能力に応じた賃金を支払うよう派遣会社に義務付け、同じ業務で3年の経験を積んで業務内容が変われば、初年度より賃金を3割上げるなど、具体的な指針を公表している。

株式報酬制度

自社株を役員に直接付与する株式報酬制度を導入する企業が増えている。同制度は「中期経営計画で目標にする利益額を達成すれば付与する」などの条件が設定可能。2015年導入の**企業統治指針（コーポレートガバナンス・コード）**では、経営陣に「中長期的な会社の業績や潜在的リスクを反映させ、健全な企業家精神の発揮に資するようなインセンティブ付けを行うべき」とし、役員報酬の一定割合を自社株報酬とすることを推奨した。

これまでの株式報酬は、役員に株式購入の権利を付与する**ストックオプション**（株式購入権）が一般的だったが、12年に株式交付信託が始まり、16年の税制改正により譲渡制限付き株式（リストリクテッド・ストック：RS）が解禁されたことを受け、導入企業が一気に増えた。

野村証券によると、19年5月時点で上場企業の42%が株式報酬制度を導入している。特に、3〜5年後に売却できる条件の付いた現物株を付与するRSは、売却までの期間が長く、中期視点での経営につながることから、導入社数は20年6月末時点で811社（前年比46%増）に達しており、現在の株式報酬の主流となっている。

企業統治指針（コーポレートガバナンス・コード）

東京証券取引所と金融庁が取りまとめ、2015年6月に適用を開始した、上場企業が守るべき行動規範を示した企業統治の指針。コーポレートガバナンス・コードとも呼ばれる。5つの「基本原則」（①株主の権利・平等性の確保、②株主以外のステークホルダーとの適切な協働、③適切な情報開示と透明性の確保、④取締役会等の責務、⑤株主との対話）と、基本原則の内容を詳細に規定した「原則」（31原則）、さらに原則の意味を明確にするための「補充原則」（42原則）の全78原則で構成されている。企業の「稼ぐ力」の回復を掲げたアベノミクスの成長戦略の一環として策定され「攻めのガバナンス」を実現するものである。これにより、上場企業（新興市場は除く）は78の原則についてコンプライ（コードを実

施)するか、実施しない場合は投資家などにエクスプレイン(その理由を説明)することが求められるようになった。

18年6月の改定では、企業が互いの株式を持ち合う政策保有株の削減に向けた方針の明示や、経営トップの選任、解任の手続きの透明性を求めたほか、取締役に女性や外国人など多様な人材を起用することなどが新たに盛り込まれた。さらに、19年12月に成立した改正会社法により、コーポレートガバナンス・コードで規定されていた社外取締役の設置が法律上でも義務付けられることになった。同改正法は一部を除き、21年3月1日に施行される予定だ。

ギグワーカー

インターネット経由で企業や個人から単発の仕事を請け負う労働者のこと。小規模なライブハウスに居合わせたミュージシャンが一度限りの演奏に参加することを意味する音楽用語「gig(ギグ)」から派生し、単発で短期の仕事に従事する人をギグワーカー、そうした働き方を前提に成り立つビジネスや市場をギグエコノミーと呼ぶようになった。米ウーバーテクノロジーズなどの配車アプリを通じて仕事を請け負うドライバーや、同社が展開する宅配代行サービス「ウーバーイーツ」

の配達員などが代表格で、自身の裁量によって仕事の量を調整でき、アプリなどを通じて気軽に始められることから、若者を中心に広がりをみせている。**新型コロナウイルス**の感染拡大による雇用環境の悪化や**在宅勤務**の普及などにより、日本国内のギグワーカーは2020年上半期だけで100万人増加したとする調査報告もある。

ギグワーカーには好きな時間に働ける自由がある一方で、企業との雇用関係はないため、労災保険や失業保険などが適用されない。このようなマイナス面を支援するため、米カリフォルニア州では、ギグワーカーらを個人事業主ではなく従業員として扱うよう企業に義務付ける州法が20年1月に施行されたほか、日本でも政府の全世代型社会保障検討会議が20年6月にまとめた中間報告で、ギグワーカーを国の労災保険の特例対象に含める方向で検討するとしている。

高度プロフェッショナル制度

2018年6月に成立した「働き方改革関連法」の柱の1つで、19年4月に導入された脱時間給制度(労働時間ではなく、成果に対して賃金を払う仕組み)のこと。年収1075万円以上の金融ディーラーやコンサルタントなどの専門職を対象に、企業の労使が導入に合意し、対象者本人も同意すれば、「労

働時間の規制」や「時間外・深夜の割増賃金」などに関わる労働基準法の適用から除外される制度で、米国の「ホワイトカラー・エグゼンプション」を参考にしている。残業代や休日手当などは支給されないが、労働時間より成果を重視することで、無駄な残業を減らして柔軟な働き方を実現し、労働生産性を向上させる狙いがある。

課題は、高度プロフェッショナル制度の適用者が、自身の労働時間を配慮せず働き、健康を損なうリスクがあることだ。同制度では、適用者に「4週間で4日以上、年104日以上の休日確保」を企業に義務付けるほか、労使で「労働時間の上限設定」「臨時の健康診断」などの対策から1つ以上を選択する措置を設ける。また、企業が過重な労働を強いることを避けるため、1度適用された本人が自らの意思で離脱できる規定も追加された。

最低賃金

企業が従業員に支払わなければならない最低限の賃金(時給)。毎年、厚生労働省の中央最低賃金審議会が物価や所得水準などの指標をもとに都道府県をA〜Dの4ランクに分け、ランクごとに目安額を提示する。2019年度の全国平均は901円で、引き上げ率は政府が目標とする「3％」を4年連続で上回っていた。20年度はコロナ禍による景気

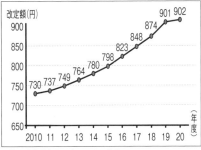

▶最低賃金(全国平均)の推移

出典:厚生労働省ウェブサイトより作成

低迷を受け、リーマン・ショック後の09年度以来、11年ぶりに目安を示さず、事実上の据え置きとなった。最低賃金を引き上げるかどうかは都道府県の判断に委ねられることになり、結果として40県が1〜3円引き上げ、全国平均は1円増えて902円となった。

政府は19年6月に閣議決定した経済財政運営と改革の基本方針(骨太の方針)で、最低賃金を年3％程度引き上げるとともに「より早期に全国平均で1000円を目指す」としているが、現時点で1000円を超えているのは、東京都(1013円)と神奈川県(1012円)の2都県にとどまる。

問題は今後も着実な引き上げができるかだ。現状のペースで最低賃金が上がれば、人件費の上昇により、中小・零細企業などの経営を圧迫し、雇用への悪影響が出始める懸念もある。

シニア雇用

少子高齢化の急速な進展に伴い、「70歳現役社会」を見据えた法整備が進んでいる。2020年3月、70歳までの就業機会の確保を企業の努力義務とする改正高年齢者雇用安定法など一連の改正法が成立し、21年4月から施行される。

現行法は希望者全員を65歳まで雇うよう企業に義務付け、企業は定年を迎えた社員に対し、「定年延長」か「定年廃止」、または「契約社員や嘱託などによる再雇用」のいずれかを選択しなければならない。改正法ではこれらに加え「フリーランス契約への資金提供」や「起業支援」、「社会貢献活動参加への資金提供」などの選択肢が新たに認められた。今回の改正はあくまで努力義務だが、政府は将来的に70歳までの雇用確保措置の義務化を視野に入れ

▶65歳以上の就業者数は過去最多

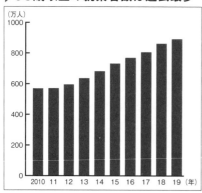

(注)年平均、総務省「労働力調査」
2020年2月4日付日本経済新聞電子版

る。

総務省の「労働力調査」によると、65歳以上の就業者数は19年平均で892万人と前年より30万人増加した。19年秋に日本経済新聞社が実施した世論調査では、70歳以上まで働くつもりだと答えた人が60歳代の54%にのぼるなど、働く高齢者は今後も増える見通しだ。ただし、定年延長などで高齢者が働き続ける期間が長くなれば、企業の人件費負担は増加する。日本型雇用として色濃く残る年功序列型の賃金体系のままでは、現役世代の賃金の減少や若者の採用抑制につながる恐れもあるため、雇用制度の見直しが不可欠になる。

社外取締役の女性比率

社外取締役に占める女性の割合が上昇している。ガバナンス助言会社・プロネッドの集計によると、2020年7月時点における東証1部上場企業の女性取締役のうち、社外出身者は1123人となり、社外取締役に占める女性比率は17%と、前年比2.5ポイント上昇。10年前は100人に満たなかった女性社外取締役が初めて1000人を超えた。

18年に改定された**コーポレートガバナンス・コード(企業統治指針)**で、取締役に女性や外国人など多様な人材の起用を促したことや、19年12月に成立した改正会社法で社外取締役の設置

が義務付けられたこともあり、女性社外取締役は今後も増加すると見込まれる。近年、**SDGs(持続可能な開発目標)** やESG(環境・社会・企業統治)を重視する投資家の圧力が高まっていることも女性比率上昇の後押しになりそうだ。

一方、社外取締役のなり手は不足している。利害関係に縛られず、第三者の視点から経営をチェックする役割が期待される社外取締役には、他社の役員経験者や弁護士、大学教授などの専門家が就くことが多い。しかし、求められる資質やキャリアを備えた一部の人に就任要請が偏りがちで、複数企業の社外取締役を兼務する人も多い。兼務する企業が多くなると、各社で十分な役割を果たせるか懸念する声もある。

就職氷河期世代

1993〜2004年頃に大学などの卒業時期を迎えた世代を指す。**バブル崩壊**後で企業の新卒採用が特に厳しい時期にあたり、正規雇用を希望しながら非正規で働く人が多いとされる。大体1970〜1984年生まれの人が就職氷河期に遭遇していることから「ロストジェネレーション(ロスジェネ)」とも呼ばれている。当時はバブル崩壊による不況、1990年代後半には追い討ちをかけるようにアジア通貨危機が発生。不良債権処理の失敗により、大手金融機関の経営破綻などが相次いだ。2000年代初頭には米国のITバブルが崩壊し、日本の景気も後退した。

政府は19年6月に閣議決定した経済財政運営と改革の基本方針(骨太の方

▶新卒就職率の推移

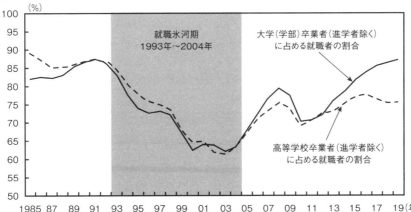

出典:内閣府ウェブサイト

針）で、就職氷河期世代の就労支援に乗り出した。20〜22年度までの3年間を集中期間として、同世代の正社員を30万人増やす目標を掲げる。具体的には、国家公務員の中途採用を拡大するほか、幅広い分野で学び直しや就労体験の機会を提供するなどの施策を講じている。こうした流れを受け、地方自治体や中小企業などで就職氷河期世代を採用する動きが広がりつつあるものの、**新型コロナウイルス**の感染拡大の影響で雇用情勢は急激に悪化しており、採用拡大は進みにくい状況になっている。

ダイバーシティ

　ダイバーシティを直訳すれば「多様性」。企業経営に当てはめれば、様々な価値観を持ち、働き方が異なる従業員が共存できる企業がダイバーシティを備えた組織だといえる。ダイバーシティという用語は1960年代に米国で誕生、日本でも1990年代から多用されるようになった。近年、国連が定める「**持続可能な開発目標（SDGs）**」や、環境や社会貢献を重視する「**ESG投資**」の拡大などもあり、企業のダイバーシティへの取り組みが注目されるようになった。

　経済産業省では、2012年度からダイバーシティ経営に取り組む企業に対する大臣表彰を実施しているほか、18年6月に企業が取るべきアクションをまとめた「ダイバーシティ2.0行動ガイドライン」を改訂した。日本経済団体連合会（経団連）では会員企業に対し、**LGBT**などの性的少数者に関する適切な理解と受容に向けた提言を公表するなど、官民挙げて推奨している。

　欧米企業がダイバーシティ推進をうたうのは、事業活動を営むための労働力の確保には、自ずと多様な人種、国籍、性別の人を採用・登用しなければならない、という事情がある。少子高齢化の影響で労働力人口の減少が危ぶまれる日本企業も、ダイバーシティに取り組まざるを得なくなっている。

同一労働同一賃金

　正社員や非正規社員といった雇用形態や性別、年齢、国籍などにかかわらず、同じ業務や成果には同額の賃金を支払うという原則。欧州では広く定着しているが、日本では2018年6月に成立した「働き方改革関連法」により法制化された。20年4月から大企業で適用が始まり、中小企業は21年4月からの適用となる。政府は同一労働同一賃金の実現により、不合理な待遇差の解消を企業に義務付け、雇用者全体の約4割を占める非正規労働者の待遇改善を図る。

　厚生労働省が策定した同一労働同一賃金ガイドラインでは、正社員と非

ダイバーシティ / 同一労働同一賃金 / 特定技能

▶同一労働同一賃金のポイント

基本給	能力や成果、勤続年数などが同じなら、正社員と同一額を支給
賞与	事業への貢献度が同じなら、正社員と同一額を支給
時間外労働手当	正社員と同一の割増率
通勤手当・出張旅費	正社員と同一の金額を支給
福利厚生	正社員と同一の施設利用を認める
退職金、住宅手当など	不合理な待遇差の解消を求める

新聞記事などを基に編集部で作成

正規社員の能力や経験、貢献度などが同じであれば、基本給や賞与を同額にするよう求めている。ただし、合理的な理由があれば待遇差を認める。例えば、転勤や異動があり職務内容が変わる総合職の正社員とそうでないパート従業員は、仕事の内容が同じでも待遇差が認められる。一方で、交通費や出張旅費は同額、休日手当や深夜残業などは同率の割り増しを求める。また、企業には待遇差の内容や理由を非正規労働者に説明することを義務付けた。日本の非正規社員の賃金水準は正社員の約6割にとどまり、欧州と比べて格差が大きい。働き手の意欲を高めるためにも、不合理な待遇をなくすことが欠かせない。

特定技能

2019年4月に施行された改正出入国管理法で新設された在留資格。少子高齢化に伴う深刻な**人手不足**を背景に、単純労働分野で外国人労働者を受け入れる目的で創設された。特定技能は「1号」と「2号」の2段階あり、計3年間の技能実習を修了するか、日本語試験と業種ごとの技能評価試験に合格すれば、特定技能1号の在留資格を得られる。在留期間は通算で5年を上限とし、家族の帯同は認められない。特定技能1号で働くことができるのは、人手不足が深刻な飲食料品製造、農業、建設、介護、宿泊など14業種で、コンビニなどの小売業は含まれない。さらに高度な試験に合格すると取得できる特定技能2号は、熟練した技能が要求される仕事に就く外国人が対象となる。在留資格の更新回数に制限がないため事実上永住が可能で、要件を満たせば家族の帯同も認められる。しかし、現状では建設と造船・舶用工業の2業種に限られている。

政府は初年度に最大で5万人弱の受け入れを見込み、法務省入国管理局を格上げして「出入国在留管理庁」を新設するなど、在留外国人の増加に対応するが、20年6月末時点で特定技能を取得して働く人は5950人にとどまる。国際的な人材獲得競争は年々激化しており、日本が働く場所として外国人に

7
雇用・労働

157

選ばれる国にしていけるかが問われている。

働き方改革

長時間労働をはじめとする労働や雇用慣行の改善に向け、政府が進めている改革のこと。2018年6月に働き方改革関連法が成立した。同関連法の柱は、残業時間の罰則付き上限規制の導入、正社員と非正規社員の不合理な待遇格差をなくす**同一労働同一賃金**の制度化、一部の専門職を対象に職務や成果をもとに賃金を決める**高度プロフェッショナル制度**（脱時間給制度）の創設の3つだ。残業時間の罰則付き上限規制については、大企業で19年4月、中小企業で20年4月から適用が始まった。

これにより、残業時間の上限は「原則月45時間・年360時間」と規定され、繁忙期など特別な事情があった場合でも月100時間を超える残業は、運送業など一部の業種を除き認められなくなった。同一労働同一賃金についても大企業で20年4月、中小企業では21年4月から適用が始まり、非正規雇用の待遇改善が進む。一方、金融ディーラーなど年収1075万円以上の専門職を対象に労働時間の規制を外す高度プロフェッショナル制度は19年4月にスタートしたが、労使間で様々な手続きが必要なこともあり、あまり普及していないのが現状だ。

ハラスメントの社会問題化

近年、職場におけるハラスメントが社会問題化している。性的な嫌がらせを意味する「セクシャルハラスメン

▶残業時間の上限規制のイメージ

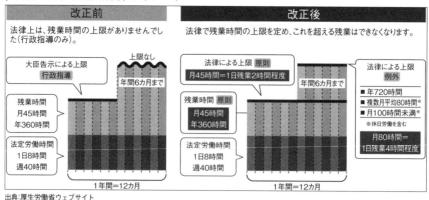

出典：厚生労働省ウェブサイト

都道府県労働局等への相談件数の推移

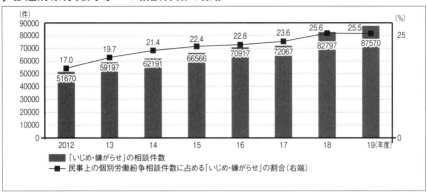

出典:厚生労働省ウェブサイトより作成

ト(セクハラ)」や、職務上の地位を利用して上司が部下に苦痛を与える「パワーハラスメント(パワハラ)」、妊娠や出産を理由に退職などを迫る「マタニティーハラスメント(マタハラ)」、顧客や取引先が執拗にクレームや無理難題を突きつける「カスタマーハラスメント(カスハラ)」などが挙げられる。

ハラスメント対策に関する法整備として、セクハラは2007年、マタハラは17年に改正男女雇用機会均等法などの施行により、相談窓口の設置など、ハラスメントを防ぐために必要な措置を企業に義務付けた。法制化が遅れていたパワハラに関しても、19年5月に改正労働施策総合推進法(パワハラ防止法)が成立したことにより、20年6月から大企業で同様の対策が義務化された。中小企業については21年度まで努力義務とし、22年4月から義務化される。

パワハラ防止法では、職場におけるパワハラを①優越的な関係を背景とした言動で②業務上必要かつ相当な範囲を超えたものにより③労働者の就業環境が害されるもの——と定義し、①〜③のすべての要素を満たすものとした。

厚生労働省が公表した「個別労働紛争解決制度」の19年度の施行状況によると、パワハラを含む「いじめ・嫌がらせ」に関する相談件数は、8年連続最多の8万7570件となっている。

人手不足

少子高齢化の進行に伴い、人手不足が深刻化している。総務省の人口推計によると、労働の担い手となる15〜64歳の「生産年齢人口」は、2020年4月1日時点で、前年から41万8000人減り、総人口に占める割合は過去最低の59.4%に下がった。一方、労働力調査

によれば、19年平均の就業者数は前年に比べ60万人増加している。男女別の内訳をみると、女性の増加数が男性の約3倍多く、年齢階級別でみると、65歳以上が前年に比べ30万人増えている。これらのデータから、生産年齢人口の減少分を女性と65歳以上のシニア層で補っている現状が浮かび上がる。

日本銀行が四半期ごとに発表する全国企業短期経済観測調査(短観)をみても、20年3月調査で人手が「過剰」と答えた企業の割合から「不足」と答えた企業の割合を引いた雇用人員判断DI(Diffusion Index)は、全規模・全産業で−28となり、人手不足を感じる企業の割合の方が高いことがわかる。**新型コロナウイルス**の感染拡大の影響により、自動車などの製造業や宿泊・飲食サービス業など、足元では不足感が薄れている業種があるものの、慢性的な人手不足傾向は今後も続くとみられる。

副業

副業をめぐる動きが日本で活発化している。2018年1月に厚生労働省がモデル就業規則を改定し、「副業・兼業の促進に関するガイドライン」を公開したことにより、企業で副業を解禁する動きが広まりつつある。しかし、リクルートキャリアが19年に実施した調査によると、副業を認めている企業の

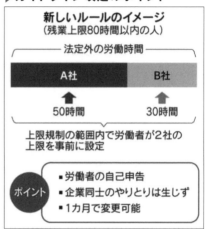

▶ガイドライン改定のポイント

2020年8月26日付日本経済新聞

割合は約3割にとどまる。企業が副業を禁止する理由の1つに、残業時間を正確に把握できないなどの労務管理上のリスクが挙げられる。厚生労働省は20年9月、ガイドラインを改定して労務管理上のルールを明確化し、副業を容認しやすい環境を整えた。

パソコンと通信機器さえあれば場所や時間の制約を受けずに仕事ができる**テレワーク**が普及したことで、企業や働く人の意識や行動に変化が起き始めている。余暇時間に本業とは別の仕事をしてスキルを磨いたり、社会貢献活動に参加したりする「パラレルキャリア」と呼ばれる働き方を選択する人が増えているほか、企業でも新規事業の立ち上げなどに業務委託の形式で専門的な知識やスキルを持つ副業人材の受け入れを開始した。あらかじめ職務を明示した上で採用する雇用形態はジョ

副業

ブ型と呼ばれ、欧米では一般的な働き方だ。一方、総合職のように職務や勤務地を限定せず採用する日本の雇用形態はメンバーシップ型と呼ばれている。「人生100年時代」といわれる中、多様な働き方を認める動きは今後も広がりそうだ。

7
雇用・労働

テーマ ⟨**7**⟩ 確認チェック

❶第4次産業革命における技術の柱の1つと目される [　　] は、あらゆる産業の活性化につながる大きな可能性を有している。▶p.148

❷大学生が在学中に企業や官公庁などで一定期間働いて就業体験をする制度は、一般に何というか。▶p.148

❸2018年6月に改定された [　　] では、取締役会の多様化に向け女性や外国人などの起用を促している。▶p.151

❹「働き方改革」の柱の1つである「高度プロフェッショナル制度」は、米国にもともとあった制度を参考にしている。その制度は一般に何と呼ばれているか。▶p.152

❺正社員や非正規社員といった雇用形態や性別、年齢、国籍などにかかわらず、同じ業務や成果には同額の賃金を支払うという原則を何というか。▶p.156

答え ❶AI（人工知能） ❷インターンシップ ❸企業統治指針(コーポレートガバナンス・コード)
❹ホワイトカラー・エグゼンプション ❺同一労働同一賃金

161

テーマ8 国土・都市・人口

相次ぐ自然災害の発生や、道路や水道などインフラの老朽化、人口減少や急速な高齢化などで日本社会には様々なひずみが生じている。本テーマでは「空き家問題」「合計特殊出生率」「東京一極集中」など、日本の国土や都市、人口に関するキーワードについて紹介する。あらためて現状と課題を認識し、行政が進める施策についても理解を深めてほしい。

空き家問題

人口減少や高齢化、核家族化などに伴い、空き家として放置される住宅が全国的に増え続けている問題。適切な管理がなされない空き家は、老朽化や災害によって倒壊する危険性が高いうえに、景観の悪化も招きやすい。このほか、不審者の侵入や放火、ごみの不法投棄といった防犯上の不安、雑草や害虫などによる衛生環境の悪化など、様々な問題を地域にもたらす恐れがある。

自治体は空き家の適正な管理を定めた空き家条例を制定して対策を取ってきたが、法的効力はなかった。そこで、2015年に施行された「空き家等対策の推進に関する特別措置法」では、自治体が地域に被害を及ぼしかねない空き家を「特定空き家等」として所有者に修繕・撤去などを指導、勧告、命令することが認められ、強制執行も可能になった。

特定空き家等に認定されると固定資産税や都市計画税における課税標準の特例措置の対象から除外されるため、

▶空き家数および空き家率の推移

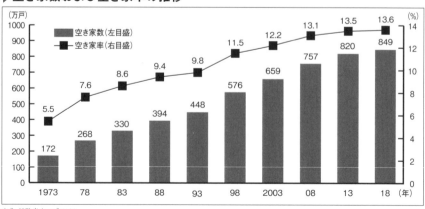

出典:総務省ウェブサイト

自治体は所有者に対し、空き家を売却・賃貸物件として「空き家バンク」に登録するよう働きかけている。空き家バンクは空き家の物件情報を自治体のホームページなどで提供する制度で、都市部からの定住促進や観光客の誘致などにも活用されている。

　このほかにも国や自治体は様々な対策を講じているが、現時点では空き家の増加に追いついていない。総務省が発表した18年10月時点の住宅・土地統計調査によると、全国の空き家数は過去最多の848.9万戸。国内の住宅総数に占める空き家の割合も過去最高の13.6%となっている。

インフラの老朽化問題

　道路や橋、ダム、上下水道などの公共施設の急速な老朽化に伴う諸問題。日本の社会インフラの大半は、高度経済成長期に整備されたため、耐用年数が近づいている。国土交通省によると、道路橋の場合、全国の約27%が建設から耐用年数の50年を経過しているという（2019年3月末時点）。さらに33年には、6割が50年を超える見通し。

　海外では、18年8月にイタリアのジェノバで高速道路・高架橋（1960年代に建造）が崩落、43人の犠牲者を出した大惨事は世界中に襲撃を与えた。国内でインフラ老朽化が注目される契機になったのは、12年の中央自動車

▶**建設後50年以上経過する社会資本の割合**

	2018年3月	2023年3月	2033年3月
道路橋 [約73万橋 （橋長2m以上の橋）]	約25%	約39%	約63%
トンネル [約1万1千本]	約20%	約27%	約42%
河川管理施設（水門等） [約1万施設]	約32%	約42%	約62%
下水道管きょ [総延長：約47万km]	約4%	約8%	約21%
港湾岸壁 [約5千施設 （水深－4.5m以深）]	約17%	約32%	約58%

出典：国土交通省ウェブサイト

道・笹子トンネル（1977年開通）の天井崩落事故である。

　9人の犠牲者を出した事故の反省から、国土交通省は「インフラ長寿命化計画」を策定し、道路は5年に1度、ダムは3年に1度、目視点検を義務付けるとともに、データベースの整備・運用や新技術の導入を進めた。しかし、国も自治体も財政難が深刻で、点検・維持管理に十分な予算・人員を充てられていないのが現状である。今後、管理・更新費用が2018年度の約5.2兆円から、48年には約5.9〜6.5兆円に増えるという試算もあり、国土交通省はデータ解析に**AI（人工知能）**、点検・修繕に**ドローン**やロボットの活用を視野に入れるなど、効率的な老朽化防止・延命策を検討している。

限界集落

限界集落とは過疎地域の中でも、とりわけ少子高齢化や人口減少が著しく、経済的・社会的な共同生活を維持していくのが困難となっている、65歳以上の高齢者が住民の50％を超えた集落のことをいう。内閣府「令和2年版高齢社会白書」によると、2019年10月時点の65歳以上の高齢者人口は3589万人で、総人口に占める割合（高齢化率）は28.4％となった。19年時点での地域別高齢化率をみると、秋田県が37.2％と最も高く、最も低いのは沖縄県の22.2％である。

限界集落が増加しているのは、中山間地域や山村地域、離島だけではない。首都圏など三大都市圏では、高齢化がより顕著であることが指摘されており、今後、限界集落問題は都市化が進んでいる地域でも起こりうることが予想される。

合計特殊出生率

1人の女性が生涯に産むとされる子供の人数。その年の15～49歳の女性の年齢別出生率の合計。人口が長期的に一定となる水準（人口置換水準）は合計特殊出生率が2.07とされる。しかし、日本では1975年に初めて2.0を割り、2005年には過去最低の1.26まで落ち込んだ。その後は少し上昇に転じたものの、厚生労働省が19年8月に発表した18年の人口動態統計における合計特殊出生率は前年比0.01ポイント減の1.42と、3年連続で低下。都道府県別では、ここ数年の傾向と同じく、東京都

▶出生数および合計特殊出生率の推移

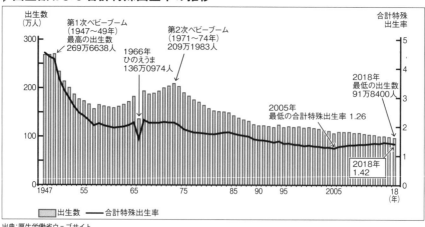

出典：厚生労働省ウェブサイト

（1.20）が最も低く、沖縄県（1.89）が最も高くなっている。女性の年齢階級別では、40歳以上は17年より増加した一方、39歳以下は各階級で減少した。

また、20年6月に公表された19年の人口動態（概数）では、19年の合計特殊出生率は前年より0.06ポイント減の1.36で、07年（1.34）以来12年ぶりとなる低水準だった。

政府が目標に掲げる「25年度までの希望出生率1.8」との開きはまだまだ大きい。政府は出生率向上に向けて、学童保育の受け入れ拡充、企業内保育所の増設などを進めている。しかし、認可保育施設に入れない子供の数は増えており、政府が目指す「**待機児童ゼロ**」の達成も困難な状況にある。

耕作放棄地

耕作放棄地とは、農林水産省の各種統計では、「以前耕地であったもので、過去1年以上作付けせず、しかもこの数年の間に再び作付けする考えのない土地」などと定義されている。農家の自己申告に基づいており、客観的な土地調査で確認された荒廃農地とは区別される。

全国の耕作放棄地の面積は1980年代半ばまで、約13万ヘクタール前後で推移してきた。その後、過疎化や高齢化による農業人口の減少に伴い急増した。2010年には、滋賀県の面積に相当

する約40万ヘクタールまで増えた。近年は微増にとどまっているが、15年の面積は42.3万ヘクタールで、その半数近くは非農家の所有地である。

こうした状況に対し、政府は14年に農地中間管理機構（農地バンク）を設置した。同機構は農地の集積や貸し出しの仲介などを進め、耕作放棄地の活用を促している。しかし、十分な成果が見えないことから、19年5月に成立した改正農地バンク法に基づき、農地バンク事業の見直しが進められている。

国家戦略特区

地域限定で規制緩和を行うことを目的に、第2次安倍政権が掲げた経済特別区域構想。内閣府地方創生推進事務局によると、「経済社会の構造改革を重点的に推進することにより、産業の国際競争力を強化するとともに、国際的な経済活動の拠点の形成を促進する観点から、国が定めた国家戦略特別区域において、規制改革等の施策を総合的かつ集中的に推進する」としている。

2013年には、国家戦略特別区域法が制定され、農業や医療などの分野での規制が緩和された。アベノミクスの成長戦略の1つとして、その後も規制を緩和する分野や指定区域を拡大し、**ドローン**を使った宅配サービスの実験（千葉市）、シニアの新たな就職支援（北九州市）、外国人の家事代行解禁

8

国土・都市・人口

▶国家戦略特区の指定区域

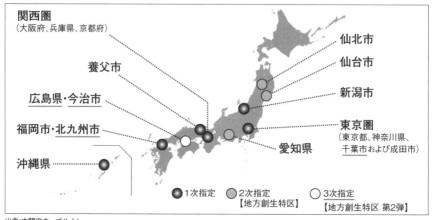

出典：内閣府ウェブサイト

（東京都・大阪府など）、地域限定保育士の創設（神奈川県・沖縄県など）などが進められた。これに加えて、大学医学部（国際医療福祉大）を新設するなど、教育分野での規制緩和も行われている。

20年5月には、**AI（人工知能）**やビッグデータなどの先端技術を活用した未来型都市**「スーパーシティ」構想**の実現に向けた「国家戦略特別区域法の一部を改正する法律」が成立。車の**自動運転**や遠隔医療・介護などを取り入れた町づくりを進め、人口減社会の課題解決につなげるとしている。

重要物流道路

平常時・災害時を問わず安定的な輸送を確保するため、国土交通大臣が物流上重要な道路輸送網を「重要物流道路」として指定し、機能の強化や重点的な支援を行う制度。2018年3月に成立した改正道路法で創設された。

指定区間では、大型で輸送力の高い国際海上コンテナ車（高さ4.1メートル、長さ16.5メートル）の円滑な通行を図るため、道路の新設・改築時の構造基準が強化され、通行許可が不要となる。また、重要物流道路に加えて、その代替・補完路も指定され、自治体が管理する地方道については地震や豪雨などによる災害復旧を国が代行できるようになる。

国土交通省は19年4月、重要物流道路を初めて指定。新東名高速道路や新名神高速道路など、地域の重要拠点をつなぐ全国の高速道路や国道、地方道およそ3万5500キロメートル、代替・補完路およそ1万5800キロメートルが

対象となっている。

水道事業民営化

地方自治体が全面的に担っていた水道事業のうち、施設運営の権利を民間事業者に移すこと。全国の多くの自治体では、人口減少で水の需要が減っているなか、老朽化が進む水道施設の保全に十分な財源・人員を充てられないという実態がある。これを受け、政府は2018年12月、水道事業の基盤を強化する改正水道法を成立させた。複数の自治体による、水道事業の効率化を促すとともに、民間事業者の技術を導入することで経営の効率化を図り、施設の改善・長寿命化、水道料金の抑制などにつなげることを狙いとしている。

今改正における民営化とは、自治体が公共施設の所有権を維持しながら運営権を一定期間民間に売却する「コンセッション方式」という手法の導入を指す。コンセッション方式の導入は水道では前例がないが、空港や有料道路では一定の成果を上げている。

しかし、海外では民営化後に水道料金の高騰や水質悪化などのトラブルが相次いでいることや、災害時や経営破綻時の対応への不安などから、導入を危惧する声は少なくない。改正法では、自治体による水道料金の枠組みの設定、定期的なモニタリングや立ち入り検査の実施、災害時の復旧におけ

る民間の負担軽減などを規定しているが、19年10月の改正水道法施行後、事業の一部または全般の民営化を決めた自治体は宮城県や大阪市など少数にとどまっており、今後の動向が注目されている。

生産緑地2022年問題

生産緑地とは、都市部の市街化区域内にあっても、500平方メートル以上の農地で営農の義務を30年間継続すれば、固定資産税や相続税などが農地並みに軽減される土地(制度)のこと。1992年、大都市圏の地価高騰を背景に、「生産緑地法」が改正され、都市部の農地を宅地に転用される農地と区別・保護することを目的に導入された。

しかし、2022年に営農の適用期限が切れるため、税の負担増に耐えられない所有者が生産緑地を手放し、その結果、防災や自然保全の役割を担ってきた農地が都市部から消えるのではないか、農地の宅地転用が進み、土地・住宅価格が急落するのではないか、などと不安視する声が広がっている。現在、生産緑地の8割以上は三大都市圏に集中している。

こうした状況を受け、政府は生産緑地法を含む都市緑地法等を一部改正。17年4月に成立した改正法には、従来の500平方メートル以上の面積制限を300平方メートル以上に緩和すること、

8 国土・都市・人口

市区町村の指定を受ければ、防災・環境面で保全が必要と判断された農地に限り、特定生産緑地として10年間延長できることなどが盛り込まれている。18年6月には、都市農地の貸借円滑化法が成立。所有者と企業やNPO法人が直接貸借契約を結べるようになった。これを受け、農業を手掛けたい中小企業に生産緑地の賃貸を仲介するサービスを近畿大阪銀行(現・関西みらい銀行)が開始するなど、農地の有効利用への期待も高まっている。

一方で東京都東村山、府中、武蔵野の3市は、所得の低い農家に対して補助金で支援する制度を設けるため、20年度予算に費用を計上。所有者が生産緑地を手放す際に生じる自治体の財政負担や、土地価格の急落を避けたい考えだ。

接続水域

領海の外側にあるが、沿岸国が通関・財政・出入国管理・衛生のうえから、一定の権限を行使することが認められている水域。海洋の権利・義務を定めた国連海洋法条約が1982年に採択され、国際的な合意となった。同条約は、接続水域を領海の基線となる海岸の低潮線から24海里(約44キロメートル)の内側(領海を除く)と定めている。日本も1996年に領海法を改正して、領海の基線から外側の24海里内を自国の接続水域と設定した。

明確な主権がある領海とは異なり、接続水域は「グレーゾーン」で、沿岸国に完全な主権があるわけではない。公海の一部であるため、外国船の航行は原則として自由である。2012年9月頃から中国公船の尖閣諸島周辺の接続水域への入域が半ば常態化しているが、沿岸国である日本の安全を脅かさない限り、また冒頭の要件に抵触しない限りは条約違反にはならない。

ただ、16年6月頃から機関砲を搭載した中国公船の入域が確認されるようになり、18年1月には中国海軍の潜水艦の入域も確認された。20年4～8月には、沖縄県の尖閣諸島周辺の接続水域内を中国公船が111日連続で航行し、12年の尖閣諸島国有化以降の最長日数となった。海上保安庁の巡視船はこうした威嚇的な行動については、領海に侵入した場合と同様、警告や退去要求を辞さない構えで、政府もその都度、中国政府に対して厳重な抗議を行っている。

全国地震動予測地図

今後30年間に震度6弱以上の地震が発生する確率を示した日本地図。文部科学省の特別機関「地震調査研究推進本部」が2005年に作成したのが最初で、その後、ほぼ毎年更新されている。19年8月には、新たに作成・改訂

▶日本の領海等概念図

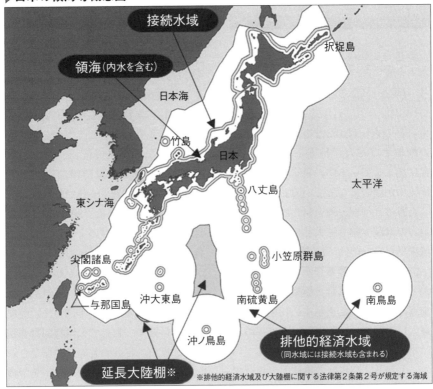

出典:海上保安庁ウェブサイト

する予測地図から、色覚障がい者にも見やすいよう色分けに配慮することを決定している。

地図は、長期的な確率評価と強い震度の評価を組み合わせた「確率論的地震動予測地図」と、ある想定されたシナリオに対する強震動評価に基づいて作られた「震源断層を特定した地震動予測地図」の2種類で構成されている。発生確率0.1％以上3％未満は「やや高い」、3％以上は「高い」と評価している。

19年2月に発表された18年度版(19年1月修正版)では、都道府県庁所在地のなかで最も高いと予測されたのは、17年に引き続き85％の千葉市。横浜市、水戸市も80％を超えている。新宿区を基準にしている東京都は48％。最も低いのは札幌市の1.6％だった。北海道胆振東部地震の震源地に近い胆振地方(室蘭市)は8.5％だったが、前年から3.5ポイント上昇していた。地域別には、関東から東海、近畿、四国地方にかけての太平洋側が、全体的に高い確率を示している。

東京一極集中（日本の人口）

　総務省が2020年8月に発表した住民基本台帳に基づく人口動態調査（20年1月1日現在）によると、日本人の人口は約1億2427万人。11年連続の減少だが、東京都の人口は0.52％増で、24年連続の増加となった。日本が人口減少時代に突入している中、東京への人口一極集中が顕著になっている。他に増加した県は、沖縄、神奈川の2県だけで、地方では減少幅も拡大している。最も減少率が高いのは、1.52％減の秋田県。

　5年に1度の国勢調査から導き出された人口推計も、東京一極集中の流れが加速していることを示す。13年度の地域人口推計では、30年後に東京都の人口は93.5％に減少すると予測されていた。しかし、18年度の地域人口推計では、45年には、全国の人口が83.7％に減少するものの、東京都だけは100.7％に増加すると大幅修正された。

　東京都の出生率は全国最低だが、母体の女性の人口数が増えているため、今後も微増すると予測されたのである。また、45年には、総人口に占める東京都の人口割合は12.8％（15年は10.6％）に達する見込みだ。

　国際競争力の向上という点から、首都への一極集中を肯定的に捉える見方もあるが、災害、テロ、高齢化、**待機児童**問題などへの対策は待ったなしの状態にある。

特別警報

　気象庁では大雨、暴風、地震、高潮、津波、大雪などのときに発令される「特別警報」について、「予想される現象が特に異常であるため、重大な災害の起こる恐れが著しく大きい旨を警告する新しい防災情報」としている。同庁が出す防災気象情報は「注意報」「警報」「特別警報」の順で危険度が高くなる。特別警報は、2011年3月の東日本大震災での津波のような、警報の発表基準をはるかに超える異常な現象が予想され、重大な災害が起こる危険性がある場合に発表される。13年8月から運用が開始され、同年9月に台風18号の影響で、初めて大雨特別警報が京都、滋賀、福井の各府県に発令された。大雨特別警報については、発令の精度を高めるため、短時間の局地的な豪雨でも土砂災害を対象とする大雨の特別警報を発表できるよう、20年7月に発令基準が一部改められている。

　特別警報はテレビ、ラジオ、インターネット、防災無線、緊急速報メールなどから伝えられる。19年5月からは、気象庁が内閣府の指針に基づき、大雨特別警報や土砂災害警戒情報などの防災気象情報に5段階のレベルを付けて発表する「警戒レベル」の運用を開始。危険度や取るべき行動を示すもので、例えばレベル5は「命を守る行動」を、レベル4は「全員避難」を求め

▶「特別警報」のイメージ

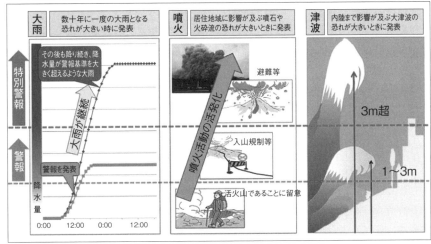

出典:気象庁ウェブサイト

ている。自治体も避難勧告や避難指示にレベルを付けて発表し、適切な行動を取るよう呼び掛けている。

南海トラフ地震

トラフとは「海底にある深い溝」の意で、南海トラフは静岡県の駿河湾から四国沖まで約700キロメートルにわたって延びる、深海約4000メートルの溝のこと。この南海トラフを震源として起きるマグニチュード(M)9クラスを想定する巨大地震を、南海トラフ地震という。この地震における死者数は最大23万1000人、直接被害額は171兆6000億円に達するとの試算も公表されている。南海トラフ付近では、約100〜200年の間隔でM8クラスの地震が繰り返し発生している。

政府は巨大地震を想定し、大規模地震対策特別措置法(1978年)に基づいて、予知を前提に駿河湾周辺を震源とする東海地震の対策を進めてきた。しかし、2011年の東日本大震災で想定を超える被害を受けたことから、より広域での地震発生に備えた「南海トラフ法(南海トラフ地震に係る地震防災対策の推進に関する特別措置法)」を13年に制定。17年9月には、政府の中央防災会議が南海トラフ地震の予知は困難であるとして、従来の防災対応を見直すべきだとの報告書をまとめた。これを受け、気象庁は異常現象が観測された場合に発信する「南海トラフ地震関連情報」の運用を同年11月より開始。19年5月に変更された内閣府の南海トラフ地震防災対策推進基本計画に

も、「現在の科学的知見では、南海トラフ地震の発生時期・発生場所・規模を確度高く予測することはできない」という表現が加えられている。

日本の領土問題

　日本政府は、一般的に、「他国との間で解決すべき領有権の問題」の意味で「領土問題」という表現を使っている。外務省によると日本が関わる領土問題は、ロシアとの間の**北方領土問題**および韓国との間の竹島問題である。

　北方領土問題では「北方四島（択捉島、国後島、色丹島、歯舞群島）の帰属に関する問題を解決してロシアとの平和条約を早期に締結する」という基本方針を堅持。しかし、日ロの交渉は進展しておらず、領土返還の見通しは立っていない。2017年8月にはロシアが北方領土を経済特区（先行発展地域）に指定し、19年5月に特区で行う事業の拡大を決定。北方領土での軍事演習や軍備強化も進めている。

　竹島については「日本固有の領土であり、これは歴史的にも国際法上も明らか」でありながら、韓国が「一方的に竹島を取り込み、不法占拠している」としている。行政区分上は島根県に属している。

　中国や台湾が領有権を主張している東シナ海の尖閣諸島については、日本政府は「解決しなければならない領有権の問題はそもそも存在しない」という立場を貫いている。「日本固有の領土であることは歴史的にも国際法上も明らかであり、現に我が国はこれを有効に支配している」という見解による。

　（注）p.169「接続水域」の地図も参照してください。

熱中症警戒アラート

　熱中症に陥る危険性が極めて高い気象状況を予測した場合に、環境省と気象庁が共同で発表する情報。熱中症による死亡者数や救急搬送者数の増加に伴い、従来の高温注意情報に代わって国民に熱中症への警戒を呼びかけるもので、2021年度からの全国運用に先行し、20年7月から関東甲信地方の1都8県で試行された。気温、湿度、地面などからの照り返しの熱から算出する「暑さ指数」が最高レベルの危険度を示す33℃以上になると予測されると、その前日の午後5時または当日の午前5時に都県単位で発表される。

　暑さ指数は熱中症の危険度を判断する国際的な指標で、正式名称の湿球黒球温度（Wet Bulb Globe Temperature）からWBGTと略される。日本では06年より環境省が全国における予測値・実況値を公表している。

　日本生気象学会の日常生活に関する指針では、指数25℃未満で注意（激し

日本の領土問題 / 熱中症警戒アラート / 噴火警戒レベル

▶熱中症警戒アラート発表の基準

暑さ指数 (WBGT)	注意すべき生活活動の目安	日常生活における注意事項	熱中症予防運動指針
31℃以上	すべての生活活動でおこる危険性	高齢者においては安静状態でも発生する危険性が大きい。外出はなるべく避け、涼しい室内に移動する。	運動は原則中止 特別の場合以外は運動を中止する。特に子どもの場合には中止すべき。
28〜31℃		外出時は炎天下を避け、室内では室温の上昇に注意する。	厳重警戒(激しい運動は中止) 熱中症の危険性が高いので、激しい運動や持久走など体温が上昇しやすい運動は避ける。10〜20分おきに休憩をとり水分・塩分の補給を行う。暑さに弱い人は運動を軽減または中止。
25〜28℃	中等度以上の生活活動でおこる危険性	運動や激しい作業をする際は定期的に充分に休息を取り入れる。	警戒(積極的に休憩) 熱中症の危険が増すので、積極的に休憩をとり適宜、水分・塩分を補給する。激しい運動では、30分おきくらいに休憩をとる。
21〜25℃	強い生活活動でおこる危険性	一般に危険性は少ないが激しい運動や重労働時には発生する危険性がある。	注意(積極的に水分補給) 熱中症による死亡事故が発生する可能性がある。熱中症の兆候に注意するとともに、運動の合間に積極的に水分・塩分を補給する。

注1)日本生気象学会指針より引用
注2)日本スポーツ協会指針より引用

出典:環境省ウェブサイト

い運動や重労働時は注意する)、25℃以上28℃未満で警戒(運動や激しい作業をする際は十分に休息する)、28℃以上31℃未満で厳重警戒(外出時は炎天下を避ける)、31℃以上で危険(外出をなるべく避けて、涼しい室内に移動する)と目安を設けている。また日本スポーツ協会の運動時における指針では、指数21℃以上25℃未満で注意(積極的に水分補給)、25℃以上28℃未満で警戒(積極的に休憩をとり、水分・塩分を補給)、28℃以上31℃未満で厳重警戒(激しい運動は中止)、31℃以上で運動は原則中止とされている。

噴火警戒レベル

噴火警戒レベルは、火山の活動状況に応じて「警戒が必要な範囲」と防災機関や住民などの「取るべき防災対応」を5段階に区分して、気象庁が発表する指標。区分は、レベル1(活火山であることに留意)、レベル2(火山周辺規制)、レベル3(入山規制)、レベル4(避難準備)、レベル5(避難)となっており、火山活動に変化があると噴火警報を発表してレベルを変更する。

噴火警戒レベルは2007年12月から運用が始まり、国内111の活火山のうち、同庁が火山防災のために24時間常時監視している50火山の中の48火山(19年7月時点)で運用されている。

20年の運用をみると、1月に霧島山

8
国土・都市・人口

173

▶噴火警戒レベル

種別	名称	対象範囲	レベルとキーワード	説明		
				火山活動の状況	住民等の行動	登山者・入山者への対応
特別警報	**噴火警報（居住地域）**または噴火警報	居住地域およびそれより火口側	**レベル5 避難**	居住地域に重大な被害を及ぼす噴火が発生、あるいは切迫している状態にある。	危険な居住地域からの避難等が必要（状況に応じて対象地域や方法を判断）。	
			レベル4 避難準備	居住地域に重大な被害を及ぼす噴火が発生すると予想される（可能性が高まってきている）。	警戒が必要な居住地域での避難の準備、要配慮者の避難等が必要（状況に応じて対象地域を判断）。	
警報	**噴火警報（火口周辺）**または火口周辺警報	火口から居住地域近くまで	**レベル3 入山規制**	居住地域の近くまで重大な影響を及ぼす（この範囲に入った場合には生命に危険が及ぶ）噴火が発生、あるいは発生すると予想される。	通常の生活（今後の火山活動推移に注意。入山規制）。状況に応じて要配慮者の避難準備等。	登山禁止・入山規制等、危険な地域への立入規制等（状況に応じて規制範囲を判断）。
		火口周辺	**レベル2 火口周辺規制**	火口周辺に影響を及ぼす（この範囲に入った場合には生命に危険が及ぶ）噴火が発生、あるいは発生すると予想される。	通常の生活。	火口周辺への立入規制等（状況に応じて火口周辺の規制範囲を判断）。
予報	噴火予報	火口内等	**レベル1 活火山であることに留意**	火山活動は静穏。火山活動の状態によって、火口内で火山灰の噴出等が見られる（この範囲に入った場合には生命に危険が及ぶ）。		特になし（状況に応じて火口内への立入規制等）。

注1　住民等の主な行動と登山者・入山者への対応には、代表的なものを記載。　注2　避難・避難準備や入山規制の対象地域は、火山ごとに火山防災協議会での共同検討を通じて地域防災計画等に定められています。ただし、火山活動の状況によっては、具体的な対象地域はあらかじめ定められた地域とは異なることがあります。　注3　表で記載している「火口」は、噴火が想定されている火口あるいは火口が出現しうる領域（想定火口域）を意味します。あらかじめ噴火場所（地域）を特定できない伊豆東部火山群等では「地震活動域」を想定火口域として対応します。　注4　火山別の噴火警戒レベルのリーフレットには、「大きな噴石、火砕流、融雪型火山泥流等が居住地域まで到達するような大きな噴火が切迫または発生」（噴火警戒レベル5の場合）等、レベルごとの想定される現象の例を示しています。

出典：気象庁ウェブサイト

中央部の新燃岳（宮崎県・鹿児島県）で、6月に浅間山（群馬県・長野県）で、それぞれ火山性地震が増加し、噴火警戒レベルが1から2に引き上げられた。また、8月には阿蘇山（熊本県）で噴火警戒レベルが2から1に引き下げられた。

領海と排他的経済水域（EEZ）

　領海とは、国の主権が及ぶ海域。領海の範囲を規定する際に基となるのが領海基線で、一般的には干潮時に海面と陸地が接する海岸（低潮線）を指す。

その領海基線から外側12海里（約22キロメートル）の線までの海域が領海。

　外国船舶にも、他国の領海内を航行できる無害通航権が認められている。ただし、事前の打ち合わせなしに領海内に入れば緊張を高める行為と見なされる。

　排他的経済水域（EEZ：Exclusive Economic Zone）とは、領海基線からその外側200海里（約370キロメートル）の線までの海域（領海を除く）並びにその海底およびその下のこと。「天然資源の開発等に係る主権的権利」「人工島、設備、構築物の設置および利用に係る管轄権」「海洋の科学的調査に係

領海と排他的経済水域(EEZ)

▶領海・排他的経済水域等模式図

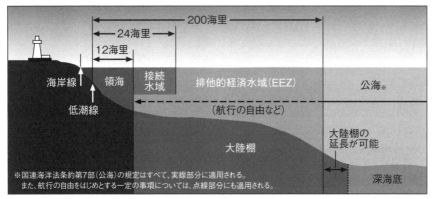

出典：海上保安庁ウェブサイト

る管轄権」「海洋環境の保護および保全に係る管轄権」が認められている。

近年、中国公船や韓国漁船、北朝鮮漁船の領海侵入が増えている。一方で日本のEEZ内の島々の人口は減り続けている。政府は外国船の違法な侵入を防ぎ、雇用確保や滞在型の観光推進などによって島々の人口確保を促そうと、2016年に「有人国境離島法」(27年までの時限立法)を制定している。また、海上保安庁は監視体制の強化に向け、19年より大型**ドローン**導入の検討を進めている。

テーマ 8 確認チェック

❶過疎地域のなかでも、とりわけ人口減少が著しく、65歳以上の高齢者が住民の50%を超えた集落のことを [   ] という。▶p.164
❷以前は耕地だったが、過去1年以上作付けせず、しかもこの数年の間に再び作付けする予定のない土地のことを [   ] という。▶p.165
❸領海の外側、海岸の低潮線から24海里の内側で、沿岸国が通関・財政・出入国管理・衛生のうえから、一定の権限を行使できる水域を何というか。▶p.168
❹日本固有の領土とされているが、中国や台湾が領有権を主張している、東シナ海にある日本の領土を何というか。▶p.172
❺熱中症の危険性が極めて高いと予測した場合に、環境省と気象庁が共同で発表する熱中症警戒アラートの発表基準となる指標を [   ] という。▶p.172

答え ❶限界集落 ❷耕作放棄地 ❸接続水域 ❹尖閣諸島 ❺暑さ指数

8 国土・都市・人口

9 資源・環境

私たち人間が豊かに暮らせるようになった反面、地球は様々な環境問題に直面している。一人ひとりがその原因を正しく理解し、どのように対策していけるかについて真剣に考えていかなければならない。本テーマでは待ったなしともいえる地球温暖化問題に加え、プラスチックごみなどの資源問題、自然災害に関するキーワード等を取り上げて解説する。

液化天然ガス（LNG）

　液化天然ガス（LNG）はメタンを主成分とする天然ガスを冷却して液体にしたもの。体積が気体の約600分の1になるため大量輸送が可能で、化石燃料のなかでも燃焼時に発生する二酸化炭素（CO_2）が少なく環境特性に優れている。そのため、火力発電所や工場の燃料として世界中で消費が拡大しており、特にアジアでの需要が増えている。

　LNGの主な輸出国はカタールとオーストラリアだが、米国でも、低コストでの採掘技術を確立した2000年代半ばのシェール革命以降、**シェールガス**由来のLNG生産が本格化した。一方、北極圏でLNG開発を進めるロシアは、北極海航路を利用してアジアや欧州への輸出を増やす計画で、LNG市場をめぐる米国との競争が激化している。

　LNGの生産設備のなかでも高い技術が求められる巨大プラントの建設において、日本のプラント大手の日揮と千代田化工建設は世界トップクラスの実力を誇る。しかし、20年は**新型コロナ**

ウイルスの感染拡大による経済活動の停滞でLNG需要が急減し、原油価格も急落。その影響でLNGプロジェクトの先送りや見直しが相次いでおり、日揮も交渉中の大型案件で顧客の最終投資決定に遅れが生じている。新型コロナウイルスによる危機が長期化すれば、世界のLNG需要は大きく減速するとみられ、先行きが懸念されている。

エネルギー基本計画

　エネルギー政策基本法（2002年成立）に基づき策定される国の中長期的なエネルギー政策の基本方針のこと。03年10月に最初の計画が策定され、以後、3年ごとに見直しが行われている。

　10年に策定された民主党政権下の第3次計画では、30年に向けた目標として、電源構成に占める**再生可能エネルギー**と原子力発電の比率を合わせた「ゼロエミッション比率」を約70%にするとしていた。しかし、11年の東日本大震災における福島第1原子力発電所事故の発生で「脱原発」の機運が高ま

り、エネルギー政策の大幅な見直しを実施。30年代に原発稼働ゼロを目指す方針を打ち出した。その後、自民党に政権交代すると、第2次安倍政権は「原発ゼロ」を撤回。震災以降、最初の策定となる14年の第4次計画で、焦点となっていた原子力発電所は重要なベースロード電源と位置付けられた。一方で、再生可能エネルギーについても導入を加速させるとした。

15年7月、経済産業省は30年度の電源構成における原子力発電の比率を20〜22％程度、太陽光発電などの再生可能エネルギーを22〜24％程度とすることなどを盛り込んだ「長期エネルギー需給見通し」を決定。その電源構成目標は、18年の第5次計画でも据え置かれた。その上で、原子力発電については前回に続いて重要なベースロード電源とし、再稼働を推進する方針を表明。再生可能エネルギーについては、地球温暖化対策の「パリ協定」発効を受け、「主力電源化」を目指す姿勢を初めて示した。

次期計画に向けた議論は21年から始まる予定。非効率な石炭火力発電所の段階的な休廃止や、再生可能エネルギーの導入加速に向けた送電線利用ルールの見直しが検討される。

温暖化ガス（温室効果ガス）

地表が放出する赤外線を大気中で吸収・再放射することで、地球の気温を上昇（地球温暖化）させる気体の総称。地球を温室のように暖める効果をもたらすため、この呼び名がある。「温室効果ガス」とも呼ばれる。代表的なものに、二酸化炭素(CO_2)、メタン、一酸化二窒素、フロン類などがある。

大気中の温暖化ガスは、化石燃料の消費、森林破壊といった人間の活動により、二酸化炭素を中心に年々増加している。このまま放置すると、地球温暖化に伴う海面の上昇や生態系への影響、異常気象の発生のほか、巨額の経済的損失を被る可能性も指摘され、国際的な課題となっている。

2015年には、温暖化ガスの排出防止策などについて協議する**気候変動枠組条約締約国会議（COP）**において、温暖化ガス排出量削減の数値目標などを定めた国際的枠組み「パリ協定」が採択され、翌16年に発効された。

▶電源構成目標の内訳

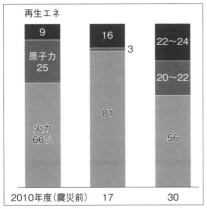

出典：経済産業省ウェブサイト

▶人為起源の温室効果ガスの総排出量に占めるガスの種類別の割合

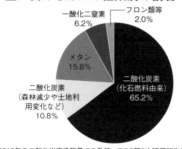

(2010年の二酸化炭素換算量での数値：IPCC第5次評価報告書より作図)
出典：気象庁ウェブサイト

これに基づき、日本は30年度の温暖化ガスの排出量を13年度の水準から26％削減することを目標として定め、30年度までに二酸化炭素を排出しない非化石電源の電源構成に占める比率を44％以上に高めることを目指してきたが、20年10月、菅首相は所信表明演説で「50年までに温暖化ガス排出量を実質ゼロに」という新目標を掲げた。

また、20年4月には改正フロン排出抑制法を施行。排出量は少量であるものの、強力な温暖化ガスである代替フロンに着目し、不法に廃棄する業者への規制を強化するなど、削減目標の達成に向けた取り組みを進めている。

カーボンプライシング（排出量取引）

二酸化炭素(CO_2)の排出に課金し、企業や家庭の排出量削減を促す施策の1つ。排出量の上限(排出枠)を設け、排出量超過分や不足分を国同士や企業間で売買することを認める制度。排出量削減のための環境整備などにより、低コストで削減目標が達成できることが利点。1997年に採択された「京都議定書」で国家間での排出量取引制度が盛り込まれ、各国で導入が進んでいる。

日本では、環境省が2005年度から12年度まで自主参加型国内排出量取引制度(JVETS)を実施した。13年4月には、省エネ機器の導入による**温暖化ガス**の排出削減量や森林経営などによる吸収量を国が売買可能なクレジットとして認証するJ－クレジット制度が開始されている。

温暖化ガス排出削減目標を達成するには、様々な施策が求められる。環境省は温暖化ガスの排出削減活動や環境価値取引を活性化するため、**ブロックチェーン**などのデジタル技術を活用して手続きを簡素化・自動化したJ－クレジット制度の運用を22年度にも開始する方針を打ち出している。

一方、ソフトバンクなどの出資会社が、個人による二酸化炭素の排出量削減分を取引するサービスを19年8月に開始するなど、民間での動きも活発化している。

気候危機

地球温暖化に伴う気候変動で世界が

危機的な状況に陥っていることを指す言葉。言葉自体は1980年代から存在するが、環境活動家の**グレタ・トゥンベリ氏**や国連のグテレス事務総長などが使用したことにより、2019年頃から広く知られるようになった。

20年に始動した地球温暖化対策の国際的な枠組み「パリ協定」では、産業革命前に比べ気温上昇を2℃未満(可能なら1.5℃未満)に抑えることを目指すと合意している。しかし、そのために各国が掲げる**温暖化ガス**削減目標をすべて達成したとしても、今世紀末には約3℃の気温上昇が見込まれている。

地球温暖化が進むにつれ、気候変動による自然災害は頻度を増し、規模も大きくなっている。世界気象機関(WMO：World Meteorological Organization)は、西日本豪雨をはじめ18年に世界各地で相次いだ大雨や熱波、干ばつなどの異常気象が、地球温暖化の長期的な傾向と一致すると指摘している。近年は極地の氷が溶けるスピードが増して世界の多くの都市が海面上昇の危険にさらされているほか、生態系の破壊、農作物の収穫量や漁獲量の減少、水不足など、気候変動による影響は計り知れない。将来はさらに事態が悪化する恐れがあり、対策の強化が急がれている。

こうした状況を踏まえ、日本政府は20年の「環境白書」において、政府文書では初めて気候危機という言葉を使い、社会の変革や国民の意識向上を促している。

気候変動枠組条約締約国会議（COP）

1992年の国連環境開発会議で採択された「気候変動枠組条約」(UNFCCC)の参加国が集まり、**温暖化ガス(温室効果ガス)**排出防止策などについて協議する会議。締約国会議を表すConference of the Partiesの頭文字COPの末尾に、会議の開催回数をつけて表す。ドイツのベルリンで開催された1995年の第1回会議(COP1)以来、毎年開催されている。

1997年に京都で行われたCOP3では、先進国に2012年までの温暖化ガス排出削減目標を課す「京都議定書」が採択され、日本は1998年に署名、2002年に批准した。01年3月に米国が交渉から離脱したことで締約国数が不足したが、04年11月にロシアが批准したことにより、05年2月に発効した。

その後、13年以降の温暖化ガス排出量削減に関する枠組みの構築に向けた議論が行われたが、先進国と開発途上国の意見が対立。すべての国が気候変動対策に参加する新たな法的枠組みが必要であるとして、交渉が重ねられた。そして15年12月、フランス・パリで開催されたCOP21で20年以降の温暖化対策の国際的枠組み「パリ協定」が採択され、16年11月に発効。196の国と地域による歴史的な合意となった。

9
資源・環境

一方で、17年6月に米国のトランプ大統領がパリ協定からの離脱を表明。二酸化炭素排出量世界2位の米国抜きで運用ルール作りを進展できるかが焦点となったが、18年にポーランドで開かれたCOP24で詳細なルールが採択され、パリ協定が20年から適用されることになった。20年に英国のグラスゴーで開催が予定されていたCOP26は**新型コロナウイルス**の影響で21年に延期され、パリ協定の運用状況の確認のほか、米国の正式な離脱についての対応が協議されるとみられている。

変動枠組条約締約国会議(COP25)に出席し、世界の指導者に強い口調で**温暖化ガス**削減を訴えた。グレタ氏は温暖化ガスの排出量が多い飛行機を利用せずに移動することを提唱しており、サミットや国際会議へ出席するためにヨットで大西洋を横断したことでも注目を集めた。スウェーデン語で「飛ぶのは恥(邦訳は飛び恥)」という意味の「Flygskam(フリュグスカム)」という言葉も生まれ、ヨーロッパでは飛行機の利用を避けて鉄道を選ぶ動きが広がっている。

グレタ・トゥンベリ

主に地球温暖化対策を訴える、スウェーデンの環境活動家。2018年8月以降、地球温暖化に対するスウェーデン政府の無策に抗議し、同国の国会議事堂前での座り込みや週1回授業をボイコットする「学校ストライキ」を始めた。この活動はSNS(交流サイト)で拡散され、共感した世界各地の若者が「未来のための金曜日」と称し、毎週金曜に地球温暖化対策を訴える学校ストライキを開始。19年9月20日に161カ国約400万人が参加した史上最大の気候デモへと発展した。

19年6月からは1年間の休学に入り、9月にはニューヨークの国連本部で開催された国連気候行動サミットに、12月にはスペインで開催された国連**気候**

激甚災害

地震や台風などで生じた、財政援助が必要となるような著しく大きい被害に対し、被災地域に特別な支援が必要と国が認めた場合に政令で指定される。指定されると、地方公共団体の行う災害復旧事業等への国庫補助のかさ上げや中小企業事業者への支援の特例など、特別な財政援助・助成措置が講じられる。1962年成立の「激甚災害に対処するための特別の財政援助等に関する法律」(激甚災害法)に基づく。

内閣府は「激甚災害制度は、地方財政の負担を緩和し、または被災者に対する特別の助成を行うことが特に必要と認められる災害が発生した場合に、中央防災会議の意見を聴いた上で、当該災害を激甚災害として指定し、併せ

て当該災害に対して適用すべき災害復旧事業等に係る国庫補助の特別措置等を指定するもの」と説明する。

最近、激甚災害に指定されたものに、2019年8月から9月にかけて佐賀県や千葉県などを襲った記録的豪雨をはじめ、9月に発生した台風15号による千葉県の大規模停電などの被害、10月の台風19号・20号・21号が東日本広域にもたらした暴風雨被害がある。20年には、九州地方など広い範囲で被害が発生した**令和2年7月豪雨**を含む5月から7月までの大雨が指定されている。

原子力規制委員会

東京電力福島第1原子力発電所の事故をきっかけに、原子力安全・保安院の原子力安全規制部門を経済産業省から分離し、内閣府の原子力安全委員会や文部科学省の関連部門と統合して、原子力規制委員会が2012年9月に発足した。同委員会は環境省の外局という位置付けだが、原発の再稼働に向けた審査や事故対応など原子力の規制を担っている。

委員会および委員の任期は5年間。現在の委員長は前委員長代理であった更田豊志氏。

13年7月以降、原発の規制は東京電力福島第1原子力発電所の事故の反省を踏まえて、規制委が策定した新規制基準に基づいて行われている。新基準

▶**新規制基準による安全対策強化**

安全上のリスク	対策
テロ	遠隔で原子炉を監視、冷却できる施設
地震	揺れの想定を厳しくし、耐震性の強化
津波	想定津波を設定し、防潮堤建設
火山（噴火）	火山灰の侵入防止
火災	設備の難燃性を向上
過酷事故	対応の拠点となる緊急時対策所設置
	放射性物質を取り除く排気装置

新聞記事などを基に編集部で作成

では地震や津波などの自然災害に加え、テロなどの人災も原発の脅威として、被害を最小限に抑えるための手厚い備えを求めている。例えば、テロ対策施設の設置は既存の原発にも義務付けられており、期限内に完成しない原発には原則として運転停止を命じる追加の規制が19年4月に決定された。このほかにも未知の活断層への備えなど、最新の知見に応じて規制は見直され、電力各社に対策が課せられる。新規制基準に合格した原発は16基あるが、そのうち7基は地元の同意や安全対策工事に時間がかかり再稼働には至っていない。再稼働済みの9基もテロ対策の遅れで4基が20年に停止に追い込まれている。一方、青森県むつ市にある国内唯一の使用済み核燃料の中間貯蔵施設は、20年9月に安全審査に事実上合格。21年度の操業開始を目指している。

再生可能エネルギー

　一度利用しても比較的短い期間に再生が可能であり、資源が枯渇しないエネルギーのこと。政府は再生可能エネルギーについて、法律で「エネルギー源として永続的に利用することができると認められるもの」とし、太陽光、風力、水力、地熱、太陽熱、大気中の熱、そのほかの自然界に存する熱、バイオマスを挙げている。

　日本の現在のエネルギー源は石油、石炭、天然ガスなどの化石燃料が8割以上を占めるが、ほとんどを輸入に依存している。しかし、資源には限りがあり、その利用に伴って発生する**温暖化ガス**の削減が課題となっている。

　政府は、クリーンなエネルギーとして再生可能エネルギーの導入に取り組み、2009年11月に太陽光発電の余剰電力買取制度を開始。12年7月から再生可能エネルギーの固定価格買い取り制度（FIT）を導入した。

　FITの導入で太陽光と風力発電の普及は進んだが、さらなるコストの低減や供給の安定化、送電網の整備など課題は多い。これを受け、20年6月にFITの仕組みを見直す再生可能エネルギー特別措置法の改正などを盛り込んだエネルギー供給強靱化法が成立。22年4月に施行される見込みで、大規模な太陽光発電や風力発電については、市場価格に連動した「フィード・イン・プレミアム（FIP：Feed in Premium）」と呼ばれる制度を新たに導入し、再生可能エネルギーの競争力を高めるとしている。

シェールガス・シェールオイル

　シェールガスは地下100〜2600メートルの硬いシェール層に含まれる天然ガスの一種で、シェールオイルは原油の一種。採掘が難しいとされてきたが、技術開発が進んで大規模な生産が見込めるようになった。

▶**FIT制度とFIP制度の違い**

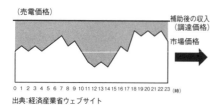

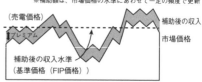

出典：経済産業省ウェブサイト

2006年頃から米国やカナダで生産が増大し、「シェール革命」と呼ばれた。その恩恵により、米国は19年に原油などのエネルギーの年間輸出が輸入を上回る純輸出国になった。一方、日本にもシェール革命の波は訪れ、12年に石油資源開発（JAPEX）が秋田県の油ガス田で国内初のシェールオイル取り出しに成功。14年より同県内で商業生産を開始している。

日本の総合商社はシェール革命を商機とみて、米国やカナダのシェールオイル・ガス開発事業に参画してきた。一時は世界的な原油の供給過剰で苦戦する企業も相次いだが、石炭から環境負荷の少ない**液化天然ガス（LNG）**への世界的な転換を受け、三菱商事や三井物産など大手6社が19年にシェールガス由来の米国産LNGの輸入を拡大し、日本の電力会社などに供給している。しかし、20年には米国のシェール開発老舗大手が経営破綻するなど、**新型コロナウイルス**の影響による原油相場の下落で経営が悪化する企業が出始めており、商社の業績にも影響が出ている。

食品ロス

食品ロスとは、食べ残し、売れ残り、規格外品、期限切れなどの理由で、まだ食べられるにもかかわらず捨てられてしまう食べ物のこと。農林水産省と環境省の調査によると、日本では2017年度に企業と家庭から約612万トンの食品ロスが発生したと推計されている。食品ロスは食べ物を無駄にしているだけでなく、ごみとして焼却処理することでコストが発生し、地球温暖化の原因となる二酸化炭素（CO_2）の排出にもつながるとして、日本を含む先進国で社会問題化している。

日本の食品ロス削減に向けた取り組みは、01年5月に施行された「食品循

▶**食品ロス量の推移**

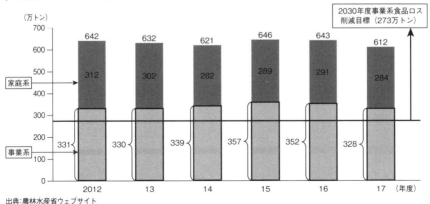

出典：農林水産省ウェブサイト

環資源の再生利用等の促進に関する法律」(食品リサイクル法)に始まる。その後、15年9月に国連が採択した「**持続可能な開発目標(SDGs)**」で食料廃棄の削減目標を掲げたことを受け、企業や家庭から出る食品ロスを30年度までに00年度比で半減する目標も設定された。さらに、19年5月に「食品ロスの削減の推進に関する法律」(食品ロス削減推進法)が成立。政府や自治体、企業者の責務のほか、消費者に求める役割が明かされ、国民運動として問題解決を目指すことが示された。

こうした流れを受けて、企業や個人から譲り受けた不要な食品を生活困窮者などに無料で提供するフードバンク活動が活発化。メーカーや小売りなどの企業の間でも賞味期限表示の変更などの動きが広がり、諸外国に遅れをとっていた食品ロス対策の進展が期待されている。

植物工場

環境条件を人工的に制御し、野菜などの植物を栽培する施設。閉鎖環境で太陽光を使わずに人工光のみで栽培する「完全人工光型」と、半閉鎖環境で太陽光の補助として人工光を利用する「太陽光利用型」の2つに大別される。

1980年代後半の第1次ブーム、1990年代後半の第2次ブームを経て、2009年に農林水産省と経済産業省が共同で「農商工連携研究会植物工場ワーキンググループ」を立ち上げたことを機に植物工場の第3次ブームが起こった。補助金制度の導入も後押しとなり、化学メーカーなど他業界からも植物工場事業に参入する企業が相次いだ。20年には、東京電力グループなどが出資する世界最大級の植物工場が操業を開始。農業ベンチャーのメビオールのように開発した植物栽培システムを中国などの新興国に輸出する企業も現れた。

植物工場の利点としては、気候に生産が左右されない、無農薬栽培が可能、形や重さなど品質や規格を一定にできる、栄養価のコントロールが可能といった点がある。一方で、設置・運営コストが高い、栽培方法の確立に時間を要する、販路の開拓が難しいといった課題もある。採算が取れずに撤退・倒産に至るケースもあることから、安定した収益が確保できるビジネスモデルの構築が求められている。

水素発電

水素を燃料とする発電方法で、二酸化炭素(CO_2)を排出しないクリーンエネルギーとして期待されている。

主な発電方法に、①水素(または水素と他の燃料)をガスタービンで燃焼させることで回転力を得て、発電機を駆動させて発電する「ガスタービン発電」、②水素(または水素と他の燃料)

をボイラーで燃焼させることで発生した蒸気でタービンを回し、発電機を駆動させて発電する「汽力発電」、③水素と酸素の化学反応から直接電力を取り出す「燃料電池発電」がある。

政府は産官学で「水素利用の飛躍的拡大」「水素発電の本格導入・大規模な水素供給システムの確立」「トータルでのCO_2フリー水素供給システムの確立」の3ステップの取り組みを進めている。2017年12月、水素エネルギーの普及への道筋を示す「水素基本戦略」を決定。30年までに水素発電の商用化を目指し、水素ステーションの整備を進めて燃料電池自動車（FCV）を80万台まで増やすなど、移動手段での普及を推進している。水素使用量の拡大により、30年に水素価格を現状の3分の1以下、50年に5分の1まで下げる目標を掲げる。19年3月には「水素・燃料電池戦略ロードマップ」を改訂し、目標の実現に向けた具体的な取り組みを示している。

スマートグリッド（次世代電力網）・スマートメーター（次世代電力計）

スマートグリッドとは、情報通信技術を駆使して電力の需給を制御する電力供給網のこと。次世代電力網とも呼ばれる。

これまでは、大型発電所で化石燃料（石油、石炭、天然ガスなど）や原子力によって生み出された電気を家庭や企業に届ける一方向的な電力供給が主流だった。しかし、今では家庭や企業が太陽光などの**再生可能エネルギー**で発電した電気を電力会社に売電するなど、双方向の電気の流れが生まれている。スマートグリッドでは、こうした電気の流れが電力技術とIT技術を駆使して制御され、安定的・効率的な電力供給が可能になる。再生可能エネルギーの導入促進や**温暖化ガス**の排出量削減にもつながるとされる。

スマートグリッドの実現に欠かせない機器が、デジタルで電力の使用量を計測する通信機能を備えたスマートメーターである。家庭や企業での電力使用状況を、通信回線を経由して電力会社とリアルタイムにやりとりすることで、人力による検針を自動化でき、需要予測や節電に役立てられ、いわゆる「電力の見える化」を実現できる。政府は14年の「**エネルギー基本計画**」に「20年代初期に、スマートメーターを全世帯・全事業所に導入する」と明記。電力小売りの全面自由化がスタートした16年4月以降、新電力会社への乗り換えにはスマートメーターへの取り替えが必要になったことから、全国への普及が加速。24年度末には、普及率は100％に達するとみられている。

世界の大規模火災

近年、大規模な森林火災が世界各

地で相次いで発生している。原因は落雷や乾燥などによる自然発火か、たき火、タバコの不始末、火入れの延焼などの人為的な失火のいずれかだが、近年は自然発火による森林火災の増加や大規模化、長期化が目立っており、地球温暖化やそれに伴う気候変動の影響が指摘されている。

オーストラリアで2019年9月から20年3月にかけて発生した森林火災は自然発火によるものとみられ、記録的な高温や乾燥により深刻化したと考えられている。日本の面積の3分の1ほどにあたる1260万ヘクタール以上が焼失し、住民や野生動物などに大きな被害を及ぼした。また、米国カリフォルニア州で20年8月に発生した山火事は熱波による乾燥や落雷が原因とされ、同年9月時点で東京都の面積の6倍近い面積が焼失した。火災は隣接するオレゴン州やワシントン州にも及び、被害が拡大した。

このほか、大規模な森林火災は南米のアマゾンで19年に多発し、これまであまり見られなかったアラスカやシベリアなどの北極圏周辺でも近年は増加傾向にある。

森林火災は**温暖化ガス**である二酸化炭素（CO_2）を排出すると同時に、二酸化炭素を吸収する植物を減少させる。そのため、動物や生態系への影響に加えて、地球温暖化を加速させる悪循環も懸念されており、森林火災を減らす地球規模の対策が求められている。

脱プラスチック

海洋汚染の原因となる使い捨てプラスチック製品の利用を制限しようとする動き。すでに世界の海には1億5000万トンものプラスチックごみが存在し、そこへ年間800万トン以上が新たに流入しているとされる。この海洋プラスチックごみは、マイクロプラスチックと呼ばれる大きさ5ミリメートル以下の粒子となって生態系に悪影響を及ぼすことが懸念されており、世界で脱プラスチックの動きが加速している。

2018年6月の**主要7カ国首脳会議**(G7)でプラスチックごみ削減の数値目標を盛り込んだ「海洋プラスチック憲章」がまとめられ、**欧州連合(EU)**を筆頭に各国で具体的な取り組みが進められている。日本は米国とともにこの憲章への署名を見合わせたが、19年6月に大阪で開かれた主要20カ国・地域首脳会議（G20サミット）で、50年までに海洋プラスチックごみによる新たな汚染をゼロにする目標を共有。30年までに使い捨てプラスチックの排出量を累積で25％削減することを目指す「プラスチック資源循環戦略」を策定し、20年7月に**レジ袋有料化**を開始した。

こうした流れを受け、国内でもプラスチック製ストローを廃止する外食チェーンや、ラベルレスのペットボトル飲料を販売する飲料メーカーなどが増加。化石燃料由来のプラスチックの

脱プラスチック / 電子ごみ / バイオマス発電

▶企業がバイオマスプラスチック素材への切り替えを進めている

セブン-イレブン・ジャパン	おにぎり全品で切り替えへ
ファミリーマート	サラダの容器で使用
ローソン、ミニストップ	一部の店舗でレジ袋に使用
日清食品	カップ麺などの容器で順次切り替え

2019年6月24日付日本経済新聞

代替品として、包材などを生物由来のバイオマスプラスチックや、微生物によって分解される生分解性プラスチックへ切り替える企業も増えている。

電子ごみ

廃棄された電子機器や家電製品などの総称。英語ではElectronic wasteを略してE-waste（イーウェイスト）とも呼ばれる。主なものに、コンピューター、携帯電話、ゲーム機、テレビ、冷蔵庫、照明器具などがある。

電子ごみの多くには、金、銀、銅などの貴金属や、リチウム、コバルト、ニッケルなどの希少金属（レアメタル）が使用されており、「都市鉱山」としての活用が期待されている。一方、電子ごみの中には鉛、水銀、カドミウムなどの有害物質や、**温暖化ガス**であるフロンガスを含むものも多く、健康被害や環境汚染が危惧されている。

国連が2020年7月に発表した調査報告書によると、19年における世界の電子ごみの排出量は5360万トンに上る。しかし、安全性やコストなどの問題で再利用が進んでおらず、このうち回収と再利用の対象となったのはわずか17.4％にとどまっている。多くの電子ごみは埋め立て地に送られるか、他の金属廃棄物と混合されたり、発展途上国に不正に輸出される等、深刻な問題となっている。50年までに年間排出量は1億2000万トンに膨れ上がるとの予測もあり、国連などが各国や企業などに対策を呼びかけている。

バイオマス発電

バイオマスとは動植物などから生まれた生物資源のことで、それを燃焼やガス化させて発電するのがバイオマス発電。資源エネルギー庁の説明では、バイオマスとは、生物を表す「バイオ」(bio)に、まとまった量を意味する「マス」(mass)を合わせた言葉である。

バイオマス発電は木材や食品廃棄物などを燃料とするため、地球温暖化対策や資源の有効活用・循環型社会の構築などに寄与するとされる。林野庁の「令和元年度森林・林業白書」では、2018年に全国で燃料材として利用された木材チップ、薪、炭などを含めた木質バイオマスの量は、前年比16％増の902万（うち国内生産量は624万）立方メートルとなっている。

9 資源・環境

187

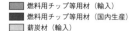

▶燃料材として利用された木質バイオマスの量の推移

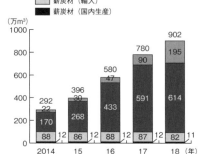

注1：薪炭材とは、木炭用材及び薪用材である。
　2：いずれも丸太換算値。
資料：林野庁「木材需給表」
出典：林野庁ウェブサイト

　12年に**再生可能エネルギー**の固定価格買い取り制度(FIT)が始まり、バイオマス発電が加速。なかでも木質バイオマス発電の導入が拡大したことから、経済産業省は18年度より木質バイオマス燃料を新しくカテゴリー分けし、そのうち液体燃料と大規模な固形燃料による発電に入札制度を導入した。発電コストの異なる両者をカテゴリー分けすることで、より適正な買取価格の設定につながると期待されている。なお、20年度末をめどに行われているFITの見直しでは、バイオマス発電は地産地消や災害対策に役立てる「地域活用電源」に位置付けられる見通しで、新たな認定要件が検討されている。

バッタ大量発生

　バッタが大量発生して農作物を食い荒らす蝗害(こうがい)が世界各地で深刻化し、食糧不安を引き起こしている。サバクトビバッタが2019年からインド、パキスタンなどの南西アジア地域で大量発生し、20年の初めには東アフリカでも爆発的に繁殖した。それが中東や欧州の一部へと飛来し、トウモロコシや小麦などを食い荒らして各地に甚大な被害をもたらした。中国ではクルマバッタモドキが蝗害の原因となり、南米ではミナミアメリカバッタが15年以降、大量発生を繰り返して穀物被害が報告されている。

　蝗害は人類の長い歴史の中で何度も起こっているが、今回の大発生の要因としては、地球温暖化による異常気象が指摘されている。**新型コロナウイルス**の感染拡大と時期を同じくしていることや資金不足などにより、各国政府の駆除対策が後手に回ったことも被害拡大の一因とされる。

　国連は20年4月、東アフリカでのバッタ大量発生が世界的な食糧危機に発展する可能性があるとして各国に警戒を促し、国際協力や資金援助を呼びかけた。食糧輸入大国である日本にも影響を及ぼすことが懸念されており、政府は20年8月より中央アジア諸国など6カ国への支援を開始している。

メタンハイドレート

石油や天然ガスに代わる可能性のある次世代のエネルギーとして期待が高まっている。石油天然ガス・金属鉱物資源機構（JOGMEC）によると、メタンハイドレート（methane hydrate）は天然ガスの主成分であるメタンを籠状の水分子が取り囲んだ物質で、高圧低温の海底下や凍土下に存在する。

資源エネルギー庁の調査によると、日本海側には海底の表面や真下に塊状態の「表層型」と呼ばれるメタンハイドレートが、太平洋側には海底下の地層に砂と混じりあった「砂層型」と呼ばれるメタンハイドレートが大量に存在していることが分かっている。現在、日本のエネルギー自給率は各国と比べて低いものの、メタンハイドレートを資源として確保できるようになれば世界的資源大国となれる可能性がある。

経済産業省は2001年から「メタンハイドレート開発計画」を開始。愛知・三重県沖では13年と17年に地球深部探査船「ちきゅう」を使い、天然ガスを取り出すことに成功したが、設備トラブルにより一時中断を余儀なくされ、安定生産のめどはたっていない。

こうした状況を受け、同省はメタンハイドレートの商業化に向けた戦略を見直し、17年6月に新たな工程表案を発表。単独での開発方針を転換し、米国、インドとの共同産出試験を行うことでコストの削減を図るとしている。それでも商業化には10年以上かかる見通しで、23〜27年頃としていた目標が達成できない可能性もある。

モーリシャス重油流出事故

インド洋の島国モーリシャス沖で日本の貨物船が座礁し、船体から大量の重油が流出した事故。座礁したのは長鋪汽船が保有し、商船三井が運航する大型貨物船「WAKASHIO（わかしお）」で、2020年7月にモーリシャス南東沖のサンゴ礁に乗り上げ、8月に約1000トンに及ぶ油漏れが発生した。

モーリシャスは、サンゴ礁やマングローブ林などに固有種を含む多様な生物が生息する自然豊かな島として知られており、今回の事故は世界に衝撃を与えた。国際的に貴重な湿地の保護を定めたラムサール条約に登録されている2つの湿地帯については、マングローブ林への重油の漂着はみられなかったものの、汚染された周辺の生態系は数十年にわたって影響を受ける可能性が指摘されており、観光や漁業に依存する地元経済への深刻な打撃も懸念されている。

モーリシャス政府は環境上の緊急事態を宣言して対応を急ぎ、日本やフランス、国連の機関などが人材や物資を現地に派遣して重油の回収にあたって

いる。しかし、一部のマングローブ林では生態系の保護のために機械や薬剤を使った作業ができず、重油の除去には時間を要するとみられており、日本の専門家チームは長期的に環境への影響を調査するとしている。

令和2年7月豪雨

2020年7月3日から31日にかけて、西日本と東日本の広い範囲で発生した一連の豪雨。同年7月9日、進行中の豪雨災害としては初めて気象庁が名称を定めた。

日本付近に停滞した梅雨前線の影響で暖かく湿った空気が継続して流れ込み、各地で大雨が降った。特に九州地方では複数の線状降水帯が発生し、4日から7日にかけて記録的な大雨となった。7日から8日にかけては岐阜県周辺でも記録的な大雨が発生し、気象庁は熊本県、鹿児島県、福岡県、佐賀県、長崎県、岐阜県、長野県の7県に最大級の警戒を促す大雨**特別警報**を発表した。その後は雨の降る範囲が広がり、特に13日から14日にかけては中国地方を中心に、27日から28日にかけては東北地方を中心に大雨となった。

7月3日から31日までの総降水量は、長野県や高知県では2000ミリメートルを超えたところもあり、九州地方、東海地方、東北地方の多くの地点で24、48、72時間降水量が観測史上1位を記

▶**7月3日0時〜7月31日24時の期間で降水量が多かった地域**

出典:気象庁ウェブサイト

録した。また、7月上旬の全国の降水量と1時間の降水量が50ミリメートル以上の雨の発生回数は、1982年以降で最多となった。

この一連の大雨により、球磨川(熊本県)、飛騨川(岐阜県)、最上川(山形県)といった大河川の河川氾濫、土砂災害、低地の浸水などが相次ぎ、甚大な人的・物的被害が生じた。政府は7月14日に特定非常災害に、8月25日に**激甚災害**に指定し、被災地域の復興に努めている。

レジ袋有料化

国際的な課題である海洋プラスチックごみ対策の一環として、2020年7月1

令和2年7月豪雨／レジ袋有料化

日から全国で開始されたプラスチック製買い物袋(レジ袋)の有料販売制度。容器包装リサイクル法の省令改正により、持ち手がついたレジ袋の配布を有料にすることが義務付けられた。

外食店の持ち帰りなどを含め、レジ袋を扱う小売業を営むすべての事業者が対象となる。価格は1枚1円以上で事業者が自ら設定するが、海中で微生物によって分解される海洋生分解性プラスチックを100％使用したもの、植物由来のバイオマス素材の配合率が25％以上のもの、厚さ0.05ミリメートル以上で繰り返し使えるものは有料化の対象外であるため、無料で配ることができる。取り組みが不十分であるとみなされた場合、国は勧告や命令を出すことが可能で、命令に違反した事業者に

は罰則も適用される。

大手コンビニエンスストア3社の調査によると、7月1日から29日までの期間にレジ袋を辞退する来店客の割合は全体の7割超に達し、消費者の意識に変化が起きていることが分かる。

しかし、国内のプラスチックごみに占めるレジ袋の割合は2%ほどで、レジ袋の削減だけでは、海洋プラスチックごみや地球温暖化への効果はわずかである。政府は20年7月、今後のプラスチックごみ関連施策の新制度案をまとめ、家庭から出るプラスチック製容器包装と製品をプラスチック資源として一括回収し、リサイクルを進める方針を示している。22年度以降の制度開始を目指す。

9 資源・環境

テーマ **9** 確認チェック

❶エネルギー政策基本法（2002年成立）に基づき策定される国の中長期的なエネルギー政策の基本方針を何というか。▶p.176
❷地球温暖化に伴う気候変動によって世界が陥っている危機的な状況を[　　]という。▶p.178
❸国が、被災地域への特別な財政援助が必要と認めた場合に政令で指定される、地震や台風などによる著しく大きな災害を何というか。▶p.180
❹情報通信技術を駆使して電力の需給を制御するスマートグリッド（次世代電力網）の実現に欠かせない機器を[　　]という。▶p.185
❺プラスチックごみによる世界的な海洋汚染において、生態系への悪影響が懸念されている大きさ5ミリメートル以下のプラ粒子を何というか。▶p.186

- -

答え ❶エネルギー基本計画 ❷気候危機 ❸激甚災害 ❹スマートメーター（次世代電力計）
❺マイクロプラスチック

191

10 デジタル

インターネットや様々なデジタル製品・サービスは、今や私たちの生活にその存在なしでは考えられないものとなっている。とはいえコロナ禍では、日本社会のデジタル化の遅れが表面化、DX（デジタルトランスフォーメーション）の推進が急務だ。本テーマでは、社会が抱える様々な課題解決や生産性向上に期待されているデジタル技術を紹介する。

Cookie（クッキー）

Cookieとは、設定されたサイトを訪れた際にそのブラウザに残されるユーザーの閲覧履歴で、足跡のようなもの。この閲覧履歴を収集することで、閲覧者がどのようなサイトを訪問する傾向にあるか判断し、広告の表示を最適化することができる。例えば、ユーザーが自動車に関するニュースやサイトを頻繁に閲覧すると、そのCookieを基に自動車に関連する広告（ターゲティング広告）が表示される。ユーザーが訪問したサイトが発行元であるCookieを「ファーストパーティークッキー」と呼び、訪問したサイトではなくバナー広告のサーバーから発行されたCookieは「サードパーティークッキー」と呼ばれる。ブラウザにはCookieを消去する機能が備わっているが、頻繁に消去されることは少ないため、精度の高いバナー広告を表示させるのに有効だ。

一方で、Cookie提供が個人情報保護の規制に抵触するのではという意見も挙がっている。2018年、米フェイスブックが外部とCookieの共有（提供）を行っていたことが問題となり、米国では個人情報の規制が強化された。

日本でも、19年にリクナビが就職活動中の学生の承諾を得ずに、学生のサイトアクセス履歴などに基づいて内定辞退率を予測する仕組みを各企業へ提供していたことが問題となり、政府の個人情報保護委員会が是正勧告を出した。

こうした流れから、米アップルではブラウザ「サファリ」でのCookie提供制限を導入。大手検索サイトGoogleも、サードパーティークッキーの提供を22年までに段階的に制限することを発表した。マイクロソフトもその潮流に乗る姿勢を見せている。ターゲティング広告業界にとっては大きな打撃となりそうだ。

DX（デジタルトランスフォーメーション）

デジタルトランスフォーメーション（DX：Digital Transformation、TransをXと略すため）とは、デジタルによ

る変革のことで、2004年にスウェーデンのエリック・ストルターマン教授は「IT（情報技術）によって、人々の生活をより良い方向に変化させること」と提唱した。IT専門調査会社のIDC Japanは、DXを「企業が第3のプラットフォーム（クラウド、ビッグデータ・アナリティクス、ソーシャル、モバイル技術）を利用して、新しい製品やサービス、新しいビジネスモデルを通じて価値を創出し、競争上の優位性を確立すること」と定義している。

経済産業省が18年に発表したDXレポートによると、国内企業のDX化が進まなければ、25年からの5年間、毎年12兆円の経済的打撃を日本経済に及ぼすと予測している。システムが老朽化・複雑化・ブラックボックス化して経営戦略の足かせやメンテナンス維持費高騰の原因となるほか、IT人材の不足（25年には約43万人不足する予測）、セキュリティーやデータ消失などのトラブル対応リスクなど、システムのレガシー化による人材や経営危機が25年頃に露呈するためだ。これを「2025年の崖」と呼ぶ。第3のプラットフォーム（クラウド）に移行し、将来のデジタル競争を勝ち抜くため、早急なDXへの対応が日本経済の将来に関わる大きなカギとなる。

e-Sports（eスポーツ）

e-Sports（eスポーツ）とは「エレクトロニック・スポーツ」の略で、コンピューターゲームやテレビゲーム（ビデオゲーム）の対戦型ゲームをスポーツ競技として行うもの。代表的なものには、サッカーや自動車レース、格

▶「2025年の崖」の流れ

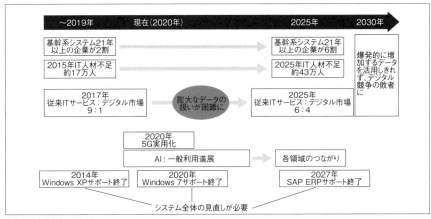

出典：経済産業省ウェブサイト

闘ゲーム、戦略シミュレーションゲーム、一人称視点の戦争・射撃ゲームなどがある。

日本におけるe-Sports市場の拡大は先進国の中でも遅れを取っていたが、2018年2月に一般社団法人日本eスポーツ連合（JeSU）が設立。さらにKDDIやイオンエンターテイメントなどの企業がe-Sportsのスポンサーになったほか、Jリーグ（日本プロサッカーリーグ）がサッカーゲーム、日本野球機構（NPB）が野球ゲームのe-Sports大会を主催するなど取り組みが活発化している。

現在、海外には高額賞金のかかったe-Sportsの大会がいくつも開催され、賞金獲得や、ゲームメーカーなどと契約して収入を得るプロのプレーヤーも数多くいる。18年8月〜9月に開催された第18回アジア競技大会では、デモンストレーション競技として初めてe-Sportsが採用され、JeSUが派遣した杉村直紀選手と相原翼選手が「ウイニングイレブン2018部門」で金メダルを獲得した。

世界最大のオンライン格闘ゲーム大会「EVO2019」では、9部門のうち4部門で日本人選手が優勝。また20年には、サッカーゲーム「eFootballウイニングイレブン 2020」の公式大会「eFootball.Open World Finals」で、日本人のあると選手が世界制覇を達成した。また近年ではパキスタン勢の台頭が目立っている。

22年のアジア競技大会ではe-Sports

が正式種目として採用されることが決まっており、24年のパリ五輪でも採用が検討されている。

IoT（アイ・オー・ティー Internet of Things）

IoT（アイ・オー・ティー、Internet of Things）とは、パソコンやスマートフォンなどのコンピューターや通信関連機器だけでなく、家電や自動車、病院や工場など各施設の制御機器、警報機、監視カメラなど、様々なモノがインターネットと接続され遠隔操作や管理、情報収集が可能になることだ。

例えば、インターネットを通じて家電の利用状況の把握や、高齢者や子供の見守りサービス、出先からの空調コントロールなどができるようになる。

総務省「令和2年版情報通信白書」によると、2019年時点でインターネットにつながるモノ（IoTデバイス＝固有のIPアドレスを持ち、インターネットに接続が可能な機器）の数は約254億台となり、18年の約228億台から約11％増加した。20年には280億台に上ると予想されており、様々なモノがインターネットにつながる"IoT時代"が到来しているといえる。また、**5G**の登場やデバイスの技術革新などによってIoTはますます注目されている。企業が分析に活用しているデータは、15年から20年の5年間でIoTデバイスが4〜7倍に成長していることから、企業のIoT

IoT(アイ・オー・ティー Internet of Things) / O2O(オー・ツー・オー Online to Offline)

▶世界のIoTデバイス数の推移および予測

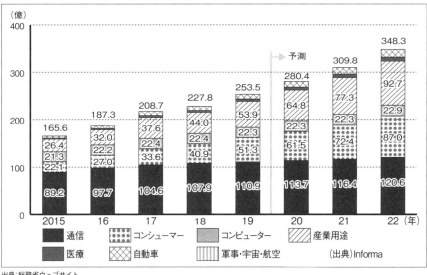

出典:総務省ウェブサイト

導入が進んでいることがうかがえる。

市場がすでに飽和状態で今後は低成長となる見通しであるため、最新技術がどこまで成長を促すかが注目されている。半面、多くのモノがインターネットに接続されるため、IoT関連機器を標的にした**サイバー攻撃**も急増している。

O2O(オー・ツー・オー Online to Offline)

O2O(オー・ツー・オー、Online to Offline)とは、オンラインからオフライン、つまりインターネット上の情報からオフラインである実際の店舗へ集客することや、購買促進につなげるためのマーケティング手法のこと。また は、その逆(オフラインからオンライン)を指すこともある。2010年前後から使われ始めた言葉である。

例えば、オンラインショップでの購買が盛況であっても、コンビニや飲食関連の店などは、客に実際の店舗に来てもらわなければ、売り上げを伸ばすことができない。そこで、コンビニやファストフードチェーンが、スマートフォンアプリなどで割引クーポンやポイントなどを発行し、実店舗に客を誘導している。こうしたネットで配信されるクーポンや口コミサイトの情報提供が、代表的なO2Oだといえる。

サイバーエージェントとデジタルインファクトの共同調査によれば、18年の国内のO2O広告の市場規模は205億円。また24年には2586億円に達すると

見られる。

　新しいタイプのO2Oの仕組みも登場している。例えば、クレジットカードで何かを購入したときの決済履歴にクーポンやキャッシュバックが付与され、対象の店舗でそのクレジットカードを利用すれば、サービスが適用されるなどの仕組みである。これは、顧客の何らかの端末操作を必要としない「ゼロクリック」型のO2Oといえる。

YouTuber・VTuber

　YouTuber(ユーチューバー)とは、誰でも自由に動画を投稿できるウェブサイト「YouTube(ユーチューブ)」に、様々な独自動画を頻繁に投稿している人のこと。または投稿した動画の再生回数などに応じ広告収入を得ている人を指す。動画投稿によって広告収入を得られるサービスが2007年に開始されたことで、YouTuberが急増。その結果、日本でも高額の収入を得るYouTuberが誕生している。

　YouTuberが投稿している動画には、商品や施設などの紹介、ゲーム実況プレイ画面、オリジナル芸などから、日常の様子をブログのような形で投稿する「Vlog」などがある。一方で、突撃型のトラブルメーカーとして逮捕されたYouTuberも現れるなど、企画の過激化が問題となることもあった。また近年は、芸能人らによる

YouTuberデビューが急増し、テレビなどでは実現が難しい企画などオリジナルのコンテンツを配信している。

　そして、17年頃から注目されるようになったのがVTuberだ。VTuberとはVirtual YouTuber(バーチャル・ユーチューバー)の略語で、人間の代わりにYouTuberのような活動を行うバーチャルタレント(アニメや3D画像のキャラクター)のことである。作られたキャラクターのため、企画に合わせた造形ができるなど、より自由度の高い活動ができる。ネットへの動画配信だけでなく、テレビやCMへの出演も行われるようになってきた。

　VTuberではキズナアイを筆頭に、輝夜月(かぐやるな)、白上フブキなどの人気が高く、企業や自治体もVTuberに力を入れ始めている。

ウエアラブル端末

　ウエアラブルとは「wearable＝身に付けられる」という意味で、腕など身体に装着して利用する小型端末のこと。代表的なウエアラブル端末には、米アップルの「Apple Watch(アップルウォッチ)」をはじめとする腕時計型の「スマートウォッチ」や、メガネ型の「スマートグラス」がある。

　ウエアラブル端末を身体に装着することで、歩行数や消費カロリー、心拍数、血圧、睡眠の質などのデータを収

集し、健康管理などに活用できる。

近年、携帯電話メーカー、パソコンメーカー、ベンチャー企業など、様々な企業がウエアラブル端末市場への参入を進めている。

調査会社IDC Japanによれば、2019年の世界のウエアラブルデバイスの出荷台数は前年比89％増加の3億3650万台だった。ワイヤレスイヤホンなど、耳に装着するタイプが250.5％増と突出している。他にも腕時計型やリストバンド型も市場を牽引している。

また19年の日本国内の出荷台数は、前年同期比198.7％の617万台。特に、耳装着型が前年比303.5％増の400.7万台、腕時計型が前年比70.2％増の135.1万台と大きく伸びた。

エッジコンピューティング

クラウドコンピューティングが一般的になりつつあるなか、新たに導入され始めているのが、「エッジコンピューティング」という仕組みだ。これは、クラウドと端末の間にデータ処理などを行うサーバーを設置し、中継させることによって端末との時間差を短縮する技術であり、ユーザーの端末近くに分散配置すると、より遅延や負荷が減少する。「エッジ」は「はし（端）」や「ふち（縁）」という意味で、メインのクラウドの周辺で事前に情報処理を行って通信データの最適化を図ることなどを目的としている。無人店

▶エッジコンピューティングのコンセプト

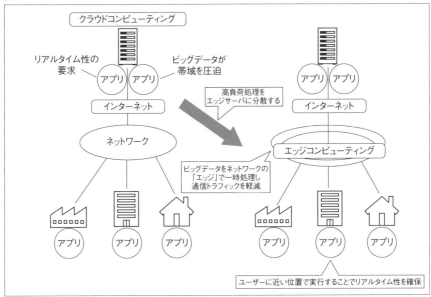

出典：総務省ウェブサイト

舗における決済やデジタル接客などにも応用可能だ。

さらに、これらの通信手段として第5世代移動通信システム(5G)を利用することにより、5Gの特徴である超高速化や多数同時接続などのメリットを活かし、ほぼリアルタイムでの情報処理を可能とすることが期待されている。特に、モノ同士のインターネット接続(IoT：Internet of Things)による工場などのシステム自動化やデジタル化、ビッグデータなど、時間と量が膨大な情報処理において有効な手段として注目を浴びている。5Gは2020年から順次導入されているものの、まだ実用範囲が狭く限定的なため、今後の通信網拡大に伴って、エッジコンピューティングの利用価値も高まっていく見込みである。

オープンデータ

オープンデータとは、「国、地方公共団体及び事業者が保有する官民データのうち、国民誰もがインターネット等を通じて容易に利用(加工、編集、再配布等)できるよう公開されたデータ」であり、二次利用が可能、機械判読ができる、無償で利用できる、といった項目を満たす。各官公庁が発行する白書や人口統計、予算、自治体などから発表された情報、統計などが公開されているほか、国や県などでまとめたデータ(データセット)をリスト化した「データカタログサイト」も複数開設されている。

国がオープンデータの取り組みを進めている背景には、より正確で公平なサービスの提供や、経済の活性化・行政の効率化を促したい狙いがある。

▶**オープンデータの利活用状況及び利活用意向(複数回答)**

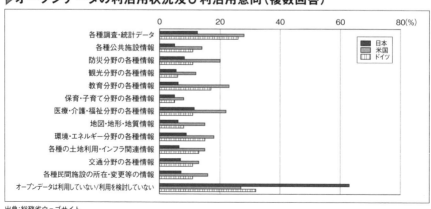

出典：総務省ウェブサイト

オープンデータの活用例としては、観光・グルメ情報やWi-Fi設置場所などを地図上のアイコンで紹介する福井県鯖江市のアプリ「さばえぶらり」や、市民参加型で地域情報を提供する神奈川県横浜市のウェブサイト「LOCAL GOOD YOKOHAMA（ローカル・グッド・ヨコハマ）」などが挙げられる。

オープンデータは、政府が検討する**「スーパーシティ構想」**への活用も検討されている。しかし、日本はオープンデータを活用していない、または利用を検討していない割合が高く、欧米の動きと比べて遅れを取っている。

格安スマホ

格安スマホとは、自社で通信回線を所有していない事業者が、NTTドコモ、KDDI（au）、ソフトバンクの大手携帯電話事業者3社の通信回線を借りて提供している通信料や端末価格の安いスマートフォン（スマホ）のこと。こうした他社から通信回線を借りて通信事業サービスを提供する事業者を**仮想移動体通信事業者（MVNO）**という。

格安スマホは、電話番号や契約者情報が入った格安のICカード（格安SIMカード）を端末に入れて使用する。大手携帯電話事業者の通信回線を借りて使用するため、通信エリアは大手と同じものの、自分に必要なサービスだけを選択できるなど、利用者の自由度も

高く、大手各社の半額から3分の1程度の月額料金で使用できる。

格安スマホの普及を背景にした動きも活発化している。総務省の諮問機関は、2018年9月、大手各社が回線を貸し出す格安スマホの通信速度を不当に遅くする「差別」を禁じるよう答申。また、19年には格安スマホを提供するMVNOの回線使用料を軽減する支援策が検討されている。

UQモバイル、ワイモバイル、LINEモバイルなどが参入するなか、楽天モバイルが認証とは異なる仕様の機器を製造し、さらにその情報をユーザーへ伝えずに販売していたことが判明し、問題となった。総務省が厳重注意するとともに、法令順守と利用者利益の保護の徹底を命じた指導を下した。

仮想移動体通信事業者（MVNO）

仮想移動体通信事業者（MVNO：Mobile Virtual Network Operator）とは、他社から通信回線を借りて移動体通信事業を行う事業者のこと。一方、NTTドコモ、KDDI（au）、ソフトバンクの大手携帯電話事業者3社のように、自社で通信回線を所有して移動体通信事業を行う事業者を移動体通信事業者（MNO：Mobile Network Operator）という。

日本初のMVNOは、2001年にPHSデータ通信サービスを開始した日本通

▶MVNOサービスの契約数の推移

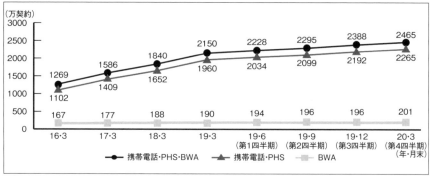

出典:総務省ウェブサイト

信である。現在、MVNO各社は主に**格安スマホ**事業を実施している。

　格安スマホを提供するMVNO事業者は、MNOの通信回線を借りてサービスを提供できる。基地局を設置するなど莫大な初期投資をする必要がないため、通信事業とは全く関係のない異業種からも比較的手軽に参入できる。代表的なMVNOには、NTTコミュニケーションズ（OCNモバイルone）、インターネットイニシアティブ（IIJmio）などがある。

　総務省の「令和2年版情報通信白書」によると、20年3月末時点のMVNOサービス事業者の契約数は、2465万件で前年同期比約14.7％増で、移動系通信契約数1億8661件の13.2％にあたる。

クラウドゲーム

　クラウド（cloud）はもともと「雲」の意で、クラウドコンピューティング、クラウドサービスの略称。インターネット上にあるコンピューター（サーバー）に保存されたソフトやデータを、ネットに接続したパソコンなどで利用するサービスのことだ。ソフトやデータ自体はネット上のサーバーに保存されているため、必要なソフトをパソコンにインストールする必要がない。

　この技術を利用したのがクラウドゲームである。これまでのゲームは、ゲーム専用機とその専用機で動作するゲームソフトを購入するか、パソコンに購入したゲームソフトをインストールして遊ぶのが主流だった。しかしクラウドゲームなら、パソコンやスマートフォンなどのようにインターネットに接続できる機器さえあれば、これまで高価なゲーム専用機でしか遊ぶことのできなかった最新かつ高解像度の映像ゲームを、リアルタイムに利用できるようになる。

このように、パソコンやスマートフォンをネットに接続し、動画や音楽、ゲームなどを受信しながらリアルタイムで再生利用する技術をストリーミングという。そのためクラウドゲームはゲームストリーミングとも呼ばれている。定額制が主流となるクラウドゲームはソニーの「PlayStation Now」の知名度が高いが、米NVIDIAの「GeForce Now」が20年6月からソフトバンクで、9月からauで提供を開始。またマイクロソフトの「Project xCloud」は21年前半に日本での提供開始が予定されている。一方、19年にサービスを開始したグーグルの「Stadia(スタディア)」は、世界14カ国で展開されているが、日本は対象外となっている。

サイバー攻撃

情報処理推進機構(IPA)の「情報セキュリティ10大脅威2020」によると、2019年に発生した組織のセキュリティー事故・攻撃で最も多かったのは「標的型攻撃による機密情報の窃取」だった。メールの添付ファイルや本文に記載されたリンクを開かせるほか、ウェブサイトの改ざんやサーバーへの不正アクセスでウイルスに感染させる手口が多く、事業の継続や安全面に悪影響を及ぼす恐れがある。そのほか、取引先などになりすまして企業の出納

担当者に偽の業務メールを送りつけ、資金を搾取する「ビジネスメール詐欺による金銭被害」(3位)、ファイルを暗号化したりロックしたりする「ランサムウェアによる被害」(5位)、「インターネット上のサービスからの個人情報の搾取」(8位)、「IoT機器の不正利用」(9位)など、インターネットを使った犯罪が目立った。このように、ネット経由で企業や組織などに対して集中的に業務妨害や改ざん、窃取などを行うことを「サイバー攻撃」という。システムやネットワーク、IT機器、端末、SNS(交流サイト)など対象が多様化したことに伴い、攻撃の標的もバリエーションが増え、それを防ぐシステム構築をまた攻撃するという「イタチごっこ」の様相をなしている。

攻撃目的は、基本的に金銭盗取が多いものの、トラブルを楽しむ愉快犯、産業スパイ、組織の混乱などがあり、時には国家同士の攻撃も行われていると推定される。

欧米、ロシア、中国など先進国のサイバー攻撃対策は日進月歩だが、日本は他国に対し対策の遅れが目立っている。陸海空自衛隊による「サイバー防衛隊」は現状の200人強から、24年春までには500人体制に増員すると計画しているものの、貧弱さは否めない。20年は**新型コロナウイルス**の感染が世界中で広がったことで、**ワクチン**を開発する研究機関に対するサイバー攻撃や、セキュリティーが脆弱な**テレワー**

ク勤務を狙った手口が増えており、素早い対策が求められる。

情報銀行

　情報銀行とは、様々な個人情報を本人の了解のもとに管理し、それを必要とする企業へ提供する制度または機関のこと。例えば、情報銀行が個人情報を預かり、それを必要とする企業へ提供する。企業は使用料を情報銀行へ支払い、その一部を情報銀行が個人情報の提供者へ還元するというものだ。

　今やインターネット上には、ネットショッピングによる購買履歴、スマートフォンの位置情報や交通系カードをもとにした移動履歴など、多種多様かつ大量の個人情報が行き交っている。こうした個人情報を収集・蓄積し、有効活用することが、これからの企業のみならず日本経済の成長に欠かせない重要事項になっている。

　ところが、実際はGoogleやAmazonといった一部の巨大IT（情報技術）企業によって個人情報が独占され、また消費者側にも個人情報を提供することに対する不安がある。そこで政府は、個人情報を一元管理することで、より効率的に必要な情報を必要とする企業へ提供でき、なおかつ消費者も安心できる制度づくりの検討を始めた。その1つが情報銀行だ。

　2019年6月、情報銀行事業を審査・

▶情報銀行のイメージ

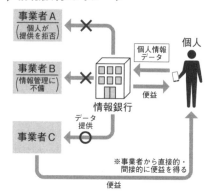

新聞記事などを基に編集部で作成

認定する一般社団法人日本IT団体連盟より、三井住友信託銀行とフェリカポケットマーケティングの情報銀行サービスが初めて認定された。20年現在、さらにJ.Score、中部電力、DataSignの3社が認可を受け、新規参入している。

　三菱UFJ信託銀行は18年8月から情報銀行の実証実験を開始し、19年度中に参入する予定だったが、**新型コロナウイルス**感染拡大防止のため開発を中断し、提供開始を21年3月に延期した。

信用スコア

　信用スコアとは、その人がどの程度信用できるのかという信用度合いを具体的な数値で表したもの。信用スコアの数値が高いほど信用度も高くなる。これまでは、クレジットカードで買い物をした際などの返済が確実に行われ

ているかといった金銭面での信用情報が主流だったため、米国ではクレジットスコアとも呼ばれている。

しかし信用スコアは金銭面だけでなく、性別や年齢、学歴、職歴、年収、生活習慣、交友関係、趣味など様々な個人情報を分析することで算出される。ネット上で利用したサービスやSNS（交流サイト）の履歴データなども利用される可能性がある。実際にどのデータを分析し信用スコアを算出するかは、信用スコアを提供するサービス会社によって異なる。スコアの満点は1000点に設定している場合が多い。

米国や中国など海外では、既に信用スコアが個人の信用度を判断する基準として利用されている。日本でも、みずほ銀行とソフトバンクが共同出資した金融会社「J.Score（ジェイスコア）」が、2017年に国内で初めて**AI（人工知能）**を利用した信用スコアの算出サービスを開始した。また19年にはNTTドコモやLINE（ライン）、ヤフーなども信用スコアの算出サービスを開始している。

信用スコアが高いと、低金利の借り入れができるなどの特典が得られる半面、経済力の差などで信用スコアが低くなると「できないこと」が増えて新たな差別や格差を生む可能性がある。一度低い評価を受けると負のスパイラルから抜け出せなくなる「バーチャルスラム」に陥る恐れも指摘される。

スーパーコンピューター「富岳」

2020年6月、理化学研究所と富士通が共同開発したスーパーコンピューター（スパコン）「富岳（ふがく）」が、計算速度やグラフ解析など4部門で首位となり、世界最速を達成した。計算性能については1秒間に41.5京（京は1兆の1万倍）回を記録し、2位の米「サミット」（同14.8京回）に大きく差をつけた。日本が世界一を奪還するのは8年半ぶり。

富岳は、11年に世界最速となったスパコン「京（けい）」の後継機として開発された。富士通が開発した高性能CPU（中央演算処理装置）を約15万個搭載。さらにネットワーク接続の効率化と最適化を強化し、計算能力の瞬発力を高めた。大量計算を瞬時に行うことができ、京で1年かかった計算実験を数日で完了させることを可能とした。投資金額は官民合わせて約1300億円。21年から本格運用を始め、創薬や防災など幅広い分野の研究に活用される。

今後、主に米国、中国の開発するスパコンとの国際競争が予想されるが、近い将来にはエクサ（百京倍）クラスの処理能力を持つスパコン次世代機の登場が予定されている。また従来とはアプローチの仕方が異なる「**量子コンピューター**」の開発も進んでおり、スパコン開発の競争は激化しそうだ。

10
デジタル

スマートシティー

スマートシティーとは、ICT（情報通信技術）や環境技術などを活用し、エネルギー消費を最小限に抑え、安全で快適な生活を目指した次世代型の都市や街のこと。スマートタウンやスマートコミュニティもほぼ同じ意味である。具体的には太陽光発電などの**再生可能エネルギー**を最大限活用し、家庭やオフィス、交通システムをネットワークでつなげ、地域でエネルギーを有効活用できるようにする。また、各家庭に太陽光発電と蓄電池を装備し、家庭ごとに電気やガスなどの使用を効率的に管理できるようにしたり、レンタルできる電気自動車や電動アシスト自転車を積極的に導入したりする。

世界各国で、都市の競争力向上につなげる取り組みが行われている中、日本でも各地で官民一体によるスマートシティーの実証実験が実施されている。代表的なものには、千葉県柏市、三井不動産、東京大学などの官民学が連携し2016年までに整備された「柏の葉スマートシティ」や、パナソニックが中心となり14年、神奈川県藤沢市にオープンした「Fujisawaサスティナブル・スマートタウン（Fujisawa SST）」、18年に横浜市の網島にオープンした「Tsunashimaサスティナブル・スマートタウン（網島SST）」などがある。

このほか、19年7月には東京都港区がソフトバンクと提携して、ロボティクスやAR（拡張現実）、VR（仮想現実）、5G、ドローンなどを駆使したスマートシティー実験を開始すると発表。さらに20年1月には、トヨタが静岡県裾野市に実験都市を開発する「ウーブン・シティ（Woven City）」のプロジェクト「コネクティッド・シティ」を発表している。

ゼロレーティング

動画や音楽配信といった膨大なデータ通信を利用すると、スマートフォンの契約時などに上限として設定されていたパケット量（データ通信量）を簡単に超えてしまい、以降の通信に支障が出てくる。そういった事態を回避するために「パケット定額使い放題プラン」などのサービスもあるが、近年、動画や音楽の特定配信サイトや特定のアプリをデータ通信量にカウントしないゼロレーティングサービスが注目を集めている。日本では「カウントフリー」とも呼ばれる。この対象となれば、例えばいくら動画を視聴しても、使用するパケット量はゼロとなるため、モバイル端末にとってメリットは大きい。

一方で、テバイスの提供側がある動画配信サイトだけにゼロレーティングを適用した場合、それ以外の同業他社は対象外となるため、自由競争を妨げる要因にもなる。大手企業がサービス

▶ゼロレーティングのしくみ

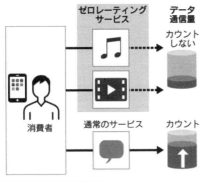

2019年12月26日付日本経済新聞

の対象となれば、中小企業は参入が難しくなるため格差が生まれやすい。

こうした理由から、米国では2015年に米連邦通信委員会（FCC）が懸念を表明したが、17年の米トランプ政権でルールの大部分が廃止された。日本では、総務省が20年3月にゼロレーティングに関する指針を公表。対象コンテンツの選択基準を明確にするよう事業者に対策を求めた。

データエコノミー

データエコノミーとは、個人行動や企業活動に関する膨大なデータ（**ビッグデータ**）を活用して、より大きな競争力や価値を生み出す経済のこと。

インターネットやスマートフォンの普及により、世の中には様々な情報があふれている。そうしたビッグデータの中から**AI（人工知能）**などを利用して価値ある情報だけを取捨選択し、解析できる技術も発達してきた。その結果、販売促進や商品開発、個人の信用情報、選挙、災害対策などでも、収集分析したデータを活用して成果につなげられるようになってきた。

例えば、ネットの通信販売では、個人それぞれの購買行動に関する履歴データを分析することで、個人に合ったおすすめ商品や広告を表示することが可能だ。車のナビゲーション情報を解析すると、災害時に通行可能な道路情報を提供することもできる。さらに、個人情報を分析し、その人の信用度合いを具体的な数値で表す**信用スコア**サービスも実用化されている。

しかし、総務省の「令和2年版情報通信白書」によると、**情報銀行**などの個人データ提供について「不安」という回答が78％を占めているという。個人情報の取り扱いに関する法律の整備や、情報の漏洩を防ぐセキュリティー技術が必要だ。

データサイエンティスト

今やインターネットやスマートフォン、各種カードの利用履歴などを通じて大量のデータ（**ビッグデータ**）を収集し、蓄積することが可能になった。そこで、こうして収集・蓄積された膨大なデータを分析し、有効活用することのできる専門家、すなわちデータサイ

エンティストが求められるようになった。データサイエンティストは「21世紀で最も魅力的(セクシー)な職業」ともいわれている。

具体的には統計的な思考力によってビッグデータを分析して、その中からビジネスや社会の問題点を見つけ出し、それに対する適切な解決方法などを提案することのできる人材である。

このようにデータサイエンティストは、ITや統計学の知識だけでなく、ビジネスセンスなど広範囲な能力が求められるため、日本だけでなく世界的に不足しているのが現状だ。1人では負担が大きいため、統計学、マーケティングなど得意分野の専門家でチームを組んでいるケースも多い。

2019年に米LinkedInが調査した「有望な職種ランキング」では、データサイエンティストが1位を獲得し、世界規模で人材の獲得競争が始まっている。そのため、データサイエンティストの育成は急務とされており、文部科学省も育成に乗り出している。17年には日本で初めて滋賀大学にデータサイエンス学部が誕生した。

デジタルツイン

「サイバー空間」とも呼ばれる仮想空間に対し、現実の空間は近年、「フィジカル空間」と表現される。現実世界から集めたデータを基に、サイバー空間に同じものを再現することを「デジタルツイン」という。ちなみにサイバー空間に同じものが2つ作られてもデジタルツインと呼ばれる。

例えばフィジカルの製品が故障した場合、現物を調査しなくてもサイバー空間にある「デジタルツイン」を調査・分析することで、原因解明につなげられる。また改良する際にはサイバー上でシミュレーションし、フィジカルにフィードバックするという手法もある。単なる製品だけでなく、コンビナートやプラント、大規模な工場など、フィジカルでは簡単に建設できないものについても、サイバー空間に構築し、検証してから実物を建設するといった工程を実現できる。

デジタルツインはサービスにも応用できる。有名なものでは航空機のエンジンがある。時間ごとの出力に対して燃料使用データの情報を取得し、製品納入とともにデータも渡すことで、併せて効率的な操縦のコンサルティングも提供でき、新しいビジネスへの応用が可能だ。IoTの進化とともに、フィジカル空間とサイバー空間の距離がより近づいたことの一例となる、新たな試みである。

動画配信サービス

動画配信サービスとは、インターネットなどを通じて動画を提供する

サービス。動画配信サービスに対応するテレビをはじめ、パソコンやスマートフォン、タブレット、ゲーム機などで視聴できる。YouTubeやニコニコ動画などのように自作の動画投稿が可能で、かつ視聴も無料(一部有料)のものは以前からあったが、近年急増しているのが、映画、テレビドラマ、バラエティー、ライブなどの定額動画配信サービス、いわゆるサブスクリプション・タイプだ。また作品を単体で購入して、視聴することもできる。Netflix、Amazon Prime(プライム・ビデオ)、Hulu、U-NEXTなどが有名だが、ParaviやTELASAのようにテレビ局が主体となっている配信サービスもある。このほか、スポーツ専門のDAZNも人気だ。

インプレス総合研究所が発表した動画配信ビジネス市場動向の調査結果によると、有料の動画配信サービスの利用状況は、Amazon(プライム・ビデオ)が突出している。Amazon通販サイトの配送サービスなどを利用できるAmazon Primeに加入することで視聴可能な上に、料金が月会費500円(税込、2020年10月現在)という格安さが好評を得ていると考えられる。また、多様なオリジナルコンテンツが人気のNetflix、配信コンテンツが充実しているU-NEXTが台頭してきた。コロナ禍により「巣ごもり」生活を余儀なくされたことから、20年は動画配信サービスが躍進した年といえるだろう。

ビッグデータ

ビッグデータとは、コンピューターの高度化とインターネットの普及によって生まれた膨大なデータのこと。具体的には「スマートフォンなどを通じた位置情報や行動履歴、インターネットやテレビでの視聴・消費行動などに関する情報、また小型化したセンサーなどから得られる膨大なデータ」を指す。

こうした多種多様かつ大量のデータ(ビッグデータ)を、**AI(人工知能)** を使用して集計・分析することにより、的確に現在の状況を把握することや、精度の高い予測をすることが可能になった。例えば、インターネットで検索されるキーワードやブログなどの書き込みを分析することで、選挙結果、景気動向、株価などを予測することができる。また、個人の信用度合いを具体的な数値で表す**信用スコア**の算出にも、大量の個人情報が使用されている。

このため、より安全かつ安心なビッグデータの活用が求められるようになっている。**欧州連合(EU)** では、2018年5月から**GDPR(EU一般データ保護規則)** を施行。日本でも、「**改正個人情報保護法**」が17年5月から全面施行されるなど、各国で法制度が整備されつつある。20年は**新型コロナウイルス**の免疫や治療、予防に向けてビッグデータを使った解析が始まっている。

10
デジタル

標的型メール攻撃・ランサムウェア

標的型メール攻撃とは、特定の企業や組織、個人などを狙い撃ちしてメールを送り付ける**サイバー攻撃**の一種。送付するメールにウイルスなどの悪意あるプログラムを添付して、それを開かせることで感染させ、システムの機能不全や重要情報流出を狙うことが目的とされる。執拗に再侵入をくり返すタイプは「高度標的型メール攻撃」と呼ばれる。標的型メール攻撃の手口もより巧妙化しており、あたかも正当な取引相手や実在する企業をよそおったメールを送り付けることで、受信者がだまされやすくなっている。

警察庁のまとめによると、全国の警察が2019年に把握した標的型メール攻撃の件数は5301件だった。件数は前年より減少したものの、92％が発信元偽装メールで、特に同じ文面のメールや不正プログラムを10カ所以上に送りつける「ばらまき型」が全体の90％と、前年同様に高い割合を占めている。

また、近年特に増加しているのが「ランサムウェア（身代金要求型ウイルス）」と呼ばれるコンピューターウイルスを利用したものだ。このウイルスに感染したパソコンは、内部データが勝手に暗号化され使用不能になり、それを解除するためには、身代金を支払わなければならない。17年5月には、世界150カ国、20万件以上が被害を受ける大規模なランサムウェアによるサイバー攻撃が発生した。

ブロックチェーン

ブロックチェーン（Blockchain）とは、**暗号資産（仮想通貨）**「ビットコイン」の取引履歴データを安全に管理するために生まれた技術である。複数のデータを一定のブロック（塊）としてネット上に記録し、それぞれのブロックをチェーン（鎖）のように暗号化してつなぎ合わせて保存するようになっていることから名付けられた。総務省「平成30年版情報通信白書」では「情報通信ネットワーク上にある端末同士を直接接続して、取引記録を暗号技術を用いて分散的に処理・記録するデータベースの一種」としている。

既存の金融機関では取引情報などを中央にある巨大なコンピューターにより集中管理している。これを「中央集権型システム」という。一方、ブロックチェーンは利用者それぞれがデータを共有して管理する「分散型台帳システム」になっている。さらに分散管理と独特の暗号化技術によってデータ内容も改ざんされにくいのが特長だ。また分散化により低コストでサービスを提供できる。

今後、ブロックチェーン技術は銀行や証券といった金融機関だけでなく、不動産や電力取引、宅配の管理など

▶ブロックチェーンのイメージ

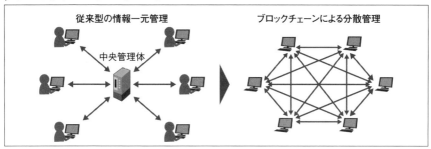

出典:総務省ウェブサイト

様々な業種やサービスへの応用が期待されている。最近ではこうしたブロックチェーン技術を区別するために、暗号資産(仮想通貨)に関する技術をブロックチェーン1.0、金融分野への応用技術をブロックチェーン2.0、金融分野以外への応用をブロックチェーン3.0と呼ぶようになっている。暗号資産(仮想通貨)以外でのブロックチェーンプロジェクトが、保険や広告、通信などに拡大しており、国内ではトヨタがブロックチェーンに参入することを発表している。

テーマ 10 確認チェック

❶[　　　]とは、コンピューターゲームなどによる対戦をスポーツ競技の1つとして扱うもののことである。▶p.193
❷パソコンやスマートフォンのほか、家電や自動車、各施設の制御機器、監視カメラなど、様々なものがインターネットと接続されて管理や情報収集ができることを何というか。▶p.194
❸米アップルの「Apple Watch(アップルウォッチ)」のように、身体に装着して利用する小型端末のことを何というか。▶p.196
❹データを勝手に暗号化、使用不能にし、解除するのに身代金を要求するタイプのコンピューターウイルスを俗に何というか。▶p.208
❺暗号資産(仮想通貨)の取引にも使われている技術で、データを塊として鎖のようにつなぎ合わせて保存・運用する技術を何というか。▶p.208

答え ❶e-Sports(eスポーツ) ❷IoT(Internet of Things) ❸ウエアラブル端末
❹ランサムウェア(身代金要求型ウイルス) ❺ブロックチェーン

テーマ11 次世代技術

2020年、次世代通信規格「5G」が本格的にサービスを開始した。データ通信の速度が約100倍となり、様々な分野での活用・応用が見込まれている。本テーマでは「5G」「VR・AR・MR」「ゲノム編集」「量子技術」といった、今注目を集めているものや、次世代に私たちの生活や社会基盤を支えるであろうと期待されている技術を幅広く紹介する。

5G

第5世代(5G：5th Generation)移動通信システム(携帯電話)とは、現在の第4世代(4G)移動通信システムの後継仕様に位置付けられる次世代の通信方式のこと。現在使用している低い周波数帯で通信の安定性を確保し、併せて従来よりも高い周波数帯を組み合わせることで、既存(4G)より伝送速度は100倍に超高速化し、1000倍の大容量化が可能となる。さらに送信側に対し、受信側の応答速度を1ミリ秒(1000分の1秒)に抑える超低遅延を実現。多数の機器を同時接続しての操作や低コスト化、省電力化も可能になる。その結果、遅延のない高精細映像の送信が可能になり、観光ガイドやスポーツ観戦、教育支援、医療など様々な分野での映像の活用が期待できる。

また、スマートフォン1台で多様な電気機器の操作が可能になるため、自動車の**自動運転**や、農作業・建設用の大型機械の遠隔操作など、多方面での利用が期待できる。

実用化に向け、総務省は2019年に特定基地局の開設申請受付を開始。NTTドコモ、KDDI／沖縄セルラー電話、ソフトバンク、楽天モバイルの4社が応募した。帯域の割当審査を通過した4社は、20年に入って5Gの実用化に踏み切った。NTTドコモは20年3月25日、KDDI(au)は3月26日、ソフトバンクは3月27日から5Gのサービスを開始。なお楽天モバイルについてはコロナ禍の影響で当初6月の予定を繰り下げ、9月30日にサービスを開始した。

ただし、5Gの基地局や中継局は限られており、主に首都圏や大都市が中心だ。またスマートフォンについ

▶5Gの特徴

超高速	(例) 2時間の映画を3秒でダウンロード
超低遅延	(例)ロボットを遠隔制御 (例)ヘリ内で緊急手術 ⇒ロボット等の精緻な操作をリアルタイム通信で実現
多数同時接続	(例)自宅部屋内の約100個の端末・センサーがネットに接続(現行技術では、スマホ、PCなど数個)

出典:総務省ウェブサイト

ては、日本でシェア率の高いAppleはiPhone12シリーズしか5Gに対応していない。20年10月に発売されたiPhone12シリーズは5G対応とされるが、機種変更が必要となる。一方、Android端末では同年3月から5G対応スマホが発売されている。

AI（人工知能）

AI（Artificial Intelligence：人工知能）には、まだ厳密な定義はないものの、記憶や学習、推論、判断、言語の理解といった人間の知的な活動をコンピューターに実行させる研究や技術のことを指している場合が多い。

AIは1950年代半ばから研究が始まり、インターネットやコンピューターの発達とともに進化してきた。特に人間の脳をモデルにしたコンピューターが自ら学習を繰り返す技術、ディープラーニング（深層学習）の登場が、AIの可能性を飛躍的に向上させている。具体的には膨大な文字、映像、画像、音声情報のなかから共通のパターンを見つけ出すなど、人間には不可能な情報処理が可能となった。その結果、大量の文書やネットから集めた情報を基にレポートを自動的に作成するほか、コールセンターで最適な回答を提案したり、天気予報などのデータから来店者数を予測したり、自動車の**自動運転**を支援するなど、他の技術や情報と組み合わせて様々な予測や分析に応用できるようになった。

17年に囲碁AI「アルファ碁」が当時の世界最強棋士を下した。画像判断を主とし、囲碁の「定石」にとらわれなかった結果だ。以来、将棋の**藤井聡太**

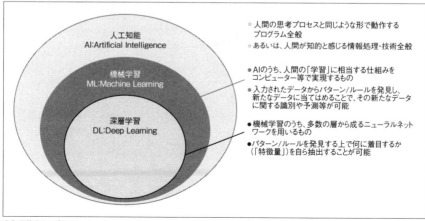

▶AI・機械学習・深層学習の関係

出典：総務省ウェブサイト

二冠に代表されるように、囲碁・将棋の棋士がAIを使って手を研究することは一般的となっている。

このように、AIは**人手不足**を補い、生産性を高めるなどのメリットがある半面、AIが様々な分野で雇用を奪うのではないかという、シンギュラリティ(技術的特異点：AIの能力があらゆる分野で人類を上回る時点)到来にまつわる問題も指摘されている。

ハーバード大学などの研究に基づいた総務省の「平成28年版情報通信白書」においても、将来的にAIが人間に取って代わる職業は全体の49%であるとしている。

RPA(ロボティック・プロセス・オートメーション)

RPAとはロボティック・プロセス・オートメーションの略で、これまで人間にしかできないと考えられていた、主に知的な事務処理業務をコンピューターに代行させるためのソフトウエアやシステムのこと。「仮想知的労働者(デジタルレイバー：Digital Labor)」とも呼ばれている。

作業手順が決まっている定型業務では、既に実用化されている。例えば、経理業務などに関する具体的な処理手順をコンピューター上で指示しておけば、あとは自動的に処理を行う。

今後は**AI(人工知能)**が自ら反復学習によって学んでいく機械学習、なかでも人間に近い思考を可能にするディー

▶RPAとAIの導入の例

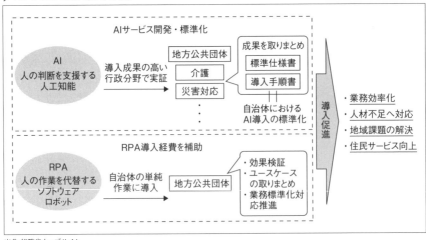

出典：総務省ウェブサイト

プラーニング（深層学習）などでAIがさらに発達することにより、これまで以上に複雑で知的な業務が可能になっていくと考えられている。

日本は、少子高齢化による労働人口の大幅な減少が予測され、コロナ禍により働き方が大きく変化しつつある。そのような状況の中で、**人手不足**を補い、作業効率を高めるための技術として、RPAはなくてはならないものになると推測されている。事実、地方自治体や大手銀行、IT企業など様々な業種でRPAの導入が実施されている。

VR・AR・MR

VR：バーチャルリアリティー（Virtual Reality：仮想現実）とは、立体（3D）映像などにより、そこに存在しない物や空間をその場に存在しているかのように体感させる技術である。

VR技術は当初、ゲームや映画の世界で活用された。2014年3月、ソニー・コンピュータエンタテインメント（現ソニー・インタラクティブエンタテインメント：SIE）などがゴーグル型ディスプレー装置を使ったゲームの試作機を発表。16年にはVRのゲーム機がSIEをはじめとする各ゲーム機メーカーから発売され、一気にVRが身近なものとなった。

AR：オーグメンテッドリアリティー（Augmented Reality：拡張現実）と

は、スマートフォンや専用ゴーグルに映し出された実際の映像に立体（3D）画像や文字情報などを表示させるものだ。代表的な例にスマホアプリの「ポケモンGO」（現実の風景にポケモンが表示される）などがある。ARをさらに発展させたものがMR：ミックストリアリティー（Mixed Reality：複合現実）と呼ばれるものだ。現実の世界と立体（3D）映像を重ねて表示し、それを操作することもできる。

実際に、鹿島やトヨタ、ホンダ、イトーキなどの企業が、現場でMRのゴーグル型端末を業務に利用し始めている。「スマホの次のデバイスはXR（VR・AR・MRの総称）」とも言われており、矢野経済研究所の調査によると、XR端末やソフトの19年の国内市場は3951億円にのぼり、**5G**との連動によって25年には1兆2千億円規模になると予測している。

宇宙ごみ（スペースデブリ）

宇宙ごみ（スペースデブリ、Space Debris）とは、宇宙空間に漂う人工衛星やロケットの残骸などのこと。

宇宙航空研究開発機構（JAXA）によれば、宇宙ごみは高速で運動しているため、人工衛星や宇宙ステーションに衝突すると大きな被害をもたらす可能性があり、衝突リスクは無視できないほど高くなっているとされている。

11

次世代技術

▶地球軌道上の人工物体数推移

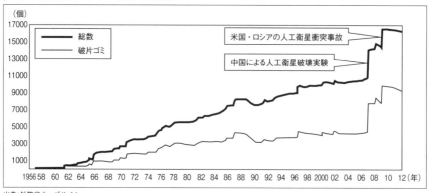

出典:外務省ウェブサイト

2010年時点では、直径10センチメートル以上のデブリは約2万個、10センチメートル未満1センチメートル以上では約50万個あると推定されている。

07年の中国のミサイルによる人工衛星破壊実験や、09年の米ロの人工衛星衝突事故によって、スペースデブリの数は一気に跳ね上がった。

JAXAでは17年1月、宇宙ステーション補給機「こうのとり」6号機を使用して宇宙ごみを取り除く実験を実施。具体的には「こうのとり」から宇宙ごみに金属製の細いワイヤー(導電性テザー)を引っかけ、電流を流すことで大気圏に宇宙ごみを落下させるというもの。宇宙ごみに電流を流すと地球との磁場の関係で宇宙ごみの速度が落ち、大気圏に突入し燃え尽きることになる。今回の実験ではワイヤーがうまく放出できず失敗したものの、20年代中には実用化を目指している。

宇宙ごみの除去事業を行うアストロスケール社のデブリ除去実証衛星「ELSA-d」は、20年度内に打ち上げの予定。また、川崎重工業もデブリ除去事業に乗り出しており、実証実験として超小型衛星「DRUMS」を20年度に打ち上げ、25年の事業化開始を目標としている。

宇宙ベンチャー

宇宙ベンチャーとは、小型ロケットの製造・打ち上げ、人工衛星の開発・製造・運用、人工衛星を利用した情報サービスなど宇宙に関する事業やビジネスモデルを提供するために新たに起業した会社のこと。

世界には既に1000社以上の宇宙ベンチャーが存在しているといわれている。リスクマネーなどの資金調達が容易な欧米に比べて遅れがちではあるものの、日本でも近年様々な宇宙ベン

チャーが誕生している。例えば、堀江貴文氏が出資しているインターステラテクノロジズはロケットの製造・打ち上げサービスを目指しており、2019年5月に日本の民間企業として独自に開発・製造したロケット「MOMO3号機」を初めて宇宙空間へ到達させることに成功した。ほかにも超小型衛星の設計・製造・運用を目指すアクセルスペース、専用衛星で**宇宙ごみ(スペースデブリ)**の除去事業を目指すアストロスケールなどがある。

政府は15年に策定された新宇宙基本計画において、国内宇宙関連産業の事業規模を官民合わせて10年間で累計5兆円にするという目標を掲げた。さらに17年5月、宇宙ベンチャー育成のため「宇宙産業ビジョン2030」をまとめた。現在1.2兆円の国内宇宙産業の市場規模を、30年代早期までに2倍の約2.4兆円に増加させるというものだ。

米モルガン・スタンレーの予測では、現在37兆円の世界の宇宙産業市場は、40年には105兆円を超えるという。米テスラのイーロン・マスク最高経営責任者(CEO)による宇宙開発企業スペースXが、20年5月に民間初の宇宙飛行を実現。さらに、22年には中国の宇宙ステーション「天宮宇宙ステーション」が完成予定だ。世界の市場開拓は宇宙へ向かっている。

仮想発電所(VPP:バーチャル・パワー・プラント)

電力は、通常発電所から電線経由で直接供給先に送られているが、2018年9月の北海道胆振東部地震後に起きた大停電のように、発電所が停止すると電力供給は一切ストップしてしまう。そのような危機を避けるため、例えば地域や特定の工場地帯、公共施設などに対して、**再生可能エネルギー**をつくってため、適切なバランスで供給できる設備を仮想発電所(VPP:バーチャル・パワー・プラント)という。

VPPは、コンピューター制御とネットワークによって安定した電力を供給できる仕組みになっており、電力の無駄遣いや過不足をなくすことができる。また大規模なものだけでなく、施設や家庭を対象にした小型のVPPもあり、気候や使用量に対して適切な電力供給を行うことが可能となる。

発電方法は主に太陽光発電が中心で、蓄電池、電気自動車など住宅設備の電力を一括して管理する構造となっている。地球温暖化防止など、将来を見据えた新しいエネルギーシステムの1つである。

21年には、東京電力ホールディングスが太陽光発電設備などを持つ企業向けにVPPへの参加を支援する事業を始める予定だ。新たな収益源になるほか、広域の電力需給の安定化、関連ビジネスの拡大により、再生可能エネル

11
次世代技術

▶仮想発電所(VPP)の参加支援サービス

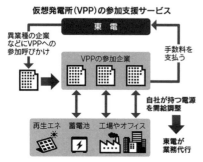

2020年9月4日付日本経済新聞

ギーのコストや電気料金の引き下げが進む可能性もある。

ゲノム編集(食品)

　ゲノムとは生物の遺伝子DNAに含まれる遺伝子情報全体のことだ。このゲノム(DNAの配列)の中から、特定の箇所をハサミの役割をする特殊な酵素を使って切断することで、本来とは異なる性質を持った生物を作り出すことをゲノム編集という。

　具体的には、ニワトリの遺伝子からアレルギーの元になる成分を作る遺伝子部分を切り取れば、アレルギー物質の少ない卵を産むニワトリを作り出すことが可能になる。また、ジャガイモから毒性物質を作る遺伝子を切り取れば、芽や皮に毒の少ないジャガイモを作ることもできる。ほかにも、栄養価の高いトマトや肉付きの良いマダイなどが開発されている。

　一方で遺伝子組み換えは、例えば、害虫に強い農作物を作るためにバクテリアの遺伝子を組み込むなど、他生物の遺伝子を組み込む点がゲノム編集と異なる。これは自然界では起こり得ないことであり、健康や環境面への影響を考え、安全性の審査や表示をする義務がある。

　ゲノム編集はDNA配列の一カ所を切断することで、1個から数個の遺伝子塩基の一部が欠けたり入れ替わったり、追加挿入されたりする技術だが、こうしたことは遺伝子の突然変異として自然界でも起きていることであり、安全性には問題ないとされている。ただし全く新しい遺伝子を挿入したような場合には安全性審査が必要となる。ゲノム編集食品は従来の突然変異による品種改良と区別がつかないことから、科学的な検証ができず、表示義務化も難しいのが現状だ。

　2019年10月には米コルテバ・アグリサイエンス(元ダウ・デュポン)がゲノム編集で品種改良したトウモロコシの流通を厚生労働省に届け出たとされているが、少なくとも20年1月現在、日本国内企業などの届け出の案件はゼロとなっている。

　なお20年のノーベル化学賞には、「クリスパー・キャス9」というゲノム編集技術を開発した2氏が選ばれた。

再使用ロケット

　再使用ロケットとは、航空機のように繰り返し使用できるロケットのこと。これまでのロケットは一度打ち上げられると使い捨てにされてきたが、再使用することができれば製造費などを大幅に抑えることが可能になる。また、再使用ロケットは**宇宙ごみ（スペースデブリ）**の削減にもつながる。

　かつて再使用ロケットとして米国で開発され運用されたスペースシャトルは、大きな事故が発生したり、結果的に使い捨てロケットよりも運用コストがかかってしまう等、再使用ロケットとしての最大のメリットを得ることができなかった。

　その後、米国では民間企業がロケット開発を主導しており、**宇宙ベンチャー**企業スペースXは2016年、再使用ロケットによる商用サービスを始めると発表。17年3月には、同社のロケット「ファルコン9」の再使用による商用衛星の打ち上げに成功した。18年2月には部品の再使用を見据えた宇宙飛行用の大型ロケット「ファルコンヘビー」を打ち上げ、一部の回収に成功。19年4月には初の商用打ち上げにも成功した。今後は火星を含む惑星間輸送も想定した再使用可能な超大型ロケットの開発を目指している。

　日本では宇宙航空研究開発機構（JAXA）が再使用型ロケットの技術開発を手掛ける。22年度にドイツやフランスと協力し、実験機「CALLISTO（カリスト）」の飛行試験を実施する予定。その結果を見て、**H3ロケット**など大型ロケットの1段目の再使用化を進めるか検討するとしている。

次世代自動車

　次世代自動車とは、環境省「次世代自動車ガイドブック2017－2018」によれば「窒素酸化物（NOx）や粒子状物質（PM）等の大気汚染物質の排出が少ない、または全く排出しない、燃費性能が優れているなどの環境にやさしい自動車」である。ハイブリッド自動車、電気自動車（EV）、プラグインハイブリッド自動車（PHV）、燃料電池自動車（FCV）、クリーンディーゼル車、天然ガス自動車を指す。

　2019年度の主な次世代自動車の保有台数は、ハイブリッド自動車約914万5000台、電気自動車約11万7000台、プラグインハイブリッド自動車約13万6000台、燃料電池自動車約3700台となっている。

　政府は「日本再興戦略」（13年閣議決定）で30年までに実現すべき成果目標として「新車販売に占める次世代自動車の割合を5〜7割」とし、「日本再興戦略2016」において「保有台数ベースで電気自動車、プラグインハイブリッド自動車は20年までに最大100万

台、燃料電池自動車は20年までに4万台程度、30年までに80万台程度の普及を目指す」という目標を掲げている。また、最近では自動運転車を次世代自動車と呼ぶことも多くなっている。

次世代主力ロケット（H3ロケット）

　宇宙航空研究開発機構（JAXA）は、「H3ロケットは、柔軟性、高信頼性、低価格の3つの要素を実現することを目指し、2020年度に試験機の打ち上げを予定している日本の新しい基幹ロケット」としている。

　現在運用中の主力大型ロケットにはH−ⅡAロケットとH−ⅡBロケットがある。H−ⅡAロケットの試験機（1号機）が打ち上げられたのは01年。以来、18年10月に打ち上げられたH−ⅡAロケットで40機目になる。このH−ⅡAロケットの打ち上げ能力を高めたものがH−ⅡBロケットだ。国際宇宙ステーション（ISS）への物資輸送などを実施している。09年に試験機（1号機）が打ち上げられ、20年5月には物資補給機「こうのとり」9号機を載せたH−ⅡBロケット9号機の最後の打ち上げが行われた。

　同時に、打ち上げサービスの国際競争力を高めることなどを理由に新型ロケットの開発が必要とされてきた。そのため14年度からH3ロケットの開発を開始し、17年3月にはH3ロケットの試験用エンジンが完成し燃焼試験を開始した。21年度には試験機（1号機）の打ち上げを予定している。

　JAXAでは「Hロケットは、使いやすい宇宙への輸送手段として、日本国内だけでなく世界中からも注目されるロケットになることを目指している」としている。さらに、20年度以降の20年間を見据え、毎年6機程度を安定して打ち上げることを目標としている。

自動運転

　自動運転とは、運転の一部支援または運転全てを代行してくれるシステムのこと。車に搭載されたカメラやセンサー、レーダー、GPS（全地球測位システム）とAI（人工知能）を組み合わせ、車の周囲の状況を把握することでブレーキやハンドル操作を自動でコントロールする。将来的にはあらゆる状況での完全な自動走行を目指す。

　自動運転のレベルには5段階ある。レベル1は運転支援で、システムが自動ブレーキなど、前後・左右のいずれかの車両制御を実施。レベル2は高速道路の分合流を自動で行うなど特定条件下での自動運転機能。レベル3は条件付き自動運転で、全操作をシステムが行うが、緊急時にはシステムの要請に応じてドライバーが対応する。レベル4は高速道路など特定の条件下で完全な自動運転を実施。レベル5はあら

■自動運転のレベル分けについて

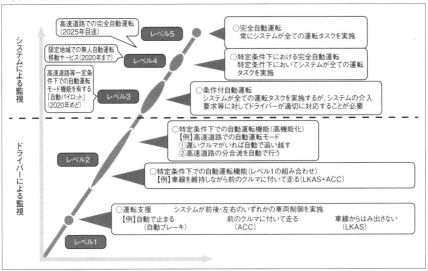

※官民ITS構想・ロードマップ2017等を基に作成　※ACC:Adaptive Cruise Control, LKAS:Lane Keep Assist System
出典:国土交通省ウェブサイト

ゆる状況での完全な自動運転を実施する。

通常の自動車の自動運転レベルは、特定条件下で自動運転が可能なレベル2までだったが、2019年に日産がレベル2と3の中間に当たる「スカイライン」を発売。直線であれば一部手放し運転を可能にした。

そして20年4月1日に道路交通法と道路運送車両法が改正・施行され、公道上でレベル3の自動運転が実質解禁となった。レベル2までドライバーによる周辺状況の監視が義務付けられていたが、特定の条件下では絶対ではなくなった。

このタイミングに合わせて、20年度内をめどにホンダがレベル3対応の自動車を発売することを発表した。海外では、世界初の自動運転レベル3対応車としてドイツのアウディがセダン「Audi A8」を17年に発売しているが、同車は日本国内ではレベル3に未対応。自動運転技術の開発、先駆けをめぐり、今後国内の自動車市場は大きく変化しそうだ。

準天頂衛星「みちびき」

準天頂衛星「みちびき」とは、日本のほぼ真上(準天頂)を通る軌道を持つ人工衛星を主体とする日本独自の衛星測位システムのことだ。衛星測位システムは、米国が運用するGPS(全地球

測位システム)のように、人工衛星からの電波を受信することにより位置を特定できるもので、カーナビや携帯電話に搭載されている機能だ。

衛星測位システムで位置情報を求めるためには、最低4機以上の人工衛星が必要となる。日本では、都市部の高層ビルや山間部の山などが障害となり、GPSの信号だけでは誤差が数十メートルと正確な位置情報を得られないことがあった。そこで、GPSと互換性を持たせた独自の人工衛星を打ち上げることで、誤差数センチメートルの正確な位置情報を得られるようになる。

準天頂衛星「みちびき」1号機は2010年に、2号機から4号機は17年に打ち上げられ、現在4機態勢になり，18年11月には位置情報のサービスが開始された。

政府は第22回宇宙開発戦略本部で、今後10年間の宇宙開発利用に関する基本的な計画をまとめた新たな宇宙基本計画(案)を閣議決定。さらに、「みちびき」を利用した実証実験事業を公募し、愛知工業大学など10件の事業が承認された。20年度内に1号機の代替機の打ち上げが予定されており、23年度までに3機を打ち上げ、全7機態勢とすることを目指している。

スーパーアプリ

スマートフォンだけで、生活に必要なあらゆる機能を提供しようという構想の下、開発されたアプリを総称して「スーパーアプリ」と呼ぶ。具体的には、メッセージ送信やSNS(交流サイト)はもちろん、無料電話、決済、銀行のカード機能、チケットの予約など、一切を1つでこなせるアプリである。それぞれの機能を持ったアプリを単体で使わなくても、スーパーアプリだけで大方のことができるためユーザーの利便性が高くなる。

代表的なものとして、中国テンセントのインスタントメッセンジャーアプリ「WeChat」、同じく中国・アリババ集団の決済アプリ「Alipay」、配車やデリバリーなどを手配できるインドネシアのアプリ「Gojek」などが挙げられる。中国などでは米国のアプリ使用が規制されているため、自らの技術力を駆使したオリジナルのスーパーアプリを作る流れができている。日本でも、ソフトバンクが韓国のLINEを買収し、さらにUberと連携してスーパーアプリ開発への道筋を築こうとしている。

生体認証

生体認証(バイオメトリクス認証)とは、身体の特徴や特性(生体情報)をあらかじめ登録しておき、その情報と照合することで本人確認をするものだ。生体認証に使用される代表的な生体情報には、顔、指紋、手のひらや指の静脈、虹彩、音声などがある。

例えば顔を使用した認証の場合、顔の画像や輪郭、目、鼻の形や位置関係などの特徴をあらかじめ登録しておき、その登録してある情報と照合することで本人確認をする。ただし、顔の特徴は成長にともない変化するため数年ごとに再登録する必要がある。

生体認証のメリットは、パスワードや暗証番号をその都度記憶して入力する手間がなくなること、カードやカギを持ち歩く必要がないことだ。そのため紛失や盗難、偽造、パスワードの漏洩などの危険性が低くなる。

こうした利便性や安全性の高さから、銀行のATM、パソコンやスマートフォンのロック解除、入場や入室の認証など多くの場所でセキュリティー対策に取り入れられている。しかし、絶対に誤作動しないという保証もないため、生体認証と暗証番号を組み合わせるといった方法により、安全性を高めたセキュリティーシステムもある。

▶**生体認証の例**

対象	内容	用途
顔	顔の輪郭や目鼻の形などから識別	空港の出入国管理など
指紋	指紋パターンから識別	パソコンのログインなど
静脈	指や手のひらの静脈の形状から識別	銀行ATMなど
虹彩	目の虹彩の模様から識別	部屋の入退室の管理など
声	声の特徴などを抽出・パターン化して識別	AIスピーカーなどの決済認証

新聞記事などを基に編集部で作成

コロナ禍に対応し、中国・香港のセンスタイムは、マスクをつけたままでの生体認証システムを展開。また、NECはマスク着用時でも高精度に本人確認ができる顔認証技術を開発した。

セルロースナノファイバー（CNF、植物由来の新素材）

セルロースナノファイバー（CNF：Cellulose Nanofibers）とは、森林資源や農業廃棄物を原料とする高機能素材で、鋼鉄の5分の1の軽さで、5倍以上の強度がある。「全ての植物細胞壁の骨格成分で、植物繊維をナノ（ナノは10億分の1）サイズまで細かくほぐすことで得られる」（京都大学生存圏研究所生物機能材料分野）としている。

植物由来のため、環境への負荷が小さく、次世代のバイオマス素材として注目される。また、炭素繊維に比べて製造コストを抑えられることもメリットである。自動車や家電、航空機、有機ELのディスプレー部材などでの活用が期待されている。

経済産業省は「日本に豊富にある木材から、安くCNFを作ることができれば、日本発の素晴らしい素材となる」とし、日本で量産可能な数少ない資源として注目。2030年には1兆円規模の市場にする目標を掲げ、産学連携の動きなどを支援している。

「持続可能な開発目標（SDGs）」の観点からナノテクノロジーを見直そうと

11
次世代技術

いう動きが高まっており、CNFもその一環を担っている。大手製紙メーカーがCNFの量産化に取り組むほか、環境省がデンソーや京都大などと「ナノセルロース・ビークル・プロジェクト」を展開。19年秋の東京モーターショーでは、車体の軽量化による二酸化炭素の排出削減と石油資源の消費抑制につながる試作車がお目見えした。また、大阪大学産業科学研究所がCNFによる電子ペーパーを開発。CNFが電流で変色する性質を利用し、電気を流すと図形を描き出すことができる「紙の電子ペーパー」として、注目を集めた。

▶セルロースナノファイバーの環境政策における位置付け

セルロースナノファイバー（CNF）とは
・森林資源、農業廃棄物を原料とする高機能材料である（鋼鉄の5分の1の軽さで5倍以上の強度）。 ・植物由来のカーボンニュートラルな材料である。 ・2000年代半ばから先進国を中心に研究開発や標準化（ISO）の議論が進められている。 ・素材として実用段階に入り、用途開発の取り組みが進められている。
環境政策における位置付け
・自動車部材、発電機、家電製品等の軽量化により燃費・効率が改善。 ・地球温暖化対策への多大なる貢献が期待できる。 ・普及した場合、リサイクル時（自動車・家電等）の技術的課題の検討が必要。 ・森林資源の活用による循環型社会の実現への貢献が期待できる。

出典：環境省ウェブサイト

代替肉・植物肉

近年欧米では、ベジタリアン（菜食主義者）を超え、卵や乳製品なども食べないビーガンが増えている。その人々が肉の食感を楽しむ「肉っぽいもの」、それが代替肉（フェイクミート）で、その名のとおり、肉の代わりとなる人工肉だ。「大豆ハンバーグ」などで知られる疑似肉は以前からあったものの、肉独特の風味がほとんどないなど難点があった。しかし、技術革新の末、見た目だけでなく肉汁のシズル感まで再現した代替肉が登場した。

特に有名なのは、米国の「ビヨンド・ミート」をパテにした「ザ・ビヨンド・バーガー」だ。改良を積み重ねて牛肉のほか鶏肉、豚肉など多彩な種類の肉を再現し、2019年5月にはNASDAQに上場、フェイクミート市場の先駆者となっている。

その対抗馬として注目されるのが、ビル・ゲイツらの出資により立ち上げられた人工肉などの製造会社インポッシブル・フーズ社。同社の「インポッシブルバーガー」はシリコンバレーなどで人気である。肉の赤身や脂の元となる成分「ヘム」を再現するため、大豆の「ヘム」遺伝子に遺伝子組み換え酵母を組み込むことで、肉の風味や匂いをも再現した。

日本でも森永製菓のベンチャーSEE THE SUNが代替肉「ZEN MEAT」の

開発に成功。こうした食品と技術の融合による「フードテック」は、将来の食物不足や動物から発せられるメタンガスによる地球温暖化の対策としても有効であり、「脱ミート」市場は成長していくと見られている。

蓄電池システム

　現在、実用化されている主な蓄電池には鉛蓄電池やニッケル水素電池、リチウムイオン電池(LIB)など多数の種類があり、自動車や携帯端末、ノートパソコンなど様々な用途で使用されている。住宅用をはじめ、地域や都市単位でも使用され、幅広い場面での活用が可能だ。

　蓄電池システムの開発競争は年々激しくなり、海外でも多くの企業がリチウムイオン電池市場への参入を表明しているが、この分野で日本は先端を走る。その証ともいえるのが、2019年のノーベル化学賞を「リチウムイオン二次電池(リチウムイオン電池)」の開発で受賞した吉野彰氏(旭化成名誉フェロー)の存在だ。近年は、住宅用太陽光発電の需要拡大や環境規制強化の動きを背景とした電気自動車(EV)市場の広がり、さらには年々増加する自然災害への非常用対応策として、蓄電池市場が活況になりつつある。

　富士経済グループの調査によると、EV向け二次電池の市場は18年に1兆1632億円で、30年には18年比7.4倍の8兆5844億円になると予測。また住宅用蓄電システム向け需要については、18年は887億円にとどまったが、30年には18年比3.0倍の2617億円に至ると予測している。

月探査

　月面探査といえば、米国が1961年から1972年にかけて6度の有人月面着陸に成功したアポロ計画が有名だ。その後、ロシア(旧ソ連)、中国などを含め、月面の有人探査は実現していない。

　無人探査については、米国の「スペースシャトル計画」(1981〜2011年)があり、現在は国際宇宙ステーション(ISS)による宇宙計画が実施されている。無人衛星の周回探査では米ロのほか、中国、日本(探査機「かぐや」)、インドなども成功。また13年には、米、旧ソ連に続いて中国が探査機の月面着陸に成功しており、25年までには有人探査も計画している。

　これに対抗する形で米国が進めているのが、史上初となる女性の月面有人着陸を目指した「アルテミス計画」だ。19年に米航空宇宙局(NASA)が計画を発表。22年までに月の周回宇宙ステーション「ゲートウェイ」の動力部を打ち上げてステーションを建設、24年にはゲートウェイを拠点に月面へ有人探査機を送り、着陸・帰還するという

11
次世代技術

スケジュールとなっている。このミッションを毎年継続的に行い、ゲートウェイの建設・拡張を進め、月面着陸のノウハウを蓄積した後、30年代中に火星への有人着陸を目指している。日本はNASAのルナ・ゲートウェイ構想に参加しており、20年7月、アルテミス計画に日本の宇宙航空研究開発機構（JAXA）が協力する協定に調印した。

トランステック（トランスフォーマティブテクノロジー）

脳科学、心理学、生体科学などを情報技術（IT）と融合させ、人間の心身の成長をサポートする技術がトランスフォーマティブテクノロジー（Transformative technology：変化を促す技術）であり、略して「トランステック」と呼ばれている。

人間の幸せの追求については「自己実現」が成長の頂点とされている。しかし、それをはるかに超えた「自己超越」という、自己を乗り越えて他者や社会に貢献する状態があると考える概念が、心理学の新分野となりつつある。この概念にのっとったマーケティングやコミュニティーづくりを経営に生かしていくというのが、現在のトランステックである。

その1つとして、例えば、組織に属する人々の心身の健康やストレスを管理するため、脳科学に基づいた睡眠技術やストレスマネジメントといった

サービスや製品が生まれており、「デジタルウェルネス市場」として注目されている。現時点では**GAFA**をはじめとする米国企業が率先して取り組んでおり、日本では今のところ、取り組みや市場としての可能性は未知数であり認知度も低いが、近い将来、1つのビジネスの柱として注目される可能性は高い。

ドローン

ドローンとは、もともと米軍が軍事用に開発した無線操縦による無人飛行機のことだったが、最近では特にヘリコプターのような複数のプロペラを持つ小型無人飛行機を指す場合が多い。

ドローンは操作が簡単で飛行も安定しているのが特長だ。プログラムされたルートを飛行する自動飛行が可能なものもある。低価格なものも登場し、空撮や配送、農薬散布など様々な分野で活用されるようになった。

半面、手軽に入手、操作できることで、墜落による事故やテロなどの犯罪行為など、新たな問題が発生する可能性が生じている。そのため2015年の航空法改正や、16年には「小型無人機等飛行禁止法（ドローン規制法）」などにより、ドローンなどの無人航空機に対して定められた場所や時間、目視できる範囲内でのみ飛行できるなどといった基本的なルールが制定。さらに、19

年には小型無人機等飛行禁止法が改正され、防衛関係施設やラグビーワールドカップ、**東京五輪・パラリンピック**施設上空での飛行が禁止された。

ドローンを利用した荷物配送について、米Amazonの宅配ドローンサービス「プライムエア」が米連邦航空局（FAA）から20年9月に承認を受けた。日本でもドローンは様々な用途に導入されているが、特に橋梁やプラント、目の届きにくいインフラの老朽化点検用として、自律制御システム研究所（ACSL）が力を入れている。

バイオディーゼル燃料

バイオディーゼル燃料（BDF：Bio Diesel Fuel）とは、廃食用油や菜種油など植物由来の再生可能な資源から作られた軽油（ディーゼルエンジン用）の代替燃料のことだ。生物を資源として作られる燃料の総称は「バイオマス燃料」だが、その1つがバイオディーゼル燃料で、次世代のバイオマスエネルギーとして注目されている。

酸性雨の原因となる硫黄酸化物の排出もほとんどなく、もともと植物が吸収していた二酸化炭素を排出するだけであるため、全体としては二酸化炭素も増やさない。政府はバイオマスの利用促進を目指し、2012年9月に「バイオマス事業化戦略」を決定した。1997年より全国に先駆けて実施した京都市

などのように、家庭から回収した廃食用油からバイオディーゼル燃料を製造し、ごみ収集車や市バスなどの燃料として使用している自治体も増加している。だが、軽油などより製造コストがかかるほか、厳しい排ガス規制を満たした新型車両に使用すると不具合が生じるなどの問題も起きている。

このような状況のなか、ミドリムシを使ったバイオベンチャーのユーグレナは2020年3月、いすゞ自動車との共同研究によって新しいバイオディーゼル燃料が完成したことを発表。石油由来の軽油を100%代替できるとして、4月1日からいすゞ藤沢工場と神奈川県・湘南台駅を結ぶシャトルバスで使用し始めた。

バイオプラスチック

バイオプラスチックとは、植物など生物由来の原料で作られたものや自然界で分解されるプラスチックのことだ。具体的には、生物由来の再生可能な資源であるバイオマスから作られた「バイオマスプラスチック」と、微生物によって分解される性質を持つ「生分解性プラスチック」がある。

バイオマスプラスチックは、主にトウモロコシやサトウキビのように糖類やデンプンを多く含む植物を原料にして合成される。生物由来の原料を使用していることから、焼却しても生物が

11

次世代技術

大気中から取り込んでためていた二酸化炭素が大気中に戻るだけであり、従来の石油由来のプラスチックよりも二酸化炭素の排出量を抑えることができる。

生分解性プラスチックはグリーンプラとも呼ばれ、バイオマスを変性したものや、藻類など一部の微生物が体内で合成するポリエステルを原料にしたものだ。微生物により最終的には水と二酸化炭素に分解されるが、焼却しても二酸化炭素の排出量を抑えることができる。ただし、生分解性プラスチックの中には石油を使用しているものも多く、温暖化に対して悪影響があるとされているうえ、従来のプラスチックに比べ製造コストがかかる。2016年度の実績では日本の年間プラスチック生産量約1100万トンのうち、バイオプラスチックの生産量は約4万トン程度だ。

20年7月からプラスチックごみを減らす目的で**レジ袋の有料化**対策が打たれ、コンビニやドラッグストアなどで

レジ袋を辞退する割合は70〜80%ほどに上っている。しかしプラスチックごみにおけるレジ袋の割合は2〜3%とごくわずかであるため、削減効果には限りがある。

はやぶさ2

惑星誕生の秘密を探るため2003年5月に打ち上げられた小惑星探査機「はやぶさ」は、05年9月に小惑星イトカワへの着陸に成功。科学観測やイトカワ表面からのサンプル採取を行い10年6月に地球へ帰還した。これにより初めて月以外の天体からのサンプル採取と持ち帰りに成功した。

はやぶさの後継機として、小惑星リュウグウからサンプルを持ち帰るため14年12月に打ち上げられたのが「はやぶさ2」だ。リュウグウはイトカワとは種類の異なる小惑星で、太陽系誕生当時の水や有機物が残されている可能性がある。

はやぶさ2は18年6月にリュウグウへ到着、19年2月に最初の着陸に成功した。直後に上昇した際に金属製弾丸の発射に成功。舞い上がった表面物質を採取した可能性がある。同年3月には科学観測の結果、リュウグウに水が存在していることが明らかになった。4月には、はやぶさ2から金属の塊をリュウグウにぶつけて、人工クレーターを作ることに成功。7月にはその

▶バイオプラスチックの種類

バイオマスプラスチック
・再生可能な有機資源を原料にして作られるプラスチック。
・ポリエチレンなど通常石油から製造されるものもバイオマスから製造可能。

生分解性プラスチック
・微生物の働きにより分解し、最終的には水と二酸化炭素に変化する。
・土壌中で分解するものと水中で分解するものがある。

出典:環境省ウェブサイト

人工クレーター付近への2回目の着陸に成功し、クレーターを作った際に飛び散った地下の物質の採取を行った。

はやぶさ2は、ミッションを終えて11月にリュウグウを出発、20年12月6日に地球へ帰還する。小惑星のサンプルが入ったカプセルを地球へ投下した後は拡張ミッションで、地球と火星の間を公転する小惑星「1998KY26」の探査へそのまま向かう。31年7月に到達する見込みだ。

ムーンショット目標

ムーンショット(Moonshot)は、米アポロ計画においてケネディ大統領の「1960年代が終わる前に月面に人類を着陸させ、無事に地球に帰還させる」と演説した言葉が語源で、そこから転じて、未来社会を見据えた壮大な目標とその挑戦を意味する。

内閣府や文部科学省、経済産業省などが中心となった総合科学技術・イノベーション会議(CSTI)で2018年、5年間で1000億円規模の「ムーンショット型研究開発制度」が制定された。

具体的には、AI(人工知能)、ロボット、サイバー空間で自分の身代わりとなるアバター(サイバネティック・アバター)、高速ネットワークなど、考えうるあらゆる技術により人間の能力拡張、ライフスタイルの変革、さらに地球規模のコラボレーションから新し

▶ムーンショット目標

1	2050年までに、人が身体、脳、空間、時間の制約から解放された社会を実現
2	2050年までに、超早期に疾患の予測・予防をすることができる社会を実現
3	2050年までに、AIとロボットの共進化により、自ら学習・行動し人と共生するロボットを実現
4	2050年までに、地球環境再生に向けた持続可能な資源循環を実現
5	2050年までに、未利用の生物機能等のフル活用により、地球規模でムリ・ムダのない持続的な食料供給産業を創出
6	2050年までに、経済・産業・安全保障を飛躍的に発展させる誤り耐性型汎用量子コンピューターを実現
7	2040年までに、主要な疾患を予防・克服し100歳まで健康不安なく人生を楽しむためのサステイナブルな医療・介護システムを実現

出典:内閣府ウェブサイト

い技術や企業、ビジネスを生み出そうというもの。

CSTIでは、「Human Well－being(人々の幸福)」を成し遂げるために、「2050年までに、超早期に疾患の予測・予防をすることができる社会を実現する」など7つの目標を提示した。

有機EL

有機EL(エレクトロルミネッセンス:Electroluminescence)とは、特定の有機化合物に電圧をかけると自ら発光する現象のこと。この発光現象を利用した照明やパネル(スマートフォン、

テレビのディスプレーなど）が実用化されている。バックライトなしで自ら発光し、薄型・軽量・省電力なことが最大の特長だ。2014年7月、化学メーカーと産業技術総合研究所が共同出資する研究組織「次世代化学材料評価技術研究組合（CEREBA）」が、世界で初めて曲げられる有機EL照明の量産技術を開発した。

現在、テレビ用の大型有機ELパネルはLG電子、スマートフォン用の小型有機ELパネルはサムスン電子、これら韓国2社が世界の有機ELパネル市場を独占しており、中国と韓国の2カ国の計5社で全体の98.1％を占めている。

そうした中、15年にソニーとパナソニックは有機EL開発部門を統合した会社、JOLED（ジェイオーレッド）を設立。しかし、量産ラインは完成したものの、19年3月期は259億円の赤字となり、20年に中国企業の支援を受けることになった。英調査会社によれば、有機ELパネル市場は25年に485億ドル（約5.2兆円）に達するとされ、かつて栄華を誇った日本は劣勢に立たされている。

量子技術、量子コンピューター

量子コンピューターとは、量子力学を応用した新しいタイプの技術を駆使したコンピューターのことだ。

通常使われているコンピューターは2進法で、0か1の組み合わせ（bit）を計算の基礎としてプログラムを構成している。それに対して量子力学は、「重ね合わせ」という概念により、2つ以上の数字の組み合わせも同時に表すことができることに基づいたもの。コインの裏表を0か1とした場合、コインが回転している状態はまだ0でも1でもない、未確定の状態であるという考え方が元になっている。これにより、例えば00、01、10、11の4組が同時に存在できる。これを重ね合わせによる「量子もつれ」と呼ぶ。

この概念を利用し、現状のコンピューター（古典コンピューターという）とは異なる、多数の数字を応用したコンピューターを量子コンピューターという。**スーパーコンピューター（スパコン）**も2進法の領域でしかないため、「古典」の部類に入る。量子コンピューターについては、まだ開発途中にあるが、2019年、特定の課題についてグーグルの研究グループが、世界最速のスパコンで1万年かかる計算を量子コンピューターにより200秒で実行したと発表し、話題となった。

ロボット産業

人手不足が深刻化する中で、労働や介護などを補助するロボットの普及の伸びが予想されている。経済産業省と新エネルギー・産業技術総合開発機構

量子技術、量子コンピューター／ロボット産業

（NEDO）によれば、ロボット産業の将来市場は2025年には5.3兆円、35年には9.7兆円に達すると予測されている。

国際ロボット連盟の統計によれば、17年の世界における産業用ロボットの販売台数は38万1000台と前年比30％増で過去最高になった。過去5年間（13〜17年）でも114％増となっている。このうち中国、日本、韓国、米国、ドイツの5カ国で全体の73％を占めている。トップは中国の13万8000台で、2位は日本の4万5566台。なお日本は世界一の産業用ロボット生産国である。

日本国内の産業用ロボットでは、人と同じ空間で作業できる「協働ロボット」の導入が広がっている。

また今後は産業用ロボットに続いて医療や福祉、家庭向けロボットの普及が見込まれている。特に急速な少子高齢化が進む日本では、介護用ロボットの必要性が高まると予想される。介護用ロボットでは、これまでは移乗介助（ロボット技術で高齢者をベッドから車椅子などへ移動させるときの補助）など、介護者の負担を軽減するロボットの開発が中心だったが、コロナ禍による人手不足や密接な接触の回避などのため、介護者の見回り用ロボットの導入が進んでいる。政府は20年7月に、21年度の介護報酬制度の見直しに向けてロボットの普及を提言。製品開発などについてメーカーや介護事業者を支援し、ロボットの積極的な活用を目指している。

11
次世代技術

テーマ〈**11**〉確認チェック

❶知的な事務処理業務をコンピューターに代行させるためのソフトウエアやシステムのことをアルファベット3文字で何というか。▶p.212

❷メッセージ送信やSNS（交流サイト）、無料電話、決済、銀行のカード機能、チケットの予約など、生活に必要なあらゆる機能を1つでこなせるアプリを何というか。▶p.220

❸鋼鉄の5分の1の軽さで、5倍以上の強度があるとされている、森林資源や農業廃棄物を原料とする高機能材料を何というか。▶p.221

❹廃食用油や菜種油など植物由来の再生可能な資源から作られた軽油代替燃料を何というか。
▶p.225

❺特定の有機化合物に電圧をかけると自ら発光する現象を何というか。▶p.227

答え ❶RPA ❷スーパーアプリ ❸セルロースナノファイバー（CNF）
❹バイオディーゼル燃料 ❺有機EL（エレクトロルミネセンス）

テーマ12 医療・福祉

医療技術の発展や、高齢社会への対応から、医療・福祉に関する様々な制度の新設や改定が進んでいる。待機児童や子供の貧困など、次世代を担う子供たちに関して求められる対策も多い。「AI創薬」「がんゲノム医療」など最先端の技術から、コロナ禍で注目度が高まった「フレイル」、日本社会が直面している「2025年問題」など、医療・福祉分野のキーワードを解説する。

2025年問題

「2025年問題」とは、25年頃までには団塊の世代が75歳以上になり、人口の2割弱(約2200万人)を占めることで、医療・介護費用などが急増する問題。

内閣府のデータによると、19年度は、年金や医療、福祉などを合わせた社会保障給付費が123兆7000億円で過去最高となった。そのうち年金は56兆9000億円で全体の約50%を占める。政府の推計では、25年には社会保障給付費が最大140兆6000億円、40年には190兆円にふくらむと予測。人数が多い団塊の世代が医療や介護を受ける側に回ることで、社会保障制度が行き詰まる恐れが出るのではと危惧されている。

▶社会保障に係る費用の将来推計

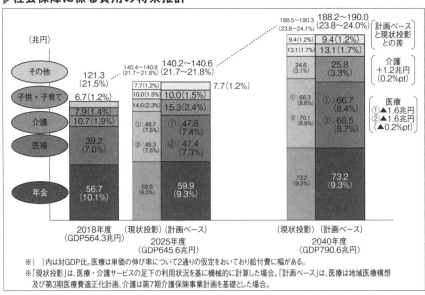

出典:内閣府ウェブサイト

一方、高齢者が増えることで特別養護老人ホーム（特養）に入所できない状態の高齢者、「待機老人」が増加する懸念もある。厚生労働省が19年12月に発表した「特別養護老人ホームの入所申込者の状況」によると、特別養護老人ホームの入所申込者は約29万2000人。そのうち、入所の必要性が高い要介護4および5で、在宅の入所申込者は約6万1000人だった。

AI創薬

AI（人工知能）を使って薬の研究・開発を進めること。新薬開発には、薬の「種」となる化合物を見つける探索研究、動物実験などで薬効や毒性を調べる開発研究、人への有効性と安全性を調べる臨床試験、厚生労働省への承認申請の4段階がある。新薬誕生までに9〜17年、なかでも臨床試験に至るまでには5〜8年を要する。新薬1つあたりの研究開発費が数百〜数千億円かかるのに対して成功率は2.5万分の1以下といわれる。

この創薬研究にAIを導入し、期間とコストを短縮しようというのがAI創薬だ。AIは膨大なデータから一定のパターンを見つけるのが得意で、例えば、AIに化合物と生体内タンパク質の結合データを学習させれば、これまで誰も見つけられなかった化合物を発見できる可能性がある。また、薬と薬、人と薬の相互作用を予測することもできる。AI導入により、創薬開発期間は9〜9.5年に短縮、開発費は560億円に抑えられ、しかも成功率は2500分の1にまで上がるという試算もある。

効率的な医薬品開発が可能とあり、AI創薬技術を使って**新型コロナウイルス**の**ワクチン**や治療薬の開発に乗り出す企業もある。塩野義製薬は北海道大学、スタートアップの3者で治療薬候補を探し始めた。2020年度中の臨床試験開始を目指している。

iPS細胞の実用化

iPS細胞（iPS：induced pluripotent stem cells、人工多能性幹細胞）は、培養により心臓や神経など様々な細胞に変化し、増殖させることが可能である。2006年に京都大学の山中伸弥教授が世界で初めてiPS細胞の作製に成功し、12年にノーベル生理学・医学賞を受賞した。

誕生から10年以上が経過し、iPS細胞の実用化に向けた様々な研究や臨床実験が進んでいる。

14年、加齢黄斑変性の患者にiPS細胞から作った網膜細胞の移植が実施された。18年には大阪大学が申請していたiPS細胞を使った心臓病の臨床研究計画を、厚生労働省が条件付きで承認。20年1月、阪大病院でiPS細胞から育てた心臓の細胞シートを、重症心不

12

医療・福祉

全患者に移植する世界初の手術が行われた。今後3年で10人の患者に移植し安全性や有効性を確認する。

心臓病の治療では、慶応義塾大学の臨床研究が20年8月に厚生労働省に了承された。同大学の場合は、iPS細胞から作った心筋細胞を注射器で心臓に移植する方法で、20年度内に最初の移植を目指す。また将来の治療に備え、個人向けにiPS細胞を作製・保管するサービスを開始する企業も出てきた。iPS細胞からヒトの病気の細胞を作製して新薬開発を行う「iPS創薬」も研究から事業化の段階に入っており、難病の治療法が大きく進歩している。

介護保険法改正

2000年に導入され、介護サービス利用料の1割を利用者が負担してきた介護保険。しかし、15年の介護保険法改正で、同年8月からは65歳以上で収入から控除を差し引いた所得が160万円以上の人は2割の自己負担となった。

現在、介護保険の財源は国と自治体が合わせて5割、40歳以上の被保険者が残りの5割を賄っているが、今後、高齢者数が急増することから、現行制度での存続が危ぶまれている。

国立社会保障・人口問題研究所の推計(17年)によると、30年には65歳以上の人口は3716万人となる。老年人口割合では、36年には33.3%、つまり3人に1人が65歳以上となる見通しだ。そのため、厚生労働省は高齢者に対する介護サービスの縮小や医療費の負担を増やす議論を本格化させている。

18年8月からは、高所得高齢者の介護サービス利用料の自己負担が3割に

▶社会保障給付費の推移

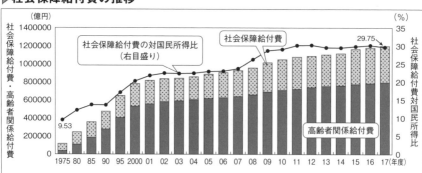

資料:国立社会保障・人口問題研究所「平成29年度社会保障費用統計」
(注1) 高齢者関係給付費とは、年金保険給付費、高齢者医療給付費、老人福祉サービス給付費及び高齢者雇用継続給付費をあわせたもので昭和48年度から集計
(注2) 高齢者医療給付費は、平成19年度までは旧老人保健制度からの医療給付額、平成20年度以降は後期高齢者医療制度からの医療給付額及び旧老人保健制度からの医療給付額が含まれている。

出典:内閣府ウェブサイト

引き上げられた。対象となるのは、単身世帯の高齢者で年金収入とその他の合計所得金額の合計が現役収入並みの340万円（年金収入のみでは344万円）以上、夫婦世帯で463万円以上だ。

介護費用が膨らむなか、社会保障審議会は中高所得者を除いて1割となっている自己負担の引き上げや、ケアプランの有料化などについて議論を進めてきた。しかし21年4月から一部改正・施行される介護保険法では、現役世代の負担軽減につながる法改正は見送られた。

がんゲノム医療

がんは、遺伝情報（ゲノム）の変化によって遺伝子が正常に機能しなくなった結果起こる病気である。そこで、標準治療法がない、または治療が終了となった患者や再発患者のがん組織を提供してもらい、遺伝情報の全体を「がん遺伝子パネル検査」で解析し、遺伝子変異を明らかにすることによりその患者に最適ながんの治療を行うものをがんゲノム医療という。

がん遺伝子パネル検査の結果から治療法を判断するが、検査を受けても治療法が見つからないこともある。特定の遺伝子に変異が見つかったときには、最適な薬の投与や治療が行われるが、その遺伝子変異に対して効果が期待できる薬がなければ、従来型のがん治療に戻る。

2018年、厚生労働省はがん遺伝子パネル検査を実施する「がんゲノム医療中核拠点病院」を決定。19年には中核拠点病院と協力してゲノム医療を行う「がんゲノム医療連携病院」、その間に位置する「がんゲノム医療拠点病院」を選定した。20年4月現在、がんゲノム医療中核拠点病院は12カ所、がんゲノム医療拠点病院は33カ所、がんゲノム医療連携病院は161カ所ある。

19年6月には国立がん研究センター、中外製薬が開発した遺伝子パネル検査が医療保険の対象となり、患者負担が軽減された。しかし実際には検査した人の数は805人（19年6月〜10月）と、当初想定の数千〜1万人を大きく下回った。こうした現状を受け、各学会は、検査を受けられる患者の条件を緩和し、対象を拡大することも視野に入れている。

機能性表示食品

「脂肪の吸収を抑える」など機能が表示された食品（保健機能食品）には、特定保健用食品（トクホ）と栄養機能食品の2種があった。これに2015年4月から「機能性表示食品」が新たに加わった。

トクホは食品ごとに国の審査と消費者庁長官による許可を受け、健康維持増進に効果的であることが認められたもの。栄養機能食品は、科学的根拠が

確認されている栄養成分が一定の基準量含まれる食品であれば、届け出なしでも、国が定めた表現で機能を表示できる。

一方、機能性表示食品は、安全性や機能性の根拠となる情報を販売前に消費者庁長官へ届け出て、事業者の責任の下、科学的根拠に基づく機能性を表示した食品である。食品全般が対象となっており、体や健康への効能を事業者が届け出れば、国の審査なしにパッケージ表示ができる。消費者にとっては体のどこに、どのような効果があるのかが記載されていることで分かりやすく、トクホと同様、選びやすいという利点がある。糖や脂肪の吸収を抑えるコーヒーや、体脂肪を減らす乳酸菌飲料などがある。また20年8月には、ファンケルが血糖値や中性脂肪の上昇を穏やかにするパックご飯を、キユーピーは血圧を低下させる働きをもつGABAを配合したポテトサラダの販売を発表するなど、飲料以外にも機能性表示食品が販売されている。

血管年齢

動脈の血管が硬くなったり、血管にコレステロールがたまったりするなどして、血管が詰まりやすくなっている度合いを数値化したものを「血管年齢」という。年齢を重ねるとともに血管も老いるといわれており、近年、血管年齢は血管の老化度合いを知る指標とされている。

自分の血管年齢を知るには、「心臓足首血管指数（CAVI）検査」や「足関節上腕血圧比（ABI）検査」などがある。両腕や両足首の血圧と脈波を測定する「CAVI検査」では血管の硬さを、上腕と足首の血圧の比を測定する「ABI検査」では足の動脈の詰まり具合を調べる。こうした検査から、動脈硬化の程

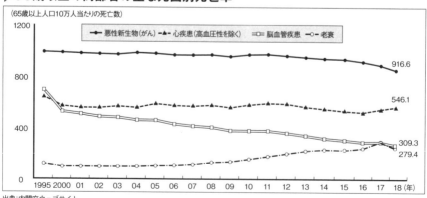

▶65歳以上の高齢者の主な死因別死亡率

出典：内閣府ウェブサイト

度や早期血管障害を検出することができるとされている。

狭心症や心筋梗塞といった心臓病患者が増加しているが、こうした病気は動脈硬化が進み、血液がスムーズに流れなくなったことで起こる。動脈硬化の要因としては加齢のほか、高血圧、肥満、喫煙などが挙げられる。そのため、弾力性や柔軟性に富んだ若々しい血管を保つことが重視され、血管年齢を若く維持するためには、食生活や生活習慣の改善などが効果的とされる。

内閣府「令和2年版高齢社会白書」によれば、高齢者の死因別では、18年の最多はがんで、続いて心筋梗塞などの心疾患となっている。

子供の貧困

厚生労働省の「平成30年版厚生労働白書」によれば、子供の相対的貧困率は、2018年は13.5％だった。子供がいる現役世帯の相対的貧困率は12.6％。そのうち、大人が1人の世帯の相対的貧困率は48.1％で、これは大人が2人以上いる世帯（10.7％）に比べて、非常に高い水準となっている。

相対的貧困率とは、日本の全世帯を等価可処分所得順に並べ、その中間にあたる値の半分に満たない世帯の割合を指す。子供の貧困率とは、18歳未満でこの中間値に満たない人の割合のことである。子供の相対的貧困率が13.5％とは、約7人に1人が"貧困"ということになり、先進諸国の中では高い水準となる。

▶子供の相対的貧困率

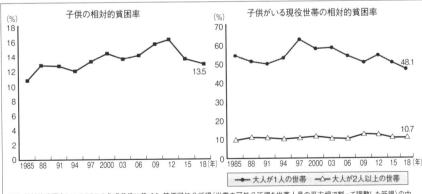

※1 相対的貧困率とは、OECDの作成基準に基づき、等価可処分所得（世帯の可処分所得を世帯人員の平方根で割って調整した所得）の中央値の半分に満たない世帯員の割合を算出したものを用いて算出。※2 1994年の数値は兵庫県を除いたもの。※3 大人とは18歳以上の者、子供とは17歳以下の者、現役世帯とは世帯主が18歳以上65歳未満の世帯をいう。※4 等価可処分所得金額が不詳の世帯員は除く。

出典：厚生労働省ウェブサイト

就学への経済的援助が必要な児童・生徒の状況は依然厳しい。就学援助を受けている小学生・中学生は、18年度には約137万人いた。文部科学省によると12年度以降人数は減っているが、就学援助率は18年度で14.72％と高止まりしている。

混合介護

介護保険が適用される介護保険サービスと、介護保険適用外の介護保険外サービスを組み合わせて利用すること。これまで基準があいまいだったため、自治体によっては混合介護を認めないところもあった。しかし混合介護の利用が拡大すれば、事業者が国の支援だけに頼らずに収益を上げる手段が増え、介護職員の人材難を打開できる可能性もある。

厚生労働省は2018年、混合介護の認可基準を明確にする新ルールをまとめた。訪問介護で混合介護を提供する場合、ケアマネジャーが保険外サービスの情報をケアプランなどに記載することなどをルール化した。通所介護では、事業所内での巡回健診や予防接種、買い物の代行や外出付き添いのサービスなどを保険外サービスとして提供できることになった。

東京都豊島区では18年8月から、指定訪問介護と保険外サービスを組み合わせる選択的介護を開始。保険適用となる食事の介助や着替え介助、食事の準備や調理に、保険適用外として見守り、ペットの世話などを組み合わせて利用できる。

19年12月からは、通所介護と居宅介護支援も組み合わせて利用できるようになった。例えば、デイサービス利用時に、保険外サービスとして薬剤師や管理栄養士が訪問し、薬を届けたり栄養相談に乗ったりすることもできる。

サービス付き高齢者向け住宅（サ高住）

通称は「サ高住」。国土交通省・厚生労働省が所管する「高齢者の居住の安定確保に関する法律（高齢者住まい法）」の改正によって創設された制度を利用し、主に民間が運営するバリアフリー対応の賃貸住宅を指す。介護付き有料老人ホームは基本的に要介護度の高い高齢者が対象で、入浴、排泄、食事、生活全般の介助などを専任の介護職員が行うが、希望者が多く入居が難しい。それに対しサ高住は、まだ身の回りのことが自分でできることが基本的な入居条件。単独でも夫婦でも入居できる。サービス付き高齢者向け住宅情報提供システムによると、2020年9月末現在、サ高住の登録は全国に25万9272戸あるという。

サ高住は老人ホームと異なり「賃貸住宅」に該当するため、重度の介護が必要な場合には、運営・関連会社や外

部の事業者に介護を別に依頼する必要がある。ただし、一部のサ高住には「特定施設入居者生活介護」の事業所指定を受けた介護型もある。専任の介護職員や看護師をおいているため、このようなサ高住に入居すると、食事や入浴の介助など介護・看護サービスが受けられる。

超高齢社会に備えるため、国は25年までに高齢者人口に対するサ高住を含む高齢者住宅の割合を4%(146万戸)に増やす目標を立て、補助金などによる支援が行われている。

再生医療

再生医療は培養した細胞や組織を移植し、病気やけがで損傷した体の機能を幹細胞などを用いて修復する、革新的な医療として期待されている。

2013年4月に再生医療推進法が、続いて再生医療等の安全性の確保等に関する法律も同年11月に成立し、再生医療の関連製品を早期に承認できる仕組みが導入された。

経済産業省の試算によれば、再生医療の将来市場規模予測(世界)としては、中国やインドといった新興国でも国民所得の増加などによって再生医療製品・加工品が普及し、「20年には約1兆円、30年には約12兆円、50年頃に約38兆円規模の市場が見込まれる」としている。

再生医療の中核を担っているのが**iPS細胞**だ。18年、京都大学はiPS細胞から作った神経細胞をパーキンソン病の患者の脳に移植。目の難病、心臓病でも臨床研究が進んでいる。20年4月、京都大学はiPS細胞の安定供給を担う公益財団法人を設立した。これは、国がiPS細胞備蓄を目的とした「ストック事業」への支援を減額する可能性が出てきたことへの対応。国からの支援が切れても、寄付金で運営する。

診療報酬改定

診療報酬とは、「保険医療機関および保険薬局が保険医療サービスに対する対価として保険者から受け取る報酬」のことで、患者および健康保険などから医療機関に支払われるものだ。

診療行為ごとに金額が定められ、そのうちの1〜3割を患者が負担する。医療機関は患者が払うこの一部負担分を除いて、診療報酬明細書を作成。審査支払機関を通じて国民健康保険や健康保険組合に請求し、残りの金額を受け取る。

診療報酬は、物価や人件費などに応じて原則2年に一度改定される。2020年度は改定の年だった。大きな柱は、かかりつけ医機能の強化と医療従事者の**働き方改革**の推進だ。

これまでにも、紹介状がなく大病院を受診すると5000円以上の追加料金を

▶診療報酬改定のポイント（2020年度）

外来	・紹介状がなく受診する場合に5000円以上の追加負担が必要となる病院を増やす ・小児科かかりつけ医制度の対象を3歳未満から6歳未満に
入院	・救急搬送件数が2000件以上の病院には5200円加算 ・医師や看護師の補助職員配置による報酬の増額 ・高額医療費の要件を厳しくする
薬局	・患者の重複投薬の解消を医師に提案した場合、調剤薬局の報酬加算 ・基本料の低い門前薬局や敷地内薬局の対象を拡大
その他 （オンライン診療など）	・オンライン診療の対象に慢性頭痛やニコチン依存症を加える ・オンライン服薬指導を保険適用 ・妊婦加算を廃止し、丁寧な診療を推進する制度を新設

新聞記事などを基に編集部で作成

利用者に負担してもらうことで、かかりつけ医の普及を促してきたが、追加負担が必要となる病院を拡大する。また、勤務医の労働環境改善を目的に、救急搬送件数が多い大病院の入院料に5200円を上乗せし、医師の負担軽減の原資とする。医師の事務作業を補助するスタッフを置くなど医師の負担軽減措置を講じた場合は加算を引き上げる。一方、入院料を抑えるため、高額な入院基本料を取れる要件を厳しくする。

オンライン診療については、対象に慢性頭痛やニコチン依存症が対象疾患に加わった。薬剤師が薬の飲み方などを指導する「オンライン服薬指導」も

保険適用となる。妊婦が医療機関で診療を受けた場合に自己負担が上乗せされる「妊婦加算」は廃止となった。

成年後見制度

不動産や預貯金などの財産管理や、医療や福祉などの諸契約において、**認知症**の高齢者など自己の意思決定が困難な人々を守るため、本人の代理として諸契約など法律行為に関わる業務を支援する制度。2000年から開始され、法定後見制度と任意後見制度がある。

最高裁判所事務総局家庭局の「成年後見関係事件の概況」によると、19年の後見開始などに関連した成年後見関係事件の申立件数は合計3万5959件で前年より1.6%減少した。

成年後見人（法定後見制度）は、家庭裁判所が選任する。親族のほか、法律や福祉の専門家などの第三者やその他の法人が選ばれる場合もある。厚生労働省は弁護士などの専門職後見人だけでなく、各地域における市民後見人も確保し、支援体制づくりの取り組みを推進している。

しかし、後見人を務めた弁護士など専門職による財産の横領などの不正が増加しつつある。認知症の人が増えていることもあり、成年後見人は必要とされているが、不正防止への課題もある。日本弁護士連合会（日弁連）は、弁護士が依頼者から預かった資金の管理

口座を弁護士会に届け出ることを義務付けた。

また、成年後見制度の「欠格条項(それぞれの職業について従事する資格を認めない事由を定めたもの)」により、制度を利用したことで就業できなかったり、公務員などの職を失ったりするケースが相次いだ。政府は、19年6月、成年後見制度を利用した際の欠格条項を原則として削除する法律を可決した。制限されている職業や資格は200以上に上り、人権侵害にあたるとの指摘があった。

待機児童

待機児童とは、保育施設に入所申請し、また入所の条件を満たしているにもかかわらず、入所できない子供のこと。政府は、女性の活躍を推進する上で待機児童解消を重要課題として取り組み、2018年から「子育て安心プラン」を策定、20年度末までに待機児童ゼロを目標としている。厚生労働省がまとめた調査によると、保育を受け入れる施設数は年々増加し、20年4月1日時点の待機児童数は1万2439人。3年連続して減少し、統計を取り始めた1994年以降で過去最少を更新した。

しかし**人手不足**を背景に、保育の質の確保が課題となっている。待機児童ゼロを実現するためにも保育士の確保が不可欠とされるため、政府は13年度に補助金制度を新設して段階的に保育士の処遇改善を進めてきた。経験年数に応じた基礎分の加算、キャリアアップ研修による技能習得の加算(最大月額4万円の上乗せ)が主で、17年度には、12年度に比べて約10%(月額約3万

▶待機児童数と保育の受け皿量、申込者数の推移

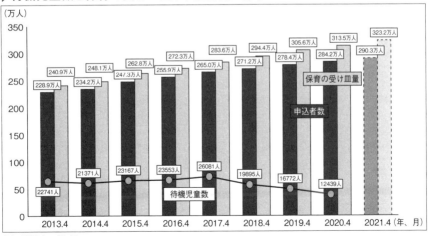

出典:内閣府ウェブサイト

2000円)のアップを実施した。しかし、20年4月の保育士の有効求人倍率は2.45倍と、全職種の1.32倍のほぼ2倍で、依然として保育士の確保が難しい現状を表している。

認知症

厚生労働省によると、2025年には団塊の世代が75歳以上となり、認知症の高齢者は65歳以上の5人に1人にあたる700万人超に及ぶと推計されている。

その25年を見据えた認知症対策の新戦略として、政府は15年に「新オレンジプラン」を策定。厚生労働省と関係11府省庁が共同で取り組んでいる。同プランでは、「認知症の人の意思が尊重され、できる限り住み慣れた地域のよい環境で自分らしく暮らし続けることができる社会の実現を目指す」との目標が掲げられている。認知症患者や家族にとってやさしい地域づくりを目指し、行政や民間セクター、地域住民が認知症ケアや予防の取り組みにおいて、それぞれの役割を果たすことが求められる。

厚生労働省は認知症に関する正しい知識と理解をもち、地域や職場で認知症の人や家族に対してできる範囲の手助けをする「認知症サポーター」の登録を開始。認知症サポーターは1277万人を超えた(20年9月30日現在)。

政府は19年6月、新オレンジプランの後継となる「認知症施策推進大綱」を決定した。認知症になっても社会参加できる機会を増やすとともに、認知症の発症や進行を遅らせる研究を進め

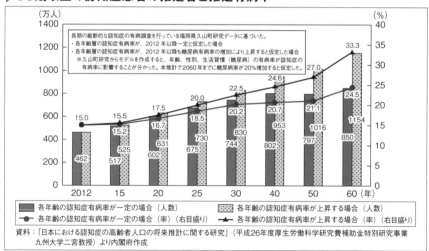

▶65歳以上の認知症患者の推定者と推定有病率

資料:「日本における認知症の高齢者人口の将来推計に関する研究」(平成26年度厚生労働科学研究費補助金特別研究事業 九州大学二宮教授)より内閣府作成

出典:内閣府ウェブサイト

240

るなど、「共生」と「予防」を車の両輪としている。

年金の支給開始年齢

年金を受給できる年齢のこと。2020年現在は、65歳を基準として60〜70歳の間で、受給者本人が開始年齢を選べる。ただし支給額は開始時期によって異なり、65歳より早く受け取り始める場合（繰り上げ受給）は1カ月早くなるごとに0.5％減額される。一方、65歳を過ぎてから受け取る場合（繰り下げ受給）は1カ月遅くなるごとに0.7％増額される。例えば、60歳からの受け取りを選択すると、年間年金額は30％の減額となり、70歳から受け取ることにすると42％の増額となる。

厚生年金の支給開始は、60歳から65歳に引き上げる移行期間中のため、当分の間、65歳未満でも一部を受け取ることができる（特別支給の老齢厚生年金）。また、開始年齢引き上げに伴い、13年には「高年齢者雇用安定法」が改正された。これは、社員が定年を迎えても、希望すれば65歳まで雇用するように企業に義務付ける法律で、年金が支給されるまでに無収入期間が生じないようにするための措置だ。

20年6月5日には、年金制度の機能強化を目指して年金制度改正法が公布された。主な改正ポイントは、被保険者の適用拡大、年金の受給開始時期や**確定拠出年金**の条件緩和など。22年4月以降、受け取り開始年齢は75歳まで拡大される。また65歳より早く受け取る場合の減額率は1カ月ごとに0.4％に変

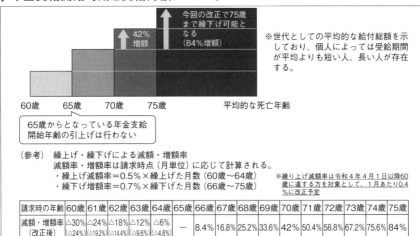

▶年金受給開始時期と受給月額について

出典：厚生労働省ウェブサイト

更される。

豚熱（CSF）

　豚やイノシシなどに感染するウイルス性の病気。感染するとウイルス血症や白血球の減少が起こり、呼吸障害などの症状が現れて起立困難となり、1週間程度で死んでしまう、致死性の高い家畜の伝染病。豚熱は人には感染せず、その肉を食べても基本的に害はないとされるが、養豚場経営者にとっては廃業の恐れがあり死活問題となる。日本では生ワクチンが開発・普及したことで、1992年以降は豚熱が確認されていなかったが、2018年9月、26年ぶりに岐阜県で発生し、中部・関東地方などに感染が拡大した。

　19年10月には豚熱の防疫指針が改定され、06年に中止されていた豚へのワクチン接種を13年ぶりに再開した。20年に入ってからは豚熱に感染したイノシシが500頭以上見つかり、4月以降、東京、京都、新潟、神奈川、茨城の5都府県で初の感染を確認している。飼育豚への感染が広がる懸念もあり、農林水産省は必要に応じて予防ワクチン接種の推奨対象地域を拡大する方針だ。

フレイル

　フレイルとは、病気ではないものの、年を取って心と体の動きが弱くなってきた状態のことを指す。虚弱、老化とも呼ばれる。フレイルは健康と要介護の間の状態で、体力・筋力や判断能力の衰えだけでなく、外出などをする気力の低下、食生活バランスの低下など様々な要素が重なって悪循環を生み出すと考えられている。

　「令和2年版高齢社会白書」によると、2018年の平均寿命は男性で約81歳、女性で約87歳。一方健康寿命は2016年時点で、男性で約72歳、女性で約75歳だった。つまり、10年前後要介護状態になる可能性がある。また、要支援・要介護の認定を受けた人の年代をみると、65〜74歳で要支援は1.3％、要介護が2.9％だが、75歳以上になると要支援8.6％、要介護が23.3％と大きく上昇する。

　国は、健康寿命を延ばすにはフレイル予防が重要だと位置付け、20年4月から、75歳以上の後期高齢者を対象にフレイルに特化した健診を開始。問診を通して個人の状態を把握し、運動、口腔、栄養、社会参加などのアプローチからフレイル予防や改善に結び付けるのが目的だ。

薬剤耐性菌

　抗菌薬（抗生物質）への耐性をつけた細菌のこと。薬剤耐性（AMR：Antimicrobial Resistance）菌には抗菌

豚熱（CSF）/ フレイル / 薬剤耐性菌

薬が効かず、感染症治療が困難となる可能性があり大きな問題となっている。

政府は2016年に初の薬剤耐性対策アクションプランを策定。20年には抗菌薬の使用量を対13年比で約33%減らすとの具体的目標を掲げた。**世界保健機関（WHO）**は17年2月、抗菌薬が効かなくなりつつある12種類の薬剤耐性菌のリストを公表した。

薬剤耐性菌が発生する主原因には、抗菌薬の乱用が挙げられる。同じ抗菌薬を長期間使用することで発生するほか、薬剤耐性菌と接触した別の細菌が、その耐性遺伝子を運ぶことでも増殖する。抗菌薬を多用する国ほど、薬剤耐性菌も多く発生している。

抗菌薬は適切に使用することが大切だが、一方で、ウイルスが原因で起こる風邪の症状にも抗生物質などの抗菌薬を処方する診療所もある。日本化学療法学会と日本感染症学会が18年2月に行った合同調査によると、「患者やその家族に抗菌薬が必要ないことを説明しても納得しなければ処方する」という回答が約50%に上った。厚生労働省は軽い風邪や下痢の患者には抗生物質などの抗菌薬の投与を控え、適正な処方をすること、またウイルス性の風邪には「抗生物質は効かない」と患者に伝えることなどをまとめた医師向けの手引書を17年に出している。

薬剤耐性菌は世界規模での懸念事項となっている。20年、世界の製薬会社でつくる国際製薬団体連合会が主導し、「薬剤耐性菌アクションファンド」を設立。欧米製薬大手やWHOのほか、日本ではエーザイ、塩野義製薬、第一三共、武田薬品工業、中外製薬の5社が参加し、薬剤耐性菌向けの新薬を開発するスタートアップを支援する。

テーマ 〈**12**〉 確認チェック

❶ 山中伸弥教授が作製に成功した、様々な細胞に変化させ、増殖させることが可能な細胞を何というか。▶**p.231**

❷ 2018年8月から、高所得高齢者の介護サービス利用料の自己負担が［　　］割に引き上げられた。▶**p.232**

❸ 2015年4月に従来のトクホと栄養機能食品に加えて新たに加わった保健機能食品を何というか。▶**p.233**

❹ 財産管理や医療・福祉などの諸契約において、認知症の高齢者など自己の意思決定が困難な人々を守るため、本人の代理として諸契約など法律行為に関わる業務を支援する制度を何というか。▶**p.238**

❺ 日本での年金の支給額は、［　　］歳を基準に変動する。▶**p.241**

答え　**❶** iPS細胞　**❷** 3　**❸** 機能性表示食品　**❹** 成年後見制度　**❺** 65

12

医療・福祉

243

テーマ13 社会・生活

おもに2020年を中心に社会で話題になったニュースや、世間の関心が高いテーマを集めた。「インフォデミック」「VUCA」などコロナ禍で注目度が高まったキーワードや、「8050問題」「超高齢社会」など、日本社会の構造と現状を理解するのに不可欠なものを取り上げている。なじみのあるものも多いと思うが、定義を確認して理解をより深め、多様な社会現象に目を向けるきっかけとしてほしい。

#KuToo

2019年1月24日、俳優でライターの石川優実さんのツイートが発端となった、女性へのパンプスの強制着用に関する運動。女性だけがなぜハイヒールやパンプスを義務付けられ、怪我と苦痛に悩まされなければならないのか、というつぶやきに、6万7000件以上も「いいね」が付き、3万回以上リツイートされた。

女性が受けてきた性的ハラスメントに抗議した#MeToo運動に引っ掛け、たちまち話題となり、同意する声が殺到。署名活動を開始したところ1万9000人近い署名が集まり、6月に厚生労働省に署名を提出した。しかし根本匠厚生労働相(当時)は、「社会通念上、また業務上必要かつ相当な範囲を超えているかがポイント」との言及にとどめた。

一方、#KuToo運動の高まりからハイヒールを義務付けない企業もある。日本航空(JAL)の中距離格安航空会社(LCC)、ZIPAIR Tokyo(ジップエアトーキョー)は、制服にスニーカーを採用。女性客室乗務員の場合パンプスが一般的だが、動きやすさと疲労の軽減を重視した結果だという。

8050問題

内閣府が行ったひきこもりの実態調査によると、2018年12月時点で40〜64歳のひきこもり者は全国で推計61万3000人とされ、若年層(15〜39歳)の同54万1000人を上回った。ひきこもり世代が50代になると、一般的に親は80代前後になる。親が働いているうちは生活できるが、定年退職して収入が少額の年金だけになると、いずれ困窮による生活難が待ち受けることから「8050問題」といわれる。こうした家庭では、家族の貧困だけでなく、老齢の親の介護問題なども発生しやすい。

厚生労働省は、こうした現状に対処するため、有識者会議などで調査と対策を検討し、具体的な内容を明記した最終報告書を作成。20年の通常国会において改正社会福祉法が可決された。

▶初めてひきこもり状態になった年齢

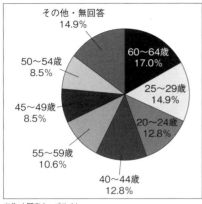

出典:内閣府ウェブサイト

行政の縦割りをなくすほか、複合的な社会課題に一括対応する「断らない相談支援」の窓口の設置や、生活困窮者の就労支援を行う。また全国の都道府県などに設置する「ひきこもり地域支援センター」などの相談窓口では、臨床心理士など専門職がカウンセリングを担当。第三者による問題の整理を行い、医療や就労などにつなげる「伴走型支援」の実施を始めている。

LGBT

LGBTとは、レズビアン(Lesbian)、ゲイ(Gay)、バイセクシャル(Bisexual)、トランスジェンダー(Transgender)の頭文字をとった言葉で、性的少数者を総称する。さらにインターセックス(Intersex:性別の身体的特徴が明確でない人)を含めてLGBTIともいう。

2015年6月、米連邦最高裁は、合衆国憲法の下で同性婚は権利として認められるという判断を下し、事実上、全米で同性婚が認められることになった。17年3月には、全50州で同性カップルが養子を迎えることが合法となった。

LGBTへの対応は日本でも広がりつつある。17年に厚生労働省が、LGBTへのセクハラもセクハラ指針の対象になると明確化してからは、職場環境を充実させる企業が増えている。同性のカップルを結婚に相当するパートナーだと認める「パートナーシップ宣誓証明制度」などを制定する自治体もあり、15年に東京都世田谷区、渋谷区が制度を導入後、20年4月現在、全国で47の自治体(うち12の政令指定都市)が導入している。ただし政府は同性カップルの結婚について「憲法で想定されていない」という立場を変えていない。

NHKのネット同時配信サービス

放送と同時にスマートフォンなどで番組を視聴できるサービス。2020年3月1日から試験配信を始め、4月1日から正式に開始した。NHKプラスは「受信料を財源とする、放送を補完するサービス」という位置付けで、地上波の受信料を支払っていれば無料で利用

できる。また、インターネットなどで利用登録すれば、番組の放送中でも最初から見ることができる「追いかけ再生」や放送終了から1週間は番組を見返せる「見逃し配信」などの機能を利用できる。

すでにサービスを提供している「NHKオンデマンド」との違いは、追加料金なしで、総合テレビと教育テレビを同時配信で見られるということだ。一方オンデマンドは有料で、BS1とBSプレミアムを含む放送済みの番組のなかから、好きな番組を好きなときに見ることができる。NHKによると、NHKプラスには9月末時点で100万件超の利用登録の申し込みがあった。2020年度末までに、最大350万件の登録を見込んでいる。

SNSの誹謗中傷

SNS（交流サイト）を通じて自由にコミュニケーションを行うことができるようになった一方で、発信者が匿名のまま特定個人を誹謗中傷するメッセージを発信する例が後を絶たない。2020年5月、フジテレビの人気番組に出演していた女子プロレスラーの木村花さんが、SNS上で不特定多数の人から誹謗中傷を受けた後に死去し、インターネットを介した誹謗中傷が大きな社会問題となった。また**新型コロナウイルス**に関連し、感染した個人や家族への誹謗中傷も増えており、対策が急がれる。

法務省が発表した、19年中に法務局・地方法務局において新たに救済

▶インターネット上の人権侵害情報に関する人権侵犯事件の推移

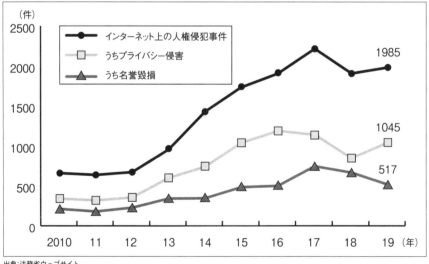

出典：法務省ウェブサイト

手続きを開始したインターネット上の人権侵害情報に関する人権侵犯事件は、18年の1910件を75件上回る1985件（3.9％増加）となり、17年に次ぐ過去2番目に多い件数となった。

総務省は9月、官民で誹謗中傷に取り組む政策をまとめた。柱は、相談窓口の体制強化、周知徹底、被害者が投稿者の身元を特定しやすくする制度の見直しなど。総務省が設けている「違法・有害情報相談センター」は、相談件数に応じて相談員を増やす。またネット企業でつくる「セーファーインターネット協会」でも被害者が投稿の削除を依頼できる相談窓口を設置しており、官民で連携を深める。

SNSを手掛ける大手企業も対策に乗り出している。LINEは8月、誹謗中傷に対応するため、投稿監視の指針を初めて公表し、利用者からの意見公募を始めた。ヤフーは、**AI（人工知能）**で不適切な書き込みを削除する技術を、ネット事業者に提供するとしている。

VUCA

VUCA（ブーカ）は、Volatility（変動性）、Uncertainty（不確実性）、Complexity（複雑性）、Ambiguity（曖昧性）の頭文字をとった造語。将来の予測が困難な、激動の時代を表すキーワードといわれる。世界的な規模で政治や経済が大きく変動し、さらに**新型コ**

ロナウイルスによってもたらされた混沌はまさにVUCA時代で、対応していくためのスキルやリーダーシップが求められているといえる。

経済産業省がまとめた「2020年版ものづくり白書」でもVUCAについて取り上げている。不確実な時代には、環境変化をいち早く感知し、チャンスを捉え、既存の資源を再構築して自己変容する能力が企業に求められるとした、カリフォルニア大学バークレー校教授の主張を紹介。環境と現状を適合させて対応していく「進化適合力」が必要だとしている。

アドレスホッパー

「ホッパー」は「飛び跳ねる人／移動する人」という意味で、自宅などの特定の住所（アドレス）を持たず、身のまわりの荷物だけを持って、シェアハウスや、サウナ・スーパー銭湯などに宿泊し、常に移動を続けて暮らしている人々のこと。近年日本に限らず世界的に増加傾向にある。カメラマンやデザイナーなどフリーランスの仕事で収入を得ているケースが多いが、**テレワーク**などを許可している企業の社員も存在する。住民票などは、実家や友人宅、企業の住所、レンタルオフィスなどにしておき、税金対策を行っていることが多い。

全国各地を回って様々な地域と関係

13

社会・生活

を持ったり、大勢の知り合いを作ることで町おこしなどに協力したりするなど、「帰れる場所」をたくさん持つことを目的としている人もいる。

リクルートの調査では、2018年に複数の生活拠点を持つ人は国内に推計約17万人存在する。すべてがアドレスホッパーとは限らないが、20～30代を中心に、固定観念にとらわれない生活の仕方が生まれている。最近では、定額料金を支払えば全国の指定施設に宿泊し放題というサービスが登場している。

▶アポ電詐欺のイメージ図

2019年8月1日付日本経済新聞電子版

アポ電詐欺

高齢者宅に息子を装って電話をかけ、金銭をだまし取ってきた「オレオレ詐欺」の進化版。親族や警察、役所、弁護士、各種調査員など様々な人物を装って高齢者宅にまず電話をして、どれだけ現金があるかを聞き出し、後日、警官などの姿でその家を訪問、現金を受け取って逃走するというもの。オレオレ詐欺のようにATMなどで振り込ませたり、外部で代理人に受け渡したりせず、直接アポイントを取ってから訪問するのが手口。オレオレ詐欺が一般に広がり、警戒されるようになったために、こうした手口が生まれたと考えられる。

さらに凶悪化した手口として、現金の所持を確認した上で家に押しかけ、現金を強奪する強盗、つまり「アポ電強盗」が急増している。家人が抵抗したために殺害される強盗殺人も起きている。

警察庁によると、2019年4～12月の間に発生したアポ電詐欺の予兆電話の件数は9万1331件と急増している。

インフォデミック

ネットなどで、信頼性の低い情報、噂やデマなど大量の情報が急激に拡散され、社会に混乱をもたらす状況のことで、information（情報）とepidemic（伝染病）の2つの言葉を組み合わせた造語。大きな自然災害や病気が広がったときには噂が広まりやすい。

1923年の関東大震災では朝鮮人が井戸に毒を投げ込んだというデマが広がり、多数の朝鮮人や朝鮮人と誤認され

た人が殺害されるなど今も影を落とす事件が発生した。2011年の東日本大震災後には「有害物質の雨が降る」などというデマが、16年の熊本地震では「動物園からライオンが脱走した」というデマが拡散された。20年のコロナ禍では、誤情報の拡散でトイレットペーパーが品薄になった。

現代はSNS（交流サイト）を通じて瞬く間に拡散され、混乱がおきやすい。**新型コロナウイルス**の真偽不明の情報が世界規模で拡散されたため、**世界保健機関（WHO）**は、感染拡大への注意喚起とともに、偽情報を「インフォデミック」とよび、警鐘を鳴らしている。

▶日本での新型コロナウイルスに関するデマの一部

新型コロナウイルスは熱に弱く、お湯を飲むと予防に効果がある
お茶・紅茶を飲むと新型コロナウイルス予防に効果がある
ニンニクを食べると新型コロナウイルス予防に効果がある
漂白剤を飲むとコロナウイルス予防に効果がある
新型コロナウイルスは5Gテクノロジーによって活性化される
日本政府が4月1日に緊急事態宣言を出し、2日にロックダウン（外出禁止）を行う
トイレットペーパーは中国産が多いため、新型コロナウイルスの影響でトイレットペーパーが不足する
武漢からの発熱症状のある旅客が、関西国際空港の検疫検査を振り切って逃げた
新型コロナウイルスは、中国の研究所で作成された生物兵器である

出典：総務省ウェブサイト

る。

海賊版サイト対策

海賊版とは、著作権法に違反して無断でコピーされた音楽、映像、ゲームソフト、書籍などのこと。海賊版を閲覧できるサイトが多数存在し、その被害は深刻な状況になっている。特に漫画の海賊版では最大といわれた「漫画村」（現在は閉鎖）の月間アクセス数は、文化庁によると最大で1億以上で、漫画家や出版社の収入・売り上げが20%減少したとの試算もある。漫画のほかにも、写真集、専門書、コンピューターソフトウエア、ゲーム、学術論文、新聞記事などでも海賊版の被害が拡大している。

こうした状況を踏まえ、2020年6月に改正著作権法が成立・公布された（施行は21年1月1日）。旧著作権法の規制対象は音楽と映像のみだったが、改正で漫画や書籍、論文、コンピュータープログラムなども対象となり、違法に公開されたと知りながらダウンロードすることも違法とする。また海賊版サイトに誘導する「リーチサイト」の運営も違法とした（同規定は20年10月1日施行）。

ただし、スクリーンショットへの写り込みや数十ページの漫画の1コマ、新聞記事の数行、二次創作作品（パロディー）のダウンロードなどは規制の

▶改正著作権法のポイント

対象	音楽、映像のほか、漫画、雑誌、コンピュータープログラム、ゲーム、学術論文、新聞記事などに拡大。
罰則と施行日	①利用者：違法アップロードと知りながらダウンロードを繰り返した場合、2年以下の懲役か200万円以下の罰金、またはその両方。21年1月1日施行 ②リーチサイト運営：5年以下の懲役か500万円以下の罰金、またはその両方。20年10月1日施行
対象外	・漫画のうちの数コマ、記事数行など軽微なもの ・スクリーンショットした場合の写り込み ・低画質のもの ・二次創作（パロディ）

新聞記事などを基に編集部で作成

対象外とした。

児童虐待

児童福祉法（1947年制定）と児童虐待防止法（2000年制定）は、数回の改正が行われているにもかかわらず虐待は増加しているため、親の体罰禁止なども盛り込んだ「改正児童虐待防止法」と「改正児童福祉法」が19年6月に可決、20年4月1日から施行された。

18年の目黒区女児虐待死亡事件、19年の千葉県野田市の女児虐待死亡事件が社会に与えた影響は大きく、「しつけ」と「虐待」のあり方が問われている。厚生労働省の有識者検討会では、体罰として「言うことを聞かないので頬をたたく」「長時間正座させる」「友達を殴ってけがをさせたので同じように殴る」「夕飯を与えない」などの具体例を挙げた。

改正のポイントは、親のしつけにおける体罰を禁止したことをはじめ、学校や教育委員会、児童福祉施設の職員に対して守秘義務が課せられること、転居した場合に支援に切れ目が生じないよう、転居先の児童相談所や関連機関と情報共有することなどが挙げられる。厚生労働省が20年2月に全国215の児相、287の配偶者暴力相談支援センターを対象に行った調査で、18年度にセンターとの連携数が0件だった児相は45施設、また児相との連携が0件だったセンターは59施設だった。

国際NGOの公益社団法人セーブ・ザ・チルドレン・ジャパンが17年7月、全国2万人の大人を対象にしつけと体罰の関係について意識調査をしたところ、およそ6割が体罰を容認していることが分かった。世界54カ国が子供への体罰を法律で禁止しており、日本は虐待に対しての意識が薄いといわれている。

厚生労働省の調査によると、全国の児童相談所が対応した児童虐待の件数は調査を開始した1990年度以降、増加の一途をたどっており、2020年1月から5月は全国で8万73件あった。**新型コロナウイルス**対応による学校休校や外出自粛などによって、虐待リスクの高まりが懸念される。

▶児童虐待相談対応件数の推移

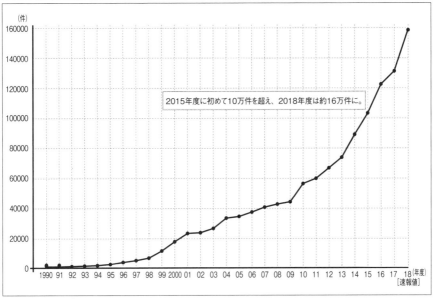

2015年度に初めて10万件を超え、2018年度は約16万件に。

出典：厚生労働省ウェブサイト

受動喫煙防止

　受動喫煙とは、火の付いたタバコから出る副流煙や喫煙者の吐き出した煙を間接的に吸入すること。副流煙には喫煙者が吸い込む主流煙よりもニコチンは2.8倍、タール3.4倍、一酸化炭素4.7倍が含まれており、肺がん、虚血性心疾患などのリスクが高まる。日本での受動喫煙による死亡者は年間1万5000人に上ると推計されており、健康被害の増加が懸念されている。

　2020年4月1日、改正健康増進法が全面施行され、受動喫煙防止対策が義務化された。改正の大きなポイントは、原則屋内禁煙となることだ。飲食店では、客席部分の床面積が100平方メートルを超えるか、資本金5000万円を超える大きな店舗が規制の対象となり、全国で約45％が該当する。違反すると、喫煙者には最大30万円、店舗などには最大50万円の罰則金が課される。

　当初の予定より1年延期となったが、**東京五輪・パラリンピック**に向けて独自の規制を掲げた東京都受動喫煙防止条例も、同年4月1日に施行された。国の法律よりも厳しく、飲食店や会社など多数の人が利用する施設屋内は原則禁煙で、小中高や幼児施設の敷地内では屋外での喫煙所の設置も認めない。

▶原則屋内禁煙と喫煙場所を設ける場合のルール

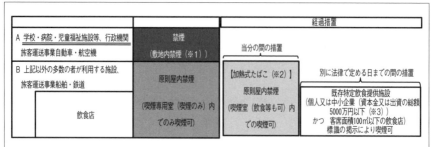

出典：厚生労働省ウェブサイト

超高齢社会

全人口に対する65歳以上の人口の比率を「高齢化率」といい、高齢化率が7〜14％未満が「高齢化社会」、14〜21％未満が「高齢社会」、そして21％以上が「超高齢社会」と分類される。

内閣府の「令和2年版高齢社会白書」によると、2019年10月1日現在、日本の総人口1億2617万人のうち65歳以上が3589万人で、高齢化率は28.4％という「超高齢社会」に入っている。1950年の65歳以上の割合は5％だったが、1970年に7％を超えて「高齢化社会」となり、1994年に14％を超えて「高齢社会」に。そして2007年に21％を超えて「超高齢社会」に突入し、現在に至っている。

それに対して生産年齢人口(15〜64歳)は、1995年の8716万人をピークに減少しており、2019年には約7507万人となっている。また19年の出生数は86.4万人で過去最少を更新した(**合計特殊出生率**は1.36)。この傾向から65年の生産年齢人口は約4500万人にまで減少すると推測されている。05年頃には「3人で高齢者1人を支える」といわれていたが、65年には「1.3人で1人」を支える時代となるとされている。

中村哲

中村哲(なかむら・てつ)氏は、アフガニスタンで医療や灌漑事業など人道支援に取り組む非政府組織(NGO)「ペシャワール会」の代表を務めていた医師。2019年12月4日、現地で武装集団に襲撃され死亡した。享年74歳。

中村氏は1984年、パキスタンへ渡り、ペシャワールにある病院のハンセン病棟に赴任。パキスタン人やアフガニスタン難民のハンセン病治療にあたったほか、山岳部の医療過疎地でもハンセン病や結核など貧困層に多い疾患の診療を開始した。2000年からは、大規模干ばつに襲われたアフガニスタンや中央アジアの現状を憂い、「100の診療所よりも1本の用水路」を掲げ、用水路事業に力を入れた。03年からは深刻な干ばつに見舞われた同国東部のナンガルハル州で大掛かりな水利事業に携わり、農村復興に取り組んでいた。これまでに約1万6500ヘクタールの土地に水を供給した。

中村氏は、長年の灌漑事業や農地復興の功績から、19年10月にアフガニスタンの市民証（名誉市民権）を授与されたばかりだった。

配偶者居住権

配偶者居住権とは、残された配偶者が被相続人、または夫婦で共有する建物に居住していた場合、被相続人が亡くなった後も賃料の負担なくその建物に住み続けることができる権利のこと。改正相続法で2020年4月1日から創設された。

改正相続法では、配偶者保護、遺言の活用促進、相続人を含む利害関係者の実質的公平などが盛り込まれており、配偶者居住権は配偶者保護の観点から創設された。背景には、高齢社会

▶配偶者居住権のポイント

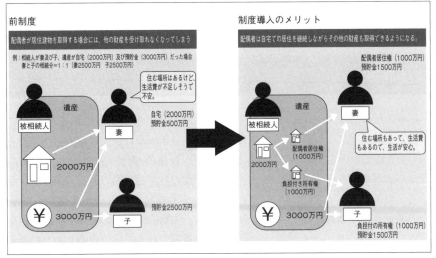

出典：法務省ウェブサイト

の急伸がある。平均寿命が延びたことで、夫婦の一方が亡くなった後、残された配偶者が長期間にわたって生活することが多い。その際、住み慣れた住居で、安心して住み続けられるようにするための法律だ。

適用される要件は、相続開始時期に、残された配偶者がその建物に住んでいること、「遺言」や「遺産分割」、「遺贈」などによって配偶者が居住権を取得していることの2つ。20年4月1日以降に発生した相続から該当し、配偶者が生きている限り権利が存続する。

一方で、権利を主張するには登記手続きが必要であり、また住む必要がなくなったからといって居住権を第三者に売ることはできず、居住権を設定したまま売却することはできない。権利を放棄し売却する場合は、子供などへの贈与とみなされ、贈与税が課される場合もある。

ハラル認証

ハラルとは、イスラム法に則った体系的な規範。イスラム教徒(ムスリム)に「許されているもの」のことで、礼拝から衣服まで生活全般に及ぶ。このうち、商品・サービスについて、ハラルの適正な要件を満たしていることの証明(その制度)をハラル認証という。認証された場合には1年もしくは2年に

1回、更新審査を受ける必要がある。

特に食品の認証基準は厳しく、原材料・飼料・肉の解体作業といった製造段階から、保存・輸送に至るまで、多くの要件が設けられている。豚肉や酒類の摂取が禁じられているため、豚由来成分(乳化剤・ゼラチンなど)やアルコール成分を含む調味料(みりん・みそなど)、添加物も使用できない。近年、インドネシアやマレーシアなどイスラム圏からの観光客も急増してきたなかで、国内の食品業界でも、認証団体(日本ムスリム協会、日本ハラル協会ほか)からハラル認証を取得する動きが拡大しており、ハラル認証を表示する商品が増えている。

ハラルは認証団体や国、宗派、個人によっても、その幅や受け止め方は異なる。専門家による認定制度は、1970年頃にマレーシアで始まったといわれるが、世界的な統一基準が確立されているわけではない。

夫婦別姓

結婚後、夫婦別々の姓を名乗ること。日本の現行法では認められておらず、民法750条で「結婚後は夫婦どちらかの姓を選ばなければならない」という夫婦同氏の原則が規定されている。夫婦別姓を認めていないのは主な先進国で日本だけ。そのため、籍を入れない事実婚を選択したり、戸籍上は

どちらかの姓を選び、仕事などで通称として旧姓を使ったりするケースが少なくない。

夫婦同姓については、1996年に法制審議会が、結婚の際に夫婦同姓か別姓かを選べる「選択的夫婦別姓制度」を導入すべきだと答申したが、反対論も多く審議終了のまま廃案となった。2015年に、最高裁が「民法の規定は合憲」という判決を出したことで決着をみていたが、仕事や日常の不便さから夫婦別姓を求める動きが活発化している。

ソフトウエア開発会社サイボウズの青野慶久社長は、戸籍上は妻の姓を選び、通称として旧姓を使っているが、18年1月、仕事に支障をきたしていると国に賠償を求めて提訴。しかし、現行制度は「合憲」として、19年3月25日に東京地裁は請求を棄却した。

18年に内閣府が行った世論調査では、選択的夫婦別姓を認めるための法改正の必要性について、容認派は42.5％、反対派は29.3％だった。また19年に、日本経済新聞が働く女性2000人を対象に調査したところ、74.1％が夫婦別姓に賛成との回答を得た。

ヘイトスピーチ（憎悪表現）対策法

ヘイトスピーチ（憎悪表現）とは特定の国籍や人種、宗教などに対する差別や憎悪を表すこと。2016年にヘイトスピーチ対策法が施行されたが、憲法が保障する表現の自由を侵害する恐れがあるとして、罰則や禁止規定はない。

この法成立は、東京や大阪を中心に、主に在日韓国人、朝鮮人に対するヘイトスピーチを行うデモや、それに反対する勢力とのトラブル多発を受けてのもの。在日外国人に対する差別的な言動の排除を、国の責務としている。しかし現在もSNS（交流サイト）などではヘイトスピーチは過熱したままだ。

ヘイトスピーチ対策法では、自治体の対策が義務付けられている。神奈川県川崎市の福田紀彦市長は19年6月、ヘイトスピーチ対策法は罰則規定がない理念法であるとして、刑事罰規定を設けることを表明。公共の場で3回以上ヘイトスピーチを繰り返した者に50万円以下の罰金を科す差別禁止条例案が同年12月に可決、20年7月1日から全面施行された。刑事罰規定が盛り込まれた条例は全国初。

訪日客数の大幅減少

日本政府観光局（JNTO）によると、2019年の年間累計訪日外客数は約3188万人で過去最多を更新。旅行消費額も前年比6.5％増の4.8兆円となった。日本の円安傾向とラグビーW杯の日本開催が大きく影響したと見られる。

政府はこれを受けて、当初20年に開

13

社会・生活

催される**東京五輪・パラリンピック**を踏まえて、訪日客数を4000万人に増やすことを目標とした。

しかし、19年末に発生した**新型コロナウイルス**が世界中に一気に蔓延。日本は20年2月まで訪日旅行プロモーションを行っていたものの、感染が拡大したことで入国制限の厳格化などにより、訪日客数は激減した。東京五輪・パラリンピックはひとまず21年に延期された。JNTOが発表した20年上半期（1～6月）の訪日外客数（推定値）は前年同期比76.3％減の394万7000人。そのうちの266万人が1月中に訪日したもので、4～6月はそれぞれ前年同月比99.9％減で推移。なかでも5月は1663人と最少だった。

そのような中、日本政府は外国人の入国開始に向けて動き始めており、7月30日からベトナムとタイからの長期滞在者向けに訪日ビザの発給を開始。8月5日からは在留資格を有する「永住者」「日本人の配偶者等」などの外国人の再入国を認めた。ただし入国の水際措置として、入国拒否対象地域に14日以内に滞在した外国人は特段の事情がない限り入国拒否の対象のままだ。9月1日からは、入国拒否対象地域指定日から8月31日までに出国した在留資格保持者は再入国が認められた。観光立国日本が期待していた旅行、五輪、**統合型リゾート（IR）**などのインバウンド政策は大きく転換せざるを得ない状況となっている。

ミレニアル世代・Z世代

ミレニアル世代とは、米国のシンクタンク、ピュー・リサーチ・センターが定義した「1981～1996年に生まれた人々」を指す。

同センターによれば、この世代は、上の世代とはまったく特性が異なり、貧困撲滅や気候変動対策、平等、公正、平和の実現、国際連合が提示した**「持続可能な開発目標（SDGs）」**の実現などに関心を持ち、社会的意識が高いという。SNS（交流サイト）への関心も高く、情報の共有や他者とのつながりを求める。当然情報テクノロジーに対する知識もあり、「デジタルネーティブ世代」ともされる。自分の体験を情報発信することにも意欲的で、現在の多くの**YouTuber**はこの世代に相当する。加えて健康に配慮して煙草や酒を好まない人が多いほか、貯蓄志向が強く、モノよりも経験を好む傾向にある。

▶日本における主な世代の呼称

年代	呼称
70代前半	団塊世代
50代後半～60代前半	新人類世代
50代前半	バブル世代
30代後半～40代	ロストジェネレーション世代
20代前半～30代後半	ミレニアル世代
～20代前半	Z世代

新聞記事などを基に編集部作成

ミレニアル世代・Z世代

ミレニアルの次世代として登場したのが、2000年以降に生まれた「Z世代」と呼ばれる人々だ。1990年代後半生まれを含む場合もある。物心ついたときからスマートフォンがあり、インターネットメディアに触れているデジタルネーティブである。**リーマン・ショック後の不景気を経験しているため金銭面では保守的**。仕事や学業にも真面目に取り組む一方で、SNSや動画を活用した高い情報発信・拡散力がある。スウェーデンの環境活動家である**グレタ・トゥンベリ**氏は、Z世代の一人といえる。

テーマ **13** 確認チェック

❶ひきこもり者やその親が高齢になると、家庭の貧困や介護問題などが発生しやすいことを
[　　　]問題という。▶p.244
❷警察、弁護士など様々な人物を装って高齢者宅に電話して現金の有無を聞き出し、後日、警官などの姿でその家を訪問、現金を受け取って逃走する手口の詐欺を何というか。▶p.248
❸ネット上などで噂やデマなど大量の情報が拡散され、社会に混乱をもたらす状況のことを何というか。▶p.248
❹イスラム教が禁じている豚肉やアルコール、およびその由来成分を一切含んでいないなどの基準に合致することを証明するのが、[　　]認証である（食品の場合）。▶p.254
❺ミレニアル世代の次世代として、おもに2000年以降に生まれた人々は[　　]世代と呼ばれる。▶p.256

答え ❶8050 ❷アポ電詐欺 ❸インフォデミック ❹ハラル ❺Z

13
社会・生活

テーマ 14 教育・文化・スポーツ

本テーマでは、技術の進歩や教育制度改革により大きく変わろうとしている教育現場の話題や、コロナ禍における明るい話題として注目を集めた「鬼滅の刃」「女子ゴルフ黄金世代」「藤井聡太」といった、文化・スポーツにまつわるキーワードを取り上げる。目まぐるしく変化していく社会の出来事を、多方面にわたって理解するきっかけとしてほしい。

[教育]

STEM/STEAM教育

STEM教育とは「Science（科学）」「Technology（技術）」「Engineering（工学）」「Mathematics（数学）」の頭文字からなる造語。米国国立科学財団（NSF）によって2000年代に提唱された。各分野を統合的に学び、科学技術分野における競争力を高めるための国家プロジェクトとして推進されているが、08年頃からはSTEMに「Art（芸術）・Liberal Arts（教養）」を意味する「A」を加えたSTEAM教育が主流になった。問題解決力・論理的思考・創造性を養うことを目指し、世の中の変化に柔軟に対応して新たな価値を生み出す力を育む教育モデルとして、世界で関心を集めている。

日本では文部科学省が02年度より高等学校等で先進的な理数教育を行う「スーパーサイエンスハイスクール（SSH）」事業を展開し、20年度からは小学校で「**プログラミング教育**」が必修化された。また経済産業省の「未来の教室」ではオンラインのライブラリーと各地域の学習センターを軸に、日本のSTEAM教育のプラットフォームとなるべく事業を展開。最近では**AI（人工知能）**や**IoT（Internet of Things）**を社会実装させることをテーマとして「農業×データサイエンス×IoT×ロボティクス」のような分野横断・産学連携の実践的プログラムも生まれている。一方で、STEAM教育について専門的かつ横断的に教えることができる人材や施設が不足しているという課題もある。

アクティブ・ラーニング

教員による一方的な講義形式の教育とは異なり、学修者主体の学習手法。**AI（人工知能）**などのテクノロジーの発達により、人間が担っていた従来の仕事がロボットや自動ソフトウエアに代替されていくなかで、AIを利用して新たなテクノロジーを創生できる人材を育成する必要がある。こうした情

報化、グローバル化による急速な社会変化に対応できる能力を養うことが目的。

具体的には、課題に対して仮説を立てて検証する「問題解決型学習（PBL:Project Based Learning）」、学修者が自ら見つけた問いや課題に対して情報収集・整理・分析を行い、独自の最適解を見つけ出す「探究型学習」、ホームグループ内でメンバーごとに違う学習を行った後、同じ内容を学んだ他グループの学修者同士でエキスパートグループを組んで学びを深め、ホームグループへ持ち帰って課題に取り組む「ジグソー法」などの学習方法を通して、主体的・対話的で深い学びを追求していく。

文部科学省が2017年に公示した新学習指導要領でも、小・中・高校の全教科でアクティブ・ラーニングの視点に立った授業改革の取り組みが求められている。

一方で、学修者の能力や自主性によって効果にバラつきが生じるほか、教員のスキル・ノウハウ不足、現在の受験制度と合っていないなど、議論すべき課題もある。

エドテック

エドテック（EdTech）は、「Education（教育）」と「Technology（技術）」を組み合わせた造語で、インターネットなどの情報通信技術（ICT）を活用した教育サービスのこと。デジタルテクノロジーを既存産業に掛け合わせて新しい価値を生み出す「X-Tech（クロステック）」という概念の1つで、従来の教育の仕組みや制度、産業構造、学習スタイルなどに劇的な変化をもたらすことが期待される。

有名なものでは、2012年に米国で始まった「MOOC:Massive Open Online Course（ムーク）」という大規模な公開オンライン講義が挙げられる。受講は無料で、インターネットにアクセスできるデバイスがあれば、学習者の居住地域や時間、経済状況に関係なく誰でも公平に教育を受けることが可能なため、世界中の教育機関に影響を与えた。20年、**新型コロナウイルス**感染症の拡大による**一斉休校**で学びの遅れが生じたことで、**オンライン授業**などを含めたエドテックが再注目されている。

日本では13年に日本オープンオンライン教育推進協議会（JMOOC）が無料オンライン講座を開始。また、**AI（人工知能）**による学習指導・進捗管理を導入した学習管理システムのように、幅広い教育分野で様々なエドテック関連サービスが提供されている。

高等教育の修学支援新制度

2020年4月から高等教育の修学支援新制度がスタートした。低所得世帯を

14

教育・文化・スポーツ

対象に大学や短大、高専、専門学校などの高等教育の進学や就学にかかる費用に対して、政府が支援を行う。現在の日本では高等教育を受けるための経済負担が大きく、低所得世帯ほど進学率が低くなっている。この教育格差がその後の年収格差につながり、結婚や出産もままならないという格差の固定化が生じている。そこで低所得世帯の進学を国が支援することで将来の収入増を図り、安心して子供を産み育てられる社会につなげるという、少子化に対処するための施策だ。19年からの消費税率の引き上げによる増収分が財源となる。

内容は「授業料・入学金の減免または免除」と「給付型奨学金」の二本柱で、要件を満たせば併用も可能。学校の種類や、昼・夜間などの条件によって異なるが、授業料は最大で年額70万円、入学金は最大約28万円が減免される。私立大学生の場合、給付型奨学金は自宅通学者が年額最大約46万円、一人暮らしなどで自宅外から通学する場合で年額最大約91万円が支給される。返還は不要で、学生が学業に専念できるよう生活費を支援する。

対象は住民税非課税世帯とそれに準ずる世帯。例えば両親・本人・中学生の4人家族の場合、世帯年収が270万円以下の学生は満額、300万円以下は満額の2/3、380万円以下は満額の1/3の

▶高等教育の修学支援新制度のポイント

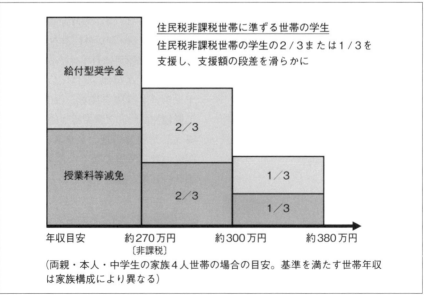

（両親・本人・中学生の家族4人世帯の場合の目安。基準を満たす世帯年収は家族構成により異なる）

出典：文部科学省ウェブサイト

支援が受けられる。

世界大学ランキング

　高等教育機関を各々の指標を基に順位付けした国際的な大学ランキングで、様々な機関が作成・発表している。代表格である英国教育専門誌『タイムズ・ハイヤー・エデュケーション(THE)』が手がける「THE世界大学ランキング」では、研究論文の引用頻度や学生1人あたりの教員比率、外国人学生比率など13の指標から算出。2020年9月の発表では東京大が前年同様36位だった。アジアでは20位の清華大、23位の北京大、25位のシンガポール国立大、39位の香港大がランクインした。200位内に入った日本勢は東京大のほか54位の京都大のみで、前年と同じくベスト200入りした校数は中国と韓国を下回った。トップ10はほぼ昨年どおりで1位のオックスフォード大を筆頭に英米の大学が占めた。

　また英国の大学評価機関のクアクアレリ・シモンズ(QS)が20年6月に発表した「QS世界大学ランキング」では、マサチューセッツ工科大(MIT)が9年連続世界1位という新記録を樹立。THEのランキングで1位のオックスフォード大は5位だった。アジアでは11位のシンガポール国立大がトップ。日本の大学は24位の東京大、京都大38位、東京工業大56位など5校が上位100位にランクインした。QSの評価基準では教員1人あたりの論文被引用数、学生1人あたり教員比率、留学生比率のほか、9万4000人以上にのぼる各国の学術研究者からの評判を重要視している。

大学入試改革
①大学入試改革の概要

　文部科学省はこれまでの大学入試制度を見直し、2020年度に行う入試から新たな制度を実施する。グローバル化や技術革新に伴い、社会構造が急速に変容し予測困難な時代に対応するための応用力・創造力を養うことを目的として、「学力の3要素(1.知識・技能、2.思考力・判断力・表現力、3.主体性を持って多様な人々と協働して学ぶ態度)」を育成・評価する。1979年から始まった大学共通第1次学力試験(共通1次)以来、大学入試ではマークシートの解答が全面的にスタートしたほか、一芸入試やAO入試のように学力試験を受けずに合格する学生が急増したことで、学生の論理的思考力や学力の低下が問題視されていた。

　小・中・高校では**STEAM教育、プログラミング教育、アクティブ・ラーニング**などの教育方法の積極的な導入を図り、学力の3要素を育成。大学ではそれまでに培った力をさらに向上・発展させ社会に送り出す。大学入試をこれまでの知識偏重型評価でなく、学

14

教育・文化・スポーツ

力の3要素を多面的・総合的に評価する仕組みにすることで、高等学校教育と大学教育を一体にして教育改革をすすめる「高大接続改革」のつなぎ役にする狙いだ。

20年度実施の入試からは「AO入試」は「総合型選抜」、「推薦入試」は「学校推薦型選抜」、「一般入試」は「一般選抜」、そして「大学入試センター試験」は「大学入学共通テスト」と名称を変え、内容も学力の3要素を評価できるように変更する。「総合型選抜」「学校推薦型選抜」においては、出願書類だけでなく小論文や口頭試問、大学入学共通テストなど学力を含む総合的な評価方法を導入することが必須となった。

また、主体性評価に用いるために20年度から本格的に導入する予定だったシステム「eポートフォリオ」について、文部科学省は8月、同システムを運営する団体「教育情報管理機構」の運営許可を取り消したと発表した。利用する大学が少なく、運営継続が難しいと判断されたためだ。

大学入試改革
②共通テストの動向

1990年から30年続いた「大学入学者選抜大学入試センター試験（大学入試センター試験）」が2020年度実施の入試から「大学入学共通テスト」に変わる。センター試験と同じ独立行政法人大学入試センター（DNC）によって実施される。長年「知識・技能」に評価の重きを置いてきたが、新試験では知識・技能を前提としてそれを活用する「思考力・判断力・表現力」を重視した作問となる予定だ。

改革の目玉として国語・数学での記述問題の導入や、英語での民間試験の活用が予定されていたが、どちらも見送りとなった。記述式導入は思考力や表現力を評価するためだったが、大量の解答を短期間で採点する際に質の確保が難しいという問題により断念。英語については、従来テストの「読む」「聞く」に「書く」「話す」を加えた4技能をバランス良く学べているかを測るには、実施ノウハウが豊富な民間試験を活用するのが近道とされたが、居住地域や経済状況による受験機会の格差などの課題を解消できなかった。仕切り直しの上で、今後さらなる議論・検証が必要となる。

「大学入学共通テスト」は21年1月16日・17日に実施されるが（第1日程）、**新型コロナウイルス**感染症拡大の影響で学業の遅れがあると校長に認められた学生は、別日に受験できる措置が設けられる。追試験は従来、東京と大阪の2会場のみで開催されていたが、1月30、31日に全都道府県で実施する（第2日程）。

プログラミング教育の必修化

　2020年度より小学校で「プログラミング教育」が必修化された。AI(人工知能)やデータサイエンス、ロボティクスなどデジタルテクノロジーの急速な発展による時代の変化に対応するための創造力や適応力を育むことが目的で、今後は21年度に中学、22年度には高校でも必修となる。

　学習過程でプログラミング言語や技能を習得できる可能性はあるが、課題に対して情報を整理、分析して結論への筋道を立てて考える「プログラミング的思考力」や、デジタルテクノロジーを今後の人生や社会形成に生かし「人間力を育む」ことが本来の狙いだ。

　必修化といってもプログラミングを扱う科目が新たに追加されるわけではなく、これまでの授業にプログラミング体験を取り入れるかたちであり、具体的な学習方法は教育委員会や各学校に委ねる部分が大きい。しかしながら教員や学校関係者のプログラミングやデジタル全般に関するリテラシーが低いケースが多く、実施状況は学校によってバラつきがある。施設内Wi-Fiや生徒のデジタル学習端末など環境整備の遅れも目立つ。

　文部科学省では「GIGAスクール構想」を掲げ、児童生徒1人1台のパソコン等学習端末支給や校内通信ネットワーク整備、デジタル教材や教育プログラム、教員養成や外部人材の活用といったハード・ソフト・指導体制の三位一体でのバックアップをすすめている。

幼保無償化

　2019年10月に始まった幼児教育・保育の無償化(幼保無償化)制度で、3歳から5歳までの子供たちを対象に幼稚園、保育園、認定こども園などの利用料が無償化された。住民税非課税世帯の0歳から2歳児も対象となるが、交通費、食費、行事費などの実費は対象外。経済負担を減らすことで、生涯にわたる人格形成の基礎を培う幼児教育の進展を促すことを目的としている。

　新制度における指定外の幼稚園についても月額上限2.57万円まで無償化されるが、自治体に届け出のない認可外保育施設、未就学児のインターナショナルスクールや外国人学校など支援対象から外れるところもある。

　保護者からは歓迎の声が上がる一方で、保育の現場からは入園者が増えることによる業務負担の増加や保育の質の低下が懸念されている。さらには少子化対策のはずのこの施策が、入園希望者が増えることで**待機児童**を増加させるという根本的な問題を指摘する声もある。また自治体は無償化に伴う費用の一部を負担する必要があり、これまで待機児童解消のために保育所の

▶幼保無償化のポイント

	0〜2歳児	3〜5歳児
幼稚園		無料 一部私立は月2万5700円まで無料。預かり保育の利用は「保育の必要性の認定」があれば月1万1300円まで無料。
認可保育所 認定こども園 地域型保育	住民税非課税世帯は無料	無料
認可外保育施設 認可外保育所、認証保育所、ベビーシッターなど	・住民税非課税世帯 ・「保育の必要性の認定」 ⇩ 上記の条件を満たせば、月4万2000円まで無料	「保育の必要性の認定」 ⇩ 月3万7000円まで無料

新聞記事などを基に編集部で作成

整備などに力を入れてきた自治体には大きな負担が生じることから、事業やサービスの見直しを迫られるケースも出てきている。支援対象者のみならず、受け皿となる施設や自治体など、多角的・継続的な改善が求められる。

リカレント教育

　社会人になってからも必要に応じて教育機関に戻って学び、また社会へ出るというサイクルを繰り返す教育モデル。リカレント（recurrent）が「反復・循環・回帰」を意味することから「回帰教育」「循環教育」などとも呼ばれる。スウェーデンの経済学者ゴスタ・レーンが提唱した概念で、1970年代に経済協力開発機構（OECD）で取り上げられ、世界的に広がった。

　欧米は労働市場の流動性が高く、社会人になってからもキャリアアップのために教育機関で学習しやすい環境があり、フルタイムの就学・就労を繰り返す本来のリカレント教育への取り組みが進んでいる。特にスウェーデンでは在職者に対して教育訓練のための休暇を保障しており、在職者の2年以上の就学休暇と、その後の仕事復帰の権利を保障する「教育休暇法」や、労働訓練を受ける者や初・中等教育の学び直しを希望する成人に資金的支援をする「成人教育義務資金法」などを設け、法制度も先進的である。

　日本においても産業構造の変化、少子高齢化による労働力人口の減少、長寿化や女性の社会進出の進展などを背景にリカレント教育の重要性が高まっているが、長期雇用の慣行があるためキャリアを中断して再就学することは難しく、多くは大学（院）、専修学校や資格学校の社会人向けプログラムで働きながら学んでいるのが現状。今後はさらに学び直しの選択肢を増やすべく、産・学・官一体の環境整備が求められる。

[　　文化・スポーツ　　]

「あつまれ どうぶつの森」

　任天堂の家庭用ゲーム機「ニンテンドースイッチ」向けソフト「どうぶつの森」シリーズの第7作目。舞台となる無人島に移住したプレーヤーがアバターを操作して「どうぶつ」たちと交流をしながら、自由に島づくりを楽しむことができるゲーム。

　2020年3月20日に発売開始後、3日間で国内販売本数188万本（ダウンロード版は除く）を突破し、ニンテンドースイッチのソフトとしては歴代トップを記録（ファミ通調べ）。**新型コロナウイルス感染症の拡大による「巣ごもり消費」**が数字を押し上げ、発売から約3カ月で国内累計販売本数がニンテンドースイッチ向けソフトで初の500万本を超えた。任天堂が11月に発表した21年3月期第2四半期決算短信によると累計出荷本数は2604万本（20年9月30日時点）で、世界的大ヒットを記録した。

　ゲーム内で家具や洋服のデザインを自由に決めて共有できる機能を生かし、美術館やアパレル業界などが販促に活用する事例が相次いだ。また米大統領選の民主党候補ジョー・**バイデン**氏が、選挙活動に活用したことでも注目を浴びた。

　同ソフトのヒットが牽引し、攻略本『あつまれ どうぶつの森 完全攻略本＋超カタログ』の累計発行部数は73万部を超えた（7月末時点）。また、「ニンテンドースイッチ」の国内累計販売台数は約1500万台（9月6日時点）と売り上げを伸ばした（ファミ通調べ）。

▶「あつまれ どうぶつの森」

写真提供：任天堂

嵐活動休止

　2019年1月、ジャニーズ事務所所属の人気アイドルグループ「嵐」が、20年末でグループの活動を休止すると発表した。メンバー5人は会見を行い、決断に至るまでの経緯を報告。グループの解散は否定している。

　嵐は1999年9月に結成され、同年11月「A・RA・SHI」でCDデビュー。「One Love」「Monster」などのドラマ主題歌をはじめ、多くのヒット曲をリリースした。また、各メンバーがバラエティー番組だけでなく、テレビドラ

マや映画などの主演として活躍するなど、国民的な人気を集めている。

活動休止発表後の活躍もめざましく、2019年6月に発売されたベストアルバムCD「5×20 All the BEST‼ 1999-2019」は同年だけで売上枚数330万枚（20年3月発表）を突破し、同年に世界で最も売れたアルバムとなった。「Global Album of 2019」（国際レコード産業連盟）に選ばれたほか、ギネス世界記録にも認定された。20年7月に発売されたシングル「カイト」は初週売り上げ91.1万枚を記録して自己最高記録を更新し、その後シングル初のミリオンセラーも達成した。

また18年11月から行ったデビュー20周年記念ツアー「ARASHI Anniversary Tour 5×20」は、全国5大ドームで全50公演が行われ19年12月の千秋楽までに約237万人を動員した。

その後、**新型コロナウイルス**感染症の拡大を受け、20年4月に予定していた北京公演は断念、5月の東京公演は11月にオンラインで開催された。

『鬼滅の刃』

『週刊少年ジャンプ』で人気を博した、女性作家・吾峠呼世晴（ごとうげ こよはる）によるマンガ作品。大正時代を舞台に、家族を鬼に食い殺された主人公・竈門炭治郎（かまど たんじろう）が、生き残ったが鬼と化してし

まった妹の禰豆子（ねずこ）を人間に戻す方法を探すため、鬼の親玉・鬼舞辻無惨（きぶつじ むざん）を捜す旅に出る。剣術の鍛錬を積みながら仲間と協力して敵を倒すという王道のストーリーに、独特な台詞回しや凄惨なシーンと、人情味あふれる描写に加え時折見せるコミカルな動きとのギャップが幅広い層のファンを惹きつけた。2019年のアニメ化をきっかけに注目を集め、原作漫画へのファンの逆流入が起こり大ヒット。単行本1〜22巻で累計発行部数は1億部を突破した（20年10月時点、電子書籍含む）。

原作は16年11号から連載を開始。人気絶頂の中、週刊少年ジャンプ20年24号で最終回を迎えたが、LiSAが歌うアニメ主題歌の「紅蓮華」はロングヒット。また小説やWebラジオ、映画、海外展開、他業種とのコラボ商品といった派生ビジネスは活況が続いている。20年10月に公開された映画「劇場版『鬼滅の刃』無限列車編」は、10日間という歴代最速で興行収入100億円を突破した。

黒沢清

1955年兵庫県生まれの映画監督、脚本家。2020年10月公開『スパイの妻』が第77回ベネチア国際映画祭で銀獅子賞を受賞した。日本人監督の同賞受賞は、03年の『座頭市』での北野武監督

以来17年ぶりの快挙となった。

黒沢監督は、大学時代から8ミリ映画を撮り始め、1988年に『スウィートホーム』で一般商業映画監督デビューを果たす。1997年に監督・脚本を務めたサイコサスペンス『CURE キュア』で世界的な注目を集め、『ニンゲン合格』（1998年）、『カリスマ』（1999年）と話題作を手がけた。

2000年『回路』で第54回カンヌ国際映画祭国際評論家連盟賞、『トウキョウソナタ』（08年）で第3回アジア・フィルム・アワード作品賞と第61回カンヌ国際映画祭ある視点部門審査員賞、『岸辺の旅』（14年）で同部門監督賞を受賞するなど、海外でも高い評価を受けている。

黒沢監督はこれまで、ホラー、スリラー、サイコ、サスペンスなど様々なジャンルの作品を発表。『スパイの妻』では初の歴史映画に挑み、太平洋戦争開戦直前の神戸を舞台に、戦争に翻弄されながら信念と愛を貫く女性の物語を描いた。

女子ゴルフ黄金世代

2019年8月、ゴルフ全英女子オープンで渋野日向子選手が優勝し、1977年の樋口久子選手以来42年ぶり2人目のメジャー制覇を果たした。渋野選手と同じ1998年度生まれの選手は「黄金世代」と呼ばれ、日本女子プロゴルフの

▶「黄金世代」の勝利数

生年月日	選手名	勝利数
1999年1月13日	畑岡　奈紗	8勝
1998年11月15日	渋野　日向子	5勝
1998年7月1日	勝　みなみ	4勝
1998年4月15日	小祝　さくら	2勝
1999年2月15日	原　英莉花	2勝
1998年12月20日	新垣　比菜	1勝
1998年8月10日	大里　桃子	1勝
1998年8月29日	河本　結	1勝
1998年6月13日	浅井　咲希	1勝

※勝利数は10月末時点。
※勝利数は日米通算。畑岡は米3勝、渋野は米1勝。
新聞記事などを基に編集部作成

躍進を牽引している。

黄金世代は、2014年に勝みなみ選手がアマチュアで国内ツアー最年少優勝を達成したことを皮切りに、16年に畑岡奈紗選手がアマチュア初の日本女子オープンを制し、18年には新垣比菜選手と大里桃子選手らがツアー初優勝を挙げた。19年度は河本結選手、勝選手、渋野選手、原英莉花選手、小祝さくら選手、浅井咲希選手らが勝利を重ね、黄金世代が全39試合中12試合で優勝する活躍を見せた。

20年度国内ツアーは**新型コロナウイルス**感染症拡大防止のため開幕が大幅にずれこんだが、9月の「ゴルフ5レディス プロゴルフトーナメント」で小祝選手が、10月の「日本女子オープンゴルフ選手権」で原選手がともにツアー2勝目を挙げるなど、黄金世代の活躍で女子ゴルフ界にさらなる注目が集まっている。

チケット不正転売

インターネット上でコンサートや舞台などのチケットを高値で売りさばく行為が横行するなか、2019年6月14日、チケットの不正転売を禁止する「特定興行入場券の不正転売の禁止等による興行入場券の適正な流通の確保に関する法律」（チケット不正転売禁止法）が施行。20年に開催予定だった**東京五輪・パラリンピック**を見据え、法案提出から成立までわずか1カ月というスピード成立だった。

同法は、転売目的でチケットを購入したり、興行主の同意なしに発売時の販売価格より高い価格で転売したりする「商売」などを禁止。違反した場合、1年以下の懲役か100万円以下の罰金、または両方が科せられる。

19年10月、アイドルグループ「嵐」の公演の電子チケットを高額で転売したとして大阪府警は同法を全国で初適用し、チケット不正転売禁止法違反などの疑いで被疑者を書類送検。20年8月に懲役1年6カ月、執行猶予3年、罰金30万円の有罪判決が言い渡された。

同法で悪質な事例を摘発すれば抑止効果が出ると見られる一方で、同法の対象が「特定興行入場券」に限られ、収益や利便性の面から同入場券の導入に二の足を踏む興行主も多く、摘発のハードルの高さが指摘されている。

チバニアン

地質時代の区分の1つ、77万4000年前から12万9000年前の時代を指す名称。千葉県で見つかったことから「千葉時代」を意味し、2020年1月17日に国際地質科学連合により「チバニアン（Chibanian）」と命名された。日本の地名にちなんだ名前が地質時代に付けられることは初の快挙。

誕生から46億年経つ地球の歴史のうち、有史時代以前の時代を地質時代と呼ぶ。地質時代は隕石の衝突や気候変動、生物の出現・絶滅、地磁気の逆転などの大きな節目ごとに117の時代に分けられるが、うち10程度にはまだ名前が付いていない。

その節目を示す痕跡が地層に現れている場所は、地質年代の境界ポイントを表す「国際境界模式層断面とポイント（GSSP）」として世界で1カ所だけ認定される。約77万年前の地磁気逆転現象の痕跡が見られる地層が千葉県市原市田淵の養老川沿いで見つかったことから、17年に日本の研究チームが国際地質科学連合に申請。日本のほかにイタリアでも同様の地層が見つかっており、併せて審査が進んでいたものの、最終的には緻密で質の高い日本のデータが評価され、採用に至った。

これまで77万4000年前から12万9000年前の時代は、暫定的に「中期更新世」と呼ばれていたが、今後はチバニ

▶主な地質時代とチバニアン

2020年1月18日付日本経済新聞

アンが中期更新世のGSSPとして世界中の教科書や研究論文で使われる正式名称となる。この時代は現生人類のホモ・サピエンスが生まれた時期とも重なり、今後は国内外の研究者の注目を集め、千葉県を舞台とした地質・気候研究の盛り上がりが期待される。

デザイン思考・アート思考

どちらも言葉の由来は諸説あり、明確な定義はないが、概ねデザイン思考は創造的課題解決思考、アート思考はゼロベース創造思考といえる。

デザインには表層的な装飾だけでなく、本来は「設計」という意味がある。デザイン思考とは、顧客や社会といった対象を観察・理解した上で課題を抽出し、解決策を模索するという、デザインに必要とされる設計手法を利用して課題を解決することを意味する。

一方のアート思考とは「誰かのための課題解決」ではなく、どちらかといえば自己の中にある根源的な価値や課題を追求し、試行錯誤を繰り返すことを意味する。顕在化されていないニーズに対してまったく新しいサービスを生み出すような、破壊的イノベーションを起こす手法として期待されている。

社会構造が急速に変化し、不確実性・多様性が高まる現代では、従来のロジカルシンキングを発展させたこれらの思考法により「まだ見ぬ価値」を生み出すことが必要とされる。AppleやGoogleなど世界を先導する企業も採用しており、日本でも各企業が様々な取り組みを行っている。またビジネスだけでなく、**STEAM教育**のように教育現場からの底上げも進んでいる。

東京五輪・パラリンピック

2020年7月24日からの開催を予定していた第32回オリンピック競技大会（東京五輪）および8月25日から開催予定だった東京2020パラリンピック競技大会（東京パラリンピック）が、**新型コロナウイルス**感染症の世界的流行への配慮から延期を余儀なくされ、1年後に開催されることになった。東京五輪は21年7月23日から8月8日、東京パラ

リンピックは21年8月24日から9月5日の日程で開催予定。

　購入済みの観戦チケットは原則としてそのまま延期後の大会で利用可能で、希望者へは20年11月から払い戻しが始まった。既に出場資格を得ていた日本選手については、基本的にその資格が維持されることが決まっているが、選手の中には1年間コンディションをキープするのは困難だという声もある。

　近代五輪124年の歴史で、世界大戦中であった1916年と1940年、1944年に開催が中止されたことはあったが、延期は初めて。開催準備には既に1兆円以上の予算が投じられており、延期となっただけでも経済的な打撃は大きい。国際オリンピック委員会(IOC)は延期に伴う支援のため、追加費用のうち8億ドル(約860億円)を負担する方針を明らかにした。予算だけでなく、会場や人員、選手団の受け入れ、追加選考大会の体制づくり、スポンサー契約の再精査など課題は山積。さらに新型コロナウイルス感染症の拡大が収束に向かわなければ、再度の延期、あるいは中止も視野に入れる必要があり、先行きは不透明だ。

日本遺産

　日本遺産(Japan Heritage)とは、地域の歴史や文化を語る文化財を「ス

トーリー」として認定する文化庁の事業。2015年度から年に一度公募しており、地域に点在する有形・無形文化財を個々の「点」としてではなく、つながったストーリーとして、その歴史的価値を一括認定するのが特徴。文化財をストーリーとして発信することで地域の魅力を伝え、地域の活性化を図る。

　日本遺産には単一の市町村でストーリーが完結する「地域型」と、市町村をまたいでストーリーが展開する「シリアル型(ネットワーク型)」の2つがある。シリアル型の例としては19年に認定された「1300年つづく日本の終活の旅〜西国三十三所観音巡礼〜」があり、巡礼の出発点である第1番札所「青岸渡寺」(和歌山県那智勝浦町)から第33番札所「華厳寺」(岐阜県揖斐川町)まで、7府県24市町村の寺で構成されている。

　認定された事業は、「地域文化財総合活用推進事業」として、人材育成や普及啓発などで補助金が支給される。20年度は新たに21件認定。これまで認定遺産がなかった東京都からも初めて選ばれ、日本遺産は全都道府県に拡大した。登録件数は累計104件で、目標である「20年までに100件程度」に到達したため、20年度で新規認定を最後とし当面は追加しない。今後はこれまでに認定された地域のブランド維持・強化などに取り組んでいく。

日本遺産／「パラサイト 半地下の家族」／バンクシー／藤井聡太

「パラサイト 半地下の家族」

韓国のポン・ジュノ監督が脚本を手がけた映画。ソウル市内で半地下の住宅で生活する貧しい家族が、身分を偽って高台の豪邸に暮らす裕福な家庭に家庭教師や運転手として出入りしたことがきっかけで、思わぬ秘密を知ってしまう物語。現代韓国の格差社会を描いた悲喜劇だ。

2019年5月に韓国で公開され、1000万人を超える国内動員数を記録。同作は国際的評価も高く、第72回カンヌ国際映画祭(19年)では韓国映画初となる、最高賞パルム・ドールを受賞し、第92回アカデミー賞(20年)では6部門にノミネートされ、作品賞、脚本賞、監督賞、国際長編映画賞の4部門を受賞した。アカデミー賞の最高賞といわれる作品賞に外国語映画が選ばれたのは初。同作が高く評価され、世界的にヒットした要因には予測不能な展開や独創的な内容、世界が抱える社会格差を描き切ったことなどが挙げられる。日本でも20年1月より公開され、話題を集めた。

バンクシー

英国を拠点に活動する匿名の芸術家。世界中のストリート、壁、橋梁などに時勢を風刺する絵を描いている。

2020年7月には、**新型コロナウイルス**の感染対策としてマスクの着用が議論されている英国において、ネズミがくしゃみをして飛沫が広がる様子やマスクで遊ぶネズミなどを地下鉄に描き、話題を集めた。

バンクシーの作品は、ステンシル(型版)にスプレーを吹き付けて描くグラフィティ(落書き)と、それに添えられるエピグラム(風刺詩)が中心。多くの作品は無断で描かれるため、行政が清掃などの際に消去する事例もあるが、撤去して保管し、展示するケースも多数ある。日本では、19年1月に東京都港区の防潮扉にバンクシーが描いたとみられるネズミの絵が発見され、同年4月、都庁に展示。千葉県、兵庫県などでも相次いで発見され、真贋論争が起きた。

世界5都市で100万人以上を動員した「バンクシー展 天才か反逆者か」が、20年3月から横浜市で、10月からは大阪市で開催され、70点以上の作品が展示された。

藤井聡太

2002年愛知県生まれの高校生将棋棋士。16年に史上最年少でプロ棋士となり、17年にはデビュー戦から公式戦を無敗で29連勝となる歴代最多記録を打ち立てた。

その後も将棋界の記録を次々と塗り

14

教育・文化・スポーツ

▶タイトル獲得時の年少者上位5名

棋士名	タイトル獲得時の年齢	生年月日	タイトル戦名
藤井聡太	17歳11カ月	2020年7月19日	第91期ヒューリック杯棋聖戦
屋敷伸之	18歳6カ月	1972年1月18日	第56棋聖戦
羽生善治	19歳3カ月	1970年9月27日	第2期竜王戦
渡辺明	20歳8カ月	1984年4月23日	第17期竜王戦
中原誠(引退)	20歳10カ月	1947年9月2日	第12期棋聖戦

新聞記事などを基に編集部作成

替え、20年7月には第91期ヒューリック杯棋聖戦五番勝負で渡辺明棋聖を破り、3勝1敗で棋聖のタイトルを獲得。17歳11カ月での初タイトルは最年少記録を30年ぶりに更新した。8月には第61期王位戦七番勝負で木村一基王位を破り、2つ目のタイトルとなる王位を獲得。史上初めて10代での複数冠保持の金字塔を打ち立て、最年少二冠記録と最年少八段昇段記録を同時更新した。

21年1月から行われる王将戦で王将のタイトルを獲得すれば、三冠と同時に最高段位九段への昇段が決まったが、挑戦者決定リーグで3連敗を喫し、挑戦権を逃した。

無観客試合

観客を入れずにスポーツ試合を行う措置で、リモートマッチとも呼ばれる。**新型コロナウイルス**感染症拡大防止対策として行われてきた。

2020年4月16日に全国へ拡大した**緊急事態宣言**を受け、2月末から中断していたJリーグ(日本プロサッカーリーグ)は、7月4日よりJ1リーグを無観客試合で再開。プロ野球のセ・パ両リーグは、当初より約3カ月遅れの6月19日から無観客試合により開幕した。

再開にあたってはガイドラインが設けられた。Jリーグではクラブ所属の全選手をはじめ関係者全員にPCR検査を2週間に1度実施、プロ野球では全12球団の全選手と関係者のPCR検査を月に1度実施する。このほか、素手による握手やハイタッチの禁止、ベンチ内でのマスク着用などの感染拡大防止対策がとられている。

7月10日以降はJリーグ、プロ野球ともに政府の緩和指針に沿い、最大5000人の観客受け入れを開始。チケットの販売は原則シーズンシート、ファンクラブのみとする対応がとられた。また、8月1日から政府のイベント制限が緩和されることになっていたが、感染の再拡大の傾向がみえたことから見送られた。その後9月19日に制限が緩和され、1万人を超えるイベント

については5000人の上限を撤廃して、収容人数の50％まで入場できるようになった。

米津玄師

1991年徳島県出身のシンガーソングライター。2009年に「ハチ」名義でニコニコ動画へ楽曲の投稿を始め、ボーカロイドを活用した楽曲「マトリョシカ」「パンダヒーロー」などの作品を発表した。12年には本名の「米津玄師」名義で活動を開始し、13年5月に「サンタマリア」でメジャーデビュー。15年にはアルバム「Bremen」が「第57回輝く！日本レコード大賞」で優秀アルバム賞を受賞した。

特に話題を呼んだのは、18年1月放送のドラマ『アンナチュラル』(TBS)の主題歌として書き下ろした「Lemon」だ。2月に先行配信されると、10週連続で配信ランキング1位を獲得。約3カ月で100万ダウンロードを超え、同月にYouTubeで公開したミュージックビデオは6日間で1000万再生を突破した。その後はテレビ番組やCMへの出演、作詞・作曲を手がけた「パプリカ」のヒットなどでさらに認知度を押し上げた。

「Lemon」はその後も再生回数・ダウンロード数を伸ばし、ロングヒットを記録。18、19年と2年連続で国内総合ソングチャート(ビルボードジャパン発表)年間1位を獲得している。

20年8月発売の5thアルバム「STRAY SHEEP」は、150万枚(10月10日時点)を売り上げ、平成生まれのアーティスト作品としては初のミリオンセールスを達成した。

テーマ **14** 確認チェック

❶インターネットなどの情報通信技術を活用した教育サービスを示す造語は何か。▶p.259
❷2020年度から小学校で［　　］教育が必修化されることになった。▶p.263
❸社会人になってからも教育機関に戻って学び、また社会へ出るというサイクルを繰り返す教育モデルを何というか。▶p.264
❹日本で地層が発見されたことから、77万4000年前から12万9000年前の地質時代は［　　］と命名された。▶p.268
❺日本の歴史や文化をストーリーとして登録して発信する文化庁の事業を何というか。▶p.270

答え ❶エドテック ❷プログラミング ❸リカレント教育 ❹チバニアン ❺日本遺産

[資料編 ①]

基礎用語 ミニ辞典

経済・金融

GDPデフレーター

GDP deflator。物価の総合的な動向を知るための指標の1つ。消費や設備投資など様々な活動の物価指数を統合（インプリシット方式という）したもので、内閣府が発表。国内総生産（GDP）には輸入品価格が含まれず、国内生産品だけを対象にしているので、正確には「国内に原因がある物価変動」の指標である。「インプリシット・デフレーター」とも呼ばれる。

名目GDP（物価変動を調整していないGDP）を実質GDP（同調整をしたGDP）で割って、算出する。GDPデフレーターが上昇すればインフレ圧力が強く、下降すればデフレ圧力が強いことを示す。

J-REIT

REIT（Real Estate Investment Trust）とは、不動産投資信託のこと。投資家から資金を集めてオフィスビルや商業施設などの不動産に投資し、賃料や売却益などの運用益を投資家に分配する金融商品である。不動産投資だが、法律上は投資信託の一種である。

東京証券取引所は2001年3月、日本版REIT（J-REIT）として専用の不動産投資信託市場を開設。投資家にとっては実物の不動産に投資するのに比べて、小口で安定的な配当

を得られる。個人や外国人のほか、地方銀行なども主要な投資家となっている。

運用対象の資産としてはオフィスビルが約半分を占めるが、ホテルや物流施設などにも対象範囲が広がっている。最近は高齢者向けの施設の市場拡大を見据え、有料老人ホームなどの介護施設に投資する「ヘルスケアREIT」を官民一体で促進している。

LBO

Leveraged Buyoutの略。「レバレッジド・バイアウト」といわれる企業買収手法。レバレッジとは外部資金（負債）のことで、これを使うと少ない自己資金で大きな企業を買収（バイアウト）できることが名称の由来となった。

一般的に、企業買収には巨額の資金が必要だが、買収の対象企業の資産価値を担保に実際の買収よりも先にお金を借りられるので、限られた自己資金で買収できるという利点がある。ただし、対象企業の買収に失敗した場合、対象企業の株価の下落分だけ借金が残る。

LIBOR（ライボー）

London Inter-Bank Offered Rate の略。ロンドン市場での銀行間取引金利のことで、短期金利の指標として国際的に使われる。英国銀行協会（BBA）が複数の銀行から報告を受けた金利を平均値化して、毎日発表していたが、英大手銀行などが不正な報告によって指

標をゆがめていたことが2012年に発覚した。14年からは、BBAから米インターコンチネンタル取引所（ICE）に移管された。21年末以降は公表が停止される予定。

MSCI指数

米国の株価指数算出会社MSCI（モルガン・スタンレー・キャピタル・インターナショナル）が、独自に算出・公表している世界的な株価指数。約70カ国の先進国、新興国、発展途上国の株式市場をカバーしている。先進国やエマージング（新興国）地域、各国別、産業別、業種別など約3600の指数を算出。世界の機関投資家の多くが、国際株式投資のベンチマーク（評価基準）として採用している。

基本となるのは先進国指数と新興国指数、フロンティア指数の3つ。先進国指数は欧米諸国や日本を含む24カ国の指数で構成。新興国指数は南米諸国やロシア、中国、韓国、台湾など23カ国の指数で構成されている。韓国は新興国から先進国へのくら替え機運が盛り上がっている。

2018年6月から、中国の本土で上場している人民元建て株式（A株）が新興国株指数に組み入れられた。

ROE（効率よく稼ぐ力）

ROEとは「Return On Equity」（自己資本利益率）の略語で、企業が株主から預かったお金でどれだけ効率的に利益を上げているかを示す指標のこと。最終的なもうけである純利益を自己資本で割って算出する。ROEの数値が高いほど効率よく稼いでいることを示し、海外投資家が企業の収益力を評価する基準と

して重視している。

日本企業は欧米企業に比べてROEが低いことで知られる。かつての日本の経営者は金融機関などとの株式の持ち合いに守られ、株主の目を意識せずにいたことなどが原因だ。しかし、2014年に経済産業省のプロジェクトがまとめた通称「伊藤リポート」で、「各企業は最低限8％を上回るROEを目指すべきだ」とする提言が発表されたことを契機に、日本でもROEを重視する傾向が強まった。

日本経済新聞の集計によれば、17年度には1982年度以降初めて10％を超えたが、以降は低下し、2019年度は6.7％にまで低下した日本企業の収益力が欧米企業に迫る中、欧米の主要企業が目安とする2桁のROEを維持するには、一段と効率的な資金の使い方が求められる。

TIBOR（タイボー）

Tokyo Inter-Bank Offered Rateの略。東京市場の銀行間取引金利のことで、銀行が企業などに融資をする際の金利を決める基準の1つ。国際的な基準金利に使われるロンドン銀行間取引金利（LIBOR）の「日本版」である。

1995年11月以来、全国銀行協会が指定された複数の有力銀行から報告された金利の平均値を計算し、「全銀協TIBOR」として毎営業日に発表していた。しかし、不正防止のため2014年4月から、算出・公表業務は全銀協から外部機関の「全銀協TIBOR運営機関」に移された。

本邦無担保コール市場の実勢を反映した「日本円TIBOR」と、本邦オフショア市場の実勢を反映した「ユーロ円TIBOR」の2種類があり、それぞれ1週間物、1・2・3・6・12カ月物の6

種類が公表されている。

ユーロ円TIBORは、1998年3月から毎営業日に公表し、日本円・ユーロ円とも1週間物は2000年7月から公表。ユーロ円3カ月物は、政策金利であるコールレートと期間1年以上の長期金利との間にあり、短期金利の動きを代表する指標の1つである。

TOB、MBO

TOB（株式公開買い付け）はTake-Over Bidの略。LBOと並ぶM＆A（合併・買収）の手法の1つである。企業の経営権取得などを目的として株の買い取りを希望する人が、「買い付け期間」「買い取り株数」「価格」を公表。不特定多数の株主から株式を買い取る。

原則として、上場企業や未上場でも一定の要件を満たす企業の株を、市場を通さず5％以上買う場合は、TOBで買い付ける必要がある。欧米では一般的な企業買収法として定着しており、敵対的な買収の際に利用される。

MBO（経営陣による企業買収）はManagement Buyoutの略。M＆Aの一形態である。経営陣が株主から株式を譲り受けたり、事業部門や子会社の経営を任された執行責任者らがベンチャーキャピタルなどの投資会社の資金支援を得たりして、本体企業や親会社から株式を買収して独立するもの。企業の事業再編の手段として、あるいは企業防衛のため株式の上場廃止に使われ活発化した。

赤字国債

国債は国家が発行する公債で、ほかの債券と同様に発行された後でも市場で売買できるため、価格は常に変動している。日本では、国は財政赤字を補うために国債（国庫債券＝借金証書）を発行し、民間企業など（銀行、企業や個人、外国人の場合もある）が買い取っている。

国債には、「建設国債」と「赤字国債」の2種類あるが、建設国債は「財政法」で認められており、道路や住宅、港湾など、公共事業の財源に充てるために発行する。一方、赤字国債は、国の一般会計の経常赤字補填として、歳入不足を補うために「特例法」によって発行され、「特例国債」とも呼ばれる。

「財政法」では本来、赤字国債の発行はできない。道路など形のあるものを将来の世代に残す建設国債と違い、将来の世代にとって単なる負担になるためだ。

ただ、現実には毎年のように「特例法」を成立させて、赤字国債を発行している。赤字国債は1990年度予算で一度解消されたが、バブル崩壊後の94年度以後は再び発行され続けている。国債は通常、償還日に元金を返済するものだが、国の財源に余裕がなければ、期限の来た国債償還のために、また新たに国債を発行する。そうして、国債発行残高は増加し続けることになる。

20年度予算の一般会計総額は約102兆6580億円で、歳入のうち借金である国債発行は約32.5兆円。そのうち赤字国債は約25.4兆円で、公債金の大部分を占めている。なお新型コロナへの対応による財政支出により、国債残高は20年度末時点で約1000兆円を超える見込み。

インフレとデフレ

インフレとはインフレーション（膨らむ）の略で、「物価の継続的な上昇」と定義される。デフレとは反対に、デフレーション（しぼむ）の

略で、継続的に物価が下落することだ。

インフレになると、同じ金額で購入できるモノの量が減る。デフレの場合は、逆に購入できるモノの量が増えるので、一見経済には好影響にみえるがマイナス面も多い。

例えば、将来物価が下落すると人々が予想した場合、現在モノを買うよりも、将来買うほうが実質的に多くのモノが買えると判断し、消費や投資が先送りされ、現在の需要が減るという問題がある。

また、資産の実質的価値の上昇は、負債（借金）の実質的な価値も上昇することになり、貧富の差が広がる。いわゆる「物価下落→企業の売上高減少→企業の収益減少→賃金減少→消費減少→物価下落」といった物価下落の悪循環（デフレスパイラル）が生じる可能性があり、デフレからなかなか抜け出せないという問題も指摘されている。

エンゲル係数

一世帯の総消費支出のうち、食費が占める割合を百分率で表した数値。19世紀にドイツの社会統計学者、エルンスト・エンゲルが、ベルギーの労働者の家庭を調査し、「所得が高くなればエンゲル係数は低くなる」という法則（エンゲルの法則）を導き出した。日本では戦後、長きにわたりエンゲル係数が生活水準の指標とされ、総務省統計局が家計調査を実施して算出している。
戦後間もない1947年のエンゲル係数は63.0％（2人以上の世帯）だったが、高度成長期を経て日本人の生活が豊かになるにつれて急速に低下し、1979年には29.2％と20％台に突入した。しかし2005年に22.9％まで下がった後は緩やかながら上昇傾向となり、19

年は3年連続して25.7％だった。

エンゲル係数が上昇に転じている原因としては、食料品の物価上昇や共働き世帯の増加による外食機会や調理食品などの購入が増えたこと、調査対象世帯の中で高齢者の無職世帯の比率が上昇していることなどが考えられる。

エンゲル係数の生活の余裕度を測る物差しとしての役割は失われつつあるが、経済や社会構造、生活スタイルの変化などを捉えるための参考になる数値だといえる。

エンジェル税制

個人がベンチャー企業に出資したとき、株式取得額の一部または全額を課税所得から控除できる制度。「エンジェル」とは、資金を提供する投資家を指す。資金繰りが厳しいベンチャー企業に対し、投資家の資金を集まりやすくし、経営を手助けする。

ただ、この税制の対象となるベンチャー企業の条件が厳しく、改正を求める声が多かった。設立年数の条件に加えて、投資対象を経営状態の悪い企業に限るために「営業キャッシュフローが赤字」という条件もあり、利用制限が多かった。

2015年度の税制改正では、国家戦略特区に限りエンジェル税制を拡充。農業や医療分野の企業を対象に、要件を「設立3年未満」から「設立5年未満」に緩和。また、設立年数によって条件が異なるが経営指標の基準も緩め、「売上高利益率が2％以下」の企業に対象を広げた。16年からは窓口が経済産業局から各都道府県庁となった。

外国為替証拠金取引（FX）

「外国為替保証金取引」「FX」「通貨証拠金取引」などともいい、FXはForeign Exchange（外国為替）の略。証拠金として業者に預託した資金の何倍もの外国為替取引ができ、少ない元手で巨額の利益を手にするチャンスがある半面、大きな損失を招く危険性もある高リスク高リターンの取引である。

東京金融取引所は2009年に証拠金倍率（レバレッジ）の上限を引き上げたため、取引量は急増。しかし、投資家に大きな損害を与える可能性もあるため、金融庁は同年8月にレバレッジに上限を設ける内閣府令を公布した。10年8月にレバレッジを最大50倍に制限し、11年8月には最大25倍に引き下げた。

金融先物取引業協会によると、15年度のFX取引金額は約5500兆円と取引金額が初めて5000兆円を超え、4年連続で過去最高を更新した。16年度以降は市場の不透明感や仮想通貨に取引が流れるなどして、やや低迷していたが、20年1～6月は、新型コロナによる市場混乱で、個人投資家の活発化により、半期としては過去最高を記録した。

外需型産業と内需型産業

外需型産業とは、海外の需要に依存している産業のこと。自動車やコンピューター、家電、精密機器などが代表的だ。

外需型産業は原材料を海外から仕入れ、加工して海外へ輸出しているため、為替レートに大きく影響される。円安になるとドルベースでの価格が低下し、輸出がしやすくなるので、利益が上がる。海外景気も大きく影響する。

一方、内需型産業は国内需要に依存している産業のこと。サービス業や小売業、建設業、不動産業、エネルギー産業などがある。最終的な需要者は国内の消費者だが、原材料などは輸入に頼る部分が多いので、円安になると経費がかさみ、収益を圧迫することになる。

日本国内は人口の減少によって市場規模の縮小が予測される。新たなマーケットを求めて、アジアなど海外へ進出していく内需型産業も多い。スーパーマーケットや百貨店、コンビニエンスストアなど小売業は、海外出店が盛んだ。外食産業も高まる「日本食」の人気を追い風に、海外展開を加速している。

確定拠出年金（DC年金）

Defined Contribution。年金は20歳以上の全ての国民が拠出金としてお金を支払い、それを老後に給付金として受け取る。

確定拠出年金は拠出額が決まっている年金で、毎月の掛け金を元手に加入者があらかじめ用意された金融商品を選び、運用する。加入者の運用成績に応じて、受け取る年金額が変わる。運用に失敗すれば年金が目減りすることもある。

確定拠出年金が増えているのは、企業年金制度だ。納付期限にもよるが原則、全ての国民を対象としている基礎年金（国民年金）が「1階部分」、報酬に比例して基礎年金に加算される厚生年金が「2階部分」、これら公的年金にさらに上乗せされるのが企業年金で、「3階部分」にあたる。企業年金制度の主力は確定給付型の厚生年金基金だったが、株価の低迷などで運用難に陥り、制度そのものを廃止する企業が増えている。

企業年金は確定給付型から、確定拠出型に移行する動きが強まっている。企業負担が少

なく、転職や離職で年金制度が変わっても年金資産の移動がしやすいという利点もある。

確定拠出年金には、企業が掛け金を拠出する「企業型」と、個人が拠出する個人型拠出年金iDeCo（イデコ）がある。厚生労働省によれば、企業型の利用者は約750万人（2020年7月末時点）、iDeCoの利用者は約170万人（20年8月末時点）。

株価指数

株式市場全体の株価のトレンドを表す指標として考案された指数。日本市場の株価指数には、「日経225」（日経平均株価）、「TOPIX」（東証株価指数）、「ジャスダックインデックス」などがある。海外市場では「ダウ・ジョーンズ工業株30種平均」（ダウ平均）、「S＆P（スタンダード・アンド・プアーズ）500種指数」「NASDAQ総合指数」などが有名だ。

日経225は、日本経済新聞社が東京証券取引所（東証）第1部上場の225銘柄を選んで算出している。採用銘柄は流動性や業種のバランスを考慮して定期的に入れ替え、各銘柄の株価は50円額面に換算して計算する。

TOPIXは、東証第1部上場全銘柄の時価総額を終値ベースで評価。基準日である1968年1月4日の時価総額を100とし、新規上場、上場廃止、増減資、企業分割などを修正して指数化したものである。

株式含み益・含み損

株式などの取得価格と時価との差額。実際に株を売買しないと、損益は確定しないが、「仮に今、売買すると、どの程度の損益になるのか」というのが、含み益あるいは含み損である。

有価証券や不動産などが値上がりしたときの時価と取得価格の差額が「含み益」で、値下がりしたときは「含み損」が発生する。2011年3月期から、上場企業は保有している株式の含み損益などを加味して算出される「包括利益」の開示が義務付けられた。

株価が上昇すると、企業が保有する株の含み益は膨らむ。企業は財務的な余裕ができ、設備投資に取り組みやすくなる。個人投資家も保有株の価値が上がると、消費を刺激する資産効果が期待できる。反対に、株価が下がると含み損が増えて企業は設備投資に慎重になり、個人投資家の財布のひもは固くなる。

株式持ち合い

企業同士が互いの株式を長期にわたって持ち合うこと。純粋な投資だけではなく、「取引関係の強化」「業務提携」「経営権の取得」「グループ化」「経営の安定化」などを目的にすることが多い。

株式の持ち合いで安定株式が増えると流通株式が減り、株価が高い水準で推移する。ただ、一般投資家の株式投資への参加を妨げてしまうので、M＆A（合併・買収）がしにくくなるなどの批判も強い。

為替相場

外国為替相場の略で「為替レート」ともいう。異なる通貨の交換比率を指し、日本の立場からは、円をドルやユーロなどの外貨と交換するときの割合となる。

外国為替は短期的には金利、中長期的にはファンダメンタルズ（経済の基礎的条件）、つまり国内総生産（GDP）や物価上昇率、失業率、

財政収支の赤字・黒字額、経常収支の赤字・黒字額などで変動するといわれる。

原則的には、日本経済が強いときは円が買われて円高になり、逆に景気が悪くなると円が売られて円安となる。しかし、先行きの思惑に基づく投機的な売買も頻繁に行われているため、そのときの相場が経済の実体を反映しないことも多い。

2011年10月には、円相場が戦後最高値の1ドル＝75円32銭まで円高になった。20年9月時点で1ドル＝105円台で推移している。

機械受注統計

内閣府が機械メーカー280社を対象に、毎月どれだけ企業から設備用機械類を受注したかを調査した経済指標のこと。毎月10日ごろに2カ月前の結果が発表される。

景気が上向いていくと判断した企業は、製造業を中心に生産設備を増強するため、機械受注の数値は半年から9カ月ぐらい先の設備投資の動向を示すとされている。「産業機械」「工作機械」「重電機」「電子・通信機械」など、設備投資に関連する機械製品の受注額を調べる。

受注の内容は「民需」（国内民間企業からの受注）、「官公需」（官公庁からの受注）、「外需」（海外からの受注）、「代理店」に4分類される。受注規模が大きく、不規則な動きを示す造船、電力会社からの受注を含まない「船舶・電力を除く民需」の数値が、よく利用される。

企業倒産件数

企業倒産件数と負債総額は、民間調査機関である東京商工リサーチと帝国データバンクの両社が毎月公表している。両統計とも、原因別、地域別にデータがある。

企業は利益が出ていても倒産する場合があり、これは黒字倒産と呼ばれる。景気回復期には注文が増えるが、代金の回収が遅れる一方で、増えた注文に対する経費がかさむと支払不能に陥り倒産する。このため、景気が回復してもしばらくは倒産する企業が増える状況が続き、倒産件数は景気の遅行指標といわれる。

東京商工リサーチによれば、2019年度（19年4月〜20年3月）の全国企業倒産（負債総額1000万円以上）は8631件。前年度比約6.4％増で、年度としては11年ぶりに前年度を上回った。20年度上半期（1月〜6月）は4001件。前年比0.2％増で、新型コロナ関連倒産は240件発生した。

企業物価指数（CGPI）

Corporate Goods Price Index。日本銀行（日銀）が毎月発表する企業間で売買される物品価格の変動を表した指数。商品の需給動向を敏感に反映する取引価格の変動を表すことから、景気判断に利用される。

国内で出荷される品目の価格を表す「国内企業物価指数」、輸出品の価格を表す「輸出物価指数」、輸入品の価格を表す「輸入物価指数」があり、総務省発表の消費者物価指数（CPI、消費者物価の動きを表す）より変動が激しい。また、企業物価指数は輸入物価を通じて原油価格や円相場の影響を受けやすい。

キャッシュフロー経営

Cash flow Management。お金（キャッシュ）の流れ（フロー）を重視した経営のことで、キャッシュフロー（現金収支）とは資金の

流れ、もしくはその結果としての資金の増減
をいう。

連結決算制度の改正で、2000年3月期から
株式公開企業にはキャッシュフロー計算書の
作成が義務づけられた。一定期間の現金流出
入額を記載するもので、企業の資金取引を営
業活動・投資活動・財務活動別に把握できるの
が特徴である。

従来、企業の活動内容は一定期間に獲得し
た利益額で評価されてきたが、利益計算には
複数の会計手法があるため、企業間の比較が
難しかった。その点、キャッシュフロー計算書
は金額操作ができず、企業の現状を正確に表
しているので、企業間比較も国際レベルで可
能となる。

競争力ランキング

国の競争力を順位づけしたもの。経営開発
国際研究所（IMD：International Institute
for Management Development。本部スイ
ス）と、ダボス会議で知られる世界経済フォー
ラム（WEF：World Economic Forum。本部
スイス）が、それぞれ毎年発表する世界競争力
ランキングが広く知られているが、両者にお
ける日本の評価にはかなり開きがある。

IMDでは、日本は1989年のランキング開
始後、4年にわたり首位を続けたが、その後順
位を下げ、2002年には27位となった。以降
はやや向上したが、20年ランキングでは、過
去最低の34位（調査対象63カ国・地域中）と
なった。首位はシンガポールで、デンマークが
2位、スイスが3位、台湾11位、中国20位な
どだった。

一方、WEFが19年10月に発表した19年
版のランキングでは、日本は6位（前年は5位）

となった。トップはシンガポールで、2位は米
国だった。

銀行の自己資本比率

銀行の総資産額（貸出残高や有価証券など）
に対して、自己資本が占める割合。銀行の健全
性を示す指標の1つで、数値が大きいほど健全
性が高いと評価される。

自己資本とは返済の必要がない資金で、①
「基本的項目（Tier1）」として資本金など、②
「補完的項目（Tier2）」として剰余金、劣後ロー
ン、有価証券含み益の45％など、③「準補完的
項目（Tier3）」として短期劣後ローン──が含
まれる。

国際決済銀行（BIS）の国際統一基準により、
自己資本比率8％以上の銀行でないと国際業
務を行うことはできず、国内業務も国内基準
によって4％の自己資本比率がないとできな
い。この基準を下回ると、金融庁から業務改善
指導を受けることになる。

自己資本比率を高めようと、銀行が貸し渋
りや貸し剥がしなどをし、経済に悪影響をお
よぼすこともある。2007年3月末から自己資
本比率規制（バーゼルⅡ）が導入され、10年に
はバーゼル銀行監督委員会（各国の銀行監督
当局で構成）が、「バーゼルⅢ」の導入を決定。
同委員会は、銀行が保有する国債などの資産
価値のリスク量を見積もるための条件に関す
る規制を22年から導入、27年に完全実施を
決めている。

金融商品取引法

株式や投資信託、外貨預金、変額年金保険な
ど、リスクを伴い、元本割れの可能性がある金

融商品を幅広く規制する法律。金融商品によって、別々の法律で定められていた販売や勧誘のルールを一本化し、投資家を保護する。

「貯蓄から投資へ」の環境づくりを目標に2007年9月に施行された。「証券取引法」を軸とし、「金融先物取引法」や「投資顧問業法」などを統合。各法律の縦割り的な規制を改め、幅広い金融商品を横断的、包括的に対象とする新しい法律の枠組みとしている。

また、販売時のリスク説明義務を厳格化。株式公開買い付け（TOB）や株式の大量保有報告制度の見直しを盛り込み、インサイダー取引に対する罰則も強化した。暗号資産（仮想通貨）の対応など、一部が改正されている。

金融持ち株会社

大手都市銀行や証券、保険会社が中心となって銀行、証券、保険、リース、クレジットなどの金融業務を行う会社を傘下に置き、株式を保有して管理・運営することを主たる事業とする会社のこと。

金融機関の産業支配につながるという理由で第2次世界大戦後は禁止されていたが、日本版ビッグバンの一環として1998年3月に解禁。独占禁止法改正、金融持株会社関連法の成立などで設立が可能になった。銀行や証券会社、生命保険会社が持ち株会社をつくって自ら子会社になる例や、非金融会社が金融子会社を持つなどの形態がある。

金融持ち株会社は、様々な業態の金融業者がグループ内にあることで、互いの不得意分野を補え、株式の取得、売買を通じて機動的に経営戦略を打てるといった利点がある。

クレジット・クランチ（信用収縮）

Credit Crunch。金融システムがまひして、危機的な状態になること。クレジットは「信用」、クランチは「危機」という意味。

金融機関は、預金の受け入れと貸し出しを繰り返すことによってお金の流通量を増やす。しかし、この経済活動を円滑にしているシステムがまひすると、金融機関が貸し渋りをし、企業などの資金調達が難しくなる。経済活動全体が沈滞化し、消費市場も縮小して経済全体がデフレに陥るという「負のスパイラル」へと進む可能性がある。

米政府が2010年1月に金融規制法案を発表したときは、市場に信用収縮懸念が広がり、株式市場で株価が大幅に下落した。

クレジット・デフォルト・スワップ

Credit Default Swap（CDS）。債権者や投資家がプレミアム（保証料）を支払う（受け取る）ことにより、企業の倒産など債務不履行が起こった場合に、損害額を保証してもらう（保証する）取引。

リスクを商品価格に転嫁するデリバティブ（金融派生商品）取引の一種で、プレミアムを支払う側が買い手、受け取る側が売り手となる。日本では、1999年に個別銘柄のCDSが開始された。

企業が債務不履行に陥った場合、売り手は買い手に対し、一定のルールに従って買い手の損失を補償する。企業の債務不履行をヘッジ（回避）するために利用されるが、銀行が自己資本比率を高める対策の一環として利用するケースも多い。

2020年の新型コロナによる市場の混乱で

急騰した。

景気ウオッチャー調査

経済企画庁（現・内閣府）が、2000年1月から始めた調査。景気の動向をより早く把握するため、タクシーの運転手やコンビニエンスストアの店長など、景気の変化を敏感に感じると考えられる職業に就いている全国11地域の計約2000人に、肌で感じた景気の現状を判断してもらう。

回答者は、3カ月前と比較した景気の状態や、2～3カ月後の景気見通しなどを、「良くなっている」から「悪くなっている」までの5段階で評価する。景気の判断指数は、ゼロから100までの値をとり、「50」が良し悪しの分かれ目となる。

景気実感を示す現状判断指数は12年秋から急速に上昇したが、14年4月の消費税率引き上げで、大幅に景況感が悪化。以降は40台から50台はじめで推移していた。新型コロナの影響で20年4月には7.9にまで落ち込んだが、9月時点では49.3となった。

景気動向指数（CI）

内閣府が毎月公表している景気指標。景気動向指数（CI：Composite Index、コンポジット・インデックス）は、生産や消費、雇用、金融市場データなどを合成して作成する。景気の転換局面を捉えるときに特に注目される。

景気の先行きを示す「先行指数」、現状を示す「一致指数」、遅れて動く「遅行指数」の3つがある。内閣府が決定する景気の山谷を決める基本統計となるほか、経済閣僚などが集まる月例経済報告関係閣僚会議でも重要な資料

となる。一致指数の動きから、2020年8月の景気の基調判断は「下げ止まりを示している」としている。

減損損失

資産の帳簿上の価格が、回収可能な価格を超過する金額のこと。企業は回収が可能な額まで帳簿の価格を引き下げ、その差を損失として計上する会計処理をする。

対象になる資産は土地、工場、資源権益といった固定資産や、特許権や営業権のような資産も含む。また、投資先の株式である投資有価証券などのほか、M&A（合併・買収）で発生する買収先の「のれん代」も業績が悪化すれば対象となる。

ただし、日本の会計基準と国際会計基準、国際財務報告基準（IFRS：International Financial Reporting Standards）では扱い方が違う。

日本の基準では減損後に資産の収益力が回復しても、一度計上した損失は取り消せない。一方、IFRSを採用した場合は、資産の価値が回復したと認められると過去に計上した損失を戻し入れることができる。

現代貨幣理論（MMT）

「自国通貨を発行できる政府は、行き過ぎたインフレの心配がない限り財政支出を増やしてかまわない。政府は、インフレが進み過ぎたときに、はじめて財政支出を抑制すればよい」などといった、財政赤字の拡大を容認する理論。財政赤字は後世に負担を先送りすることになるため歳出と歳入のバランスをとって財政健全化を目指すべきである、とする従来の理論を覆す主張として米国を中心に論争を呼んでいる。

2019年にMMTに対して米国の議員などが支持を表明したことで、一躍注目を集めることになった。支持論者の中には、財政赤字が膨らみ続けているのに財政破綻しない日本がMMTの正しさを裏付けていると主張する人もいる。米国ではドナルド・トランプ大統領就任後、財政赤字が急拡大しており、MMTの主張がさらに勢いづく可能性もある。

一方で、ノーベル経済学賞受賞の経済学者クルーグマン、FRBのパウエル議長らは、MMTに対して否定的な見解を示している。また、MMTは限られた条件下のみでしか通用しない理論だとの批判もあり、論争は続いている。

鉱工業生産指数

鉱工業生産全体の動きを示す代表的な生産指数。鉱工業製品を生産する国内の事業所での生産、出荷、在庫などの活動や、製造工業の設備の稼働状況、各種設備の生産能力の動向、生産の先行き2カ月の予測の把握を行う。経済産業省が調査し、景気の動向を敏感に示す重要な指標となる。

指数は「鉱業」「鉄鋼」「非鉄金属」「機械」「繊維」「化学」「食料品」「紙・パルプ」などから487品目を選び、基準年次(西暦年の末尾が0または5の年、2013年4月分以降は10年が基準年)の平均を100として算出。毎月調査を行い、「速報」は翌月末、「確報」は翌々月中旬に公表されるが、速報のほうが注目度は高い。生産指数は景気動向指数の中で一致指数に含まれる構成項目で、景気との連動性が高い。

国際会計基準(IFRS)

国際会計基準審議会が設定した会計基準(IFRS：International Financial Reporting Standards)。欧州連合(EU)で2005年に導入が義務化されて以来、各国で導入が進んでいる。企業活動のグローバル化に伴って経営状況の比較を容易にするため国際的に統一された会計基準が求められており、日本企業でもIFRS移行への流れが加速している。

日本で用いられている会計基準には、主に日本基準、米国基準、IFRS基準の3つが存在する。日本基準では損益計算書、つまり収益から費用を差し引いて算出した値に重きを置く。これに対し、IFRSでは貸借対照表、つまり資産から負債を差し引いて算出する純資産を重視している。また、資産の取得価格を重視する日本基準に対し、IFRS基準では現在時点での価格(時価)を重視する。

日本の20年10月時点におけるIFRS適用企業数は219社で、増加を続けているが、東京証券取引所の上場企業の約10%にすぎない。大企業での採用が多いため、東京証券取引所の上場企業の株式の時価総額では、約3分の1を占める。

国内総生産(GDP)

Gross Domestic Productの略。国内の経済活動によって生み出された財とサービスの付加価値の合計を表す。その年の総生産量を当年の市場価格で算出した指数が名目GDP、そこから物価の変動分を差し引いたものが実質GDPとなる。

経済成長率とは、1つの国の経済規模が1年間にどれだけ増加したかを示す割合。一般的

基礎用語　ミニ辞典

資料編①

に、1年間のGDPの増加率で表される。GDP統計は、内閣府が四半期ごとに「速報値」と「改定値」を、年末に「確報値」を発表している。

2019年度の日本の名目GDPは約552兆円（18年度は約548兆円）、経済成長率は前年度比名目0.8％（同0.1％）、実質GDPは0.0％（同0.3％）だった。GDPに海外送金、海外進出した企業の配当金、利子など、海外からの「要素所得」の受け払いの差額を加えたものを国民総所得（GNI）という。

コマーシャルペーパー（CP）

Commercial Paper。企業が短期金融市場（返済期間1年以下の資金を調達・運用する取引市場のこと）から資金を調達する無担保の約束手形。主に金融機関を引き受け手として発行し、金融機関はコマーシャルペーパー（CP）を機関投資家に販売する。ペーパーレス化したCPは、短期社債とも呼ばれる。担保が不要な代わりに、発行できるのは優良企業に限られる。

日本では1987年11月に発行を開始。企業にとって機動性が高く、金利が低いというメリットがあり、金融機関は低リスクの金融商品として販売しやすい。

証券保管振替機構（ほふり）によると、CP発行残高が最も多かったのは、2007年12月の約23兆円。その後は減少傾向だったが15年度以降は復調し、19年度末（20年3月）約21兆円となっている。企業は将来の金利上昇を見越して、金利が低いうちに、長めの期間で資金を調達しようとする。このため短期の資金調達手段であるCPの発行額が減る。

サーキットブレーカー制度

Static Circuit Breaker（SCB）。株式市場の先物取引において、呼値が一定の値幅以上の変動を起こした場合に、取引を一時停止するなどの措置を取る制度。日本取引所グループでは相場が過熱してきた場合、取引を一時中断することで投資家の過熱感を鎮め、冷静な判断の機会を設けるための措置と説明する。

同グループでは日経225先物、日経225mini、TOPIX先物、ミニTOPIX、東証マザーズ先物などに呼値の可能な範囲を一定の値幅内に制限する制度を導入。設定する値幅は原則、四半期ごと（3、6、9、12月）に見直して運用している。

2020年3月には、新型コロナの影響で、米株式市場が急落、サーキットブレーカーの発動が相次いだ。日本をはじめ各国でも次々に発動が続いた。

債券・証券の格付け

格付け機関が社債、国債などの返済能力の確実性、株式の配当支払い能力の高さに応じてランク付けを行うこと。一般的に債券の格付けが高ければ低金利での資金調達が可能になるが、低ければ金利の利率が高くなって資金繰りが苦しくなる。

世界的な格付け機関としては、米国ムーディーズ・インベスターズ・サービス（Moody's Investors Service）、米スタンダード＆プアーズ（S&P：Standard & Poor's）があり、日本では格付投資情報センター（R&I：Rating & Investment Information,Inc.）など。

285

サムライ債（Samurai bond）

日本以外の国家や、日本に本拠地を持たない機関・法人などが、日本国内で円建てにより発行する債券のこと。正式には「円貨建て外債」のことで、「円建て外債」とも呼ばれる。

アジア開発銀行（ADB）が1970年に60億円の債券を発行したのが、初のサムライ債だ。当初は国や州、国際機関などの公的なものが中心だったが、その後、発行体や形態が多様化している。

利払いが外貨で償還が円の「リバース・デュアル・カレンシー債」や、利払いが円で償還が外貨の「順デュアル債（デュアルカレンシー債）」の形式をとったものも発行されている。

時価会計

「株式」「社債」「不動産」などの資産を、期末時点の市場価格（時価）で評価し直す会計制度。従来の会計制度では取得価額（帳簿価額）と時価との乖離が大きくなり、会社の経営を判断しにくくなってきたことや、企業活動の国際化で、会計制度を国際基準に統一する必要性が出てきたことなどから導入された。

時価会計によって国際基準に基づいた財務諸表の作成ができれば、企業の「財政状態」「経営状態」「将来性」などが、国内外の投資家に比較・判断されやすくなる。2001年3月期決算から導入された。

米証券取引委員会（SEC）は、08年9月のリーマン・ショック後、金融市場で取引が成立しなくなっている証券化商品について、時価会計の適用緩和を発表した。

日本の会計ルールを決める企業会計基準委員会も、09年10月に大幅に価格が下落している金融商品については、著しく安い価格で会計処理しなくてもよいことを明確にした。

自社株買い

株式会社が、自社の発行した株式を買い戻すこと。株式の消却とストックオプション制度に用いるほか、目的を定めずに金庫株（企業が発行済みの株を買い戻して、そのまま保有すること）として保有する。自社株買いは自己資本を使って行われるため、自己資本が減少して自己資本利益率（ROE）を引き上げる。このため、株価の上昇につながり、株主に利益を還元できる。

自社株買いを行うと、自己株式数を発行済株式総数から差し引いて計算することになるので、1株あたりの利益（RER）は増加する。そこで、自社株買いはインサイダー取引防止のため、1日あたりの購入株数に上限が設けられていた。

しかし、世界的な金融危機を受け、金融庁は2008年10月から自社株式の取得に関する規制を一部時限措置で緩和。延長を繰り返し13年11月には緩和を恒久的な措置とした。内容は、買い付け注文の数量と時間の緩和である。

失業率と求人倍率

失業率は、一般的には「完全失業率」のことを指し、15歳以上の労働力人口（就業者と完全失業者の合計）に占める完全失業者の割合をいう。

一方、求人倍率には「新規求人倍率」と「有効求人倍率」の2つがある。新規求人倍率は、公共職業安定所で扱った新規求人数を新規求職者数で割ったもの。有効求人倍率は、公共職業

安定所で扱った月間有効求人数を月間有効求職者数で割ったものだ。言い換えると、求職者1人に対する求人の数である。景気判断には、有効求人倍率のほうが広く使われている。

総務省が発表した「労働力調査」によると、2019年度平均の完全失業率は2.4％（18年度は2.4％）で、厚生労働省発表の有効求人倍率は19年度平均1.60倍（同1.61倍）。

需給ギャップ（GDPギャップ）

経済の供給力と現実の需要の間にある開きのこと。「国内総生産（GDP）ギャップ」ともいう。需要が供給を上回っている状況が「需要超過」で、逆の場合は「供給超過」。需要超過になると景気は過熱状態を示すので需要抑制策がとられ、供給超過になると失業率の上昇や物価の下落を招き、景気は下降を示す。

内閣府が発表する需給ギャップの数値がプラスなら、需要超過で物価が上昇しやすい状況とされ、デフレ脱却を占う意味で市場の注目度が高い。

内閣府が2020年10月に発表した4〜6月期の需給ギャップは、マイナス10.2％。

上場投資信託（ETF）

Exchange Traded Fund の略。証券取引所で取引される投資信託で、日本では上場投資信託よりETFという呼び方のほうがよく使われる。東証株価指数（TOPIX）や日経平均株価といった株価指数や商品、債券など、様々な価格に連動するように設定されている投資信託である。また、売買から決済、税金などもすべて株式と同じで、信用取引にも利用できる。

1990年以降、米国を中心に急成長した。日本では2001年7月に東京証券取引所と大阪証券取引所に、合計5銘柄が上場された。商品指数などのほか、現在は韓国や中国、ブラジル、ロシア、南アフリカなど、海外の株価指数に連動するETFも上場。選択の幅が広がっている。

ETFは指標の情報が日々報道されているので、値動きや損益が把握しやすく、初心者にも分かりやすい。また、幅広く分散投資されているため、投資のリスクを低くすることができるといった特徴がある。貴金属や原油先物といった商品を運用対象とするETFも増えており、12年4月にTOPIX連動と日経平均連動の2種類の新型のETFが登場し、個人投資家たちの人気を集めている。

消費活動指数

短期的な消費活動を把握するため、日本銀行が毎月発表している指数。乗用車、飲食料品、旅行、通信など数十種類のモノやサービスの販売統計を基にしている。

個人消費は国内総生産（GDP）の約6割を占め、景気判断を行ううえでその動向をいち早く正確に把握することが求められる。同様の指数として総務省が公表する家計調査があるが、サンプルの偏りや、月々の数字の振れが大きくなるといった欠点があり、これを解消する目的で日銀が開発し、2016年5月から公表している。

消費活動指数は、政府や業界団体など供給側からの統計を基に作成されるが、訪日外国人が消費した金額を差し引いた指数も出し、国内消費者に限った傾向もつかめるようにしている。実勢に合わせ指数の内容を見直しており、18年4月の見直しでは、サービスに占めるウエートが「通信」や「旅行・宿泊」で低く

なった一方、「娯楽」や「金融・保険」で高まった。

消費者物価指数（CPI）

Consumer Price Index。消費者が購入する様々な商品価格の平均的な変動を測定した指数。日本では1946年8月から調査・作成が開始され、総務省が毎月1回、発表している。基準年は5年ごとに改定し、指数に採用する品目とそのウエイトはこの基準改定に合わせて見直しを行う。

指数に採用している品目は585品目（2015年に改定）。総合指数のほかに、①生鮮食品を除いたもの（コアCPI）、②持ち家の帰属家賃を除いたもの、③食料（酒類を除く）およびエネルギーを除いたもの（コアコアCPI）などを公表している。国全体の物価の趨勢を見る場合は、個別品目の需給で変動しやすい食品や、景気以外の要因で大きく動くエネルギーを除いたコアコアCPIを使う。

総務省の20年8月の発表では、同年7月の総合指数は2015年を100として101.9（前年同月比は0.3％の上昇）、生鮮食品を除く総合指数は101.6（同水準）、生鮮食品およびエネルギーを除く総合指数は101.9（同0.4％の上昇）だった。

新型オペレーション（新型オペ）

日本銀行（日銀）は通常、公開市場操作（オペレーション）によって銀行や証券会社を通じて金融市場に資金を供給。通常のオペでは入札方式を使って、市場の実勢に見合った金利水準で国債などを買う。

新型オペレーションは、国債を担保とし、期間3カ月の資金を固定金利（年0.1％）で金融機関に貸し付けた。国債を実際に買わずに、お金を貸し付けるため「新型」と呼ばれた。低い固定金利で貸し付けるため、長めの短期金利を押し下げる要因となる。アラブ首長国連邦のドバイ首長国で、政府系企業の資金繰り問題が表面化した、2009年11月のドバイ・ショック後の急激な円高により導入された。09年12月に第1弾を実施、10年8月には期間6カ月のものも新設し、合計30兆円の資金が供給された。

また、16年9月、日銀は2％の物価安定目標の早期実現に向けた金融緩和策として導入するオペレーションを「長短金利操作のための新型オペレーション」と呼んだ。

新規株式公開（IPO）

株式を証券取引所に新たに上場すること。英語ではIPO：Initial Public Offeringという。株式を上場することで、証券市場を通じて多数の投資家から機動的に資金を調達しやすくなる。また、銘柄が新聞などにも掲載されるため、企業の知名度も向上する。

非上場企業にとっては業容拡大のチャンスになるとともに、正確で迅速な情報開示が求められて、社会的な責任が増す。新規上場する企業が増えると、投資家も活発化する。

1987年のNTT（旧電電公社）上場、新興ネット企業の上場が相次いだ2000年代前半など、何度かの上場ブームがあった。16年の東証IPOは84社で、7年ぶりに前年より減少した。17年は93社、18年は97社と復調している。

新設住宅着工戸数

新たに建設に着手した住宅の戸数。国土交

通省が毎月1回、発表している。

住宅投資は、景気動向とともに、通常ローンを組んで投資されることから、長期金利の影響を受ける。持家、貸家、分譲、給与住宅に分けられる。分譲は一戸建てとマンションなどで、給与住宅は、企業や官庁などが給与の一部として造るもので、社宅や官舎などだ。

2019年度の新設住宅着工戸数は約88万戸で、前年度比7.3%減となった。

新発10年物国債利回り

国が、新規に発行する償還期間10年の国債の流通利回り。信用度が高いことから長期金利の指標として一般に利用され、企業の設備投資などの長期資金借入金利や、住宅ローン金利に大きな影響を与える。

もともと10年国債は必ずしも毎月発行されるものではなかったが、国債発行額が増えた2013年12月から毎月発行されることになった。国債は国が元本を保証しているので、不況期には安全資産として銀行や証券・生命保険会社などの購入が増える傾向にある。

買い手が多ければ国債価格が上昇し、国債利回りは逆に低下。長期金利も低下する。反対に、国債価格が下落すると国債利回りが上昇し、長期金利も上昇。つまり、国債価格は市場の金利水準の変化に連動するといえる。16年1月の日本銀行（日銀）のマイナス金利導入決定を受けて、利回りは急落、16年には一時マイナスとなった。16年9月以降は、プラスに転じたが、19年はマイナスが続き、20年は0%台を推移した。

ストックオプション

Stock option。「自社株購入権」と訳され、企業の取締役や従業員が、将来その企業の株価が上昇した際に、企業の発行する株式をあらかじめ定めた価額で買い取ることができる権利。企業の業績が伸びて、株価が権利行使できる価格（あらかじめ定めた価格）を上回れば、それだけ権利保有者の得る利益が大きくなる。

日本では、1997年の「商法改正」で本格的に開始された。ストックオプションの付与対象者は、自社の取締役と社員に限られていたが、2002年4月の「商法改正」によって対象者の制限がなくなった。

ストックオプションには「自己株式方式」と「新株引受権方式」があり、前者は主に株式を公開している企業が採用。後者は資金余力の乏しいベンチャー企業が、優秀な人材の確保策として使うケースが多い。

税効果会計

企業の会計上の収益・費用と、法人税法上の益金・損金との差を調整する会計処理のこと。一時差異が出る場合は、企業経営の実態をより正確に表すため、税効果会計によって損益計算書上、税額を調整する必要がある。

例えば、銀行では、不良債権の処理で払いすぎた税金が将来戻ってくると見込んで、その分を「繰り延べ税金資産」として計上し、同額（税効果資本）を自己資金に算入する方法をとる。銀行業界では、この手法で自己資本を増やすことを「魔法の杖」と呼んでいる。

銀行は、貸付先の不良債権処理に備えて貸倒引当金を積むが、実際に不良債権となって損失として確定するまでは、税法上では損金

と認められない。そのため、税金の払いすぎが
生じる。これを、税効果会計の仕組みを使って、
自己資金の算入という形で調整する。

潜在成長率

その国が本来持っている労働力や資本など
を最大限使ったときに見込める経済成長率の
こと。生産設備に投資した「資本」、技術革新や
生産効率が向上した分を反映した「生産性」、
生産活動に必要な「労働力」の3つから算出す
る。実際の経済成長率が、潜在成長率より高け
ればインフレ圧力が大きくなり、逆ならばデ
フレ圧力が大きくなる。少子高齢化が進むと
労働力人口が減少し、潜在成長率は低くなっ
ていくと見込まれる。

内閣府は毎四半期に、国内総生産（GDP）統
計を踏まえて過去の潜在成長率を見直してお
り、2020年4～6月期は0.9％としている。

想定為替レート

外為市場で円安が進めば、自動車や電機な
どの製造業は輸出競争力が高まり、円換算で
利益が拡大するが、円高になれば逆に減益と
なる。このことから、各企業は独自に為替相場
を想定し、事業計画や業績の見通しを決定し
ている。その水準を見ると、各社の為替相場に
対する見通しや考え方を知ることができる。

2020年7月の「全国企業短期経済観測調査
（日銀短観）」によると、20年6月事業計画の
想定為替レートは1ドル＝約108円。20年9
月現在の円相場の平均は1ドル＝約105円で、
円高になると、輸出企業を中心に収益が減少
する可能性がある。

ソブリン・ウエルス・ファンド

Sovereign Wealth Fund（SWF）。投資ファ
ンドのうち政府が国家資産を投資して運用す
るため、「政府系ファンド」ともいう。政府が直
接的、あるいは間接的に運営するファンドで、
財源は石油などの1次産品の輸出収入を原資
とする商品系ファンドと、外貨準備や財政余
剰の一部を原資とする非商品系ファンドに大
別される。

資金の大半は世界各国の株式や国債などで
運用されているが、不動産、プライベートエク
イティ（未公開株式）などに投資対象を広げる
傾向もみられる。

代表的なSWFはノルウェー政府年金基金。
投資先選択の基準として「環境への配慮」など
があり、兵器やたばこなどの企業は投資対象
から除外されている。

通貨バスケット制

為替政策の1つで、自国の通貨を複数の外貨
に連動したレートとし、通貨価値や競争力の
安定化を図る制度。一種の固定為替制度のこ
とである。

為替レートを決める際、複数の主要貿易相
手国の通貨で構成する「バスケット」、つまり
様々な通貨の入った「かご」に、自国通貨を連
動させるという意味。通常は、米ドル、ユーロ、
日本円などを軸にバスケットを構成していき、
貿易額や資本取引の動向を勘案して為替レー
トを決定していく。

中国人民銀行は2010年、人民元相場の弾力
性を高めると発表。米ドルとの連動を解除し、
通貨バスケット制を採用した。ほかに通貨バ
スケット制を用いているのは、シンガポール

やロシアなど。日本は途上国に対して、通貨安定のために円、ドル、ユーロなどで構成する通貨バスケットの採用を提案している。

ディスクロージャー

disclosure。企業などが、投資家や債権者といった利害関係者に、経営や財務状況などの各種情報を開示すること。様々な情報を公開することで企業の透明性を高め、一般投資家や消費者の信頼を向上させるのが目的。制度上のものと、任意のものに大別される。

制度上のディスクロージャーには、「証券取引法」によって定められたものと「商法」で定められたものがある。また、株式上場企業の場合は、証券取引所などの要請に基づく制度が定められている。

発表内容や時期などが強制されており、事業年度ごとの有価証券報告書と半期報告書の提出、決算短信の発表、株主総会の招集通知に計算書類を添付することなどがこれにあたる。

任意のディスクロージャーは、一般に「IR (Investor Relations)」といわれるもので、決算発表説明会の開催や月次データの開示などがある。

デリバティブ

derivative。金融派生商品。株式、債券、外国為替、金利といった伝統的な商品から派生した金融商品という意味。伝統的な金融商品のリスク低下や、リスクを覚悟して高い収益性を追求する手法として考案された。

通貨や金利などの「金融先物取引」(特定の価格で将来の売買を行う契約)、「スワップ取引」(将来の各種の売買を交換する取引)、「オプション取引」(特定価格で将来売買を行う権利の取引)などが代表的。

取引所を通さないデリバティブの店頭取引が急増して巨大化した市場を、2008年秋のリーマン破綻が揺さぶり、世界的な金融危機に拡大した。

金融庁は、大口の店頭デリバティブ(金融派生商品)取引を手掛ける銀行や証券会社に、15年9月から取引の電子化を義務付けると発表した。また、16年9月からは危機連鎖回避のため、取引所を通さない店頭デリバティブ取引に対して新規制を導入。制度の中心は、担保にあたる証拠金を積ませることなどである。

動産担保融資(ABL)

ABLはAsset Based Lendingの略で、米国で発達した。主として売掛債権と棚卸資産を担保にした融資手法である。

金融機関では、担保として不動産を要求することが多かったが、バブル経済の崩壊で地価が下落。金融機関による中小企業への貸し渋りが増えたため、商品や機械などを担保にした融資が注目されるようになった。

特に、2005年10月の動産譲渡登記制度の開始で、それまで担保としてあまり活用されてこなかった農畜産物といった動産などが評価され、資金を借りる企業側が担保となる在庫商品や設備などを手元に残したまま経営を続けることができるABLが普及した。

ABLの担保となった動産は、牛、豚、しょうゆ、日本酒、ワイン、工作機械、商業用トラック、子供服など多種多様だ。これらを金融機関が単独で評価することは難しく、また融資実行後にも動産担保の管理や処分をしなければならない。

そこで、ABLをさらに広げるためには、こうした様々な動産の評価、管理、処分の手順を確立する必要があった。日本政策金融公庫では家畜を担保にした融資を拡大しており、食肉会社や飼料会社と提携。貸出先が破綻した場合は家畜の所有権を公庫に移したうえで、肥育や出荷を食肉会社経由で別の農家に委託できる仕組みにした。

ドーハ・ラウンド（新多角的貿易交渉）

2001年11月に中東のカタールのドーハで決まった新たな多角的貿易交渉のことで、英文表記は「The Doha Round of WTO multilateral trade negotiations」。世界の貿易システムにおけるルールの強化や、農産物、鉱工業品、サービスなどにおける貿易の自由化を促進しようとするものである。

最大の特徴は、自由貿易の促進に伴った途上国の利益を考慮する必要性があるとした点だ。しかし、最大の交渉分野である農産品の関税引き下げや補助金削減をめぐり、世界貿易機関（WTO）に当時加盟していた161の国・地域の利害が対立。決裂と再開の繰り返しが続き、協定の発効は17年2月となった。しかし、WTOにおける新興国、途上国と主要国の対立は止まず、停滞が続いている。

ドル基軸通貨体制

基軸通貨とは、貿易決済や金融取引などに幅広く使われ、人々の価値基準として認識される通貨のこと。第2次大戦前までは英ポンドが基軸通貨だったが、戦後は米ドルに交代した。

1945年発効のブレトンウッズ協定で、米国はドルと金の交換を約束していたが、1971年に交換を停止。しかし、その後も米国経済の力を背景にドルは基軸通貨の座にあり、世界貿易の半分、各国が持つ外貨準備の3分の2を占めている。

2008年秋以降の米国に端を発した世界的金融危機のなか、フランス、英国などからドルを基軸とする通貨制度の見直しを求める声が強まった。また、BRICs（ブラジル、ロシア、インド、中国）が09年6月に開いた首脳会談では、ドル基軸通貨体制の見直しが主要議題となり、国際通貨システムの多様化が必要との共同声明を発表した。

米トランプ政権の貿易政策により米国への信頼度が弱まっている。ドル基軸通貨体制も揺れており、新たな国際通貨システムの構築が模索されている。

なでしこ銘柄

なでしこ銘柄は、東証1部上場企業のなかから業種ごとに女性人材の活用を積極的に進めて、業績向上につなげている企業を経済産業省と東京証券取引所が毎年選定・発表している。「女性活躍推進」に優れた上場企業を投資家にとって魅力ある銘柄として紹介し、投資家の関心を高め、各社の取り組みを加速化していくことが狙い。

また、女性活躍を推進する企業のすそ野を広げるという点で、経済産業省が2012年度から進めている「ダイバーシティ経営企業100選」との相乗効果が期待されている。

13年2月に1回目の選定が行われて17社が選ばれ、16年から「準なでしこ」も選定されるようになった。20年3月発表の選定数は46社、「準なでしこ」が19社だった。東京急行

電鉄は8年連続で選ばれた。

日銀短観

全国企業短期経済観測調査の略。短観は、海外でも「TANKAN」の名で知られる。日本銀行（日銀）が統計法に基づいて実施する統計調査で、景気の動向などを全国約1万社の企業を対象にアンケート調査し、結果をまとめたもの。4、7、10、12月の年4回公表される。

企業から見た景気動向や先行きの見通しを示す業況判断指数（DI：Diffusion Index）は、景況判断を「良い」「さほど良くない」「悪い」の3段階で聞き、「良い」と答えた企業の割合から、「悪い」と答えた企業の割合を差し引いて作成する。例えば、「良い」と「悪い」の回答が同数であれば「0」となる。

2020年6月調査の短観によると、企業の景況感を示すDIは大企業製造業でマイナス34と、前回から26ポイント低下。大企業非製造業はマイナス17と前回より25ポイント低下。

日経PMI

PMI：Purchasing Manager's Index（製造業購買担当者景気指数）は、アンケートを使った景気指標の1つ。英国の金融情報・調査会社のマークイットが国別に毎月算出する。

日本経済新聞社は、日本を含むアジアの景気動向を示す指標として、2015年7月から公表を始めた。指数は50を超えると景気が上向き、50を割ると景気後退を示すとされる。

製造業などの購買担当者は原材料、部品などを調達するときに、取引先の動向、製品の需要、自社の生産計画などを見極めたうえで、仕入れを行う。このため、購買担当者から聞き取って指数化したPMIは、数カ月先の景気動向を敏感に映すとされている。

日本経済新聞社は19年現在、日本、シンガポール、マレーシア、インド、ベトナム、インドネシア、韓国、台湾、香港、タイ、フィリピン、ミャンマー、ASEAN、アジア全域の14カ国・地域それぞれの指標を公表している。各国・地域の景気判断の重要なよりどころとなるため、中央銀行の関係者や市場参加者らが注目している。月次で算出するため、速報性が高い。

海外ではPMIが景気指標として定着しており、株式や為替市場の取引材料となることが多い。

日経景気インデックス（日経BI）

日経景気インデックス（日経BI：Nikkei Business Index）は、日本経済新聞社が2000年6月から月次で算出し、発表している。公開は原則として翌月末。「鉱工業生産」「有効求人倍率」「商業販売額」の3指標を基にまとめた指数で、定期的に基準年を見直しており、現在は15年を基準（＝100）としている。

生産関連の指標を重視した内閣府の景気動向指数と比べると、消費者の景況実感がより反映された指数だ。20年7月の日経BI（15年平均＝100）は前月から3.1ポイント上昇したが5月までの落ち込みが大きく、90.0にとどまった。3指標のうち鉱工業生産指数、商業販売額は上昇、有効求人倍率は悪化した。

日経国際商品指数

日本経済新聞社が、国際経済の動向を受ける主要商品の市況全体を把握するために開発した指標。1985年4月から算出し、原則毎日

公表している。1980年平均を基準値（＝100）とし、構成品目は以下の14品目。

ロンドン、ニューヨーク、シカゴ、シンガポール各市場のドルベースでの国際商品相場を、全体的に捉えるのに便利である。石油関連3品目（ナフサ、重油、ガスオイル）の占めるウエイトが高く、石油市況の影響を強く受ける指数となっている。

他の代表的な国際商品指数は「ロイター・ジェフリーズCRB指数」「Bloomberg Commodity Index（ブルームバーグ商品指数）」「ロイター指数」「ゴールドマン・サックス商品指数」など。
◎構成品目

ナフサ（粗製ガソリン）、ガスオイル（軽油）、重油、小麦、大豆、トウモロコシ、銅、アルミニウム、金、銀、コーヒー、砂糖、綿花、天然ゴム

日経商品指数

景気の動向に敏感な複数の商品について1970年の平均価格を基準値（＝100）とし、原材料価格の動きを指数としてまとめたもの。日本経済新聞社が1974年に開発し、1975年7月から掲載を開始した。

原則毎日発表する日次17種（17商品）と、月次・週次（速報値）で発表する42種（42商品）の2種類がある。月次42種指数は内閣府の景気動向指数に組み入れられている。
◎日経商品指数42種の主な構成品目

繊維／綿糸、アクリル糸、ナイロン糸
鋼材／棒鋼、山形鋼、H形鋼
非鉄／銅地金、アルミニウム地金、黄銅丸棒
木材／ヒノキ正角、合板、米ツガ正角
化学／カセイソーダ、低密度ポリエチレン、塩化ビニール樹脂

石油／ガソリン、軽油、C重油
紙・板紙／上質紙、段ボール原紙
食品／砂糖、大豆、大豆油
その他／セメント、天然ゴム

バーゼル3（BaselⅢ）

バーゼル合意は、バーゼル銀行監督委員会が公表している国際的に活動する銀行の自己資本比率、流動性比率などに関する国際統一基準である。日本をはじめとして多くの国における銀行規制として採用される、国際的な金融規制である。スイス・バーゼルの国際決済銀行（BIS）内に事務局がある。

1988年に初の合意である「バーゼル1」が策定され、2004年の改定により「バーゼル2」が発表された。米国のサブプライムローン問題に端を発した07年夏以降、世界金融危機を契機に再度見直しが検討され、10年に新しい規制の枠組みである「バーゼル3」について合意が成立した。

バーゼル3は、普通株と内部留保が主体の「中核的自己資本（Tier1）」の比率を実質7％以上とすることを求めた。具体的には普通株等のTier1の最低所要水準を2％から4.5％に引き上げ、また、将来のストレス期に耐えられるように2.5％の資本保全バッファーを保有する。22年から段階的に導入し、27年からは完全に実施される予定になっている。

バフェット指数

バフェット指数とは、世界的に著名な投資家のウォーレン・バフェット氏が、株式投資の際に参考としているといわれる指標である。これは、各国の株式の時価総額は、その国の名

目国内総生産（GDP）と長期的には比例して変動するという考え方に基づくものである。「株式市場（上場株式）の時価総額÷その国のGDP」で求められた値を100倍して、100％を基準とする非常に単純な計算式で算出される。日本の場合は東証1部の株価が指標として使われる。バフェット指数では、時価総額とGDPが釣り合っている状態を100とする。また、その国の経済状況の実勢に対して、株価が不釣り合いに高い状態であるならば、その国の経済状況はある種の「バブル状態」とされ、バフェット指数は株価急落の危険性があることを理解するための指標ととらえられる。つまりバフェット指数が、100を超えていると株価が実体経済に対して割高であり、100以下であれば割安ということになる。このバフェット指数を解釈するときに注意すべきは、株価が割高であるからといってすぐに、株の暴落が起こるというわけではないことである。ときとして割高な状態が何らかの要因で何年も継続する可能性もある。

バブル崩壊

1991年から93年頃にかけて株価や地価が急落した国内景気の下落状況を指す。泡のように実体が伴わずに膨らんだ「バブル景気」がはじけた様子に例えてこの表現が使われる。

政府は80年代後半、景気浮揚策として公共事業拡大と低金利政策を実行。企業・個人は余ったお金を株式・不動産投資に回し、株価・地価が急上昇した。その後、金融政策の転換により公定歩合が段階的に引き上げられた結果、89年末に3万8915円の高値を付けた日経平均株価は90年末に2万3848円にまで下落。また、銀行の不動産融資を実質的に制限する

総量規制政策により地価も下がり、バブル景気は終焉を迎えた。その後、「土地神話」の崩壊とデフレ経済を招き、長く経済停滞が続いた。

フィデューシャリー・デューティー

Fiduciary Duty（受託者責任）。顧客本位の業務運営ともいわれる。もともとは英米法において「信認を受けた者が履行すべき義務」を指す言葉。投資信託や保険など金融商品の開発、販売、運用、管理について、顧客に対応する金融機関の役割や責任全般を指している。

金融庁は2014年度の「金融モニタリング基本方針（監督・検査基本方針）」で、重点施策として「商品開発、販売、運用、資産管理それぞれに携わる金融機関がその役割・責任（フィデューシャリー・デューティー）を実際に果たすことが必要」と明記している。

例えば、投資信託の三井住友アセットマネジメントは、15年8月に「フィデューシャリー・デューティー宣言 ～わたしたちは運用責任を全うします～」を策定・公表して、「お客さまに対する当社の決意と姿勢をお示しするものです」としている。

15年9月に策定した「金融行政方針」の重点施策でも、金融庁はフィデューシャリー・デューティーの徹底を図ることを掲げている。

物価連動国債

通常の固定利付国債は、発行時の元金額が償還時まで変わらず、利率もすべての利払いで同一である。利子の額は各利払いでは同一で、償還時には最後の利子と発行時の元金額が支払われる。

これに対して物価連動国債は、元金額が物

価の動向に連動して増減する。物価が上昇すれば上昇率に応じて元金額が増加し、下落すれば下落率に応じて元金額は減少する。インフレに強い金融商品である。

リーマン・ショックが起きた2008年以後、新規発行が止まっていたが、財務省は13年10月に発行を再開。さらに、10年物価連動国債の個人保有を15年1月に解禁した。

償還額は償還時点での増減後の元金額である「想定元金額」となるが、13年度以降に発行された物価連動国債には、償還時の連動係数が1を下回る場合、額面金額で償還される元本保証が設定された。利払いは年2回で、利子の額は各利払い時の想定元金額に表面利率を乗じて算出される。

ペイオフ（Pay Off）

金融機関が破綻した場合に、預金者を保護するための制度。預金などの払戻しを預金者1人あたり元本1000万円までとその利息を、「預金保険金」として預金保険機構が預金者に直接支払う。元本1000万円を超える部分については、破綻した金融機関の清算に応じた配当割合によって支払われる。

2010年9月、日本振興銀行が金融庁より「預金保険法」に基づく「金融整理管財人による業務及び財産の管理を命ずる処分」を受け破綻。これにより、ペイオフを戦後初めて適用した。破綻時点で、預金保護や事業継続のために預金保険機構が支援する金額は、総額2000億円を上回った。

ヘッジファンド（hedge fund）

あらゆる金融商品をターゲットにするファンド。「ヘッジ」には経済的な損失から保護するという意味がある。ヘッジファンドの戦略は、株や債券などの伝統的投資手法とは異なり、下げ相場でも一定のリターンを上げることを重視している。ターゲットにするのは、株、株価指数先物、債券、債券先物、商品先物、通貨にまで及び、買いのみならず空売りも行う。

また、ヘッジファンドは2007年の世界的金融危機の要因の1つであったとされる。このため、各国首脳はヘッジファンド規制の強化を提起した。

2020年の新型コロナでは、想定外の市場の混乱で、打撃を受けたファンドもある一方で、下落局面に強みを発揮したものも見られた。

マイクロファイナンス

Microfinance。貧困層向け小規模金融サービスの総称。低所得のため、銀行を利用できない人々に少額の無担保融資や貯蓄、送金、保険を提供し、貧困緩和と事業収益の両方を追求しているのが特徴である。ノーベル平和賞を受賞したバングラデシュの経済学者ムハマド・ユヌス氏が創設したグラミン銀行が有名だ。

世界中で1万を超える専門機関があるとされ、多くの欧米金融機関が出資している。日本政府も円借款や技術協力、非政府組織（NGO）への支援などを通じて協力している。

2009年9月、ミュージシャンや農家などに投資するユニークなファンドを扱うミュージックセキュリティーズが、発展途上国の貧困削減を目指すファンド「カンボジアONE」の募集を開始。マイクロファイナンスの手法を使った日本初のファンドとなった。

日本国内向けには、グラミン日本が設立され、18年から事業を開始している。

基礎用語　ミニ辞典

持ち株会社

　他の会社の株式を所有してその事業活動を管理下に置き、経営権を握る目的で設立された会社。持ち株会社を「親会社」、株式を保有される他社を「子会社」という。

　持ち株会社には、「純粋持ち株会社」「事業持ち株会社」「金融持ち株会社」がある。純粋持ち株会社は本業を持たずに他社の事業活動を支配する会社、事業持ち株会社は本業を行うかたわら他社の事業活動を支配する会社である。また、純粋持ち株会社のうちで子会社が金融機関に限定されている場合を、金融持ち株会社という。

　1997年6月に「独禁法」が改正され、純粋持ち株会社が解禁。その後、各業界で持ち株会社が相次いで設立された。

ラップ口座

　個人が、投資先選びなどの資産運用や管理を金融機関に一任するのが「ラップ口座」。1999年にスタートし、2004年の証券取引法改正で規制緩和され、普及期に入った。開始当初は最低投資金額を1億円以上とするなど、基本的に富裕層が対象だった。しかし、ここ数年、投資先を投資信託に絞る「ファンドラップ」が普及。最低額が300万〜500万円に引き下げられ、敷居が低くなって普及が進んだ。

　そのラップ口座が14年度に急拡大。日本投資顧問業協会によると、14年末時点の残高は前年末比約2.6倍の3兆1280億円。初の3兆円超となった。翌年の15年末の残高は5兆6711億円となり、前年比81%増だった。

　しかし、16年に入ってからは株安・円高の影響もあり、伸びが鈍化。6月末は減少に転じ

た。以降は、増加傾向にあったが、19年度末は新型コロナの影響による時価減少や解約で8兆7774億円と8年ぶりにマイナスになった。

リーマン・ショック

　2008年9月15日、米国で低所得者向けの高金利住宅担保貸付け「サブプライム・ローン」関連商品の損失が膨らみ大手投資銀行リーマン・ブラザーズが経営破綻したことをきっかけに、世界的に発展した金融危機。金融機関からのお金の流れが滞ったことで経済活動に多大な影響を及ぼし、2008年の1年間でダウ平均株価は33.8%下落。他の主要国の株価も暴落した。さらに資産価格の下落が米国で深刻な消費・投資の減退を招いた。対米輸出の不振を通じて各国にも影響が飛び火し、先進国・新興国で景気が後退した。以降、経済外交の舞台が主要国首脳会議（G7）から新興国を含む20カ国・地域（G20）会議へ移行。また、反グローバル思想が台頭し保護主義を招く契機ともなった。

連結経常利益

　子会社や関連会社などを含め、グループ全体の事業・財務活動で得られた利益。本業のもうけを示す連結営業利益に、財務活動で発生した金融収支などの営業外損益を加えたもの。

　近年、企業では事業部門別の経営責任を明確にするために分社化が進み、本社の単独決算ではグループ全体の企業業績の実態がつかめなくなっている。そこで、連結経常利益が企業グループの収益力を示す指標として重視されるようになった。

資料編①

297

国　際

6カ国協議

北朝鮮（朝鮮民主主義人民共和国）の核政策をめぐり、2003年8月から不定期に開催されている北朝鮮、日本、米国、中国、韓国、ロシアの代表による会合。英語では「Six-Party Talks」。

07年3月までに6回（9次）の会合が開かれているほか、6カ国外相による非公式会合も行われている。北朝鮮の核開発問題について解決を図ることを目的としている。しかし、同協議は08年から中断されたままだ。

国連安全保障理事会は09年4月、北朝鮮による弾道ミサイル発射を非難し、既存の制裁決議に違反すると明記した議長声明案を全会一致で採択した。これに対し、北朝鮮は強く反発し、6カ国協議への不参加を表明した。

さらに、北朝鮮は水爆製造につながる核融合の成功を発表。10年に起きた韓国の海軍哨戒艦沈没事件や延坪島砲撃事件などで、6カ国協議の再開は一段と困難になった。

その後も、日中韓3カ国の代表者会合などで6カ国協議再開を模索し、18年には北朝鮮の金正恩委員長も復帰の意向を表明したが、実現していない。

ASEAN経済共同体（AEC）

2015年末に発足した人口約6億3000万人、国内総生産（GDP）約2兆5000億ドルの巨大経済圏。1993年にスタートした東南アジア諸国連合（ASEAN）自由貿易地域（AFTA）をベースにしている。域内関税撤廃による外資誘致、ヒト・モノ・カネの域内での自由な移動を実現し、加盟各国の域内の競争力向上と成長加速に結び付ける。

ASEAN経済共同体（AEC）創設は2003年に合意され、当初は20年の経済統合を掲げていたが、15年に前倒しして発足した。09年には①単一市場と生産基地、②競争力ある経済地域、③公平な経済発展、④グローバル経済への統合、といった4つの戦略目標を掲げたAEC ブループリント（工程表）を採択。既に域内関税は品目数の96％が撤廃されている。

また、欧州連合（EU）とは異なり共通の通貨・金融政策導入までは踏み込まない、「緩やかな統合」が理想形であり、多国間の相互経済連携協定（FTA）に近い存在とされる。欧州とは異なる、アジアの取り組みが注目される。

ASEANプラス3

東南アジア諸国連合（ASEAN）加盟10カ国に、日本、中国、韓国の3カ国を加えた首脳会議。1997年12月、マレーシアのクアラルンプールで開かれたASEAN首脳会議に日本、中国、韓国の3カ国首脳が参加したのが始まり。1999年11月に、マニラで初の公式首脳会議を開催。「ASEANプラス3」の制度化と対話強化を打ち出した。

1997年のアジア通貨危機を受け、2000年5月、外貨不足に陥った国へ外貨準備金の一部を融通する通貨交換協定に合意。この財務相会議がタイのチェンマイで開かれたことから、「チェンマイ・イニシアチブ」と呼ばれる。

ASEANプラス3の枠組みでは過去、首脳会議や外相会議のほかに、財務相会議、経済閣僚会議、労働大臣会議、農林大臣会議、観光大臣会議、エネルギー大臣会議、環境大臣会議が開

基礎用語　ミニ辞典

催されている。

BRICS（ブリックス）

ブラジル（Brazil）、ロシア（Russia）、インド（India）、中国（China）の新興経済大国4カ国を、頭文字から「BRICs（現・BRICS）ブリックス」と呼ぶ。米証券大手ゴールドマン・サックスの2001年の投資家向けレポートで初めて用いられた。

BRICs各国に共通するのは、人口の多さと国土の広さ。中国が約13.8億人で世界第1位（15年、国連発表）、インドは約13.1億人で第2位。続いてブラジル第5位、ロシア第9位と、この4カ国で世界総人口の4割以上を占める。

また、国土面積でも全世界の約30%となる。BRICs4カ国の所得水準が上昇すれば国内消費は急伸し、先進国にとって輸出が拡大すると考えられ、新興市場への期待が高まった。

11年に開催された第3回首脳会議から、南アフリカ（South Africa）が正式メンバーとして参加。グループ名の表記は「BRICS（Sは大文字で、南アを示す）」となった。

南アフリカは、石油以外の資源はほとんど産出されるといわれるほど鉱物資源が豊富。工業も鉄鋼、化学、機械、食品加工などが盛んだ。ブラジル、ロシア、インドと比べると経済規模は小さいが、人口は急増している。

TICAD（アフリカ開発会議）

Tokyo International Conference on African Developmentの略。アフリカ地域の開発をテーマとする国際会議。日本政府の主導により、1993年以降、国連、国連開発計画（UNDP）、アフリカ連合委員会（AUC）、世界銀行との共同で、これまで計7回開催されている。アフリカ約50カ国の元首・首脳・閣僚が参加する全体会合のほか、NGO・民間企業主催のセミナー、シンポジウム、交流イベントなども行われる。

開催は3年に一度で、第7回会議（TICAD Ⅶ）は、2019年8月28～30日に横浜で開催され、約1万人が参加した。全体会合では、前回TICAD Ⅵの合意文書「ナイロビ宣言」の実施状況の確認から始まり、今後取り組むべき課題について議論が交わされた。最終日に採択された「横浜宣言2019」には、アフリカの包摂的なSDGs（持続可能な開発のためのアジェンダ2030）を目標とするデジタル変革やITイノベーションの活用促進、人材育成や若者、女性の起業の重要性などが盛り込まれている。また、アフリカで存在感を強めている中国の「一帯一路」構想や過剰貸し付けの現状を念頭に、「自由で開かれたインド太平洋」構想、質の高いインフラ投資など、中国との違いも強調されている。

アジア太平洋経済協力（APEC）

Asia-Pacific Economic Cooperation の略。アジア太平洋経済圏の貿易・投資の自由化と、経済・技術協力を進めるために設けられた枠組み。1989年1月、オーストラリアのホーク首相（当時）が提唱し、12カ国・地域でスタートした。

現在は21カ国・地域が参加しており、日本や米国、ロシア、ペルーなどが名を連ねている。米国のクリントン大統領（当時）が提唱し、1993年11月に米・シアトルで初めて首脳会議を開催。以後、毎年1回、その年のAPEC活動の締めくくりとして秋に開かれている。

299

また、閣僚や実務者による多くの会合も開催されている。主要な会合は閣僚会議、貿易担当大臣会合、エネルギー大臣会合などだ。

1995年、2010年には日本でAPEC首脳会議が開催された。なお、19年にはチリで開催が予定されていたが、チリ暴動の激化により断念された。

アフリカ連合（AU）

African Unionの略。アフリカ統合を掲げ、アフリカの全独立国家55カ国・地域が加盟する世界最大の地域機関である。アフリカ統一機構（OAU）を発展的に解消し、2002年7月に設立された。本部をエチオピアの首都アディスアベバに置く。

10年1月、OAU時代に発足させた「アフリカ開発のための新パートナーシップ」（NEPAD）を統合し、開発分野においてもその役割を増大させている。加盟国のなかで、西サハラの独立派武装組織ポリサリオ戦線が樹立した亡命政府サハラ・アラブ民主共和国（SADR）は、日本政府が国家承認していない地域。

モロッコは、SADRの加入に反対して1985年にOAUを脱退した。その後、2016年9月にモロッコは再びAUに加盟の申請をし、17年に再加入した。

「アフリカ開発のための新パートナーシップ（NEPAD）」の推進や、国際社会や主要支援国との協調をはかり、アフリカの「持続可能な開発」を進めることが目的。

欧州連合（EU）

European Unionの略。1967年設立の欧州共同体が軸になり、1993年11月、マース

トリヒト条約の発効によって発足した。ベルギーのブリュッセルに本部を置き、経済関係だけでなく、外交・安全保障や司法・内務面でも、欧州の統合促進を目指している。

2009年12月には、欧州連合（EU）の新たな基本条約「リスボン条約」を発効。「大統領（首脳会議の常任議長）」と「外相（外交安全保障上級代表）」が誕生した。初代大統領は、ベルギー前首相のファンロンバイ氏が就任した。

原加盟国はフランス、西ドイツ、イタリア、ベルギー、オランダ、ルクセンブルクの6カ国。その後、第1次拡大（1973年）、第2次拡大（81年）、第3次拡大（86年）、第4次拡大（95年）、第5次拡大（2004年）を経て、07年にブルガリアとルーマニアが加盟した。13年にはクロアチアが加盟し、計28カ国となった。16年6月、英国は国民投票によりEU離脱を決めた。17年3月に離脱が通知され、20年1月に正式離脱（経緯についてはテーマ5「Brexit」参照）。

EUの行政執行機関は欧州委員会で、加盟国から1人ずつの委員によって構成される。立法機関は欧州議会で、各加盟国から直接選挙で選出された議員により構成される。

核兵器不拡散条約（NPT）

Nuclear Non Proliferation Treatyの略。米国、英国、ロシア、フランス、中国以外の国の核兵器保有を禁止する条約で、正式名称は「核兵器の不拡散に関する条約」。5カ国以外の国が核兵器を開発・保有することを防ぐ核不拡散や、原子力の平和的利用などの推進を主な目的に1970年3月に発効した。

日本は1970年2月に署名、1976年6月に批准している。

2017年4月時点の締約国は191カ国・地域。

未締約国はインド、パキスタン、イスラエル、南スーダン。03年1月、北朝鮮はNPT脱退を宣言した。

NPTは5年ごとに再検討会議を開催するとしているが、05年の会議では核保有国と非保有国が対立して会議が決裂。10年5月に、国連本部で再検討会議を開催し、核軍縮・不拡散のための64の行動計画を盛り込んだ最終文書を全会一致で採択した。

11年4月にはベルリンで、非核兵器保有国10カ国の第2回核軍縮・不拡散に関する外相会合が開催された。また、東京電力福島第1原子力発電所の事故を踏まえて、核リスク低減の重要性や原子力安全強化の必要性などを明確にし、核兵器の原料となるプルトニウムや高濃縮ウランなどの生産を全面的に禁止することを目指す条約である「核兵器用核分裂性物質生産禁止条約（FMCT）」の早期交渉開始や、「包括的核実験禁止条約（CTBT）」の早期発効などに関する具体的提案を含んだ「ベルリン・ステートメント」を全会一致で採択した。

15年4月にはニューヨークの国連本部で、NPT再検討会議が開催された。しかし、再検討会議は約1カ月かけて練り上げた最終文書案を採択できなかった。

金融安定理事会（FSB）

Financial Stability Boardの略。2009年4月に、ロンドンで開催された第2回主要20カ国・地域（G20）金融サミットで、発足が決定した理事会。

1997年のアジア通貨危機後、先進7カ国財務相・中央銀行総裁によるG7会議の諮問機関として金融安定化フォーラム（FSF：Financial Stability Forum）があったが、これを拡大した

 もので、より強い権限と機能を持たせるようにした。主要国の金融監督当局で構成され、通貨危機の再発防止の一環として、金融監督機能を強化するという狙いが盛り込まれた。

FSBは2014年11月、国際的に展開する30の巨大銀行を対象にした新しい自己資本比率規制案を発表した。最低比率は「16～20％」と、20％になる余地を残したものの、導入時期は段階的にし、準備期間を設けた。

経済特別区（SEZ）

経済特別区（SEZ：Special Economic Zone）は、国内経済を活性化・高度化するために、外資系企業の誘致などを目的として特例的に作られた地域のこと。

国際労働機関（ILO：International Labor Organization）によると、世界には140カ国に4300カ所のSEZがあり、6600万人以上の雇用を生み出しているという。

とりわけSEZ活用に熱心なのがアジア諸国で、重要な産業発展の手段となっている。工業化の初期段階にある新興国が、一層の経済成長と国民所得の向上を目指す際に、最も頼りになるのが先進国の技術と資本といえる。時間とコストの両面において、時間のかかるインフラ整備などでも外資の力は頼りになる。

SEZは1970年代に中国が先駆けとなり、他のアジア諸国も同様の手法を採っている。

経済連携協定（EPA）

Economic Partnership Agreementの略。関税撤廃などの通商上の障壁を除去する自由貿易協定（FTA）の要素に加え、協定締約国間における経済取引の円滑化、経済制度の

調和、サービス・投資・電子商取引といった様々な経済領域での連携強化・協力の促進なども含めた協定。

日本は、2002年から08年までにシンガポール、メキシコ、マレーシア、チリ、タイ、フィリピン、ブルネイ、インドネシアと協定を結んでいる。09年10月には、ベトナムとのEPAを発効している。同年9月には、欧州諸国では初めてのEPAとなるスイスとの協定を発効した。さらに、11年8月にはインドとの協定を発効。ペルーとのEPAを12年3月に、オーストラリアとのEPAを15年1月に発効した。モンゴルとの協定は16年6月に発効した。

日本初の複数国間の経済連携協定（EPA）となったのは、東南アジア諸国連合（ASEAN）10カ国との「日・アセアン包括的経済連携（AJCEP）協定」だ。08年12月に日本、シンガポール、ラオス、ベトナム、ミャンマーの間で発効した。16年2月には環太平洋経済連携協定（TPP）に署名、TPP11は18年3月に署名。日・EU経済連携協定は19年2月に発効した。

またバーレーン、クウェート、オマーン、カタール、サウジアラビア、アラブ首長国連邦の6カ国から成る湾岸協力理事会（GCC）諸国との間でのFTAも協議中。

日本のEPA・FTAは19年12月時点で18カ国・地域と発効・署名済である。

国際原子力機関（IAEA）

International Atomic Energy Agencyの略。核拡散防止条約（NPT）の下、各施設の査察や軍事目的への転用の可能性を検証する機関。「保障措置」が主な活動であり、国連の機関ではない。1953年の国連総会におけるアイゼンハワー米大統領の演説を機に、57年に設立された。

2019年2月時点での加盟国は171カ国。ウィーン国際機関日本政府代表部大使だった天野之弥氏が、09年12月に事務局長に就任した。任期は4年だが再任され、3期目を務めていた19年7月に任期半ばで死去した。後任はアルゼンチンのグロッシ氏。

35カ国で構成する理事会が最高執行機関で、重要事項は理事会の全会一致が原則だ。検証する対象は相手国が申告した施設、物資のみだが、違反疑惑があれば未申告施設への「特別査察」もできる。

02年に秘密裏の核計画が発覚して以降、長年くすぶってきたイランの核疑惑について、IAEAは15年末、過去にイランで核兵器開発関連の動きがあったものの、09年以降は痕跡がないと認定した最終報告書を提出した。

またIAEAは同年、福島第1原発での事故についてまとめた最終報告書を公表。報告書では「安全だとの思い込みがあった」ために災害への備えが不十分だった点などを批判した。

国連安全保障理事会（UNSC）

United Nations Security Council。国際連合で平和維持を担う主要機関。米国、英国、フランス、ロシア、中国の常任理事国（P5）と、地域代表である任期2年の非常任理事国10カ国で構成される。

安保理決議は国連の全加盟国への拘束力を持ち、決議の採択には、①15カ国の理事国のうち9カ国以上の賛成、②拒否権を持つP5のどの国も反対しないこと——が条件。また、決議のほか、拘束力のない議長声明や報道声明もある。安保理の会合は安保理議長が主宰し、

議長国は1カ月ごとに安保理事国の英語名称のアルファベット順で交代する。

日本は加盟国最多となる11回にわたって安保理非常任理事国となり、2009年2月や16年7月には議長国を務めた。

安保理の構成は1965年に非常任理事国数が国連発足当初の6カ国から10カ国に増えたのみで、常任理事国の数は変わっていない。現在、日本政府は国連に対する貢献実績から、日本は安保理の新たな常任理事国を務めるにふさわしいという姿勢を示している。

国連総会

国際連合の主要機関で、すべての加盟国が議席を持ち、また投票では各国が1票を持つ。新加盟国の承認や予算問題などの重要問題の決議には、出席し、かつ投票する構成国の3分の2以上の賛成が必要。その他の問題は、出席し、かつ投票する構成国の単純多数決により決定される。総会の議長は1年交代。

「安全保障理事会」「信託統治理事会」「国際司法裁判所」などの6主要機関の1つであり、国連の目的を達成するための中心と位置付けられる。毎年9月から通常総会が開催され、12月下旬に休会した後、必要に応じて翌年再開され、次回総会の開会前日に閉会する。

国連の活動に関する事項の討議や、決議、勧告などを行い、これまでの決議のなかには、「世界人権宣言」や「友好関係原則宣言」がある。そのほかの時期には特別総会が開かれ、緊急総会はいつでも開催可能となっている。

国連難民高等弁務官事務所

UNHCR：United Nations High Commissioner for Refugeesの略。難民の生命を保護する機関で、難民に国際的保護を与え、自主的な帰還、保護国での定住、第三国での定住などを支援する。

国連総会によって創設され、1951年にスイスのジュネーブを拠点に活動を開始。1954年と1981年にノーベル平和賞を受賞している。

日本の同機関への資金協力は1967年以来行われており、2019年の拠出額は総額1億2600万米ドルで第5位の財政的援助国となっている。1991～2000年末までは、日本人の緒方貞子氏が第8代高等弁務官を務めた。16年からは、イタリア出身のフィリッポ・グランディ氏が第11代の高等弁務官を務める。

国連の気候変動に関する政府間パネル

IPCC：Intergovernmental Panel on Climate Change。IPCCは総会と3つの作業部会、温室効果ガス目録に関するタスクフォースで構成され、気候変動の科学的分析や緩和策、社会や経済への影響など、地球温暖化に関する最新の研究成果をまとめて各国に示す国際組織。2007年にノーベル平和賞を受賞。

1988年に、世界気象機関（WMO）と国連環境計画（UNEP）により設立され、気候変動の専門家や研究者など科学者を中心に構成される。IPCCは気候変動に関する論文をまとめ、「評価報告書」を5～6年ごとに公表している。1990年に第1次評価報告書を公表して以来、1995年、2001年、07年に続いて、13年に第5次評価報告書統合報告書を公表し、第6次統合報告書のとりまとめが進んでいる。

国連平和維持活動（PKO）

Peace-Keeping Operations の略。地域紛争で停戦の合意後、国連が停戦や軍の撤退を監視し、紛争の再発防止と平和支援などを行う活動。国際平和と安全の維持が目的だ。

2019年8月時点で、世界では14のPKOが行われているが、その活動地域のほぼ半数はアフリカだ。日本は、1992年6月制定（2001年に一部改正）の国際平和協力法（PKO法）に基づき、この活動に参加。「PKO参加5原則」を基本方針とする。

財政貢献では、20年の日本のPKO予算分担率は米国の約28％、中国の15％に次ぐ8.56％（約5.6億ドル）となっている。

シェンゲン協定

1985年にルクセンブルク・シェンゲンで当時の欧州経済共同体に加盟していたベルギー、フランス、ルクセンブルク、オランダ、ドイツの5カ国で署名されたのが始まり。加盟国間で原則、出入国審査なしで自由に国境を越えられ、欧州統合の理念を象徴する規定の1つ。現在は欧州連合（EU）域外のスイスなどを含む26カ国で実施している。1999年に発効したアムステルダム条約により、シェンゲン協定はEU条約に統合された。

シェンゲン協定の理念を揺さぶるのが難民や不法移民の問題。発端となったのは、2011年、北アフリカ各国の政変（アラブの春）を受けて多くの難民がEU内に流入。域内で国境審査の復活を求める声が上がった。

16年6月に英国が国民投票でEU離脱を選択した要素の1つにも、難民問題があった。英国はシェンゲン協定に参加していないが、EUの一員である限りは域内から働きに来る移民を拒めない。移民の急増により雇用が奪われるといった不安感や密入国者への恐怖心などからEU離脱となった要因もある。

新開発銀行（BRICS銀行）

NDB：New Development Bank（BRICS銀行）。BRICS（ブリックス）の5カ国（ブラジル、ロシア、インド、中国、南アフリカ）が運営する国際開発金融機関。

2014年7月にブラジルで開かれた第6回BRICS首脳会議で創設に正式合意し、15年7月にモスクワで第1回総会を開いた。中国・上海に本部を置き、初代総裁はインドの民間銀行元会長K．V．カマート氏が就任。16年に営業を開始した。

当初の資本金は500億ドル（約6兆1000億円）で5カ国が均等出資する。将来は1000億ドル規模へ拡大する方針。

国際通貨基金（IMF）と世界銀行に対する不満から、5カ国の財政と開発で協力関係をより大きくし、欧米が主導する国際金融体制への対抗を目指している。

世界貿易機関（WTO）

World Trade Organization の略。世界の貿易自由化を推進するための国際機関。それまでのガット（GATT：General Agreement on Tariffs and Trade、関税と貿易に関する一般協定）に代わり、1995年1月に発足。本部はスイスのジュネーブに置く。

ガット・ウルグアイ・ラウンドの合意文書に調印した約120カ国でスタートし、2015年12月ナイロビ閣僚会議にてリベリア、アフガ

ニスタンの新規加盟が決定。18年1月現在、164カ国・地域が加盟している。

国際的な貿易ルールを決めるほか、統一的な紛争解決手続きの策定、運用なども行う。ウルグアイ・ラウンドに続き、新たな多角的貿易交渉である「ドーハ・ラウンド」(ドーハ開発アジェンダ：Doha Development Agenda)が01年に開始されたが、08年の決裂を受けて一括合意を断念した。その後の世界の貿易自由化の流れがFTAに移り、ラウンドは行き詰まっている。

13年にインドネシア・バリでの公式閣僚会合で貿易円滑化措置などを先行する「部分合意」に達した。残る分野の交渉計画を14年中に策定することも決めたが、後にインドがバリ合意を否定して頓挫した。その後、先進国側の譲歩により合意に達し、17年2月に貿易円滑化協定が発効した。

18年の米中貿易戦争過熱などからWTOが十分機能していないとして、改革を求める機運が高まっている。

仲裁裁判所

2013年に南シナ海問題をめぐってフィリピンが仲裁を申し立てた先が、オランダ・ハーグにある常設仲裁裁判所。国際海洋法裁判所、国際司法裁判所、特別仲裁裁判所などと並ぶ紛争解決の手段の1つに挙げられている。

国際海洋法裁判所や国際司法裁判所と異なり、仲裁裁判所は相手方の当事国が拒んでも手続きを進められる。今回も中国が不参加のまま審理が進められた。

仲裁裁判所はあらかじめ選任された裁判官が常駐する裁判所はなく、提訴のたびに当事者などが選ぶ仲裁人5人が審理し、当事者に判

決に従うよう命じることができる。不服は申し立てられないが、締結国が命令を無視した場合でも強制的に従わせる手段はない。

16年7月に出た仲裁裁判所の判決は、中国の南シナ海での主権を全面的に否定。当の中国は06年に「領海の線引きについて仲裁裁判所で争うことはしない」と宣言、この判決についても受け入れないことを明言し、従来通り南シナ海における主権を主張した。

ハーグ条約

1983年に発効。オランダのハーグで採択され、正式名称を「国際的な子の奪取の民事上の側面に関する条約」という。国際結婚が破綻し、どちらか一方の親が無断で16歳未満の子供を国外に連れ出し、もう一方の親から返還要求があった場合には、原則として子供を元の居住国に戻すことを義務付けている。応じない場合、裁判所が指定する者(返還実施者)によって強制的に子供が元の居住国に戻される。

外務省によると2019年10月現在、世界101カ国がハーグ条約を締結している。日本は13年5月の国会で同条約の締結が承認され、14年4月に発効された。

米連邦準備理事会(FRB)

Federal Reserve Boardの略(Board of Governors of the Federal Reserve Systemともいう)。1913年の連邦準備法(Federal Reserve Act)を根拠法として設立された米国の中央銀行制度の最高意思決定機関。政策金利の決定やドル紙幣の発行・回収、金融機関の監督などを行う。

FRBが最も重視する政策金利はフェデラル

ファンド (FF：Federal Funds) レート。連邦公開市場委員会 (FOMC：Federal Open Market Committee) の決定に基づき、ニューヨーク連邦準備銀行が公開市場操作を通じて目標水準へ誘導するものだ。このFFレートによって、金融機関が貸し出す金利や住宅ローン金利が変動するため、経済全体への影響が大きい。

米国では、2010年7月に金融規制改革法が成立。同法にはFRBが大手銀行や証券など、業界を横断的、一元的に監督することが盛り込まれた。さらに、消費者保護機関をFRB内に新設することも決まり、FRBの権限の重みは増している。

09年3月からとった量的緩和第1弾はQE1と呼ばれた。その後、10年11月から実施したのがQE2であり、12年9月以降QE3が実施された。14年になって景気の足取りが確かなものになってきたため、QE3は14年10月に終了した。

FRBは15年12月に9年半ぶりとなる利上げに踏み切った。雇用の減速などもあったが、16年12月以降たびたび追加利上げを行った。19年には金融緩和に転じ7月と9月、10月に3回の利下げを行った。20年にも新型コロナの影響などにより金融緩和が続いている。

ベルヌ条約と万国著作権条約

著作権の国際的保護を目的とした2大国際条約。著作権を認めるときの考え方には、原則として自然発生する「無方式主義」と、登録、作品の納入、著作権表示などをしないと保護されないとされる「方式主義」の2種類がある。

スイスのベルンで1886年に結ばれたベルヌ条約の正式名は「文学的及び美術的著作物の保護に関するベルヌ条約」。書籍、映画、絵画、建築、彫刻、写真、文芸、学術および美術の範囲の著作物が対象である。

締結後、数回にわたって改正されており、日本は1899年に加盟。最新のベルヌ条約パリ改正条約は、1975年に締結している。加盟国は保護同盟を組織し、著作権の内国民待遇、無方式主義を原則として、著作権の保護期間を最低期限50年間（映画は70年間）と規定していた。日本は環太平洋経済連携協定（TPP）合意を踏まえた著作権制度の見直しを進め、TPP整備法などにより、2018年12月からは音楽・書籍の著作権の保護期間を著者死後50年から70年に延長するなどとなった。

なお、ベルヌ条約に関する事務は世界知的所有権機関（WIPO）が行っている。

一方、万国著作権条約は1952年、国際連合教育科学文化機関（ユネスコ）が中心になってジュネーブで成立した。国内法の関係でベルヌ条約を批准できなかった諸国のために、ベルヌ条約を補完するものとしてユネスコが提唱。著作権の無方式主義国でも、コピーライトマークの表示、著作権者名、最初の発行年の3つがあれば、すべての著作権が方式主義国についても保護されることが定められた。日本は1956年に加盟した。

その後、方式主義だった米国が1989年にベルヌ条約に加盟したため、世界的には無方式主義が大勢を占めるようになっている。なお、ベルヌ条約と万国著作権条約を両方批准している場合には、ベルヌ条約が適用される。

基礎用語　ミニ辞典

その他

IR（投資家向け広報活動）

Investor Relationsの略。企業が株主や投資家に対して、投資判断に必要な企業情報を適時・公平・継続して提供する活動のことである。定期的な業績の説明会だけでなく、あらゆる企業内容の情報開示（ディスクロージャー）をすることは、株主や投資家の信頼感を高め、自社株の投資価値も高めるので、IRに力を入れる企業が増えている。

日本IR協議会が2019年4月に発表した「IR活動の実態調査」（全上場会社3755社対象、850社から回答）によると、IR活動を実施している企業は97％にのぼり、投資家等との対話の促進が見られ、資本政策を策定・公開する企業が増加した。

アフィリエイト

Affiliate。「アソシエイト・プログラム」ともいわれる。ホームページ（HP）やメールマガジン（メルマガ）などに広告を掲載し、それを見た人が商品を買った場合、リンク元となるHPなどの主宰者に報酬が支払われる広告手法。主にクリックされた回数によって決まるクリック報酬型と、商品やサービスが売れた場合に支払われる成果報酬型とがある。

例えば、商品やサービスを売りたい企業と、HPやメルマガの運営者が提携し、画面上に広告を掲載する。このとき、広告主と広告を掲載するHP運営者を仲介し、報酬支払いの代行などを行っている企業をアフィリエイト・サービス・プロバイダーという。

宇宙基本計画

政府の宇宙開発戦略本部が策定する、宇宙開発利用の国家戦略を示した計画。宇宙基本法に基づいて10年先を見通して政策をまとめている。2009年に初めて作られた。

15年に新しい宇宙基本計画が発表された。狙いは安全保障戦略と産業の活性化。従来の計画では宇宙利用を平和目的に限っており、08年の宇宙基本法で安保利用を解禁したものの、抑制的な面があった。

政府は、毎年末に宇宙基本計画の工程表を改訂。18年末には、宇宙安全保障の確保、民生分野における宇宙利用促進、産業・科学技術基盤の維持・強化を政策体系とする具体的方針を示した。

オムニチャネル

Omni Channel。オムニとは「すべて」を意味するラテン語を語源とする。電子商取引（EC）やマーケティングの世界で注目される販売戦略の1つ。

オムニチャネルという言葉は様々な意味で用いられているが、多くは実際の店舗やインターネット上の店舗といった違いがあっても、顧客の求めるニーズに的確に対応し、同じように買物ができる環境を目指すと言葉とされる。「すべての（オムニ）経路（チャネル）」といった意味で使われることが多い。

日本では、2013年頃から知られるようになったが、米国では11年頃から使われるようになった。米百貨店メーシーズの最高経営責任者（CEO）が、オムニチャネル化宣言を行ったことがきっかけの1つとされる。

インターネットやモバイル端末が広く一般

資料編①

307

に普及してきたことで、いつでも、どこでも消費者は商品を購入できるようになった。オムニチャネルは、これまでにない新たなビジネスのあり方として注目されている。

改正景品表示法（景表法）

景品表示法は、商品やサービスの品質、内容、価格などを偽って表示することを規制したり、景品類の最高額を制限したりする法律。2014年11月、不当表示に課徴金を科す改正景品表示法案が成立。13年に起きた、表示と異なる食材で料理を提供した、有名ホテルのレストランによる食材の虚偽表示問題などがきっかけ。16年4月に施行された。

改正により賦課金額は対象商品・役務の売上額（最大3年分）に3％を乗じて算出。課徴金額が150万円未満の場合は、課徴金を賦課しないなどが盛り込まれた。

改正個人情報保護法

個人情報保護法は2003年に成立。15年に成立以後初めて本格的に改正され、17年に施行された。ビッグデータの利用・活用を後押しする政府の成長戦略に沿って、企業が持つ個人データを使いやすくするのが狙い。3年ごとの見直しが明記されている。

従来の保護法では、企業が持つ個人情報の利用目的は、あらかじめ特定して示すのが原則。「相当の関連性がある範囲」なら本人の同意なしに使い道を変えられると定めるが、所管官庁は「相当の関連性」を厳しく解釈するため、企業が個人情報の使い道を後から勝手に変えるのは難しかった。

改正法では、解釈が曖昧だった「相当の」を

削除し、何らかの「関連性」があれば使い道を変えやすくなる。政府は一例として、電力会社が省エネサービス目的で集めた家庭の電力使用状況を、研究開発や安否確認サービスにも転用できるようになると説明している。

個人情報の漏洩防止策として、第三者から個人情報を受け取ったり、第三者に提供したりする場合は、情報を受け渡しする年月日や提供先氏名の記録を作成、一定期間の保存を義務付けている。背景には14年7月に発覚したベネッセコーポレーションの顧客情報漏洩事件がある。個人情報の取り扱い5000人以下の事業者、いわゆる中堅・中小企業も規制対象に加わった。

不正な利益を得る目的で個人情報データベースなどを提供・盗用する行為を処罰する「個人情報データベース提供罪」も新設された。20年の改正では、個人の権利または正当な利益が害される恐れがある場合に、自身のデータの利用停止や消去を請求する権利が認められた。また、短期で消去される個人データも情報開示や利用停止の対象となる。

改正土砂災害防止法

正式名称は「土砂災害警戒区域等における土砂災害防止対策の推進に関する法律」。土砂災害は、がけ崩れや土石流などで引き起こされる災害。1999年に発生した広島市の土砂災害をきっかけに、土砂災害防止法が2001年に施行された。

以後、都道府県が警戒区域や特別警戒区域を指定し、宅地開発が規制されるようになったが、不動産価値の低下などを理由に反対する人が多く、指定が進まずにいた。

しかし、13年10月の伊豆大島や14年8月

基礎用語　ミニ辞典

資料編①

の広島市の土砂災害などを受け、改正土砂災害防止法が15年1月に施行された。

　改正により、土砂災害が発生する危険箇所の各都道府県による調査が進められ、19年度末には完了する見通し。警戒区域指定は約65万カ所になると見られる。17年の改正では、区域内の特定の施設の管理者に避難計画の作成や訓練の実施が義務付けられた。

　国土交通省の防災白書によると、過去10年間の土砂災害発生件数は、平均して1年間におよそ1000件。16、17年はそれぞれ約1500件だった。ほとんどの都道府県で土砂災害が発生しているという。

改正特許法

　社員の発明で特許を取る権利が企業のものになる改正特許法が、2015年に成立。従来は、社員が仕事で生み出した発明（職務発明）の特許を受ける権利は、発明者に帰属するため、企業は社員に「相当額」の対価を払い、権利を譲り受ける仕組みだった。改正法では契約や勤務規則などで定めた場合は、はじめから会社に帰属できるようになった。

　従来の「発明の対価」は対価の支払いのみだったが、改正法では「相当の金銭、その他の経済上の利益を受ける権利」と明記された。また、これまで規定のなかった「特許料」は現行水準を10％程度引き下げ、商標登録料は25％程度、更新登録料は20％程度引き下げる。

　また19年の改正では、特許を侵害されたと感じた企業が訴訟に必要な証拠を集めやすくする仕組みとして、「査証制度」が設けられた。

学習到達度調査（PISA）

　経済協力開発機構（OECD）が3年に一度、加盟国・地域の15歳児を対象に実施する、学習到達度に関する国際的な調査。主に「読解力」「数学的リテラシー」「科学的リテラシー」の3分野について行われる。2015年調査には、72カ国・地域から約54万人が参加。日本からは全国198の高校などの1年生約6600人が参加した。結果は、OECD加盟国35カ国でみると、数学的リテラシーと科学的リテラシーが1位、読解力は前回（12年）調査より5つ下がり6位だった。理数系学力は「ゆとり教育」の転換後は回復傾向にあるが、読解力については課題が残った。文部科学省は要因はパソコンによる解答方式への変更にあるとしている。また、他者と協力して問題を解決する能力を測定したオプション調査「協同問題解決能力」で日本は加盟国中1位だった。同省は課題解決能力の育成を推進してきた成果とみている。

　PISAは、大学入試のような知識を問う従来の学力テストとは異なり、実生活に役立つ応用力を評価する問題が多い。2000年のPISA開始以降、多くの国で「PISA型」の学力増強が教育の重要なテーマとなってきている。日本は03年の調査で順位が急落した「PISAショック」を機に学力低下への批判が高まり、文科省は脱・ゆとり路線を本格化。学習指導要領の改訂や、小中学校の授業時間や学習内容を増やすなどした経緯がある。

環境影響評価（環境アセスメント）

　発電所、ダム、道路といった大規模開発で環境が悪化するのを防止しようとする制度。1969年に米国において、世界で初めて制度化

309

され、その後、世界各国で導入されてきた。

日本では1972年に公共事業で環境アセスメントが導入され、1997年に環境影響評価法が成立、2013年に改正環境影響評価法が完全施行された。

環境アセスメントをめぐっては、17年8月、第3次安倍第2次改造内閣時の山本公一環境相が、中部電力による愛知県内での石炭火力発電所の新設計画について、環境影響評価法に基づき見直しを求める意見書を当時の世耕弘成経済産業相に提出した。山本環境相は二酸化炭素を大量排出する石炭火力発電所の建設により、30年以降の温暖化ガス削減が難しくなることを懸念。同計画で二酸化炭素排出削減の見通しがつかない場合には、老朽化した他の火力発電所の休廃止などの代替策をとるよう求めた。

また、近年は大規模太陽光発電所（メガソーラー）の建設が急増し、森林伐採など環境への影響が懸念されている。現行法令では太陽光発電所は環境影響評価の適用外となっていることから、環境省は18年7月、メガソーラーの追加を検討すると発表している。

企業の社会的責任（CSR）

Corporate Social Responsibility の略。経済的な利益だけでなく、コンプライアンス、人権や社会的公正への配慮・貢献、環境保全など、企業が果たすべき広範な社会的責任。

CSRへの取り組み実績を基準に企業へ投資することを「社会的責任投資（SRI：Socially Responsible Investment）」というが、日本にも「社会的に責任ある行動を取っている企業に投資する」「環境問題に取り組む企業に投資する」「環境改善に貢献する製品を製造して

いる企業に投資する」といったファンドがある。「エコファンド」という環境を投資基準とした投資信託も、SRIファンドの1つである。

休眠特許と開放特許

特許とは、発明に関する知的財産権の1つ。発明者は、発明した技術を独占的に製造・販売する権利を得られる。取得した特許を他社に貸与すれば、使用料（ライセンス料）を得ることもできる。2013年6月に策定した知的財産政策ビジョンでは、積極的に特許を貸与することで、使用料を回収するような知財戦略により、日本企業の競争力を強化することを目標として掲げた。

特許庁の調査では、国際特許の件数は増加傾向にある。しかし、特許は他社に使われなければ収益に結び付かない。収益に結び付いていない特許を「休眠特許」といい、休眠特許の割合は約半数にのぼる。休眠特許には価値の高いものも存在し、利用しないと社会的な損失になる可能性もある。

また、休眠特許のなかには特許権の保有者が「他人に使用させてもいい」と考える「開放特許」がある。開放特許を活用することで、経済の活性化が図れる。政府は、これまで開放特許の情報データベースを作るなどして、特許の有効活用策を講じてきた。

後発医薬品（ジェネリック）

後発医薬品とはジェネリック医薬品とも呼ばれ、先発医薬品（新薬）の特許が切れてから作られ、販売されるが、新薬と同じ有効成分を含み、同じ薬効がある医薬品のこと。

国の基準によって審査が行われ、新薬に比

べて開発費用が抑えられることから、販売価格が安い。このため、患者負担が減るだけではなく、国内医療費の抑制も図れる。医療保険制度の維持にもつながるため、国は後発医薬品のより一層の普及促進に取り組んでいる。

ただし現状では、日本国内の後発医薬品シェアは、欧米諸国の7～8割と比較するとまだ少なく、5～6割弱にとどまっている。理由としては、医療関係者の間で後発医薬品の品質や安全性、安定供給への不安が残っていることなどが挙げられる。

厚生労働省は後発医薬品の数量シェア目標値として、「2020年9月までの間のなるべく早い時期に80%とする」とし、おおむね達成が見込まれる。海外の後発医薬品のシェアをみると、米国は90%以上、ドイツは80%以上、英国は70%以上となっている。

孤立死（孤独死）

誰にもみとられることなく息を引き取り、亡くなった後に発見されること。内閣府の「令和元年版高齢社会白書」によると、2018年10月の時点で65歳以上の高齢者の総人口に占める割合（高齢化率）は28.1%と、過去最高となった。また、高齢者の単独世帯は増加傾向にあり、孤立死（孤独死）を身近な問題として感じる人は60歳以上の単身世帯で半数を超え、多くの人が不安を感じていることが分かる。

孤立死の増加を招く要因の1つとして、社会的孤立があるといわれている。高齢者の単身世帯では、病気などのときに看護や世話を頼む相手がいないとする人も少なくない。

そのようななか、新聞販売店やスーパー、コンビニエンスストアをはじめとするライフライン事業所などと自治体が協定を締結し、高齢者宅などを見守る「地域見守りネットワーク」が設置されるなど、具体的な孤立死予防の取り組みが各地で進んでいる。

コンパクトシティ

Compact City。行政や商業、住居といった機能を市街地に集約し、効率的で移設可能な都市を推進する都市計画（または、そのような都市）。

国土交通省は、「地方都市における高齢化や人口減少の進行と市街地の拡散、大都市における高齢者の急増など、わが国の都市が抱える諸課題に対応して、今後わが国の都市は多極ネットワーク型のコンパクトシティを目指す」と掲げている。とくに、2050年を見すえた国土形成計画の一環として、地域公共交通と連携した「コンパクトシティ・プラス・ネットワーク」を強く提唱している。14年には、都市再生特別措置法を改正し、「立地適正化計画制度」を導入。17年7月末で、全国357の都市が具体的な取り組みを進めており、うち112の都市が計画を策定・公表している。18年3月には、国交省は都市のコンパクト化と地域の稼ぐ力の向上に取り組む地方再生のモデル都市として32都市を選定した。

最高経営責任者（CEO）

Chief Executive Officer の略。米国や英国などで、企業統治を進めるために設けられた役職。会長が兼ねる場合が多い。日本では会長兼CEO、社長兼CEOという形で導入する企業が増えている。ただし、「会社法349条」の規定により、代表権を持つのは取締役または代表取締役であり、委員会等設置会社では代

表執行役である。

CEOには法的な裏付けはなく、企業内部の肩書にすぎない。2003年「商法」改正による委員会等設置会社の代表執行役は、米国でのCEOの位置付けと似ている。米国の会長兼CEOは会長が取締役会の議長で、CEOが取締役会の監督を受けて業務を遂行。業務執行の責任を負う最高執行責任者であるCOO（Chief Operating Officer）と、役割を分担する。

サプライチェーン

製造業、流通業で、製品開発、原材料や部品の調達、製造、物流、販売といった一連の工程をサプライチェーン（Supply Chain）といい、供給網を意味する。2011年3月に起こった東日本大震災や16年4月の熊本地震ではサプライチェーンが寸断され、経済や国民生活に大きな影響が出た。18年7月に発生した西日本豪雨でも、高速道路や鉄道網の寸断により自動車産業を中心にサプライチェーンが混乱し、工場の稼働停止を強いられた。それだけにサプライチェーンの防衛あるいは強化は企業にとって大きな課題となり、企業や政府はサプライチェーンの問題点を点検し、代替手段の確保などを検討している。

一方、経済産業省では、国内サプライチェーン全体の最適化に向け、優れた取り組みを行った事業者に対し、その功績を表彰する「サプライチェーン イノベーション大賞」を16年から新設した。

事業再生ADR

Alternative Dispute Resolution。多大な債務で経営に行き詰った企業を、会社更生法や民事再生法による法的整理ではなく、政府が認めた第三者が企業と金融機関など債権者の間を仲介、債権債務の話し合いを調整し、解決させる仕組み。

この制度は、企業の経営再建を円滑に進めることを目的に2007年から開始。第三者となる仲介機関は、法務大臣および経済産業大臣により認定されるが、現在は事業再生実務家協会が唯一の認定機関である。

ADRは裁判外紛争解決手続きのことで、当事者間での解決による私的整理の1つだ。法的整理では、仕入先への支払いが止められるため、企業側の事業継続が難しい。事業再生ADRは、私的整理のため非公表で企業へのダメージが少なく、同時に仲介機関による公正な手続きが期待できる。

また、原則として金融機関の債権のみがカットされるので、並行して事業ができ、さらに企業と債権者双方に税の負担を減らす措置が設けられている。

一方で、再生計画を決める債権者会議では全員賛成が必要だが、これを多数決に変え、より手続きがスムーズになるよう、有識者からの提言の動きがある。

食料自給力

2015年、政府は今後10年間の農業政策の方向性を示す「食料・農業・農村基本計画」を決定。そのなかで、輸入が途絶えるなどの非常時に、国内の農地を活用してどの程度の食料を自給できるかを示す「食料自給力」を新指標として採用した。基本計画によると、国民が栄養的にバランスのとれた食事をとろうとすると、必要なカロリーの7割しか賄えないという。

なお、基本計画は従来から重視してきた食

基礎用語　ミニ辞典

料自給率（国内で消費する食料を国産でどの
くらい賄っているかを示す指標）の目標（カロ
リーベース）を、20年度の目標数値の50％か
ら45％に引き下げ25年度の達成を目指す。
生産額ベースの自給率は目標を同70％から
73％に引き上げた。

新経済連盟（新経連）

　楽天の三木谷浩史社長を中心に、2012年6
月に発足した経済団体。前身は10年に設立さ
れた「eビジネス推進連合会」。12年6月に名
称を「新経済連盟」に改称した。楽天は04年
に入会した日本経済団体連合会から、電力政
策をめぐる見解の相違を理由に11年6月に退
会している。
　サイバーエージェントの藤田晋社長らが理
事を務める。団体会員数はカカクコム、グリー、
ソースネクスト、日本オラクルなど一般会員
五百社を超える。同連盟の活動目的として、経
済分野とともに地域活性分野と政治行政への
アプローチを挙げている。

製造小売業（SPA）

　1986年に米衣料品大手ギャップの会長が、
自主企画商品を委託生産させ、自らのチェー
ン店で販売するという自社の業態を
「Specialty store retailer of Private label
Apparel（SPA）」と表現したことからできた
造語。
　ファッションの流行を捉え、スピーディー
に企画・開発し、適正な価格で適正な量を消費
者に届ける。中間マージンをなくして利益率
を高め、高品質の商品を低価格で提供するこ
とができるが、売れ残りのリスクもすべて自

社で負わなければならない。
　SPAの手法を導入し、流行の最先端の商品
を低価格でいち早く店頭に置き、多品種少量
生産で売り切るという手法で成功したのが、
スウェーデンのH＆M、スペインのZARAな
どのアパレル企業。
　日本のSPA企業にはファーストリテイリン
グ（ユニクロ）、良品計画（無印良品）などがあ
る。衣料品以外では、家具インテリアのニトリ
ホールディングス、100円ショップの大創産
業（ダイソー）などが代表例だ。

政府開発援助（ODA）

　Official Development Assistance の略。
発展途上国などへの先進国政府機関による公
的開発援助。経済開発や福祉向上への寄与が主
な目的で、軍事的な援助は含まない。援助金は
道路、港湾、橋梁などの社会基盤の整備、学校
や病院の建設など、幅広い分野に充てられる。
　日本のODA援助実績は1990年代から
2000年までは世界一だった。しかし、一般会
計のODA予算は1997年度の1兆1687億円
をピークに連続して減少した。2011年度から
は5000億円台が続き、ピーク時に比べてほぼ
半減している。日本は厳しい財政状況が続く
なかで、社会保障関係費は増え続けているた
め、ODA予算は足踏み状態にある。

全国学力テスト

　全国学力・学習状況調査のこと。全国の小学
校6年と中学校3年を対象にした学力テスト。
児童・生徒の学力低下の批判を受け、2007年
度から全員参加方式で実施してきた。政権交
代で10年度からは実施校を選ぶ抽出方式に

313

変わったが、13年度からは再び全員参加方式で行われている。知識を問うA問題と活用力を測るB問題が出題されていたが、19年度からは両者が統合された。学力以外に、学習・生活習慣などについてのアンケートも行われる。19年度からは中学校3年を対象に英語も実施された（3年に1度程度の実施）。

単位労働コスト

単位労働コスト（ユニットレーバーコスト）とは生産量1単位あたりの人件費を指す。賃金と雇用者数を掛け合わせた名目雇用者報酬を実質国内総生産（GDP）で割って求める。前年比などの変化で測ることが多い。

単位労働コストが上昇した場合、企業が賃金コスト上昇分を販売価格に転嫁できなければ、企業収益が悪化することになる。最新設備の導入や労働者の技能向上などで労働生産性が高まったり、従業員に支払う賃金が下落したりすれば、単位労働コストは低下する。労働生産性が低下したり、賃金が上昇したりすれば単位労働コストは上がる計算になる。日本銀行は金融政策の判断材料の1つとして単位労働コストを活用している。

政府もデフレ脱却の目安として、「単位労働コスト」のほか、物価の変動を示す「消費者物価指数（CPI）」、物価の動きを総合的に示す「GDPデフレーター」、日本経済の需要と供給のバランスを示す「需給（GDP）ギャップ」の4つの指標に注目している。4指標は2017年7～9月期に25年ぶりにすべてプラスとなってからは改善の兆しが続き、デフレ脱却の宣言に向けた環境は整いつつある。

知的財産高等裁判所（知財高裁）

2005年4月、「知的財産高等裁判所設置法」に基づいて設立された。東京高等裁判所の特別の支部として、特許権などの知的財産権訴訟を専門に審理する裁判所である。特別支部ではあるが、知財高裁だけの意思決定機関である裁判官会議や、自前の所長、事務局を持つなど、一定の独立性は確保している。

知財高裁が取り扱うのは、東京高等裁判所の管轄に属する民事・行政事件のうち、その性質や内容が知財権に関するすべての事件だ。一定の範囲の司法行政事務を独自に行う権限が与えられている。具体的には、特許庁が行った審決に対する不服申し立てとしての審決取消訴訟は、全国の事件をすべて取り扱う。

特定秘密保護法

機密を漏らした公務員らへの罰則を強化する特定秘密保護法が、2013年12月に成立した。機密漏洩の厳罰化で、外交・安全保障政策の充実に一歩踏み出すが、政府が秘密指定を乱用して都合の悪い情報を隠し、国民の"知る権利"が制約される懸念も残る。

特定秘密になるものは①防衛、②外交、③スパイ活動防止、④テロ防止──の4分野に関する未公開の情報で、漏れれば国の安全保障に著しい支障を来すと判断されるものだ。

特定秘密保護法の柱の1つが機密漏洩の厳罰化。特定秘密を扱うことを認められた公務員や民間人が漏らした場合、故意で懲役10年以下、過失で2年以下の禁固を科す。14年12月に施行された。

基礎用語　ミニ辞典

特許権

発明を保護するための権利。「特許法」で規定される知的財産権の1つで、独占的な権利が与えられ、その存続期間は出願日から20年である。特許庁へ出願し、審査を受けて認められるもので、その要件は「発明であること」「新規性があること」「進歩性があること」などである。

特許庁によると、2019年の特許出願件数は約30万件で、近年横ばいで推移している。特許登録件数は約18万件だった。

海外の場合、特許権は各国ごとに成立するものなので、特許国際条約に基づく国際出願が必要になる。特許庁へ国際出願すれば、条約加盟国すべてに同時出願したとして扱われる。

世界知的所有権機関（WIPO：World Intellectual Property Organization）が、20年5月に発表した2019年の特許の国際出願件数によると、企業別では中国・華為技術（ファーウェイ・テクノロジーズ）が前年に続き首位、三菱電機や、サムスン電子がこれに継いだ。

特許侵害

特許権により保護されている製品などを、特許権者に無断で模倣し、製造したり、販売したりなどすること。特許権は特許出願から20年間、特許発明を独占できる権利である。その間に、第三者が無断で商売として特許発明を使用すると特許侵害となる。

2006年6月に公布された「意匠法等の一部を改正する法律」は、「特許法」「商標法」「意匠法」「実用新案法」「不正競争防止法」の知的財産関連5法における刑事罰の上限を引き上げ、以下のように規定している。

◎特許法、商標法、意匠法、不正競争防止法などは懲役10年以下。罰金1000万円以下、法人は3億円以下。

◎実用新案法は同じく5年以下、500万円以下、法人3億円以下。

◎特許法、商標法、意匠法、不正競争防止法は懲役と罰金が併せて科せることが可能。

特許法条約

特許に関して、国際化が進む中で望ましいのは、1つの発明について1回の出願で、世界各国の特許を取得できる環境だ。現在は1つの特許が全世界に及ぶような「世界特許」はまだない。

日本では1978年から、2018年8月現在152の国が参加している特許協力条約（PCT：Patent Cooperation Treaty）が効力を発揮している。他国の出願には各国の国内移行手続きが必要で、原則として権利を取りたいPCT加盟国が認める言語に翻訳された出願書類の提出を求められる。

16年6月からは、特許法条約（PLT：Patent Law Treaty）と商標法に関するシンガポール条約（STLT：Singapore Treaty on the Law of Trademarks）に参加した。PLTとSTLTは国ごとに異なる出願方法を統一化・簡素化することで、出願人の負担を軽減することを目的としている。

ユーザーフレンドリーの基本精神に基づき、主要項目として、出願日の認定要件の緩和、出願手続などの簡素化および容易化、手続期間に間に合わなかった場合の救済、代理義務の緩和、紙出願の許容と電子出願への移行などを規定している。日本からは今後、東南アジア

資料編①

315

諸国連合（ASEAN）各国などにも参加を働きかける。

ドミナント戦略

小売業がチェーン展開する場合の出店戦略の方法。ドミナント（dominant）は「優位に立つ」といった意味がある。地域を特定し、その特定地域内に集中して店舗を展開することで、経営効率を高めるとともに、地域内での認知度やシェアを拡大し、競合相手より優位に立つことを狙う戦略。

この集中して店舗展開する地域をドミナントエリアという。地域の特性に合った店舗モデルを準備し、出店計画を効率化することができ、配送センターを拠点に一定の範囲に出店するため、効率的な配送により経費の削減もできる。

セブン－イレブンのドミナント方式は有名で、創業時から高密度多店舗出店を基本戦略とし、店舗ごとに商圏を隣接させながら店舗網を拡大。その効果には、チェーンの認知度の向上、来店頻度の増加、物流・広告効率の向上などが挙げられる。

内閣人事局

各府省庁の幹部人事を一元管理する「内閣人事局」が2014年5月に発足。省益にとらわれずに人材を配置し、首相官邸主導で重要政策を推進することが狙いだ。

内閣官房に設置され、省庁の審議官級以上の約600人の幹部人事を一括管理、人事院などが担ってきた定員管理なども人事院から人事局に移った。女性幹部登用を推進する専門部署も設置された。

国家公務員幹部職員人事の一元管理を行うことは、08年6月施行の「国家公務員制度改革基本法」で定められており、同法では、内閣人事局について、「施行後1年以内の法制上の措置」を定めていた。しかし、組織・機能などをめぐって財務省・総務省・人事院などが激しく抵抗したこともあり、同局誕生は事実上棚上げ状態になっていた。発足後は、官邸の意向が強く反映されやすく、忖度政治に陥りかねないとの意見もある。

ナショナルブランド・プライベートブランド

ナショナルブランド（NB：National Brand）、プライベートブランド（PB：Private Brand）の略。NBは広く国民に知られ、全国どこでも入手できる国民的な（ナショナル）ブランドであり、一方のPBは「自家商標」や「自主企画商標」などと訳される。NBは有名なメーカーのブランド商品であるが、PBは大手卸売業者や大手小売チェーンなどが主導してメーカーと共同開発したブランド商品を指す。

その品目は弁当やパン、低価格菓子などから、調味料や飲料といった加工食品、洗剤などの日用品にまで多種多様に広がっている。食品・日用品の大手メーカーがコンビニのPB商品の生産を受注するケースもある。

微小粒子状物質（PM2.5）

大気中に浮遊している直径2.5マイクロメートル以下の小さな粒子のこと。PM2.5は自動車の排出ガスや工場の煤煙、中国に多く残る石炭火力発電所の排ガスなどに由来するとされ、中国各地で年々深刻化している。

さらに、インドやイランのPM2.5の濃度は

中国以上とされ、西太平洋地域や東南アジア地域でも深刻化している。大量に吸い込んだ場合、ぜんそくや気管支炎などにかかる恐れがあり、健康への影響が心配されている。

日本では、大気中濃度が1日平均で1立方メートルあたり70マイクログラムを超える場合、外出時のマスク着用や不要な外出、屋外での激しい運動を控える暫定指針値を政府が定めた。現在、大気汚染防止法に基づき、全国1800カ所以上でPM2.5を常時監視する。

2019年3月、環境省は17年度の国内の大気汚染状況を発表し、「微小粒子状物質(PM2.5)の環境基準達成率は、一般環境大気測定局で89.9%、自動車排出ガス測定局で86.2%となり、一般局は前年度に比べてわずかに改善、自排局はやや低下した」としている。

同省は、大気汚染物質広域監視システム(そらまめ君)のサイトで、浮遊粒子状物質やPM2.5などの大気汚染状況についての情報を提供している。

プレートと活断層

プレートとは、地球の表面を覆う厚さ10～100キロメートルほどの板状の硬い岩石層のこと。日本は海のプレートである「太平洋プレート」と「フィリピン海プレート」、陸のプレートである「北米プレート」と「ユーラシアプレート」という4プレートの境界に位置している。

プレートは移動しており、しばしば地震の原因になっている。海洋プレートが海溝で沈み込むときに大陸プレートの端が巻き込まれ、それが反発して跳ね上がることで起こる地震を海溝型地震という。2011年3月の東北地方太平洋沖地震(東日本大震災)もその一例。

活断層とは、地質時代の第四紀以降(数十万年前から現在)に活動し、今後もずれる可能性がある断層のこと。これがずれたり、岩盤が破壊されたりすることで内陸型地震が発生する。日本では、約2000の活断層が確認されている。

ベンチャーキャピタル(VC)

Venture Capitalの略。ベンチャービジネス(VB)に対して、資本(Capital)を供給する。主に未上場企業に対して投資を行う投資会社(投資ファンド)で、資金を投下すると同時に経営コンサルティングを行い、投資先のVBが成長して株価が高くなったとき、株式を売却して利益を得る。

VCの多くは銀行、証券などの関連会社で、ほかに事業会社系、商社系、独立系などがある。VCによる投資は、1990年代末にインターネット関連業界を軸に増加。2001～03年度には減少したが、04年度から増加に転じ、06年には再びピークを迎えた。その後、変動したが、14年以降は増加傾向にある。

ベンチャーエンタープライズセンターの「ベンチャーキャピタル等投資動向速報」によると、19年度(19年4月～20年3月)にVCなどによるベンチャー企業への投資金額は前年度比2.0%増の2833億円で、ピーク時に肩をならべる。投資件数は1671件だった。

ベンチャービジネス(VB)

Venture Businessの略。新技術、新市場、新経営手法などを武器に事業を始め、小さな企業が新しいサービスを展開することである。ベンチャー企業向きの株式市場には、ジャス

317

ダックや東証マザーズなどがある。

日本では過去3回、ベンチャーブームが起きている。第1次ブームが高度経済成長期の頂点だった1970〜73年、第2次が新しい情報テクノロジーの産業化が台頭した1982〜86年、第3次はバブルが崩壊して長期不況に突入した1994年から2006年まで続いたといわれる。

2013年頃からは、国も創業支援施策を打ち出すなか、IT、医療、バイオなどを中心にベンチャーの起業数が増え、第4次ベンチャーブームとされる。ただ、06年のライブドア事件以降、ベンチャーブームはしぼみつつあり、同年には188社あった新規株式公開（IPO）は、08年のリーマン・ショック後の09年には史上最底の19社になった。その後回復し、15年から19年まで、毎年90社前後で推移している。

ポジティブアクション

「ポジティブアクション」とは、職場の中で生じている男女間の格差を是正して、男女の均等な機会・待遇を実質的に確保するための措置。この措置が法律的に最初に明記されたのは、1997年の改正男女雇用機会均等法。そして2015年成立し、16年4月からスタートした女性活躍推進法は、ポジティブアクション法と位置付けられる。

安倍前政権下の「女性活躍推進」政策の流れの中では、とりわけ管理職に占める女性比率を高める施策が注目を浴び、「社会のあらゆる分野で、20年までに指導的地位に女性が占める割合が少なくとも30%程度」になることを目指す政府の目標が設定された。

立体商標

立体商標は1997年より国内での登録が開始された。デザインが一見して他製品と見分けられ、認知度が高く、デザインコンセプトが明確なものであることが条件で、登録後は商標法にて保護される。

2014年5月、ホンダの二輪車「スーパーカブ」が、乗り物としては国内で初めて登録された。ホンダは、11年に特許庁に商標登録を出願していた。

ただし、この立体商標登録ではスーパーカブの模倣車の輸入は防止できるが、国外での模倣車の流通に関しては防ぐことができない。

そのほかの立体商標として国内で有名なものは、不二家のペコちゃん人形、ケンタッキーフライドチキンのカーネル・サンダース立像、ヤクルトの容器などが挙げられる。海外では米国のコカ・コーラのガラス瓶、ドイツのフォルクスワーゲンの「ビートル」などがある。

リバースモーゲージ

自宅を担保にして高齢者に生活費など老後資金を提供する仕組み。毎月一定額の融資を貸し付けるパターンと、必要資金を一度にまとめて貸し付けるパターンがある。借入者の死亡時に住宅を処分して返済資金に充てられる。住宅があれば金融資産と同じように生活資金に活用できるため、高齢社会に不可欠の金融商品と期待されている。

1981年に東京都武蔵野市が日本で初めて仕組みを導入し、高齢者の住宅を担保に在宅福祉サービスの代金を融資する制度を実施した。

2013年7月にみずほ銀行がメガバンクで初めてリバースモーゲージの取り扱いを開始。そ

基礎用語　ミニ辞典

資料編①

の後、三井住友信託銀行や三菱UFJ銀行、東京スター銀行など取り扱う金融機関は増えている。

路線価

　路線価とは、相続税や贈与税などを計算するための土地価格。すべての土地を細かく計算することは不可能なため道路の土地価格を計算し、その評価額を周辺の土地の価格とした。国税庁は「路線価は、路線（道路）に面する標準的な宅地の1平方メートルあたりの価額（1000円単位で表示）のことであり、路線価が定められている地域の土地等を評価する場合に用いる」としている。

　国税庁が毎年7月に発表する。路線価はその年の1月1日時点での地価公示価格、売買実例価格、不動産鑑定士による評価額などの情報を基に決められる。

　このほか、公的機関が公表する主な地価の指標として、都道府県による基準地価や国土交通省による公示地価（基準地価）がある。

　2020年分の路線価（1月1日時点）は、全国平均では前年比1.6％のプラスとなった。16年から5年連続のプラス。都道府県別では沖縄、東京、宮城、福岡など21都道府県（前年は19都道府県）で上昇した。ただしこの数値には、その後の新型コロナの影響は加味されていない。

ワーク・ライフ・バランス

　ワーク・ライフ・バランス（WLB：Work Life Balance）は「仕事と生活の調和」と訳される。以前の日本人の働き方は、「全従業員のフルタイム勤務を原則とし、必要があれば残業や休日出勤もいとわない」という前提に立

つものが多く見られたが、1990年代以降、状況は変わってきた。

　①共働きの増加と女性戦力化の加速、②家族の介護の必要に迫られる中高年世代の増加、③企業を取り巻く環境・価値観の変化——などの要因により、労働時間に制約がある従業員が増えたのだ。これにより、残業時間削減など、企業もWLBに配慮した制度を導入するようになってきた。

　政府もWLBを重視した施策を打ち出している。対個人策としては、①育児休業給付制度、介護休業給付制度で、雇用保険の被保険者が育児休業した場合に、休業開始前の賃金の67％（6カ月経過後は50％）、介護休業した場合も同様に休業開始前の賃金の67％を支給する、②会員組織の「ファミリー・サポート・センター」は育児の援助を受けたい人と、援助したい人が会員となり、乳幼児や小学生などの子供を持つ親に代わり、保育施設への送迎や、放課後の預かりなどを地域の中で相互援助する——などだ。

　事業主のWLBへの取り組みを支援する制度としては、①子育てサポート企業に対する税制優遇（くるみん税制）制度（建物等の割増償却制度）、②仕事と家庭の両立支援に取り組む事業主への助成金制度——などが設けられている。

319

[資料編 ②]

日経MJヒット商品番付

2020年上期ヒット商品番付　蒙御免

東		西
商品名/寸評		商品名/寸評
オンライン生活ツール 在宅勤務や友人との交流でビデオ会議システムの利用が広がる。パソコン用カメラ、液晶ディスプレーなども好調	横綱	**任天堂「あつまれ どうぶつの森」** 無人島での生活を楽しむゲーム。発売12日間で全世界で1177万本を販売し、「スイッチ」向けソフトで過去最高の出足
応援消費 飲食店や生産者を支えようと、ネット通販やクラウドファンディングで支援の輪が広がった	大関	**おうちごはん** 休校や在宅勤務で家で調理・食事する人が増加。麺類に加えホットケーキミックスなども売れた
無観客ライブ 観客を入れず音楽ライブをオンライン生配信。イベント中止で台頭し、演劇やお笑いにも波及	関脇	**テークアウト** 売り上げ確保へ飲食店が相次ぎ参入。専用サイトも増えた。ぐるなびによると会員の6割が利用
手渡しなし宅配 家に居ても対面せず荷物を受け取る。「置きピザ」を始めた日本ピザハットは宅配客の1割が利用	小結	**湖池屋「プライドポテト」** 人気シリーズの製法を刷新。食塩不使用の商品などが話題。2〜5月の出荷量は前年同期の約3倍
日本コカ・コーラ「こだわりレモンサワー 檸檬堂」 丸ごとすりおろしたレモンと酒をあらかじめなじませ居酒屋の味を再現。好評で一時出荷停止	前頭	**生鮮ネットスーパー** 外出自粛で生鮮品をネットで買う層が拡大。オイシックスの会員数は3月末時点で前年比19%増
シュクメルリ 鶏肉を牛乳やニンニクと煮込むジョージア料理。松屋フーズが限定販売し食卓で再現する人が続出	前頭	**日本ケンタッキー・フライド・チキン500円ランチ** 人気メニューを1月に定番化。チキン1個やビスケットなどを入れた期間限定のSランチが話題
花王「キュキュットあとラクミスト」 食器用プレ洗剤。発売約2カ月で127万本出荷（本体・つめかえ計）。在宅で食器洗いが増え人気	前頭	**パナソニック ホームベーカリー「SD-MDX102」** 「生」食パンを作れると話題に。巣ごもりでパン作りがエンタメ化。3月以降の販売は想定の2倍
パラサイト 半地下の家族 米アカデミー賞で外国語映画初の作品賞。半地下暮らしの貧しい家族の目線で格差社会を描いた	前頭	**ペスト** 感染症との闘いを描いた1947年発表のカミュの小説。「銃・病原菌・鉄」など感染症関連の本が売れた

日経MJヒット商品番付

東		西
商品名/寸評		商品名/寸評
ファイナルファンタジーⅦ　リメイク 1997年発売の人気ゲームをスクウェア・エニックスがリメーク。発売3日で350万本を売り上げ	前頭	**手作りマスク** マスクを自分で作る消費者が増加。ユザワヤでは関連素材の売上高が2〜5月、例年の30〜40倍に
ナイキ　厚底ランニングシューズ 高機能の厚底シューズ。東京マラソンで大迫傑選手が着用し日本新を記録。即日完売する商品も	前頭	**ネックゲーター** 首回りにつけるチューブ状の布。感染防止対策でランナーが鼻まで覆いマスク代わりに着用
エルメス「ルージュ・エルメス」 ブランド初のリップコレクション。購入者の7割は20〜30代の女性と若い世代に人気を博した	前頭	**バリカン&ひげトリマー** 外出自粛で髪やひげを自ら整える人が急増。パナソニックではバリカンの売り上げが前年比2倍超
恋はつづくよどこまでも 新人看護師と医師の恋愛を描いたTBSドラマ。最終回の無料見逃し配信は再生数が同局歴代1位	前頭	**愛の不時着** 韓国財閥令嬢と北朝鮮将校の恋を描くネットフリックスのオリジナルドラマ。若者や男性もつかむ
日本マクドナルド「ごはんバーガー」 同社初のコメを使ったバーガー。第1弾は想定以上の売れ行きで期間限定販売を2カ月前倒し終了	前頭	**愛知ドビー「バーミキュラフライパン」** 国産フライパン。水分を瞬間蒸発させ素材の旨みを凝縮。1万円超ながら4万個突破
令和版　ビリーズブートキャンプ 有名フィットネス動画の最新版。4月の配信以降、専用サイトやユーチューブで人気を集めた	前頭	**トランポリン遊具** 家で運動できると休校中の子供や大人に人気。アルペンでは3〜5月の売り上げが前年同期の2倍
キリンビバレッジ「iMUSE水」 乳酸菌配合の飲料。無糖、ゼロカロリーで健康志向の強い層に人気。男性の支持も集める	前頭	**ダルゴナコーヒー** クリーム状のコーヒーを牛乳にのせた韓国発の飲料。自宅で楽しめる、かわいいとSNSで話題に
ボードゲーム 家で家族と楽しめるとして人気が再燃。「人生ゲーム」の売り上げは4月、前年同月比4割増	前頭	**アマビエ** 疫病を退散させる、と江戸時代から伝わる妖怪。新型コロナ収束を願い関連グッズが相次いだ

■殊勲賞　手洗い動画　　　　　■敢闘賞　リモート制作映画
■流行語賞　ソーシャルディスタンス

日経MJが消費動向や世相を踏まえ、売れ行き、開発の着眼点、産業構造や生活者心理に与えた影響などを総合的に判断して作成した。「東・西」は大相撲の番付表にならい東方が西方より格上であることを示す。

2020年6月10日付日経MJより抜粋

資料編②

2019年ヒット商品番付　蒙御免

東		西
商品名/寸評		商品名/寸評
ラグビーW杯 9〜11月に日本で初開催し、のべ170万人の観客を動員。日本代表の活躍に「にわかファン」が急増。ビールなど関連消費も沸いた	横綱	**キャッシュレス** 消費増税に伴う政府の5%ポイント還元策が追い風となって、利用者や導入店が急増。ペイペイは登録者数が2000万人を超えた
令和 5月に平成から改元。祝賀ムードのなか、新元号グッズやイベント、10連休での海外旅行など消費も沸騰	大関	**タピオカ** 大手チェーンも取り扱いを始め、1〜10月の輸入量が18年通年の4.6倍に。「タピる」などの流行語も
天気の子 異常気象が続く世界が舞台の新海誠監督のアニメ映画。興行収入は140億円で19年の国内興収首位を走る	関脇	**ドラクエウォーク** 「ドラゴンクエスト」初のスマホ向け位置情報ゲーム。中高年が熱狂し、配信数は2カ月で1000万を超えた
ウーバーイーツ 料理の宅配代行サービス。配達エリアは10都市以上、9月時点の登録店舗数は前年同月比4倍の1万4000件	小結	**こだわり酒場のレモンサワー** サントリースピリッツが発売した居酒屋の味わいを楽しめるレモンサワー缶。計画の3.8倍の販売見込み
ライオン「ルックプラス　バスタブクレンジング」 吹きかけて流すだけの浴室用洗剤。18年9月の発売から1年で2200万個を販売。主婦や高齢者から支持	前頭	**任天堂「ニンテンドースイッチライト」** 人気ゲーム機「ニンテンドースイッチ」の携帯専用機。発売から2カ月間で62万8000台を売り上げた
渋谷スクランブルスクエア 11月に開業した渋谷駅直結の地上47階建ての大規模複合施設。開業後4日間で延べ33万人が来館した	前頭	**バスチー** ローソンが3月に発売した濃厚な風味のチーズケーキ。累計3200万個を販売し、他のコンビニも追随した
ハンディファン 片手で持つ携帯型のミニ扇風機。今夏は幅広い世代が手にし、ビックカメラでは200品目が店頭に並んだ	前頭	**鬼滅の刃** 人と鬼の壮絶な戦いが注目を集める人気漫画。アニメ化で幅広いファンを獲得、累計2500万部を突破
渋野日向子 8月のゴルフ全英女子オープンで日本勢として42年ぶりに海外メジャー制覇。着用ウエアなどが人気に	前頭	**八村塁** 米プロバスケットボールNBAで日本人初のドラフト1巡目指名を受けた。五輪への出場も期待
アナと雪の女王2 ディズニー映画「アナと雪の女王」の続編。11月の公開から10日間で338万人を動員、興行収入は43億円に	前頭	**サンエックス「すみっコぐらし」** 日本人の「隅っこ好き」がテーマのキャラクター。市場規模は前年比1.5倍の300億円に拡大。映画も話題に

日経MJヒット商品番付

東		西
商品名/寸評		商品名/寸評
お皿いらず冷食 皿いらずでそのまま食べられる包装の冷凍食品。マルハニチロの「ワイルデッシュ」は計画比2倍売れた	前頭	**カニカマ** 高たんぱく、低カロリーとして体を鍛えている人やシニアが注目。ソーダ味など種類も増えた
大創産業「UR GLAM」 100円ショップのダイソーで販売中のコスメ。高級感のある包装で、総販売数は半年で1000万個超え	前頭	**ロート製薬「デオコ」** 女性向け加齢臭ケア用品。独特の甘い香りが受けて男性も購入するなど、目標の1.5倍の売れ行き
Official髭男dism 男性4人組バンド。「Pretender」はオリコンストリーミングチャートで28週連続1位。紅白に出場	前頭	**ソニー「ワイヤレスイヤホン WF-1000XM3」** 完全ワイヤレスで、電車内や街中でも静かに音楽を聴けるという高性能ノイズキャンセリング機能を搭載
脱プラスチック 海洋汚染対策でプラスチックごみを減らす取り組み。ストローや買物袋を紙製などに切り替える企業が続々	前頭	**セルフ美容店** エステや脱毛、髪染めなどでセルフサービスを取り入れた美容店が増加。割安感が女性客の心をつかむ
あなたの番です 日本テレビ系のドラマ。SNSで視聴者が事件を深掘りする「考察ツイート」が盛り上がり視聴率も19.4%	前頭	**横浜流星** ドラマ「初めて恋をした日に読む話」でブレーク。映画やCMに相次ぎ出演。写真集も売れ行き好調
吉野家「超特盛」 コメは並盛の1.4倍、肉は2.4倍の特大の牛丼。吉野家愛好家の心をつかみ、11月下旬までに380万食	前頭	**原価酒場** 酒類を原価で売る飲食店が増える。首都圏で20店展開する「日本酒原価酒蔵」は割安感でファンを獲得
ゼンリー 自分の今いる場所の位置情報を仲間内で共有できるSNSアプリ。中高生の新たな連絡手段に	前頭	**こども六法** 小学生の生活に関わる法律をわかりやすくイラスト入りで解説した子ども向け法律書。発行部数は28万部超
マーナ「トーストスチーマー」 水に浸してトースターに入れると外はサクサク、中はふわふわな食パンが焼ける陶器。14万個超出荷	前頭	**ゼブラ「ブレン」** 筆記時に振動を抑えてストレスを軽減するボールペン。発売初年度の販売数は500万本を超える見通し
ゴールデンフィールド「睡眠用うどん」 頭ほぐし店「悟空のきもち」の運営企業が8月に発売したうどんの麺を模した布団。約1万8000個を販売	前頭	**オオカミちゃんには騙されない** AbemaTVオリジナルの恋愛リアリティーショー。女子高生らの共感を集め、視聴回数は4500万

■殊勲賞　井上尚弥　　　　　■敢闘賞　東京モーターショー
■技能賞　りんごちゃん　　　■残念賞　闇営業
■話題賞　東京五輪カウントダウン

日経MJが消費動向や世相を踏まえ、売れ行き、開発の着眼点、産業構造や生活者心理に与えた影響などを総合的に判断して作成した。「東・西」は大相撲の番付表にならい東方が西方より格上であることを示す。

2019年12月4日付日経MJより抜粋

[INDEX]
索　引

数字・アルファベット

2020年国会で成立した重要法案 ……… 96

2025年問題 …………………………… 230

3つの密（3密）…………………………… 28

5G ……………………………………… 210

6カ国協議 ……………………………… 298

8050問題 ……………………………… 244

9月入学 ………………………………… 44

ABL⇒動産担保融資（ABL）………… 291

ADB⇒アジア開発銀行（ADB）………… 89

AI（人工知能）………………………… 211

AI（人工知能）と労働市場（AI人材）… 148

AIIB⇒アジアインフラ投資銀行（AIIB）… 88

AI創薬 ………………………………… 231

APEC⇒アジア太平洋経済協力
（APEC）……………………………… 299

ASEAN経済共同体（AEC）………… 298

ASEANプラス3 ……………………… 298

AU⇒アフリカ連合（AU）…………… 300

BAT …………………………………… 128

Black Lives Matter（米国の人種差別
問題）…………………………………… 123

Brexit（英国のEU離脱）…………… 125

BRICS（ブリックス）………………… 299

BRICS銀行⇒新開発銀行（BRICS銀
行）…………………………………… 304

CASE ………………………………… 128

CEO⇒最高経営責任者（CEO）……… 311

CGPI⇒企業物価指数（CGPI）……… 280

CI⇒景気動向指数（CI）……………… 283

CNF⇒セルロースナノファイバー
（CNF、植物由来の新素材）………… 221

Cookie（クッキー）…………………… 192

COP⇒気候変動枠組条約締約国会議
（COP）……………………………… 179

COVID-19⇒新型コロナウイルス、
COVID-19 ………………………… 31

CP⇒コマーシャルペーパー（CP）…… 285

CPI⇒消費者物価指数（CPI）………… 288

CSR⇒企業の社会的責任（CSR）…… 310

D2C（ダイレクト・トゥ・コンシューマー）… 129

DC年金⇒確定拠出年金（DC年金）… 278

DX（デジタルトランスフォーメーション）… 192

ECB⇒欧州中央銀行（ECB）………… 94

EPA⇒経済連携協定（EPA）………… 301

ESG投資 ……………………………… 52

e-Sports（eスポーツ）……………… 193

ETF⇒上場投資信託（ETF）………… 287

EU⇒欧州連合（EU）………………… 300

EVシフト ……………………………… 130

FOMC⇒米連邦公開市場委員会

324

（FOMC）‥‥‥‥‥‥‥‥‥ 91

FRB⇒米連邦準備理事会（FRB）‥‥‥ 305

FSB⇒金融安定理事会（FSB）‥‥‥ 301

FX⇒外国為替証拠金取引（FX）‥‥‥ 278

G7サミット⇒主要国首脳会議（G7サミット）‥‥‥‥‥‥‥‥‥‥‥‥‥ 82

GAFA（ビッグテック）‥‥‥‥‥‥‥ 130

GDP⇒国内総生産（GDP）‥‥‥‥ 284

GDPR（一般データ保護規則）‥‥‥‥ 93

GDPギャップ⇒需給ギャップ（GDPギャップ）‥‥‥‥‥‥‥‥‥‥‥‥‥ 287

GDPデフレーター ‥‥‥‥‥‥‥‥ 274

Go To トラベル ‥‥‥‥‥‥‥‥‥‥ 34

GPIF⇒年金積立金管理運用独立行政法人（GPIF）‥‥‥‥‥‥‥‥‥‥‥ 74

H3ロケット⇒次世代主力ロケット（H3ロケット）‥‥‥‥‥‥‥‥‥‥‥ 218

IAEA⇒国際原子力機関（IAEA）‥‥‥ 302

ICO⇒イニシャル・コイン・オファリング（ICO）‥‥‥‥‥‥‥‥‥‥‥‥ 54

iDeCo（イデコ）‥‥‥‥‥‥‥‥‥ 53

IFRS⇒国際会計基準（IFRS）‥‥‥‥ 284

IoT（アイ・オー・ティー　Internet of Things）‥‥‥‥‥‥‥‥‥‥‥‥ 194

IPO⇒新規株式公開（IPO）‥‥‥‥‥ 288

iPS細胞の実用化 ‥‥‥‥‥‥‥‥ 231

IR（投資家向け広報活動）‥‥‥‥‥ 307

IR⇒統合型リゾート（IR）‥‥‥‥‥ 105

IS⇒過激派組織「イスラム国」（IS）‥‥ 121

J-REIT ‥‥‥‥‥‥‥‥‥‥‥‥ 274

#KuToo ‥‥‥‥‥‥‥‥‥‥‥‥ 244

LBO ‥‥‥‥‥‥‥‥‥‥‥‥‥ 274

LGBT‥‥‥‥‥‥‥‥‥‥‥‥‥ 245

LIBOR（ライボー）‥‥‥‥‥‥‥‥ 274

Libra ‥‥‥‥‥‥‥‥‥‥‥‥‥ 78

LNG⇒液化天然ガス（LNG）‥‥‥‥‥ 176

MaaS ‥‥‥‥‥‥‥‥‥‥‥‥‥ 131

MBO⇒TOB、MBO ‥‥‥‥‥‥‥‥ 276

MMT⇒現代貨幣理論（MMT）‥‥‥‥ 283

MSCI指数 ‥‥‥‥‥‥‥‥‥‥‥ 275

MVNO⇒仮想移動体通信事業者（MVNO）‥‥‥‥‥‥‥‥‥‥‥‥ 199

NHKのネット同時配信サービス ‥‥‥ 245

NPT⇒核兵器不拡散条約（NPT）‥‥‥ 300

O2O（オー・ツー・オー　Online to Offline）‥‥‥‥‥‥‥‥‥‥‥ 195

ODA⇒政府開発援助（ODA）‥‥‥‥ 313

OPECプラス‥‥‥‥‥‥‥‥‥‥ 112

PCR検査 ‥‥‥‥‥‥‥‥‥‥‥ 28

PISA⇒学習到達度調査（PISA）‥‥‥ 309

PKO⇒国連平和維持活動（PKO）‥‥ 304

PM2.5⇒微粒子状物質（PM2.5）‥‥‥ 316

RCEP⇒東アジア地域包括的経済連携（RCEP）‥‥‥‥‥‥‥‥‥‥‥ 86

ROE（効率よく稼ぐ力）‥‥‥‥‥‥ 275

RoO⇒原産地規則（RoO）‥‥‥‥ 133

RPA（ロボティック・プロセス・オートメーション）‥‥‥‥‥‥‥‥‥‥‥‥ 212

SDGs（持続可能な開発のための2030アジェンダ）‥‥‥‥‥‥‥‥‥ 113

SEZ⇒経済特別区（SEZ）‥‥‥‥‥ 301

SNSの誹謗中傷 ‥‥‥‥‥‥‥‥ 246

SPA⇒製造小売業（SPA）‥‥‥‥‥ 313

STEM/STEAM教育 ‥‥‥‥‥‥‥ 258

TIBOR（タイボー）‥‥‥‥‥‥‥‥ 275

TICAD（アフリカ開発会議）‥‥‥‥‥ 299

TOB、MBO ‥‥‥‥‥‥‥‥‥‥ 276

TPP11 ･････････････････ 79	VR･AR･MR･･･････････････ 213
USMCA（米国・メキシコ・カナダ協定） ･･･ 93	VUCA ･･･････････････････ 247
VIX指数⇒ボラティリティー・インデックス（VIX指数） ･････････ 76	WHO⇒世界保健機関（WHO） ･･･ 43
VPP⇒仮想発電所（VPP：バーチャル・パワー・プラント） ･････････ 215	WTO⇒世界貿易機関（WTO） ･･･ 304
	YouTuber･VTuber ･････････ 196

50音

あ

アイ・オー・ティー⇒IoT（アイ・オー・ティー　Internet of Things） ･･････ 194	嵐活動休止･･･････････････ 265
赤字国債･･･････････････ 276	暗号資産（仮想通貨） ･･･････ 53
空き家問題･････････････ 162	安全保障関連法（集団的自衛権） ･･･････ 96
アクティブ・ラーニング ･･････ 258	一斉休校････････････････ 45
アジアインフラ投資銀行（AIIB） ･･･････ 88	一帯一路････････････････ 92
アジア開発銀行（ADB） ･･･････ 89	一般データ保護規則⇒GDPR（一般データ保護規則） ･･････ 93
アジア太平洋経済協力（APEC） ･････ 299	一票の格差とアダムズ方式 ･･･････ 97
新しい生活様式（ニューノーマル、新常態） ･････････ 45	イデコ⇒iDeCo（イデコ） ･･･････ 53
「あつまれ どうぶつの森」 ･･････ 265	イニシャル・コイン・オファリング（ICO）･･･ 54
アドレスホッパー ･････････ 247	イランをめぐる動向 ･･･････ 120
アフィリエイト･･･････････ 307	医療機関の経営悪化･･････ 29
アフターコロナ⇒ウィズコロナ、アフターコロナ、ポストコロナ ･･･ 46	医療崩壊･･････････････ 30
	インターンシップ ･･･････ 148
アフリカ開発会議⇒TICAD（アフリカ開発会議） ･････････ 299	インバウンド消費 ･･･････ 54
アフリカ連合（AU） ･･･････ 300	インフォデミック･･･････ 248
アポ電詐欺･･･････････ 248	インフラの老朽化問題 ･･･ 163
アマゾン・エフェクト ･･･････ 132	インフレターゲット ･･･････ 55
アメリカ大統領選挙 ･･･････ 123	インフレとデフレ ･･･････ 276
アヤソフィア ･･････････ 120	インボイス（税額票） ･･･････ 56
	ウィズコロナ、アフターコロナ、ポストコロナ･･･････ 46

ウエアラブル端末 …………………… 196	円借款…………………………………… 56
宇宙基本計画……………………………… 307	円高・円安の動き ……………………… 57
宇宙ごみ (スペースデブリ) ………… 213	欧州中央銀行 (ECB) ………………… 94
宇宙ベンチャー ………………………… 214	欧州連合 (EU) ………………………… 300
英国のEU離脱⇒Brexit (英国のEU離脱) ………………………………… 125	オー・ツー・オー⇒O2O (オー・ツー・オー Online to Offline) ………………… 195
液化天然ガス (LNG) ………………… 176	大阪都構想……………………………… 98
越境EC (電子商取引) ………………… 132	オープンデータ ………………………… 198
エッジコンピューティング …………… 197	オムニチャネル ………………………… 307
エドテック ……………………………… 259	温暖化ガス (温室効果ガス) ………… 177
エネルギー基本計画 …………………… 176	オンライン化 …………………………… 46
遠隔診療 (オンライン診療) ………… 30	オンライン授業 ………………………… 47
エンゲル係数…………………………… 277	オンライン診療⇒遠隔診療 (オンライン
エンジェル税制 ………………………… 277	診療) …………………………………… 30

か

カーボンプライシング (排出量取引) … 178	改正労働者派遣法………………………… 150
海外企業による対日直接投資 …………… 58	海賊版サイト対策 ……………………… 249
海外直接投資 (対外直接投資) ………… 58	学習到達度調査 (PISA) ……………… 309
外国為替証拠金取引 (FX) …………… 278	確定拠出年金 (DC年金) ……………… 278
介護保険法改正………………………… 232	核兵器禁止条約の批准………………… 113
外需型産業と内需型産業……………… 278	核兵器不拡散条約 (NPT) …………… 300
改正卸売市場法………………………… 59	格安スマホ……………………………… 199
改正外為法……………………………… 59	家計金融資産…………………………… 60
改正景品表示法 (景表法) …………… 308	過激派組織 「イスラム国」 (IS) ……… 121
改正個人情報保護法…………………… 308	仮想移動体通信事業者 (MVNO) …… 199
改正国家戦略特区法⇒スーパーシティ 構想 (改正国家戦略特区法) ………… 102	仮想通貨⇒暗号資産 (仮想通貨) ……… 53
改正独占禁止法………………………… 60	仮想発電所 (VPP:バーチャル・パワー・ プラント) ……………………………… 215
改正土砂災害防止法…………………… 308	株価指数………………………………… 279
改正特許法……………………………… 309	株式含み益・含み損 …………………… 279
改正労働契約法………………………… 149	株式報酬制度…………………………… 151

株式持ち合い	279	クラウドファンディング	62
河井夫妻　参議院選挙買収事件	99	クラスター	31
為替相場	279	グリーンボンド（環境債）	79
環境影響評価（環境アセスメント）	309	クレジット・クランチ（信用収縮）	282
環境債⇒グリーンボンド（環境債）	79	クレジット・デフォルト・スワップ	282
がんゲノム医療	233	グレタ・トゥンベリ	180
かんぽ生命 不適切販売問題	133	黒沢清	266
機械受注統計	280	景気ウオッチャー調査	283
企業倒産件数	280	景気動向指数（CI）	283
企業統治指針（コーポレートガバナンス・コード）	151	軽減税率	62
企業の社会的責任（CSR）	310	経済特別区（SEZ）	301
企業物価指数（CGPI）	280	経済連携協定（EPA）	301
ギグワーカー	152	経常収支と貿易収支	63
気候危機	178	携帯電話料金見直し	99
気候変動枠組条約締約国会議（COP）	179	景表法⇒改正景品表示法（景表法）	308
基礎的財政収支（プライマリー・バランス）	61	激甚災害	180
機能性表示食品	233	血管年齢	234
金与正（キム・ヨジョン）	116	ゲノム編集（食品）	216
『鬼滅の刃』	266	限界集落	164
キャッシュフロー経営	280	検察庁法改正案（定年延長問題）	100
キャッシュレス決済	61	原産地規則（RoO）	133
休眠特許と開放特許	310	原子力規制委員会	181
競争力ランキング	281	減損損失	283
緊急事態宣言（日本）	34	現代貨幣理論（MMT）	283
銀行の自己資本比率	281	合計特殊出生率	164
金融安定理事会（FSB）	301	鉱工業生産指数	284
金融規制改革法⇒ドッド・フランク法（金融規制改革法）	89	耕作放棄地	165
金融商品取引法	281	高等教育の修学支援新制度	259
金融持ち株会社	282	行動経済学	80
クラウドゲーム	200	高度プロフェッショナル制度	152
		後発医薬品（ジェネリック）	310
		公文書管理制度	100

コーポレートガバナンス・コード⇒企業統治指針（コーポレートガバナンス・コード） ……………………………………… 151

国際会計基準（IFRS） ……………… 284

国際決済システム ……………………… 81

国際原子力機関（IAEA） …………… 302

国内総生産（GDP） …………………… 284

国民負担率………………………………… 64

国連安全保障理事会（UNSC） ……… 302

国連総会…………………………………… 303

国連難民高等弁務官事務所…………… 303

国連の気候変動に関する政府間パネル 303

国連平和維持活動（PKO） ………… 304

国家戦略特区……………………………… 165

子供の貧困………………………………… 235

コネクテッドカー（つながる車） ……… 134

コマーシャルペーパー（CP） ………… 285

雇用調整助成金…………………………… 35

孤立死（孤独死） ……………………… 311

コワーキングスペース⇒シェアオフィス（コワーキングスペース） …………… 136

混合介護…………………………………… 236

コンパクトシティ ……………………… 311

コンビニ24時間営業問題 …………… 135

さ

サーキットブレーカー制度 …………… 285

サービス付き高齢者向け住宅（サ高住） 236

債券・証券の格付け …………………… 285

最高経営責任者（CEO） ……………… 311

再使用ロケット ………………………… 217

再生医療…………………………………… 237

再生可能エネルギー …………………… 182

在宅勤務・テレワーク ………………… 47

最低賃金…………………………………… 153

サイバー攻撃 …………………………… 201

「桜を見る会」問題 …………………… 101

サブスクリプション（定額制サービス） 135

サプライチェーン ……………………… 312

サムライ債（Samurai bond）………… 286

シェアオフィス（コワーキングスペース） ……………………………………… 136

シェアリングエコノミー ……………… 65

シェールガス・シェールオイル ……… 182

ジェネリック⇒後発医薬品（ジェネリック） ……………………………………… 310

シェンゲン協定 ………………………… 304

時価会計…………………………………… 286

事業再生ADR …………………………… 312

自社株買い………………………………… 286

次世代自動車……………………………… 217

次世代主力ロケット（H3ロケット） … 218

持続化給付金……………………………… 36

持続可能な開発のための2030アジェンダ⇒SDGs（持続可能な開発のための2030アジェンダ） ………………… 113

失業率と求人倍率………………………… 286

実質金利…………………………………… 65

実質賃金…………………………………… 66

自動運転…………………………………… 218

児童虐待…………………………………… 250

シニア雇用………………………………… 154

社会的距離⇒ソーシャルディスタンス

（社会的距離）‥‥‥‥‥‥‥‥‥‥ 49

社外取締役の女性比率‥‥‥‥‥‥‥ 154

就職氷河期世代‥‥‥‥‥‥‥‥‥‥ 155

集団的自衛権⇒安全保障関連法（集団
的自衛権）‥‥‥‥‥‥‥‥‥‥‥‥ 96

重要物流道路‥‥‥‥‥‥‥‥‥‥‥ 166

需給ギャップ（GDP ギャップ）‥‥‥‥ 287

受動喫煙防止‥‥‥‥‥‥‥‥‥‥‥ 251

主要国首脳会議（G7 サミット）‥‥‥‥ 82

準天頂衛星「みちびき」‥‥‥‥‥‥ 219

上場投資信託（ETF）‥‥‥‥‥‥‥ 287

消費活動指数‥‥‥‥‥‥‥‥‥‥‥ 287

消費者物価指数（CPI）‥‥‥‥‥‥ 288

情報銀行‥‥‥‥‥‥‥‥‥‥‥‥‥ 202

食品ロス‥‥‥‥‥‥‥‥‥‥‥‥‥ 183

植物工場‥‥‥‥‥‥‥‥‥‥‥‥‥ 184

食料自給力‥‥‥‥‥‥‥‥‥‥‥‥ 312

女子ゴルフ黄金世代‥‥‥‥‥‥‥‥ 267

女性活躍推進法‥‥‥‥‥‥‥‥‥‥ 101

ジョブ型雇用‥‥‥‥‥‥‥‥‥‥‥ 48

シリア内戦‥‥‥‥‥‥‥‥‥‥‥‥ 122

新開発銀行（BRICS銀行）‥‥‥‥‥‥ 304

新型オペレーション（新型オペ）‥‥‥ 288

新型コロナウイルス、COVID-19 ‥‥‥ 31

新規株式公開（IPO）‥‥‥‥‥‥‥ 288

新経済連盟（新経連）‥‥‥‥‥‥‥ 313

人工呼吸器、人工心肺装置‥‥‥‥‥ 32

新興国経済‥‥‥‥‥‥‥‥‥‥‥‥ 122

人工知能⇒AI（人工知能）‥‥‥‥‥ 211

新紙幣発行‥‥‥‥‥‥‥‥‥‥‥‥ 66

新常態⇒新しい生活様式（ニューノーマ
ル、新常態）‥‥‥‥‥‥‥‥‥‥‥ 45

新設住宅着工戸数‥‥‥‥‥‥‥‥‥ 288

新多角的貿易交渉⇒ドーハ・ラウンド（新
多角的貿易交渉）‥‥‥‥‥‥‥‥‥ 292

新発10年物国債利回り ‥‥‥‥‥‥ 289

信用収縮⇒クレジット・クランチ（信用収
縮）‥‥‥‥‥‥‥‥‥‥‥‥‥‥‥ 282

信用スコア‥‥‥‥‥‥‥‥‥‥‥‥ 202

診療報酬改定‥‥‥‥‥‥‥‥‥‥‥ 237

水素発電‥‥‥‥‥‥‥‥‥‥‥‥‥ 184

水道事業民営化‥‥‥‥‥‥‥‥‥‥ 167

スーパーアプリ‥‥‥‥‥‥‥‥‥‥ 220

スーパーコンピューター「富岳」‥‥‥ 203

スーパーシティ構想（改正国家戦略特区
法）‥‥‥‥‥‥‥‥‥‥‥‥‥‥‥ 102

菅内閣‥‥‥‥‥‥‥‥‥‥‥‥‥‥ 102

巣ごもり消費‥‥‥‥‥‥‥‥‥‥‥ 37

スチュワードシップ・コード ‥‥‥‥ 67

ステランティス ‥‥‥‥‥‥‥‥‥ 136

ストックオプション ‥‥‥‥‥‥‥ 289

スペースジェット ‥‥‥‥‥‥‥‥ 137

スペースデブリ⇒宇宙ごみ（スペースデ
ブリ）‥‥‥‥‥‥‥‥‥‥‥‥‥‥ 213

スマートグリッド（次世代電力網）・スマー
トメーター（次世代電力計）‥‥‥‥‥ 185

スマートシティー ‥‥‥‥‥‥‥‥ 204

スマホゲーム市場‥‥‥‥‥‥‥‥‥ 138

スマホ決済‥‥‥‥‥‥‥‥‥‥‥‥ 68

スワップ協定（通貨交換協定）‥‥‥‥ 82

税額票⇒インボイス（税額票）‥‥‥‥ 56

税効果会計‥‥‥‥‥‥‥‥‥‥‥‥ 289

政策金利‥‥‥‥‥‥‥‥‥‥‥‥‥ 68

生産緑地2022年問題‥‥‥‥‥‥‥‥ 167

製造小売業（SPA）‥‥‥‥‥‥‥‥ 313

生体認証……………………… 220	接続水域………………………… 168
成年後見制度…………………… 238	セルロースナノファイバー（CNF、植物由来の新素材）…………………… 221
政府開発援助（ODA）………… 313	ゼロレーティング……………… 204
世界各地域の状況【アジア】…………… 39	全国学力テスト………………… 313
世界各地域の状況【アフリカ】………… 39	全国地震動予測地図…………… 168
世界各地域の状況【欧州】……………… 40	潜在成長率……………………… 290
世界各地域の状況【オセアニア】………… 41	全世代型社会保障……………… 103
世界各地域の状況【中南米】…………… 41	専門家会議……………………… 37
世界各地域の状況【北米】……………… 42	総合取引所……………………… 69
世界経済の停滞………………… 42	想定為替レート………………… 290
世界経済フォーラム（ダボス会議）……… 82	ソーシャルディスタンス（社会的距離）… 49
世界大学ランキング…………… 261	ソサエティー5.0 ……………… 104
世界の金融政策………………… 83	租税回避地（タックスヘイブン）………… 83
世界の女性リーダー…………… 114	ソブリン・ウエルス・ファンド………… 290
世界の大規模火災……………… 185	空飛ぶクルマ…………………… 138
世界貿易機関（WTO）………… 304	ゾンビ企業……………………… 139
世界保健機関（WHO）………… 43	

た

第4次産業革命………………… 139	タックスヘイブン⇒租税回避地（タックスヘイブン）…………………………… 83
対外直接投資⇒海外直接投資（対外直接投資）…………………………… 58	脱ハンコ………………………… 50
大学生の就職活動……………… 49	脱プラスチック………………… 186
大学入試改革①大学入試改革の概要… 261	ダボス会議⇒世界経済フォーラム（ダボス会議）…………………………… 82
大学入試改革②共通テストの動向…… 262	単位労働コスト………………… 314
待機児童………………………… 239	地銀再編………………………… 140
代替肉・植物肉………………… 222	蓄電池システム………………… 223
ダイナミックプライシング…… 69	チケット不正転売……………… 268
ダイバーシティ………………… 156	知的財産高等裁判所（知財高裁）…… 314
ダイレクト・トゥ・コンシューマー⇒D2C（ダイレクト・トゥ・コンシューマー）…… 129	チバニアン……………………… 268
台湾総統選挙…………………… 117	中国経済の現状………………… 92

中国製造2025	117	動画配信サービス	206
中国製品の排除	114	東京一極集中（日本の人口）	170
仲裁裁判所	305	東京五輪・パラリンピック	269
長期金利	70	東京都知事選挙	105
超高齢社会	252	統合型リゾート（IR）	105
通貨交換協定⇒スワップ協定（通貨交換協定）	82	動産担保融資（ABL）	291
通貨バスケット制	290	東証再編（プライム市場）	71
月探査	223	東証マザーズ指数先物	72
つながる車⇒コネクテッドカー（つながる車）	134	ドーハ・ラウンド（新多角的貿易交渉）	292
定額制サービス⇒サブスクリプション（定額制サービス）	135	特定技能	157
ディスクロージャー	291	特定秘密保護法	314
データエコノミー	205	特別警報	170
データサイエンティスト	205	特別定額給付金	37
デザイン思考・アート思考	269	都市封鎖⇒ロックダウン（都市封鎖）	44
デジタル課税ルール	84	特許権	315
デジタル地域通貨	70	特許侵害	315
デジタルツイン	206	特許法条約	315
デジタルトランスフォーメーション⇒DX（デジタルトランスフォーメーション）	192	ドッド・フランク法（金融規制改革法）	89
デジタルファースト法	104	ドミナント戦略	316
デリバティブ	291	ドラッグストア再編	141
テレワーク⇒在宅勤務・テレワーク	47	トランステック（トランスフォーマティブテクノロジー）	224
電子ごみ	187	トランプ政権の経済政策①（米国内）	90
展望レポート	71	トランプ政権の経済政策②（日本企業への影響）	91
同一労働同一賃金	156	トランプ大統領の動向	124
		ドル基軸通貨体制	292
		ドローン	224

な

内閣人事局	316	中村哲	252

索引

ナショナルブランド・プライベートブランド …………………………………………… 316

なでしこ銘柄 ……………………………… 292

南海トラフ地震 …………………………… 171

南沙諸島・西沙諸島 ……………………… 118

難民問題…………………………………… 115

日欧経済連携協定（EPA） …………… 106

日銀短観…………………………………… 293

日米貿易協定発効………………………… 85

日韓関係の悪化…………………………… 118

日経PMI…………………………………… 293

日経景気インデックス（日経BI）……… 293

日経国際商品指数………………………… 293

日経商品指数……………………………… 294

日経平均株価……………………………… 72

日産・ルノー問題 ………………………… 141

日本国憲法の改正手続に関する法律 … 106

日本遺産…………………………………… 270

日本銀行の金融政策……………………… 73

日本の人口⇒東京一極集中（日本の人口）………………………………………… 170

日本の政府債務残高……………………… 73

日本の領土問題…………………………… 172

入国規制…………………………………… 43

ニューノーマル⇒新しい生活様式（ニューノーマル、新常態）………………… 45

認知症……………………………………… 240

熱中症警戒アラート ……………………… 172

年金積立金管理運用独立行政法人（GPIF）…………………………………… 74

年金の支給開始年齢……………………… 241

は

ハーグ条約………………………………… 305

バーゼル3（Basel Ⅲ）………………… 294

バイオディーゼル燃料 …………………… 225

バイオプラスチック ……………………… 225

バイオマス発電 …………………………… 187

配偶者居住権……………………………… 253

排出量取引⇒カーボンプライシング（排出量取引）……………………………… 178

バイデン氏………………………………… 125

働き方改革………………………………… 158

バッタ大量発生 …………………………… 188

バフェット指数 …………………………… 294

バブル崩壊………………………………… 295

はやぶさ2 ………………………………… 226

「パラサイト 半地下の家族」 ………… 271

ハラスメントの社会問題化 …………… 158

ハラル認証………………………………… 254

バンクシー ………………………………… 271

パンデミック ……………………………… 33

東アジア地域包括的経済連携（RCEP） 86

微小粒子状物質（PM2.5）…………… 316

ビッグデータ ……………………………… 207

ビッグテック⇒GAFA（ビッグテック）… 130

人手不足…………………………………… 159

標的型メール攻撃・ランサムウェア …… 208

ファクタリング …………………………… 38

フィデューシャリー・デューティー……… 295

フィンテック ……………………………… 74

333

プーチン政権の動き ……………… 126

夫婦別姓 …………………………… 254

副業 ………………………………… 160

藤井聡太 …………………………… 271

豚熱 (CSF) ………………………… 242

物価連動国債 ……………………… 295

普天間基地移設問題 ……………… 107

プライマリー・バランス⇒基礎的財政収支
(プライマリー・バランス) ………… 61

プライム市場⇒東証再編 (プライム市
場) ………………………………… 71

プライムレート …………………… 75

プラットフォーマー ……………… 142

ふるさと納税 ……………………… 108

フレイル …………………………… 242

プレートと活断層 ………………… 317

プログラミング教育の必修化 …… 263

プロ経営者 ………………………… 142

ブロックチェーン ………………… 208

噴火警戒レベル …………………… 173

ペイオフ (Pay Off) ……………… 296

米国・メキシコ・カナダ協定⇒USMCA
(米国・メキシコ・カナダ協定) ………… 93

米国の人種差別問題⇒Black Lives
Matter (米国の人種差別問題) ……… 123

米中貿易摩擦 ……………………… 86

ヘイトスピーチ (憎悪表現) 対策法 …… 255

米連邦公開市場委員会 (FOMC) …… 91

米連邦準備理事会 (FRB) ………… 305

ヘッジファンド (hedge fund) …… 296

ベルヌ条約と万国著作権条約 …… 306

ベンチャーキャピタル (VC) …… 317

ベンチャービジネス (VB) ……… 317

邦銀の海外事業展開 ……………… 87

法人実効税率 ……………………… 76

訪日客数の大幅減少 ……………… 255

保護主義 …………………………… 87

ポジティブアクション …………… 318

ポストコロナ⇒ウィズコロナ、アフターコ
ロナ、ポストコロナ ……………… 46

補正予算 …………………………… 38

北方領土問題 ……………………… 126

ポピュリズム ……………………… 115

ボラティリティー・インデックス (VIX 指
数) ………………………………… 76

香港情勢 (香港国家安全維持法) …… 119

ま

マイクロファイナンス …………… 296

マイナス金利 ……………………… 76

マイナンバー制度 ………………… 109

マスク不足 ………………………… 50

マテリアルズ・インフォマティクス …… 143

みちびき⇒準天頂衛星「みちびき」…… 219

ミレニアル世代・Z世代 ………… 256

ムーンショット目標 ……………… 227

無観客試合 ………………………… 272

無形資産 …………………………… 143

メガファーマ ……………………… 144

メタンハイドレート ……………… 189

モーダルシフト …………………… 145

モーリシャス重油流出事故 ……… 189

持ち株会社‥‥‥‥‥‥‥‥‥‥ 297

や

薬剤耐性菌‥‥‥‥‥‥‥‥‥‥ 242

野党再編‥‥‥‥‥‥‥‥‥‥‥ 110

ヤフー・LINE経営統合‥‥‥‥‥ 145

有機EL‥‥‥‥‥‥‥‥‥‥‥ 227

ユニコーン‥‥‥‥‥‥‥‥‥‥ 146

幼保無償化‥‥‥‥‥‥‥‥‥‥ 263

米津玄師‥‥‥‥‥‥‥‥‥‥‥ 273

ら

ライドシェア‥‥‥‥‥‥‥‥‥ 146

ラップ口座‥‥‥‥‥‥‥‥‥‥ 297

ランサムウェア⇒標的型メール攻撃・ランサムウェア‥‥‥‥‥‥‥‥‥ 208

リーマン・ショック‥‥‥‥‥‥ 297

リカレント教育‥‥‥‥‥‥‥‥ 264

陸上イージス‥‥‥‥‥‥‥‥‥ 110

立体商標‥‥‥‥‥‥‥‥‥‥‥ 318

リバースモーゲージ‥‥‥‥‥‥ 318

領海と排他的経済水域（EEZ）‥‥‥ 174

量子技術、量子コンピューター‥‥‥ 228

令和2年7月豪雨‥‥‥‥‥‥‥‥ 190

レジ袋有料化‥‥‥‥‥‥‥‥‥ 190

連結経常利益‥‥‥‥‥‥‥‥‥ 297

老後資金問題‥‥‥‥‥‥‥‥‥ 111

路線価‥‥‥‥‥‥‥‥‥‥‥‥ 319

ロックダウン（都市封鎖）‥‥‥‥ 44

ロボット産業‥‥‥‥‥‥‥‥‥ 228

ロボティック・プロセス・オートメーション⇒RPA（ロボティック・プロセス・オートメーション）‥‥‥‥‥‥ 212

わ

ワーク・ライフ・バランス‥‥‥‥ 319

ワーケーション‥‥‥‥‥‥‥‥ 50

ワクチン‥‥‥‥‥‥‥‥‥‥‥ 33

【資料提供・協力】

Holoeyes株式会社／kiCk inc／Omatsuri Japan／アイリスオーヤマ株式会社／伊豆シャボテン動物公園／株式会社JTB／株式会社NearMe／株式会社エイチ・アイ・エス／株式会社ジャパネットホールディングス／株式会社小学館／株式会社ナビタイムジャパン／株式会社星野リゾート／公益社団法人岡山青年会議所／国立感染症研究所／時事通信フォト／杉本真樹／宝交通株式会社／ツインリンクもてぎ 森と星空のキャンプヴィレッジ／帝京大学冲永総合研究所／東急電鉄株式会社／任天堂／東日本旅客鉄道株式会社／ピクスタ株式会社／ミライズ矯正歯科南青山

【執筆協力】

office texte（若槻基文、藤田隆介）／山口裕史／大迫秀樹／佐竹由行／吉田秀道／上田里恵／小松崎毅／
忍　章子／片岡理智
〈校正〉共同制作社／ぷれす／佐々木和美

日経キーワード 2021-2022

発行日——2020 年 12 月 1 日　第 1 刷

編著者——日経ＨＲ編集部

発行者——篠原 昇司

発　行——日経ＨＲ

　　　　　〒 101-0045 東京都千代田区神田鍛冶町 3-6-3

　　　　　URL　https://www.nikkeihr.co.jp

編集協力————————カルチャー・プロ

表紙デザイン————————植竹　裕（UeDESIGN）

DTP————————スタンダード／カルチャー・プロ／シーアンドシー

本文デザイン————————スタンダード

イラスト————————奈良裕己

印刷・製本————————大日本印刷

ISBN978-4-89112-199-0　C2034

＜著作権等＞
本書の無断複写・複製（コピー等）は著作権法上の例外を除き、禁じられています。
購入者以外の第三者による電子データ化及び電子書籍化は、私的使用を含め、一切認められておりません。
ⓒ 2020 Nikkei HR,Inc. ／ Printed in Japan

本書に関するお知らせや訂正情報などは、小社 Web サイトで公開します。
本書の内容に関するご質問は、以下のアドレスまでお願いします（お電話では受け付けておりません）。
book@nikkeihr.co.jp

乱丁本・落丁本はお取り替えいたします。